高速公路隧道施工通风关键技术

李介立 马治国 齐 兵 主编

科学出版社

北京

内容简介

本书以云南省红河州建个元高速公路涉及的螺旋隧道和长大隧道为依托，结合隧道的地质状况及通风设计，采用理论分析、数值模拟、模型试验及现场试验相结合的方法系统地研究高速公路隧道施工通风关键技术。本书概述建个元高速公路隧道工程概况和地质结构，分析隧道施工期职业健康环境影响因素，建立隧道施工期职业健康环境控制标准；通过建立隧道相似模型及模型试验系统研究隧道粉尘扩散机制，并介绍隧道空气流场运移演化模拟方法；提出隧道施工机变混合通风技术和斜井分段施工"上下山"组合通风技术，以及隧道连续性脉动通风技术和爆破激波水泡快速降尘降温技术，同时介绍一种隧道多维度通风控制技术。

本书适合地质工程、土建相关行业的科研人员和高校师生使用。

图书在版编目(CIP)数据

高速公路隧道施工通风关键技术/李介立，马治国，齐兵主编. —北京：科学出版社，2024.3
ISBN 978-7-03-075509-4

Ⅰ.①高… Ⅱ.①李… ②马… ③齐… Ⅲ.①高速公路-公路隧道-隧道施工-隧道通风-研究 Ⅳ.①U459.2

中国国家版本馆 CIP 数据核字（2023）第 080611 号

责任编辑：陈　杰 / 责任校对：彭　映
责任印制：罗　科 / 封面设计：墨创文化

科学出版社 出版
北京东黄城根北街16号
邮政编码：100717
http://www.sciencep.com

成都锦瑞印刷有限责任公司 印刷
科学出版社发行　各地新华书店经销

*

2024 年 3 月第 一 版　　开本：787×1092 1/16
2024 年 3 月第一次印刷　　印张：15 1/2
字数：367 000
定价：179.00 元
（如有印装质量问题，我社负责调换）

编委会

主　编：李介立　马治国　齐　兵

副主编：任　松　刘航军　艾祖斌　曹振生　刘　戎

委　员：张家国　郭迎旗　杨有红　张少强　侯圣均　陈全胜
　　　　徐海斌　赵国军　张　超　舒维余　蒋晨晨　杨　杰
　　　　范传卫　张光逵　何　斌　虎晓敏　江传彬　张　平
　　　　李　玉　宋中强

前　言

随着国家经济的不断发展，我国的基础建设也进入到了崭新的时期，隧道穿山越岭的优点也愈发明显，由于各地的地质构造差异，隧道施工难度、施工要求及施工方法也不同。本书依托云南省红河哈尼族彝族自治州（简称红河州）建水（个旧）至元阳高速公路项目（简称建个元项目），提出高速公路隧道施工通风关键技术，该技术具有快速排污除尘、节约隧道资源等优点，在其他长大隧道和螺旋隧道具有广泛的应用前景。目前长大隧道及螺旋隧道施工通风是保证隧道施工安全的关键热点问题。本书围绕云南省红河州建水（个旧）至元阳高速公路典型隧道地质状况，分析隧道施工期职业健康环境特征，采用适合的隧道施工通风技术，研究污染物扩散机制，介绍隧道施工机变混合通风技术和斜井分段施工"上下山"组合通风技术及隧道连续性脉动通风技术，提出爆破激波水泡快速降温降尘技术及隧道多维度通风控制技术，以期为类似隧道施工通风设计提供参考。

本书共九章，以云南省红河州建水（个旧）至元阳高速公路隧道为例，分别从高速公路中的螺旋隧道和长大隧道、建个元高速公路典型隧道、隧道施工期职业健康环境特征、隧道施工区污染物扩散机制相似模型试验、隧道空气流场运移演化数值模拟、隧道施工机变混合通风技术、隧道斜井分段施工"上下山"组合通风技术、隧道施工快速降尘降温技术、隧道施工多维度通风控制技术方面论述高速公路隧道施工通风关键技术。

由于作者水平有限，书中难免存在不足之处，敬请读者批评指正。

目 录

第1章 高速公路中的螺旋隧道和长大隧道 ································ 1
  1.1 螺旋隧道 ··· 1
    1.1.1 螺旋隧道特点 ·· 1
    1.1.2 螺旋隧道发展现状 ·· 1
  1.2 长大隧道 ··· 2
    1.2.1 长大隧道定义 ·· 2
    1.2.2 长大隧道特点 ·· 2

第2章 建个元高速公路典型隧道 ·· 3
  2.1 五老峰隧道 ·· 3
    2.1.1 工程概况 ·· 3
    2.1.2 地形地貌 ·· 5
    2.1.3 地层岩性特征 ·· 5
    2.1.4 地质构造及地震 ··· 6
    2.1.5 水文地质条件 ·· 7
    2.1.6 不良地质现象 ·· 8
  2.2 兴隆隧道 ··· 9
    2.2.1 工程概况 ·· 9
    2.2.2 地形地貌 ·· 10
    2.2.3 地层岩性特征 ·· 10
    2.2.4 地质构造及地震 ··· 11
    2.2.5 水文地质条件 ·· 11
    2.2.6 地温、地应力评价 ··· 12
  2.3 咪的村隧道 ·· 13
    2.3.1 工程概况 ·· 13
    2.3.2 地形地貌 ·· 14
    2.3.3 地层岩性特征 ·· 14
    2.3.4 地质构造及地震 ··· 17
    2.3.5 水文地质条件 ·· 17
    2.3.6 地温、放射性及地应力评价 ·· 18
  2.4 本章小结 ··· 20

第3章 隧道施工期职业健康环境特征 ·································· 21

iii

3.1 隧道施工期职业健康环境影响因素 ························ 21
3.1.1 爆破施工过程中烟气、粉尘浓度及其分布规律 ················ 21
3.1.2 喷浆施工过程中烟气、粉尘浓度及其分布规律 ················ 25
3.1.3 车辆运输过程中的废气 ································ 30
3.2 隧道花岗岩段放射性危害 ····································· 31
3.2.1 花岗岩放射性污染方式 ································ 31
3.2.2 花岗岩放射性气体 ···································· 31
3.2.3 隧道放射性初勘及岩石放射性检测 ······················ 33
3.3 隧道施工期空气质量控制标准 ································· 34
3.3.1 隧道爆破施工的氧平衡 ································ 34
3.3.2 隧道施工相关劳动卫生标准 ···························· 34
3.4 本章小结 ··· 35

第4章 隧道施工区污染物扩散机制相似模型试验 ··················· 36
4.1 隧道相似模型 ··· 36
4.1.1 施工区域空气流动控制方程及相似准则 ·················· 36
4.1.2 隧道粉尘运动控制方程及相似准则推导 ·················· 42
4.2 隧道相似模型试验系统 ······································· 46
4.2.1 隧道模型相似准则确定 ································ 46
4.2.2 模型试验系统组成 ···································· 50
4.2.3 模型试验边界条件确定 ································ 56
4.3 隧道通风模型试验 ··· 59
4.3.1 隧道缩尺模型 ·· 59
4.3.2 隧道施工区域流场模型试验 ···························· 68
4.3.3 隧道粉尘扩散模型试验 ································ 69
4.4 隧道粉尘扩散机制 ··· 80
4.4.1 不同曲率下隧道粉尘扩散机制 ·························· 80
4.4.2 不同供风量下隧道粉尘扩散机制 ························ 86
4.5 本章小结 ··· 89

第5章 隧道空气流场运移演化数值模拟 ··························· 90
5.1 温度-坡度耦合作用下隧道空气流场运移演化模拟 ················ 90
5.1.1 温度影响下长大隧道空气流场运移演化规律 ·············· 90
5.1.2 坡度影响下长大隧道空气流场运移演化规律 ·············· 96
5.1.3 温度-坡度耦合作用下长大隧道空气流场运移演化规律 ····· 99
5.2 上、下螺旋施工多因素作用下隧道空气流场运移演化模拟 ········ 100
5.2.1 温度影响下螺旋隧道空气流场运移演化规律 ············· 100
5.2.2 上螺旋施工隧道空气流场运移演化规律 ················· 103
5.2.3 下螺旋施工隧道空气流场运移演化规律 ················· 113
5.2.4 上、下螺旋施工-曲率耦合作用下隧道污染物扩散特性 ···· 121

5.2.5 数值计算与现场试验对比	123
5.3 本章小结	125
第6章 隧道施工机变混合通风技术	**127**
6.1 隧道施工通风沿程风阻计算	127
6.1.1 隧道通风阻力计算方法	127
6.1.2 曲率对螺旋隧道通风沿程损失影响规律	134
6.1.3 螺旋隧道现场通风阻力试验	141
6.2 隧道通风模式	146
6.2.1 压入式通风	146
6.2.2 抽出式通风	146
6.2.3 混合式通风	147
6.3 长大隧道巷道式通风	147
6.3.1 巷道式通风原理	147
6.3.2 巷道式通风局部流场数值模拟	148
6.3.3 隧道长距巷道式通风风机布置优化	155
6.4 螺旋隧道上、下螺旋机变混合通风技术	163
6.4.1 隧道施工通风相关计算	163
6.4.2 咪的村隧道施工通风方式及风机校核	166
6.4.3 螺旋隧道上螺旋和下螺旋施工通风关键参数分析	168
6.5 本章小结	186
第7章 隧道斜井分段施工"上下山"组合通风技术	**188**
7.1 隧道斜井多工作面施工通风系统	188
7.1.1 风仓通风原理	188
7.1.2 斜井多工作面施工通风系统构成	189
7.2 隧道斜井多工作面施工通风系统优化技术	191
7.2.1 风仓外形优化	191
7.2.2 风仓多因素优化	194
7.2.3 风仓多因素优化结果	196
7.3 本章小结	201
第8章 隧道施工快速降尘降温技术	**202**
8.1 隧道连续性脉动通风技术	202
8.1.1 脉动通风简介	202
8.1.2 脉动通风数值模拟	205
8.2 爆破激波水泡快速降尘降温技术	211
8.2.1 激波水泡降尘机制	211
8.2.2 激波水泡发生方式	214
8.2.3 激波水泡性质测定	214
8.2.4 激波水泡降尘模型试验	217

  8.2.5 激波水泡降尘现场试验研究 ··· 219
 8.3 本章小结 ·· 222

第9章 隧道施工多维度通风控制技术 ··· 223
 9.1 控制系统需求分析及算法 ··· 223
 9.2 训练集获取及训练结果 ·· 224
 9.3 智能控制系统组成 ··· 227
 9.4 螺旋隧道通风系统节能效果测试 ·· 229
 9.5 本章小结 ·· 230

参考文献 ·· 232
彩版 ·· 234

第1章　高速公路中的螺旋隧道和长大隧道

随着我国经济的不断发展，高速公路建设里程快速增加，为了适应经济发展和高速公路网络的规划，近年来我国修建了大量的特殊隧道。特殊隧道是指为了满足特定需求，通过特殊工程而修建的隧道，如长大隧道、螺旋隧道、连拱隧道、特长隧道及超大断面隧道。云南省红河州建水(个旧)至元阳高速公路项目(简称建个元项目)位于云南省南部山区，跨越红河州蒙自市、建水县、元阳县、个旧市，属于云南省"五网"建设和综合交通建设的重点项目。建个元项目全线控制性工程是螺旋隧道和长大隧道，因此，本章将介绍螺旋隧道和长大隧道的相关内容。

1.1　螺旋隧道

1.1.1　螺旋隧道特点

随着"西部大开发"政策的有效深入，我国西部地区基础建设不断推进。西部地形地貌多变，地质条件复杂，以山地、高原和盆地为主，地形起伏度大(封志明等，2007)。直线形隧道遇到穿越地质复杂的不良地带、地形高差大、纵坡度大等情况时，修建异常困难，为了解决上述问题，具有一定曲率的螺旋隧道应运而生。螺旋隧道线形可根据地质条件灵活调整，能满足山区公路的个性化线形指标，克服高差、纵坡等因素，达到隧道修建的要求，因此逐渐受到隧道设计人员的青睐，有效地解决了我国高海拔地区与低海拔地区之间行驶绕行距离大、坡度大的问题，有效促进了我国西部山区的经济活力。

1.1.2　螺旋隧道发展现状

近年来，我国隧道建设工程中出现越来越多的螺旋隧道工程，修建规模日益扩大，其在地形多变或地质条件复杂的地区优势明显。目前，重庆、四川、云南及西北地区均有螺旋隧道出现。螺旋隧道在保证行车安全的情况下大大缩短了地区之间的行车时间，位于河北省延崇高速的金家庄特长螺旋隧道还获得"世界最长的公路螺旋隧道"称号。

1.2　长 大 隧 道

1.2.1　长大隧道定义

随着我国经济的不断发展，我国的基础建设也进入了崭新的时期。随着高速公路的不断建设，隧道穿山越岭的优点也愈发明显，近几年隧道的建设更是向着长度更大和地质条件更复杂的方向发展，出现了大量的特长隧道。《公路隧道设计规范》(JTG D70—2004)规定长隧道的长度为 1000~3000m，超过 3000m 的隧道为特长隧道。按国际隧道协会(International Tunnelling Association，ITA)定义的隧道横断面积的大小标准分类：大断面隧道面积为 50~100m^2，特大断面隧道面积大于 100m^2。因此，本书定义隧道长度超过 1000m 及隧道横断面积超过 50m^2 的隧道为长大隧道。

1.2.2　长大隧道特点

长大隧道一般具有施工难度大、工程规模大、线路长、施工时间长及高投资、高风险等特点，同时在不良地质条件段的施工安全、长距离掘进施工通风、工程测量及监测等方面面临着困难。

1. 施工难度大

长大隧道具有大断面及超长度的特点，通风是隧道施工中的关键环节。长大隧道施工过程中由于距离太长，增加了隧道施工期间通风的困难程度，对隧道通风技术提出了更高的要求。同时，大断面隧道开挖及支护要求高，增加了施工难度。

2. 工程规模大

由于长大隧道超过 1000m，为了缩短工期、加快施工进度，施工组织需要开挖斜井，斜井会导致隧道掌子面成倍增加，隧道若干掌子面同时施工，工程规模亦同步增大。大断面隧道开挖工序繁多，工程规模巨大。

3. 施工时间长

此类隧道施工难度大、施工规模大，施工工序繁多，在隧道开挖过程中，有可能面临不良地质问题或施工变更问题，导致施工时间延长。

4. 不良地质条件

长大隧道由于长度较大，一般需要穿越高埋深、高应力地层，从而使隧道在施工过程中有可能面临高地应力、高烈度地震、岩爆、高地温及有害气体等严重问题。

第 2 章　建个元高速公路典型隧道

建个元项目位于云南省南部山区，跨越红河州蒙自市、建水县、元阳县及个旧市，线路由建水至元阳段和个旧至元阳段组成，建设里程124.530km。建水至元阳段为本项目主线，起于鸡石高速庄子河附近，设庄子河枢纽与鸡石高速相接，经苟街镇、尼格温泉、龙岔、坡头乡，止于元阳县西北侧呼山，设呼山枢纽与元蔓高速相接，路线长 73.403km。个旧至元阳段为本项目支线，起于新鸡高速蚂蟥塘节点，设蚂蟥塘枢纽与新鸡高速、鸡羊高速连接，经乍甸、个旧北、普洒河、丫沙底，止于建水至元阳高速尼格温泉附近，设尼格枢纽与建水至元阳高速相接，路线全长约 51.127km。全线桥梁共计 100 座，其中特大桥 6 座，隧道共计 29 座，含特长隧道 6 座，桥隧比约 72%。

建个元项目中，五老峰隧道、兴隆隧道及咪的村隧道为全线关键控制性工程。五老峰隧道和兴隆隧道为特长隧道，采用斜井施工；咪的村隧道为螺旋式双线隧道，呈螺旋曲线走向，曲率半径为700m，具体如图 2.1 所示。

图 2.1　咪的村螺旋式双线隧道

2.1　五老峰隧道

2.1.1　工程概况

五老峰隧道位于建水至元阳段高速公路苟街互通与龙岔互通之间，隧道为双线分离式隧道，建筑限界净空（宽×高）11.1m×7.1m。隧道进口轴线方向138°，隧道出口轴线方向110°，一般埋深50～900m，最小埋深25m，最大埋深925m，近60%埋深超过400m，属深埋特长隧道。进口接拟建深填方路基段，出口接五老峰大桥，属深埋特长隧道。该隧道进（出）口位于半径为2600m（2570m）的曲线上，洞身大部分位于直线上，纵坡采用-2.25%的单面下坡。从初勘地质资料来看，洞口段以砂质泥岩、泥质砂岩为主，洞身段以砂岩、灰岩和花岗岩为主，出口段以花岗岩为主，隧道进口有乡村道路，施工条件较为便利；隧道出口乡村道路较窄且急弯较多，施工条件相对较差。

五老峰隧道设2处通风斜井兼施工辅助通道。隧道内设置22处人行横通道、10处车行横通道，左右两侧分别设置10处紧急停车带。隧道内设置双侧电缆沟和排水沟，电缆沟净宽0.6m、高0.5m，外侧距线路中线4.375m，排水沟净宽0.3m、高0.6m，外侧距线路中线3.875m。

左幅隧道：范围ZK22+675～ZK31+015，全长为8340m。隧道进口采用削竹式洞门，长13m。隧道明暗分界处为ZK22+688，设置30m长φ108超前大管棚，进口边仰坡放坡开挖，坡比为1∶1，边仰坡采用φ42注浆小导管锚喷网防护；出口采用端墙式洞门，明洞段长5m。隧道明暗分界线里程为ZK31+010，设置30m长φ108超前大管棚，进口边仰坡放坡开挖，坡比为1∶1，边仰坡采用φ42注浆小导管锚喷网防护。

右幅隧道：范围K22+715～K31+070，全长为8355m。隧道进口采用削竹式洞门，长13m。隧道明暗分界里程为K22+728，设置30m长φ108超前大管棚，进口边仰坡放坡开挖，坡比为1∶1，边仰坡采用φ42注浆小导管锚喷网防护；出口采用端墙式洞门，明洞段长5m。隧道明暗分界线里程为K31+065，设置30m长φ108超前大管棚，进口边仰坡放坡开挖，坡比为1∶1，边仰坡采用φ42注浆小导管锚喷网防护。

五老峰隧道1#斜井长1310m，设计为通风斜井兼做施工辅助通道，设置地上风机房一座，采用无轨运输双车道，路面宽度为8m，净空面积46.89m²。斜井与隧道右线呈50°夹角，与隧道右线相交于K25+500。斜井综合坡度9.4%，斜井口标高1674.96m，斜井井底标高1551.85m。为便于隧道施工，解决隧道通风排烟问题，在1#斜井处设置3条联络通道，其中2条联络通道与隧道左右线相交，1条联络通道与隧道右线相交。各联络通道参数如表2.1所示。

表2.1 1#斜井联络通道参数表

序号	项目名称	与隧道右线相交里程	与隧道左线相交里程	长度/m	联络通道路面宽度/m
1	1#斜井左线送风联络通道	K25+405	ZK25+379.27	117.57	4.4
2	1#斜井左线排风联络通道	K25+418.8	ZK25+419.27	135	6.5
3	右线排烟联络通道	K25+445	—	38.96	4.4

五老峰隧道2#斜井长1107m，设计为通风斜井兼做施工辅助通道，设置地下风机房一座，采用无轨运输双车道，路面宽度为8m，净空面积46.89m²。斜井与隧道右线呈45°

夹角，与隧道左线相交于 ZK28+900。斜井综合坡度 11.73%，斜井口标高 1605.085m，斜井井底标高 1475.26m。为便于隧道施工及运营期间通风，解决隧道通风排烟问题，在 2#斜井处设置地下风机房及 4 条联络通道。各联络通道及风机房参数如表 2.2 所示。

表 2.2 2#斜井联络通道及风机房参数表

序号	项目名称	与隧道右线相交里程	与隧道左线相交里程	长度/m	联络通道路面宽度/m
1	2#斜井右线排风联络通道	K29+075.73	ZK29+075.5	157.21	5
2	2#斜井左线排风联络通道	—	ZK29+124.5	54.15	9→5→7→10
3	2#斜井右线送风联络通道	K29+117.23	ZK29+089.5	144.36	3.1
4	2#斜井左线排烟联络通道	—	ZK29+050	41.86	4.4
5	1#风机房	—	—	—	12（单侧）
6	地下风机房横道	—	—	62	10

2.1.2 地形地貌

隧道区位于建水县坡头乡，进口附近 100m 有乡村公路通过，出口顶部有乡村公路通过，交通条件便利。隧道区内地势起伏大，隧道进口附近海拔 1606~1646m，相对高差 40m，地形坡度 2°~10°，总体属于缓坡地带。出口附近海拔 1410~1580m，相对高差 170m，地形坡度 20°~35°，总体属于陡坡地带。隧道穿过山体中部，进口至 K25+000 段山体地形缓，地形坡度 5°~20°，该段冲沟发育，呈 U 形，地貌类型属高原溶蚀地貌中的峰丛洼地地形。K25+000 至出口地形较陡，地形坡度 30°~50°，冲沟发育，呈 V 形，地貌类型属于高中山陡坡地形。轴线高程 1435~2425m，相对高差 990m。隧道穿过山体植被茂盛，植被发育呈以乔木为主间夹灌木林的林地，隧道通过地段山体雄厚，自然山坡总体稳定，隧道轴线与地层走向呈斜交。

2.1.3 地层岩性特征

隧址区地层从新至老为：第四系全新统坡积层、三叠系中统法郎组、三叠系中统个旧组及燕山期白垩纪花岗岩。

1. 第四系全新统坡积层

含砾粉质黏土、红黏土：褐红、褐黄、浅黄色，硬—塑状，砾石含量 10%~30%，粒径 1~3cm，呈棱角状，成分为砂岩、泥岩、灰岩及石英，厚度 2.0~5.0m，山坡部位厚度较小，一般小于 2m。

2. 三叠系中统法郎组

岩性主要为灰绿、灰黄、灰黑色砂质泥岩、泥质砂岩、粉砂岩。

C-YCSSD-ZK-01：孔深 16.4~17.5m 为灰色、深灰色强风化灰岩，岩心呈碎块状；孔深 17.5~25.11m 为灰色中风化灰岩，岩心呈碎块状—短柱状，其中孔深 17.5~19.2m 岩心呈碎块状，孔深 22.7~25.11m 岩心呈短柱状。该孔岩心最长约 25cm。

C-YCSSD-ZK-02：孔深 1.6~7m 为深灰色强风化灰岩，岩心呈短柱状—碎块状，少量柱状；孔深 7~17m 为深灰色中风化灰岩，岩体为厚层状结构，岩心呈柱状、短柱状，少量碎块状，节理面充填有锈膜。该段岩石质量指标（rock quality designation，RQD）为 18%。

3. 燕山期白垩纪花岗岩

岩性主要为灰白、浅白色花岗岩，岩性较好。

2.1.4 地质构造及地震

1. 地质构造

工程区大地构造涉及扬子准地台和华南褶皱系两个Ⅰ级大地构造单元。线路走廊起始于扬子准地台的川滇台背斜（康滇地轴）东南边缘，至白林山后，向南东横贯滇东台褶带，至建水东侧进入华南褶皱系范围，其终点为华南褶皱系滇东南台褶带的西部边缘。经地质调查隧道通过地段无大的区域性断裂，地表未见Ⅱ级及以上结构面分布。但受区域断裂影响，隧道通过地段分布有Ⅲ级结构面断层，主要发育多组Ⅳ级、Ⅴ级结构面，因此隧道区地质构造复杂，初步分析隧道通过断层带、节理密集带，围岩稳定性较差。

1) 褶皱

隧道区位于官厅-牛街弧形大向斜的北翼边缘，对工程影响较小。

官厅-牛街弧形大向斜：与线路于 K25+000 处大角度斜交，北翼出露较完整，仅为数条平行的断层所破坏；南翼由于红河断裂的破坏而出露不全。轴向在东北部为 40°~50°，在中部近正东西向，在西部为 300°，形成一个向南突出的弧形。轴面近于直立。两翼相向倾斜，倾角 20°~50°，局部 60°~70°。核部岩体破碎。

2) 断层

隧道区线路右侧推测有断层 F_{18} 和 F_{10} 穿过，F_{18} 在 K24+972 附近穿过隧道，F_{10} 在 K28+800 附近穿过隧道。

F_{10}：与线路大角度相交，断层产状为 311°∠(65°~70°)，断层带宽 10~20m，由构造角砾岩夹断层泥组成。

F_{18}：与线路大角度相交，断层产状为 144°∠(65°~70°)，断层带宽 10~20m，由构造角砾岩夹断层泥组成。

2. 地震及地震动参数

据《中国地震动参数区划图》(GB 18306—2015)，隧道区地震基本烈度值为Ⅷ度、地震动峰值加速度值为0.20g、地震动反应谱特征周期为0.45s。依据《公路工程抗震规范》(JTG B02—2013)、《公路桥梁抗震设计细则》(JTG/T B02-01—2008)的规定，本项目构筑物应考虑抗震构造措施。

根据区域新构造运动、地震活动性与地震动参数，结合区域地质调绘分析，隧道区域构造稳定性较差。

2.1.5 水文地质条件

1. 地表水

隧道通过地段山高坡陡，地表土多为粉质黏土夹少量砾石、碎石或含碎石、角砾粉质黏土，大气降水将迅速转为地表径流。地表径流通过沟谷快速向冲沟排泄，沟谷地带覆盖层透水性较好，同时受地质构造影响，洞身岩体中节理裂隙较为发育，地表水易沿节理裂隙下渗补给地下水。隧址区地表水丰水期在6~10月，其流量占全年径流量的75%，而11月至次年5月共7个月的径流量仅占全年径流量的25%，最大丰水月为7月，最枯月为3~4月，地表河流属雨源型河流，其枯、洪流量变幅显示了山区河流暴涨暴落的特点，雨季河水猛涨、枯季水位剧降，甚至近于干涸。隧址区内无大的河流。综上所述，隧址区纵横向冲沟均较发育，枯季多为干沟，多属雨水型，具有山区易涨易落山溪水的特点，枯、汛期流量变化大。

2. 地下水

由于隧址区地下水受岩性、构造和地形地貌等因素控制，地下水的补给又与降水等密切相关，按地下水的赋存条件可分为松散堆积层孔隙水、基岩裂隙水和岩溶水三大类。经分析，隧道开挖时地下水对施工、运营有一定的影响，存在发生较大的涌突水危害的可能性。

隧址区地下水水质类型以$HCO_3·SO_4$-Mg型为主，pH为7.15，属弱碱性淡水。根据试验结果，可以得出场地地下水按环境类型水对混凝土结构的腐蚀性评价为微腐蚀性；按地层渗透性水和土对混凝土结构的腐蚀性评价为弱腐蚀性；按钢筋混凝土结构中钢筋的腐蚀性评价为微腐蚀性。

3. 涌水

本隧道为深埋特长隧道，隧道进出口冲沟为隧道区最低侵蚀基准面，其高程远低于隧道高程。隧道穿越区域岩体裂隙、溶隙发育，隧道内地下水接受大气降水补给和侧向补给，地下水多向下部运移和排泄。隧道穿越岩层，地下水含量较丰富，因此隧道涌水量主要考虑大气降水入渗和侧向补给。

根据隧道水文地质条件，分别采用大气降水入渗法、地下水径流模数法、古德曼经验公式法对隧道涌水量进行预测计算。经计算，五老峰隧道最大涌水量为 $5472m^3/d$。经地质调查分析，隧道开挖时地下水以渗滴水、线状及小股出水为主，局部可能有淋雨状、大股状流水，如揭露大的裂隙，且岩溶区存在发生较大的涌突水危害的可能性，故穿越岩溶区时须采取有效的排水措施，保证洞室开挖安全。另须注意的是，当破碎岩带有股状或淋雨状地下水流出时，因岩体破碎，岩体强度降低而对隧道围岩稳定性产生不利影响。

2.1.6　不良地质现象

隧址区主要不良地质现象为岩溶。隧址区分布三叠系上统鸟格组、三叠系中统个旧组及燕山期白垩纪花岗岩地层，岩性为绿色绢云板岩、粉砂质泥岩、粉砂岩、白云岩、薄层状灰岩、角砾状白云岩、隐晶白云岩、灰岩、板岩、细粒花岗岩及伟晶花岗岩。通过地质调查发现白云岩、灰岩表生溶蚀现象发育，多见溶沟、溶槽、溶隙等分布，但与隧道部位距离较大，对隧道影响较小。

1. 滑坡

经隧址区现场地质调查，在隧道进口段斜坡地表，乡村公路边坡开挖出现多处滑坡，规模小，一般就几十立方米，多为土质表层滑坡，诱发因素均为农田开挖山坡切脚、地表水冲刷等。由于隧道进口段覆盖层为粉质黏土夹少量砾石、碎石，下伏基岩为粉砂质泥岩夹砂岩，岩体风化程度较深，开挖边坡稳定性较差，隧道进口段、洞脸边坡发生开挖塌滑地质灾害的可能性大。隧道出口位于较为单薄的山脊上，覆盖层厚 0.5m 左右，但是下伏花岗岩风化较深，从其附近坡面局部推测全、强风化厚度大于 5m，岩体呈土状、碎屑状夹碎块状，强度低，开挖边坡问题突出，隧道出口段洞脸发生塌滑地质灾害的可能性较大。

根据地质调查，隧道沿线仅在地表发育少量小型浅层土质滑坡、崩塌和溶蚀现象，未见泥石流、塌陷等地质灾害分布，小型滑坡、崩塌、溶蚀对隧道工程影响较小，区内自然山坡总体稳定。

2. 塌方

根据地质调查，隧道穿越的地层岩性变化大，有粉砂质泥岩、砂岩、灰岩、白云岩、板岩、花岗岩等，沿线岩体结构面发育，地下水丰富。受地层岩性、地质构造、地下水及施工开挖等多因素共同作用的影响，K22+665～K23+350 段埋深较浅，地表冲沟发育，岩体破碎，施工时存在开挖塌方冒顶地质灾害的可能性。

3. 岩溶

根据地质调查，在灰岩、白云岩分布区，溶蚀现象较为发育，分布较普遍，而隧道穿越的三叠系上统鸟格组、三叠系中统个旧组均有灰岩、白云岩分布，初步推测隧道通过灰岩、白云岩段局部存在岩溶不良地质现象。

4. 涌水

根据地质调查，隧道布置区地表水发育，部分冲沟内为长年流水且水流量较大，所以，隧道施工中发生涌水的可能性大，尤其是灰岩与泥岩、板岩交界处。花岗岩中存在承压水，在开挖揭穿承压水层或者断层破碎带等部位时会出现涌水。

5. 岩爆

五老峰隧道 S-WLFSD-ZK-03 孔在测试范围内最大水平主应力为 6.0～14.7MPa，最小水平主应力为 4.8～10.8MPa，铅直应力为 6.9～12.6MPa，最大水平主应力方向稳定为 N10°～E35°，呈 NNE 向。隧道围岩以水平应力为主导，地应力量级主要为较高—极高应力水平。

隧道埋深小于 310m 时，施工期不会发生岩爆；埋深在 310～470m 时，有可能发生轻微岩爆；埋深在 470～860m 时，有可能发生中等岩爆；埋深大于 860m 时，有可能发生强岩爆。在软岩地段以及断层破碎带等围岩部位，埋深大于 160m 时可能存在软岩大变形破坏。

2.2 兴隆隧道

2.2.1 工程概况

兴隆隧道沿个旧市田坝心村与哨冲村之间的山脊，进口位于山脊陡坡中下部，左幅起点 LZ2K15+340，洞底设计标高 1672.37m，左幅终点 LZ2K24+193，洞底设计标高 1530.20m，左幅隧道全长 8853m；右幅起点 LK15+344，洞底设计标高 1672.45m，右幅终点 LK24+195，洞底设计标高 1530.44m，全长 8986m。建筑限界净空（宽×高）12.75m×8.0m，左幅隧道进口至 LZ2K15+747.730 段纵坡 1.940%，LZ2K15+747.730 至出口段纵坡-1.776%；右幅隧道进口至 LK15+747.730 段纵坡 1.940%，LK15+747.730 至出口段纵坡-1.770%。隧道为弧线形，进口及洞身轴线方向 207°，出口轴线方向 191°；最大埋深 445m，为特长隧道。进口接拟建上寨隧道出口 LK15+300 盖板涵路基段，出口接拟建兴隆 1 号大桥。

该隧道为特长隧道，为便于施工及隧道后期运行管理，在隧道中后部花岗岩分布区布设有两条施工斜井。1 号施工支洞进口位于兴隆隧道左幅 LZ2K21+180 里程附近，兴隆水库西侧偏北 400m，于 LZ2K19+960 里程处与兴隆隧道左线连通，全长 1295m；斜井口标高 1723m，斜井底标高 1593.46m，1 号施工支洞综合坡度 10%；进口段轴线方向 202°，与隧道连通段轴线方向 327°。2 号施工支洞位于兴隆隧道右幅 LK22+000 里程附近，于 LK21+140 里程处与兴隆隧道右线连通，全长 915m，斜井口标高 1673m，斜井底标高 1584.65m，2 号施工支洞综合坡度 9.71%；进口段轴线方向 208°，与隧道连通段轴线方向呈 250°。

2.2.2 地形地貌

兴隆隧道沿个旧市田坝心村与哨冲村之间的山脊，进口位于山脊陡坡中下部，隧道进口至LK19+700里程段，山体雄浑，属中高山剥蚀地貌；依据现场地质勘察，线路附近可见多处落水洞、岩溶洼地。隧址区地面高程1656.4~2016.8m，最大相对高差360.4m。其上植被发育较好，以灌木为主，在沟谷中及地势低洼处有覆盖层分布，其余多见基岩出露；隧道进口段地形坡度30°~40°。

LK19+700里程至兴隆隧道出口段，山峦起伏，属低中山地形地貌。该段隧址区地面高程1520.0~1882.3m，最大相对高差362.3m。其上植被发育，基岩广布。隧道出口段地形起伏差相对较小，相对较缓，地形坡度10°~20°。

2.2.3 地层岩性特征

根据区域地质资料、野外地质调查并结合钻探、物探成果，隧址区地层从上至下为：第四系全新统残坡积层、三叠系中统个旧组上段灰岩与大理岩及燕山期花岗岩地层。

1. 第四系

残坡积层：隧址区进口至LK19+700里程处主要为红黏土层，呈可塑—硬塑状，厚1~8m，主要分布在该段地形低洼处、斜坡坡脚及山体缓坡处等，表层分布0.5m厚耕植土层，其中LK17+200里程处地势低洼，钻探资料揭露该处覆盖层深度可达35m。

LK19+700里程至隧道出口主要为褐黄、灰黄色砂质黏土，结构松散—中密，可塑性差，厚度0~2.0m。

2. 三叠系

三叠系中统个旧组上段，浅灰色、灰色中厚层灰岩、白云质灰岩、大理岩，局部泥质白云岩，岩层总体产状330°∠76°。

隧道进口至LK15+550段为灰色薄至中厚层灰岩，岩体节理裂隙发育，充填方解石脉，强风化层中见溶孔，溶蚀较严重，岩心较完整，呈柱状、短柱状、少量碎块状。

LK15+550~LK17+100段为白云质灰岩，岩心较完整，多呈柱状、短柱状，少量碎块状，裂隙发育，充填方解石及铁质，局部有溶蚀痕迹。其中S-XLSD-ZK-02钻孔揭露在LK15+800~LK16+000段存在厚度约45m的泥质白云岩，岩心呈砂状、碎块状，为较软岩体。

LK17+100~LK19+700段受花岗岩与灰岩接触带因接触变质作用及断层挤压变形作用影响，分布1500~2500m宽的大理岩，浅灰色、灰色，岩心较完整，多呈柱状、短柱状，夹碎块状，裂隙发育，局部可见溶蚀现象。

3. 燕山期地层

燕山期花岗岩：表层全风化、强风化发育深度较厚，全风化局部大于30m；强风化层多属砂粒状与碎块状相间混杂，厚度一般 20～60m，局部较深(S-XLSD-ZK-05 钻孔钻至 155.5m 未见中风化岩)，强风化层以下岩石较完整，分布于线路 LK19+700～LK24+195。

2.2.4 地质构造及地震

1. 地质构造

根据区域地质资料，隧址区大地构造位于扬子准地台的川滇台背斜(康滇地轴)东南边缘，区域位于经向构造体系、纬向构造体系及青藏、滇缅"歹"字形构造体系的交接地带，受南部红河断裂带控制。自古生代以来，曾经历了多次构造变动，地质构造复杂。隧址区主要发育有 F₃、f₃ 两条断层，F₃ 断层为逆断层，断层产状为 240°∠(70°～75°)，破碎带宽 30～50m，破碎带物质成分为断层角砾岩，影响带宽 100～150m，延伸长度约 13km，在 LK19+740 附近与线路斜交，交角为 64°，该断层在隧址区为花岗岩与灰岩接触带分界；f₃ 断层为逆断层，产状为 325°∠(65°～70°)，断层破碎带宽 1～2m，影响带宽 5～10m，延伸长度约 0.5km，在 LK15+325 处与小路斜交，交角 47°。进口段为断层影响带附近，岩体较破碎，f₃ 断层因发育规模不大，对隧道建设影响较小，F₃ 断层为区域性断层，与隧道相交部位对隧道围岩有一定影响，但通过工程措施处理后可成洞。

2. 地震及区域稳定性

根据《中国地震动参数区划图》(GB 18306—2015)，勘察区地震动峰值加速度为 0.20g，地震动反应谱特征周期为 0.15s，对应的地震基本烈度为Ⅷ度。

2.2.5 水文地质条件

1. 地表水

工程区属南盘江水系与红河水系的分水岭地带，故属红河流域和南盘江流域水文地质单元。隧道进口位于徐家冲河右岸，该段徐家冲河河底高程 1641.8～1651m，该河枯期无水，汛期见水流，流量随季节变化而变化。本隧道多次穿越地表溪沟，在 LK20+320 处穿越普洒河支流玉楠竹冲沟；在 LK22+020、LK22+200、LK22+530、LK22+900 及 LK22+950 等处多次穿越普洒河支沟及普洒河，之后沿普洒河右岸通过；LK22+650～LK23+645 段通过拟建坡背水库库区，LK23+645 处与拟建下坝坝址斜交，该段隧道埋深 49～65m，隧道底板标高 1549.2～1560.8m，坡背水库正常蓄水位高程 1633m，与隧道顶板高差 72～83m。线路离拟建坡背水库较近，局部洞段与水库相交，由于该段隧道埋深较浅，水库蓄水后，存在沿强风化带岩体产生向隧道渗水、涌水的问题，对隧道施工期、运营期影响较大。离线路 LK21+600～LK22+000 东侧约 600m 处为已建成的兴隆水库，勘察期兴隆水库蓄水位高程为1773.5m。由于离隧道较远，隧道埋深较大，并且隧道上方为中风化花岗岩，为相对隔水层，该地表水体对隧道施工、运营基本无影响。

2. 地下水

区内地下水来自大气降水，其动态运移受岩性、构造、地貌和气候、水文等因素的控制和影响。地下水的补给又与降水等密切相关，地下水排泄总体上与地形地表水文网相一致。LK19+500附近为南盘江水系与红河水系的分水岭，LK19+500之前的桩号段属南盘江水系，地下水主要通过裂隙密集带、溶蚀结构面往北侧徐家冲河方向排泄；LK19+500之后的桩号段属红河水系，地下水主要通过裂隙密集带向南排泄至普洒河。根据地质调查，结合钻孔水位资料分析，隧址区进口至LK15+500附近，地下水位于隧道底板以下，高程约1640m；LK15+520~LK19+500段，地下水位高于隧道底板，高程约1833.5m，存在顺岩溶裂隙带渗水、滴水以及涌水的可能。施工时只要采取有效的排水措施及封堵措施，地下水对洞室开挖影响不会太大；LK19+840~LK24+321段，为花岗岩地层，该地层中地下水主要存储于全、强风化层内，中风化层含水性弱，为弱透水层。

按地下水赋存条件可分为松散层孔隙水、基岩裂隙水及碳酸盐岩岩溶裂隙水三类。

1) 松散层孔隙水

松散层孔隙水主要赋存于山体斜坡表层松散覆盖层中，土层厚度较小，其透水性较差。由于隧址区山体斜坡较陡，在接受大气降水补给后，大部分以面流形式向下排泄，部分入渗后，也向下运移，向下渗透并向冲沟排泄，故崩、坡积碎石土中含水量较少，而且在旱季基本无水。该类型地下水含量较少，随季节变化大，对隧道施工、运营基本无影响。

2) 基岩裂隙水

LK19+850至隧道出口，岩性以中细粒黑云母花岗岩为主，组成构造侵蚀中山地貌。花岗岩地层中地下水主要存储于全、强风化层内，中风化层含水性弱，为弱透水层。地表溪沟发育，植被茂盛，地表浅层风化后呈松散砂粒和砂土，节理裂隙发育，裂隙无充填，张开性好，通过大气降水大量补给水源，因此，地下水具有山高水高、沟沟有水流的特点。

3) 碳酸盐岩岩溶裂隙水

隧道进口至LK19+850段，下伏基岩为可溶性岩石，受区域构造影响，区内构造裂隙、风化裂隙均较发育。区段内地下水主要赋存于岩体风化裂隙和构造裂隙中，属碳酸盐岩岩溶裂隙水。大气降水多沿斜坡表面径流，下渗后沿裂隙向深部运移。

2.2.6 地温、地应力评价

1. 地温

结合初勘阶段检测结果，对兴隆隧道C-XLSD-ZK-02钻孔进行井温测试，孔深58~

270m 段温度为 25～26.2℃。

2. 地应力

兴隆隧道长 8853m，最大埋深 445m，地应力测试钻孔 C-XLSD-ZK-02 位于 LK17+845 处，孔口高程 1891.19m，终孔深度 272.3m，隧道顶部埋深 258m。全孔岩性以灰色、浅灰色薄—中厚层灰岩为主，裂隙较发育。本次地应力测试得到以下结论。

(1) 本次实测深度范围内，钻孔的最大水平主应力值为 9.70MPa。

(2) 在实测深度范围内，C-XLSD-ZK-02 钻孔的最大水平主应力方向为 N19°W，与隧道方位呈小角度相交。

(3) 在测孔试验深度范围内，C-XLSD-ZK-02 钻孔的侧压系数为 1.38～1.51，表明该工程场区地应力以构造应力为主导。水平主应力随岩层深度的增加总体上具有逐渐增大的趋势。

(4) 根据测试结果，钻孔测试获得的垂直洞轴方向最大水平主应力 σ_H 从上至下依次为 7.86MPa、8.91MPa、8.97MPa、8.90MPa、9.64MPa、9.70MPa，该段灰岩饱和抗压强度标准值 R_c 为 43.1MPa，R_c/σ_H 范围为 4.44～5.48，平均值为 4.81，根据《公路工程地质勘察规范》(JTG C20—2011)，该测试段属高应力区。参照相关规范及工程经验，该段隧道开挖过程中可能出现岩爆、洞壁岩体剥离和掉块现象，新生裂缝较多，成洞性较差。高地应力对隧道施工影响较大，建议设计和施工过程中应加强支护衬砌。

2.3 咪的村隧道

2.3.1 工程概况

咪的村特长隧道位于建水至元阳段高速公路苟街互通与龙岔互通之间，隧道为双线分离式，左线(ZK35+076～ZK38+906)长 3830m，右线(K35+110～K39+080)长 3970m，该隧道为螺旋隧道，进出口高差约 80m，隧道纵坡为-2.08%、-2.05%(单向坡)，隧道进口轴线方向 147°，最大埋深 366m，属深埋特长隧道。

咪的村隧道内设置 10 处人行横通道、4 处车行横通道，左右两侧分别设置 4 处紧急停车带。隧道内设置双侧电缆沟和排水沟，电缆沟净宽 0.6m、高 0.5m，外侧距线路中线 4.375m；排水沟净宽 0.3m、高 0.6m，外侧距线路中线 3.875m。

左幅隧道：范围为 ZK35+076～ZK38+906，全长为 3830m。隧道进口采用端墙式洞门，长 14m，隧道明暗分界里程为 ZK35+090，设置 30m 长 φ108 超前大管棚，进口边仰坡放坡开挖，坡比为 1:1，边仰坡采用 φ42 注浆小导管锚喷网防护。出口采用端墙式洞门，明洞段长 20m。隧道明暗分界线里程为 ZK38+886，设置 30m 长 φ108 超前大管棚，进口边仰坡放坡开挖，坡比为 1:1，边仰坡采用 φ42 注浆小导管锚喷网防护。

右幅隧道：范围为 K35+110～K39+080，全长为 3970m。隧道进口采用端墙式洞门，长 10m，隧道明暗分界里程为 K35+120，设置 30m 长 φ108 超前大管棚，进口边仰坡放坡开挖，坡比为1∶1，边仰坡采用φ42注浆小导管锚喷网防护。出口采用端墙式洞门，明洞段长6m。隧道明暗分界线里程为K39+074，设置30m长φ108超前大管棚，进口边仰坡放坡开挖，坡比为1∶1，边仰坡采用φ42注浆小导管锚喷网防护。

2.3.2 地形地貌

咪的村隧道位于建水县坡头乡咪的村，进口位于龙岔河左侧约150m山脊上，右侧约50m为乡村公路，总体进口交通较便利，出口位于乡村公路里侧，交通便利。由于隧道为螺旋式，沿龙岔河左侧山坡群呈圆形走向，山体起伏高差30～80m，进出口实际直线距离约1.3km，进出口区内地势起伏大，地表受风化作用强烈。隧道附近海拔1223～1623m，相对高差400m，隧道穿过山坡群中部，轴线高程为1309～1623m，相对高差314m，左右线进口位于小冲沟右侧地形较陡处，地形坡度30°～40°，出口位于公路里侧小山脊上，两侧为冲沟，地形较缓，地形坡度10°～15°。进口植被较茂密，主要为灌木，基岩出露，出口为耕地，地表为砂土覆盖，地貌类型属高中山陡坡地形。

2.3.3 地层岩性特征

根据区域地质资料、野外地质调查并结合钻探、物探成果(表2.3)，隧址区地层从上至下为：第四系全新统坡积层、燕山期白垩纪花岗岩。

坡积层：砂土，浅黄、黄色，松散—稍密，稍湿，局部含5%～10%的石英，粒径0.5～2cm，呈次棱角状，厚0.5～3.0m，主要分布于区内缓坡、山脊、坡脚地段，以及隧道进出口部位。

花岗岩：灰白色，主要由细粒花岗岩及伟晶花岗岩组成，厚23～282m，整个隧道均有分布。

表2.3 隧道钻孔成果汇总表

桩号		钻孔编号	孔深/m	孔口高程/m	覆盖层厚度/m	地下水埋深/m	风化底界垂直埋深/m		
							全风化	强风化	中风化
ZK35+041	中间	C-MDSD-ZK-01	32.30	1322.886	—	干孔	>32.30	—	—
K37+940	中间	C-MDSD-ZK-02	230.14	1482.218	—	31.70	55.20	110.97	148.10
K38+020	中间	C-MDSD-ZK-03	21.10	1402.884	0.50	干孔	>21.10	未揭露	未揭露
ZK36+350	中间	C-MDSD-ZK-04	221.26	1472.492	—	8.27	15.70	40.59	114.70
K35+407	中间	S-MDCSD-ZK-01	40.30	1366.595	0.40	干孔	35.80	>40.30	未揭露
K38+500	中间	S-MDCSD-ZK-02	170.96	1331.481	0.50	58.80	54.24	65.23	未揭露
K39+050	中间	S-MDCSD-ZK-03	27.20	1406.481	1.20	干孔	>27.20	未揭露	未揭露
ZK35+672	中间	C-MDSD-ZK-05	79.60	1248.746	1.00	65.10	35.10	>79.60	未揭露

1. 第四系全新统坡积层

砂土：浅黄、黄色，松散—稍密，局部夹少量碎石。砂土主要分布在山坡坡脚及洼地部位，厚度 0.5～2.0m，山坡部位厚度较小，一般小于 2m。钻孔 C-MDSD-ZK-02、C-MDSD-ZK-03、C-MDSD-ZK-05、S-MDCSD-ZK-01、S-MDCSD-ZK-02、S-MDCSD-ZK-03 揭露的覆盖层详细描述如下。

(1) C-MDSD-ZK-02：钻孔位于山脊顶部耕地，揭露覆盖层砂土，厚 0.5m，松散，稍湿，局部夹少量块石，成分以石英为主。

(2) C-MDSD-ZK-03：钻孔位于路边山体斜坡，揭露覆盖层砂土，厚 0.5m，松散，稍湿，局部夹少量块石，成分以石英为主。

(3) C-MDSD-ZK-05：钻孔位于山谷花生地中，揭露覆盖层砂土，厚 1.0m，松散，稍湿，局部夹少量块石，成分以石英为主。

(4) S-MDCSD-ZK-01：钻孔位于冲沟右侧，坡度 30°～40°，沟中为农田，有流水，揭露覆盖层砂土，厚 0.4m，松散，稍湿，局部夹少量块石，成分以石英为主。

(5) S-MDCSD-ZK-02：钻孔位于山脊上农田中，山脊上部地形较缓，两侧地形坡度 20°～30°，揭露覆盖层砂土，厚 0.5m，松散，稍湿，局部夹有少量块石，成分以石英为主。

(6) S-MDCSD-ZK-03：钻孔位于山坡，坡度 20°～30°，揭露覆盖层砂土，厚 1.2m，松散，稍湿，局部夹少量块石，成分以石英为主。

2. 燕山期白垩纪花岗岩

岩性主要为灰白色花岗岩，钻孔 C-MDSD-ZK-01、C-MDSD-ZK-02、C-MDSD-ZK-03、C-MDSD-ZK-04、C-MDSD-ZK-05、S-MDCSD-ZK-01、S-MDCSD-ZK-02、S-MDCSD-ZK-03 的基岩详细描述如下。

(1) C-MDSD-ZK-01：孔深 0.00～32.30m，灰黄、灰白色，全风化，散体结构，岩心呈砂土状；局部球状风化，风化不均，岩心呈碎块状、土状。

(2) C-MDSD-ZK-02：孔深 0.50～55.20m 处，黄褐色，全风化，散体结构，岩心呈碎屑状。孔深 55.20～110.97m 处，灰白色，强风化，次块状结构，岩心呈碎块状，节理面贯通锈蚀。孔深 110.97～148.10m 处，灰白色，中风化，镶嵌结构，岩心以柱状为主，夹少量碎块状，陡倾角节理发育，节理面见少量锈膜，最长岩心超过 80cm，其中 127.66～130.1m 处岩体破碎，节理发育；146.47～148.10m 处节理发育，岩体破碎。孔深 148.10～230.14m 处，灰白色，微风化，岩心以柱状、长柱状为主，局部夹碎块状，其中孔深 183.00～183.53m 处节理发育，岩体破碎，块状结构，岩心呈柱状；孔深 199.91～209.93m、220.2～224.8m 处岩心呈碎块碎屑状、短柱状。除以上的几段外，其他为块状结构，岩心以长柱状为主。孔深 183.00～183.53m、199.91～209.93m、220.2～224.8m 处主裂面宽 0.2～0.3m，主要由碎裂岩、糜棱岩组成。

(3) C-MDSD-ZK-03：孔深 0.00～21.10m，灰黄、灰白色，全风化，散体结构，岩心呈砂土状；局部球状风化，风化不均，岩心呈碎块状、土状。

(4）C-MDSD-ZK-04：孔深 0.00～15.70m 处，灰黄色，全风化，散体结构，岩心呈碎屑状。孔深 15.70～40.59m 处，灰白色，强风化，镶嵌结构，岩心呈柱状、短柱状，局部碎屑状，岩心最长 50cm，发育少量陡倾节理，倾角 70°，RQD 为 35.0%。孔深 40.59～114.70m 处，灰白色，中风化，次块状结构，岩心呈长柱状、短柱状，夹少量碎块状，岩心最长超过 80cm，99.10m 以下出现明显裂隙承压水，节理不发育，其中 53.44～55.40m 处岩心呈碎块碎屑状，RQD 为 87.2%。孔深 114.70～221.26m 处，花岗岩，灰白色，微风化，次块状结构，岩心呈长柱状、柱状，夹少量短柱状，岩心最长超过 80cm，RQD 为 80.7%。

（5）C-MDSD-ZK-05：孔深 1.00～35.10m 处，花岗岩，灰黄色，全风化，散体结构，岩心呈砂土状，局部风化不均，呈碎块碎屑状，碎块强度较低。孔深 35.10～79.60m 处，花岗岩，灰白色，强风化，碎裂结构。受机械扰动岩心呈碎块碎屑状，其中 24.20～25.10m 处岩心主要呈碎块状。

（6）S-MDCSD-ZK-01：孔深 0.40～35.80m 处，花岗岩，灰黄色，全风化，散体结构，岩心呈砂土状夹少量碎块状。其中 23.40～25.00m 处受球状风化影响，风化不均，岩心呈碎块状，锤击即碎。孔深 35.80～40.30 处，花岗岩，灰黄色，强风化，碎裂结构，岩心呈碎块状，夹少量短柱状，局部受机械扰动，呈碎屑状砂状。短柱状岩心可见陡倾角及缓倾角节理。

（7）S-MDCSD-ZK-02：孔深 0.50～54.24m 处，花岗岩，全风化，散体结构，岩心呈砂土状(粗砂至中粗砂)。孔深 54.24～65.23m 处，花岗岩，强风化，灰黄色，岩心呈短柱状、饼状夹少量碎块状，主要发育陡倾角结构面。孔深 65.23～170.96m 处，花岗岩，中风化。孔深 65.23～83.34m 处为花岗岩，中风化，岩心呈柱状、短柱状、碎块状，其中 72.28～72.68m、75.07～76.3m、77.4～77.8m、78.8～78.9m、80.93～83.04m 处岩心呈碎块状、碎屑状，存在轻微蚀变现象。孔深 83.34～91.93m 处，花岗岩，中风化，岩心呈柱状、长柱状，岩心最长 50cm，陡倾角结构面少量发育。孔深 91.93～93.78m 处，花岗岩，短柱状、碎块状，陡倾角结构面发育，结构面上见轻微蚀变现象。孔深 93.78～100.6m 处，岩心呈长柱状，少量碎块状，岩心最长 1.63m，其中 96.67～99.83m 处，陡倾角发育，结构面见轻微锈蚀。孔深 100.6～141.13m 处，岩心呈长柱状、柱状，少量短柱状、碎块状，陡倾角结构面少量发育，结构面上可见轻微蚀变现象。孔深 141.13～148.46m 处，岩心主要呈柱状、短柱状、碎块状，主要发育陡倾角结构面，结构面上多见轻微蚀变现象。孔深 148.46～167.5m 处，主要呈长柱状、柱状，少量短柱状，其中 156.34～156.74m、157.75～158.15m 处发育陡倾角结构面，结构面上见轻微蚀变现象。孔深 167.5～170.96m 处，岩心呈柱状、短柱状，少量碎块状，其中 170.66～170.96m 处岩心呈碎块状，主要发育陡倾角和中缓倾角结构面，面上见锈面和轻微蚀变现象。

（8）S-MDCSD-ZK-03：孔深 0.00～1.20m 处，第四系全新统坡积层，粉质黏土，褐色，可塑，潮湿。孔深 1.20～21.50m 处，花岗岩，灰黄色，全风化，散体结构，岩心呈砂土状，部分风化不均，夹碎块状、碎屑状花岗岩。孔深 21.50～27.20m 处，花岗岩，强风化，灰黄色，碎裂结构，岩心呈碎块状、碎屑状。

2.3.4 地质构造及地震

根据区域地质资料，咪的村隧道隧址区大地构造位于华南褶皱系滇东南台褶带的西部边缘。它的构造部位位于云南"山"字形构造区前弧之一的建水弧，该部位受高角度挤压，断裂组和褶皱发育，并伴有放射状横张断裂及斜交的扭断裂。它的主要构造线呈北东、近东西向展布，由一系列褶皱和断裂组成，控制了测区河流峡谷的主要走向及岩溶发育基本特征。

褶皱：隧道区位于官厅-牛街弧形大向斜南翼的边缘，对工程影响较小。官厅-牛街弧形大向斜与线路于 K30+300 处大角度斜交，北翼出露较完整，仅为数条平行的断层所破坏；南翼由于红河断裂的破坏而出露不全。轴向在东北部40°～50°，在中部近正东西向，在西部为300°，形成一个向南突出的弧形。轴面近于直立。两翼相向倾斜，倾角20°～50°，局部60°～70°。核部岩体破碎。

隧道进口处位于山脊侧面，斜坡表面为全风化花岗岩出露，为燕山期白垩纪地层花岗岩，现状基本稳定，未见危岩体分布。斜坡之上地形表面有灌木、杂草覆盖，地形坡度20°～30°。进口处斜坡坡向147°，坡度30°，与隧道走向中等角度相交，由于隧道从山脊右侧进洞，隧道右侧围岩较薄，右侧稳定性比左侧差，隧道进口条件较差。同时进口段洞顶埋深较小，节理发育，岩体较破碎，存在不稳定块体，围岩稳定性差。

地震会使桥梁塌毁、墩台开裂、隧道变形破坏坍塌，以及路基沉陷、开裂、变形等。据《中国地震动参数区划图》（GB 18306—2015），隧道区地震基本烈度值为Ⅷ度、地震动峰值加速度值为 $0.20g$、地震动反应谱特征周期为 $0.45s$。近场区记录到 7.0 级地震 4 次，6.0～6.9 级地震 8 次，5.0～5.9 级地震 32 次，最大震级为 1970 年通海 7.7 级地震。根据区域新构造运动、地震活动性与地震动参数，结合区域地质调绘分析，隧道区域构造稳定性较差。依据《公路工程抗震规范》（JTG B02—2013）、《公路桥梁抗震设计细则》（JTG/T B02-01—2008）等的规定，本项目构筑物应考虑抗震构造措施。

2.3.5 水文地质条件

1. 地表水

隧址区山高坡陡，沟谷发育，大气降水迅速转为地表径流。隧址区地表径流少见，多为干沟，仅在暴雨季节有地表径流。隧址区地表水丰水期在 5～10 月，其流量占全年径流量 80%～85%，而 11 月至次年 4 月共 6 个月的径流量仅占全年径流量的 20% 左右。最大丰水月为 7 月、8 月，最枯月为 3～4 月，地表河流属雨源型河流，其枯、洪流量变幅显示了山区河流暴涨暴落的特点，雨季河水猛涨，枯季水位剧降，甚至近于干涸。

2. 地下水

隧址区水文地质条件较简单，地下水主要赋存于花岗岩裂隙中，地下水类型属碳酸盐岩溶蚀裂隙水。据初步分析，含水岩层（体）富水性除与岩性和裂隙发育程度有关外，还与所处的地形地貌条件和气象因素有关，一般河谷谷底富水性较好，褶曲转折部位富水性优于两侧地带。由于该隧道位于丘陵状花岗岩山地，进出口处于斜坡下部，高出河底10～30m，地形坡度稍陡，大气降水地表径流迅速，不利于大气降水入渗补给，地下水的补给、径流、排泄迅速，地下水存储条件差。隧道中部埋深较大，最大达330m，可能含有富水带，局部会产生涌水现象。

3. 涌水

隧道为深埋特长隧道，隧道进出口冲沟为隧道区最低侵蚀基准面，高程远低于隧道高程，隧道穿越区域岩体裂隙、溶隙发育，隧道内地下水接受大气降水补给和侧向补给，地下水多向下部运移和排泄。隧道穿越岩层，地下水含量较丰富，因此隧道涌水量主要考虑大气降水入渗和侧向补给。

根据隧道水文地质条件，分别采用大气降水入渗法、地下水径流模数法、古德曼经验公式法对隧道涌水量进行计算。经计算后，咪的村隧道最大涌水量为228m³/h。经地质调查分析，隧道开挖时地下水以渗滴水、线状及小股出水为主，在雨季局部可能有股状或淋雨状出水，局部可能会遇到大的集中涌突水灾害。

2.3.6 地温、放射性及地应力评价

1. 地温资料

咪的村隧道最大埋深366m，且隧道距离龙岔河温泉出露点较近，为了查明高地温对隧道施工和运营的影响，初勘阶段在钻孔C-MDSD-ZK-02（孔深230.14m）内实施测试，在150～230m段进行了4次井液温度测试。同时在钻孔C-MDSD-ZK-04（孔深221.26m）内实施了测试，在2018年5月3日及5月4日对孔深1.0～220.0m段进行了2次井液温度测试。

在钻孔C-MDSD-ZK-02中，根据井温测井结果可知，本次井温测井4次测值在有井液段（孔深40m以下）变化均比较稳定，且各次测值一致性较好，随孔深增加，井液温度随之增高。在第4次井液较稳定后有井液段测试最大值为37.33℃，最小值为20.21℃，平均值为29.67℃。

钻孔C-MDSD-ZK-04孔深221.26m，套管20.50m。根据井温测井曲线可以看出，本次井温测井2次测值随孔深增加井液温度小幅上升。各次测值一致性较好，随孔深增加，井液温度随之增高。以2018年5月4日测值分析，在孔深1.0～141.0m段，井液温度随孔深增加变动幅度较小，由25.4℃上升到25.6℃，平均值为25.5℃，变化率约0.14℃/100m；在孔深141.0～200.0m段，井液温度随孔深增加变动幅度较小，由25.6℃上升到27.6℃，平均值为26.7℃，变化率约2.53℃/100m。

2. 放射性资料

咪的村隧道穿越燕山期花岗岩。本阶段采用自然伽马测井，采用JGS-1综合测井仪的

自然伽马值测试探管对咪的村隧道隧址区 2 号孔（C-MDSD-ZK-02）花岗岩进行放射性元素检测，测出各深度点测试值数据，再对所测得的测试值按率定公式计算出对应自然伽马值并进行统计分析（表 2.4）。

表 2.4 自然伽马测井成果表

钻孔编号	孔深/m	最大值/API	最小值/API	平均值/API
C-MDSD-ZK-02	10.00～63.00	148.40	80.63	113.72
	63.25～71.50	268.76	146.06	195.69
	71.75～77.75	167.10	112.18	141.01
	78.00～87.00	240.71	144.89	180.23
	87.25～92.00	333.02	197.48	269.28
	92.25～111.25	225.52	140.22	179.25
	111.50～177.75	329.52	193.97	243.61
	178.00～181.75	563.22	278.10	395.83
	182.00～230.00	295.63	185.79	244.28

自然伽马曲线高值异常一般反映的是岩体中放射性物质含量、泥质含量增高，岩体破碎或者岩体发生矿化，因此完整性差或岩体中放射性物质含量高的岩体自然伽马值高。

从自然伽马测井结果可以看出，本次自然伽马测井大部分孔段测值比较平稳，仅局部孔段测值变化较大。根据自然伽马测井结果的总体变化规律可分为 4 个变化段。

（1）孔深 10.00～63.00m、71.75～77.75m 段自然伽马测值分段平均值分别为 113.72API、141.01API，总体变化比较平稳。

（2）孔深 63.25～71.50m、78.00～87.00m、92.25～111.25m 段自然伽马测值分段平均值分别为 195.69API、180.23API、179.25API，总体变化比较大。

（3）孔深 87.25～92.00m、111.50～177.75m、182.00～230.00m 段自然伽马测值偏高，分段平均值分别为 269.28API、243.61API、244.28API，总体变化比较大。

（4）孔深 178.00～181.75m 段自然伽马测值出现明显高值异常，最大值为 563.22API，最小值为 278.10API，平均值为 395.83API。

在钻孔 C-MDSD-ZK-04 孔深 161m 处取一块花岗岩样进行试验，放射性测试结果见表 2.5，根据《建筑材料放射性核素限量》（GB 6566—2010）关于装饰装修材料放射性水平大小的划分（表 2.6），花岗岩装饰装修材料放射性 I_{Ra} 与 I_r 测试值水平为 C 类，综合判断咪的村隧道花岗岩对施工过程中作业人员身体影响较小。

表 2.5 隧道围岩放射性测试成果表

^{226}Ra/(Bq/kg)	^{232}Th/(Bq/kg)	^{40}K/(Bq/kg)	I_{Ra}(内照)测量值	I_r(外照)测量值
258.8	370.2	1748.1	1.3	2.5

表 2.6　装饰装修材料放射性水平划分

类别	要求
A 类	天然放射性核素镭-226、钍-232、钾-40 的放射性比活度同时满足 $I_{Ra}\leqslant 1.0$ 和 $I_r\leqslant 1.3$ 时，装饰装修材料产销与使用范围不受限制
B 类	天然放射性核素镭-226、钍-232、钾-40 的放射性比活度不满足 A 类装修材料要求，但同时满足 $I_{Ra}\leqslant 1.3$ 和 $I_r\leqslant 1.9$ 时，装饰装修材料不可用于 I 类民用建筑的内饰面，但可用于 II 类民用建筑物、工业建筑内饰面及其他一切建筑的外饰面
C 类	天然放射性核素镭-226、钍-232、钾-40 的放射性比活度不满足 A、B 类装修材料要求，但 $I_r\leqslant 2.8$ 时，装饰装修材料只可用于建筑物的外饰面及室外其他用途

3. 地应力资料

初勘阶段主要在 C-MDSD-ZK-02、C-MDSD-ZK-04 孔内测试，岩性为微风化花岗岩，以柱状、长柱状为主，局部夹碎块状。172.07～183.53m 处节理发育，岩体破碎，块状结构，岩心呈柱状，其中 183.0～183.5m 处构造陡倾，两侧挤压破碎；199.91～209.93m 处为碎裂岩，岩心呈碎块状、短柱状，节理发育；217.3～218.84m 处岩心呈碎块状；220.2～224.8m 处岩心呈碎块碎屑状。

咪的村隧道 C-MDSD-ZK-02 孔在测试范围内最大水平主应力为 4.2～14.1MPa，最小水平主应力为 3.4～8.3MPa，铅直应力为 4.2～5.9MPa，最大水平主应力方向稳定为 N10°～E18°，呈 NNE 向；C-MDSD-ZK-04 孔在测试范围内最大水平主应力为 4.4～7.2MPa，最小水平主应力为 4.3～5.7MPa，铅直应力为 4.3～5.6MPa，最大水平主应力方向稳定为 N31°～E42°，呈 NNE 向。隧道围岩以水平应力为主导，地应力量级主要为中等—较高应力水平。

咪的村隧道沿线的硬质围岩，埋深小于 200m 时，施工期不会发生岩爆，埋深为 200～335m 时有可能发生轻微岩爆，埋深为 335～366m 时有可能发生中等岩爆。在软岩地段以及断层破碎带等围岩部位，埋深大于 140m 时存在软岩大变形破坏的可能。

2.4　本 章 小 结

本章概述了五老峰隧道、兴隆隧道和咪的村隧道的工程概况、地形地貌、地层岩性特征、地质构造及地震、水文地质条件等内容。主要结论如下。

(1) 五老峰隧道为特长隧道，该隧道设有施工斜井，施工难度较大。五老峰隧道围岩以Ⅳ、Ⅴ级为主，岩性主要为灰白、浅白色花岗岩；地表水和地下水丰富，存在涌突水风险，隧址区不良地质现象表现为滑坡、岩溶、涌水、岩爆及塌方。

(2) 兴隆隧道为特长隧道，隧道设有施工斜井，隧道岩性为花岗岩、灰岩，地震基本烈度为Ⅷ度；隧址区地温偏高，地应力量级为高应力水平，存在岩爆及高地温风险。

(3) 咪的村隧道为螺旋式双线隧道，曲率半径为 700m，隧道为双线分离式结构。隧道岩性为灰岩、白云岩，地震基本烈度值为Ⅷ度，地下水丰富，局部存在涌水风险，地应力量级为中等—较高应力水平。

第 3 章　隧道施工期职业健康环境特征

3.1　隧道施工期职业健康环境影响因素

隧道作业是在狭小密闭的空间中进行，新鲜空气稀少，爆破施工、运输等作业产生大量有毒有害气体和粉尘，遇含煤地层，施工中还可能有瓦斯、二氧化硫等有害气体溢出，粉尘、噪声、有害气体、辐射、高温高湿、震动等一系列因素，无时无刻不威胁着施工人员的身心健康。通风系统是隧道施工空气质量的"保护神"，但是目前隧道的通风却处于"一风吹"的阶段，即风机的运行状态基本上与隧道中的工序及隧道中污染物含量没有关系，运行状态与风量都不会改变，其中一个主要的原因便是风机无法探测隧道中的环境参数，大部分隧道施工也不安装任何环境参数检测传感器，施工单位与施工人员对隧道中的环境状况也处于"瞎的"状态。这样的施工环境极大地影响着施工人员的身心健康，也影响着施工的进度和安全。

3.1.1　爆破施工过程中烟气、粉尘浓度及其分布规律

1. 有毒有害气体产生

隧道爆破使用的炸药基本都为混合炸药，主要为有机和无机的硝铵化合物、硝基化合物和各种含碳化合物、烃类以及作为消焰剂的无机盐类。此外，还有氯酸盐炸药和含硫炸药等。这些炸药爆炸时，易生成 CO、NO、NO_2、N_2O_3、HCl、H_2S 和少量其他有毒气体(李敬民，2005)。五老峰及兴隆隧道施工采用塑料导爆管、毫秒雷管起爆系统，毫秒雷管采用 7 段别毫秒雷管，引爆采用火雷管。炸药采用 2#岩石硝铵炸药或乳化炸药(有水地段)，选用 $\phi 25$、$\phi 32$ 两种规格，其中 $\phi 25$ 为周边眼使用的光爆药卷，$\phi 32$ 为掘进眼使用药卷。爆破作业结束后经检查确认安全后出渣。采用挖机或装载机装渣，20t 自卸汽车运输。兴隆隧道工程拟配置 2 个施工队，分别负责隧道进口、隧道出口施工。

五老峰及兴隆隧道所使用的两种炸药的特性和组成成分见表 3.1 和表 3.2。

表 3.1　炸药特性

序号	炸药名称	密度/(g/cm³)	爆速/(m/s)	有害气体/(L/kg)	保存期	主要组成成分	适用范围
1	2#岩石硝铵炸药(标准型)	0.95	3050	<43	6 个月	硝酸铵、木粉、三硝基甲苯(trinitrotoluene，TNT)、食盐、石蜡或沥青等	适用于一般的隧道岩石。孔径 40mm 以下的炮眼爆破；大孔径的光爆

续表

| 序号 | 炸药名称 | 药卷性质 ||||主要组成成分|适用范围|
		密度/(g/cm³)	爆速/(m/s)	有害气体/(L/kg)	保存期		
2	乳化炸药（标准型）	1.15~1.35	4000	22~29	6个月	硝酸铵、水、硝酸铵钾、尿素、柴油或石蜡	适用于一般有水岩石隧道的炮眼爆破

表3.2 炸药组成成分表

序号	炸药名称	炸药的重量组成/%	1kg炸药各元素物质的量比(C:H:O:N)
1	2#岩石硝铵炸药（标准型）	硝酸铵 85 TNT 11 木粉 4	4.994:47.795:35.938:22.075
2	乳化炸药（标准型）	硝酸铵 76 硝酸铵钾 8 尿素 1 柴油 3 水 12	5.472:49.575:35.541:23.198

根据表3.2中炸药的主要组成成分(主要元素为C、H、O、N)，如果按照氧化还原爆炸反应，理论上均不产生有毒气体CO和NO_2，而在兴隆隧道现场施工中，由于隧道处于半封闭状态，氧气量不足，常会发生负氧平衡爆炸，生成较多的CO和NO_2。

炸药在爆炸后产生的有毒气体往往和爆炸过程以及炸药含量有关，主要成分往往为CO和氮氧化物，以及H_2S和亚硫酐等。这些气体对人体的毒害都非常大，其危害见表3.3。

表3.3 爆破产生气体的危害

| 有毒气体 | 各种气体危险浓度/(mg/L) ||||
	吸入数小时后将引起轻微中毒	吸入1小时后将引起严重中毒	吸入0.5~1小时后将有致命危险	吸入数分钟就会死亡
CO	0.1~0.2	1.5~1.6	>1.6~2.3	5
氮氧化物	0.07~0.2	>0.2~0.4	>0.4~1.0	1.5
H_2S	0.01~0.2	0.25~0.4	0.5~1.0	1.2
亚硫酐	0.025	0.06~0.26	1.0~1.05	—

在爆炸过程中，造成理论产物与实际产物差异较大，产生有毒有害气体的原因还可能有以下三点。

(1)药包的可燃性外壳，如纸、可燃性塑料等，在爆炸时与一部分爆炸产物作用生成CO。这些可燃物中的一些元素，实际上改变了炸药的原有氧化还原反应中的氧平衡。

(2)在炸药爆炸的初始阶段，有时反应不完全，并且伴随着产物之间平衡反应的相互作用，爆炸产物组成往往偏离所预期的结果，产生较多的有毒气体。

(3)爆炸作业的周围介质也可与爆炸产物起化学反应，成为二次反应的催化剂，比如瓦斯隧道中的残余瓦斯等。

2. CO 分布规律

进行一氧化碳现场检测时布置了 9 个检测点。由于检测人员有限,所以需要检测人员频繁走动更换检测点来完成检测任务,故选用便捷的手持式 UT337A 一氧化碳测试仪来测定一氧化碳的浓度,测试仪如图 3.1 所示。

图 3.1 UT337A 一氧化碳测试仪

UT337A 为便携式一氧化碳测试仪,具有测量范围大、反应时间短、稳定性好、使用寿命长等特点,提供声光报警、气体浓度值显示、大值查询、温度显示等功能。其基本参数见表 3.4。

表 3.4 基本参数表

项目	参数/类型
测量范围	0～1000ppm[①]
精度	±5%或 5ppm
分辨率	1ppm
响应时间	<60s
传感器类型	电化学气体传感器(CO)
采样方式	扩散式

一氧化碳的现场检测点如图 3.2 所示,断面 A、B 和 C 分别是距掌子面 50m、100m 和 150m 的三个断面,在断面与距离地面 1.6m 处呼吸带的三条交线上各等距离布置三个检测点。

---

① 1ppm=10^{-6}。后文未特别说明处均为一氧化碳的体积分数。

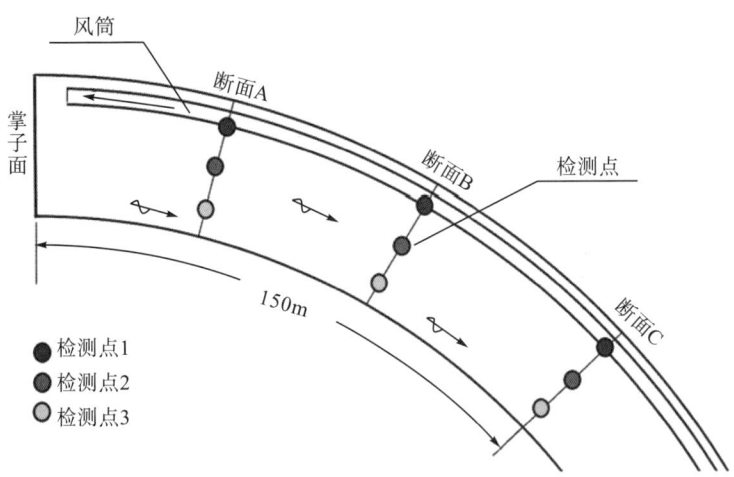

图 3.2 一氧化碳检测点布置图

为了确保安全,在爆破 10min 后手持 UT337A 一氧化碳测试仪到达测点,每三分钟测定一次检测点的一氧化碳浓度,共获得 15 组数据,检测结果记录在表 3.5 中。

表 3.5 CO 现场试验记录表

爆破时间:2019 年 03 月 18 日 00:20　　　　　　　　　　　　　　　　　　　一氧化碳浓度:×10^{-6}

时间 /min	检测点 1 断面 A	检测点 1 断面 B	检测点 1 断面 C	时间 /min	检测点 2 断面 A	检测点 2 断面 B	检测点 2 断面 C	时间 /min	检测点 3 断面 A	检测点 3 断面 B	检测点 3 断面 C
10	164	299	0	11	165	300	0	12	163	301	0
13	150	268	11	14	151	268	11	15	149	269	11
16	134	219	100	17	135	220	100	18	133	220	101
19	116	185	350	20	117	186	349	21	115	186	353
22	101	149	480	23	102	150	480	24	100	150	484
25	92	119	377	26	90	120	377	27	91	120	381
28	84	100	301	29	38	100	300	30	38	100	303
31	63	89	169	32	61	89	168	33	62	89	170
34	51	71	120	35	50	71	119	36	51	71	121
37	40	52	82	38	40	52	81	39	42	52	81
40	36	40	64	41	35	40	65	42	35	40	65
43	33	35	50	44	32	35	52	45	31	35	52
46	30	27	41	47	29	27	41	48	29	27	41
49	28	23	28	50	27	23	27	51	27	23	27
52	26	21	22	53	25	21	22	54	25	21	22

从表 3.5 中数据可以看出，乳化炸药爆炸产生了大量的一氧化碳气体。在放炮 10min 后，距掌子面 50m 处的一氧化碳浓度高达 164×10^{-6}，这明显高于爆破安全规程里的 24×10^{-6}。放炮 52min 后仍有浓度高达 26×10^{-6} 的一氧化碳存在，说明隧道内一氧化碳稀释和排除缓慢，现场通风效果不佳，应及时修补由于放炮损坏的风带，减少漏风，加大风机供风量，改善掌子面施工环境。

3.1.2 喷浆施工过程中烟气、粉尘浓度及其分布规律

隧道进行喷浆作业时会产生大量的粉尘，这些粉尘会悬浮于空中随风流扩散并污染隧道。这些污染物将严重危害施工人员的身心健康及施工安全。进行现场试验的主要目的是掌握螺旋隧道内喷浆作业时粉尘的运移规律及其在隧道断面上的分布规律，验证下文的数值模拟和指导现场的施工。

根据研究对象，本节测定两个内容：喷浆作业时隧道内沿程粉尘浓度和粉尘分散度。

1. 粉尘浓度测定

隧道施工时需要各种材料，车辆、机械会频繁出入。检测粉尘浓度时选用便于携带和安放的矿用 CCZ1000 直读式粉尘浓度测量仪，如图 3.3 所示。

图 3.3　CCZ1000 直读式粉尘浓度测量仪

现代化的中央处理技术是粉尘浓度测量仪器数据准确的保证。CCZ1000 直读式粉尘浓度测量仪的主要优点是处理数据快、稳定性好和测量结果准确等。它的最大检测次数为 50 次，并且能够直接读取数据。粉尘浓度测量仪具体技术指标见表 3.6。

表 3.6 粉尘浓度测量仪技术指标

项目	参数/类型
粉尘浓度测量范围	0.001～1000mg/m³
电源(本安)	镍氢电池
粉尘仪测量相对误差	≤±10%
尺寸	235mm×185mm×82mm
稳定性相对误差	±2.5%
采样范围	呼吸性粉尘、全尘
整机质量	不超过 2.5kg
采样流量	2L/min
采样流量误差	≤1.5%
采样流量稳定性	≤±5%
连续工作时间	≥150min
防爆形式	矿用本质安全型，防爆标志 ExibI

粉尘检测点布置在隧道内远离风筒的一侧，距离地面 1.6m 处的呼吸带上，第一检测点位于距掌子面 20m 处，检测点之间间隔为 10m。

喷浆作业时，将矿用 CCZ1000 直读式粉尘浓度测量仪摆放在第一个检测点上，待读数基本稳定时结束检测，以同样的方式进行下一点的检测。对每一个检测点取稳定时的 5 个检测数据，然后取其平均值记录为该点的粉尘浓度检测结果，检测结果见表 3.7。

表 3.7 粉尘浓度检测结果

与掌子面距离/m	粉尘浓度/(mg/m³)
20	68.320
30	55.750
40	39.610
50	24.230
60	19.160

从表 3.7 可知，在远离掌子面的过程中，隧道内远离风筒的一侧，沿程粉尘浓度先是快速降低而后逐渐缓慢下降。距掌子面 20m 处，粉尘浓度可达 68.320mg/m³，远高于相关规定允许的粉尘浓度限制值。在距掌子面 60m 处，粉尘浓度仍未降到限制值以下。

测试结果表明，隧道在进行喷浆作业时会产生高浓度的粉尘，对施工环境造成极大的污染。为了保障作业人员的身体健康及施工安全，不仅工人要加强个体防护措施，还应加强降尘措施和优化通风控制系统。

2. 粉尘分散度测定

本次研究应用的测定工具为 Mastersizer 2000 激光粒度仪，如图 3.4 所示。

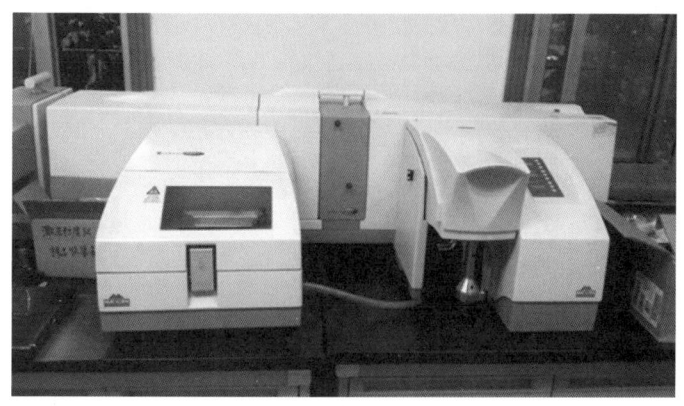

图 3.4　Mastersizer 2000 激光粒度仪

Mastersizer 2000 激光粒度仪结合了高度实用的常规颗粒表征与激光衍射技术，已在全球范围内广泛应用。Mastersizer 2000 激光粒度仪的优势主要体现在应用范围广、效率高、便捷以及结果准确，而且该仪器的体积小、性能优越、可靠性高，在使用中程序员调试完毕后可以实现自动测量。它的测量粒径区间为 0.01～3500μm，粒度分级数目 100（用户可调）。它的应用原理是根据颗粒对光的散射作用来测量颗粒的大小。

喷浆作业时，在距掌子面 15m 处取一定的粉尘样品，然后用 Mastersizer 2000 激光粒度仪测定其分散度，通过测试和计算，得到粉尘粒径分布和质量分数，见表 3.8。

表 3.8　粉尘粒径分布及质量分数

粒径/μm	质量分数/%
0～20	2.30
20～50	16.60
50～80	25.40
80～110	23.00
110～140	14.20
140～170	12.00
170～200	6.50

统计表 3.8 中的各粒径粉尘的质量分数，得到粉尘的筛余质量分数，如图 3.5 所示。

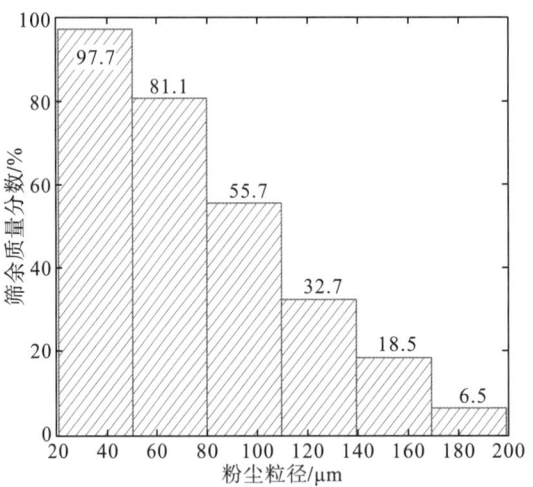

图 3.5 粉尘的筛余质量分数

通过对粉尘的现场取样、测试及计算可知，五老峰隧道、兴隆隧道及咪的村隧道进行喷浆作业时，空气中飘浮粉尘的粒径主要分布在 0~200μm。另外，粒径小于等于 140μm 的粉尘占比可达 81.5%，说明粉尘在扩散过程中，粒径比较大的沉降速度快，粒径小的下沉慢，易于向洞口运移。

3. 粉尘分散度函数

罗辛-拉姆勒 (Rosin-Rammler) 分布函数能准确地描述颗粒的粗细程度（刘晓丽，2012）。目前，它在粉尘分散度函数领域中的应用十分普遍，其表达式如下：

$$Y_\mathrm{d} = \mathrm{e}^{-(d/\bar{d})^n} \tag{3.1}$$

式中，Y_d 为筛余累计分布率；d 为粉尘直径，μm；$\bar{d}$ 为粉尘中径，μm；n 为分布指数。

对式 (3.1) 两边同时取自然对数，得

$$-\ln Y_\mathrm{d} = \left(\frac{d}{\bar{d}}\right)^n \tag{3.2}$$

然后再取自然对数，得

$$\ln(-\ln Y_\mathrm{d}) = n\ln d - n\ln \bar{d} \tag{3.3}$$

令 $\ln(-\ln Y_\mathrm{d}) = y$，$\ln d = x$，$n = b$，$-n\ln \bar{d} = a$，即可转换为下式：

$$y = a + bx \tag{3.4}$$

利用最小二乘法求 a 和 b，对 n 个试验数据 (x_i, y_i) $(i=1,2,3,\cdots,n)$，使其离差平方和 $\sum_{i=1}^{n}(y_i - a - bx_i)^2$ 达到最小值。

离差平方和总是存在极小值，a 和 b 具有如下的计算公式：

$$b = \frac{L_{xy}}{L_{xx}}, \quad a = \bar{y} - b\bar{x} \tag{3.5}$$

式中，$\bar{x} = \frac{1}{k}\sum_{i=1}^{k} x_i$，其中 k 表示统计个数；$\bar{y} = \frac{1}{k}\sum_{i=1}^{k} y_i$；$L_{xx} = \sum_{i=1}^{n}(x_i - \bar{x})^2 = \sum_{i=1}^{n} x_i^2 - \frac{1}{n}\left(\sum_{i=1}^{n} x_i\right)^2$；

$L_{xy} = \sum_{i=1}^{n}(x_i - \bar{x})(y_i - \bar{y}) = \sum_{i=1}^{n} x_i y_i - \frac{1}{n}\left(\sum_{i=1}^{n} x_i\right)\left(\sum_{i=1}^{n} y_i\right)$。

表 3.9 为粉尘分散度计算表，将测试得到的粉尘粒径代入表中计算即可得到相关参数。

表 3.9 粉尘分散度计算表

粒径/μm	$y_i = \ln(-\ln Y_d)$	$x_i = \ln d$	$y_i^2 = [\ln(-\ln Y_d)]^2$	$x_i^2 = (\ln d)^2$	$y_i x_i = \ln d \ln(-\ln Y_d)$
20	−3.7606	2.9957	14.1425	8.9744	−11.2659
50	−1.5631	3.9120	2.4433	15.3039	−6.1149
80	−0.5358	4.3820	0.2871	19.2022	−2.3480
110	0.1114	4.7005	0.0124	22.0945	0.5234
140	0.5232	4.9416	0.2737	24.4198	2.5854
170	0.8651	5.1358	0.7483	26.3764	4.4428
合计	−4.3598	26.0676	17.9073	116.3712	−12.1772

将表 3.9 中的数据依次代入式 (3.5) 中，通过计算得到 $n = b \approx 2.1695$，$\bar{d} = \mathrm{e}^{-\frac{a}{n}} = 108\,\mu\mathrm{m}$，粉尘的分散度函数为

$$Y_d = \mathrm{e}^{-(d/108)^{2.1695}} \tag{3.6}$$

通过上述罗辛-拉姆勒分布函数的计算方法得到了本次用于数值模拟的粉尘分散度函数，如图 3.6 所示。通过该函数与试验测得的粉尘粒径分布的对比可以看出，粉尘分散度函数能够准确地描述螺旋隧道进行喷浆作业时粉尘的实际粗细程度。

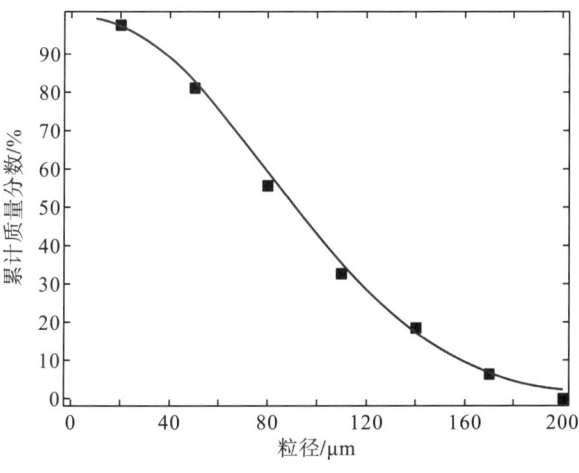

图 3.6 分散度函数曲线

3.1.3 车辆运输过程中的废气

自柴油机问世以来,凭借其良好的动力性、经济性和耐久性等优点在各种动力装置和车辆上得到广泛的应用。

柴油发动机尾气中,主要成分有氮气、二氧化碳、水、氧气和其他污染物,主要排放的污染物为颗粒物(particulate matter,PM)和NO_x,而CO和碳氢化合物(hydrocarbon,HC)排放量较低。因此,控制柴油机尾气排放主要是控制PM和NO_x的生成,降低PM和NO_x的直接排放。

柴油机排出的NO_x中,NO占85%~95%,NO_2只是其中很少的一部分。NO无色无味、毒性不大,但高浓度时能导致神经中枢瘫痪和痉挛,而且NO排入大气后会逐渐被氧化为NO_2。NO_2是一种有刺激性气味、毒性很强(毒性大约是NO的5倍)的红棕色气体,可对人的呼吸道及肺造成损害,严重时能引起肺气肿。当浓度高达一定值时,会随时导致生命危险(远莹莹,2007)。NO_x和HC在太阳光作用下会生成光化学烟雾,NO_x还会增加周围臭氧的浓度,而臭氧则会破坏植物的生长。此外,NO_x还对各种纤维、橡胶、塑料、电子材料等具有不良影响。基于上述原因,柴油机排放物中的NO_x对环境的严重污染引起了世界范围的普遍关注,因此各国限制其排放的法规亦越来越严格。

柴油车的尾气严重影响着人们的身体健康。柴油机尾气组成成分以及对人体的危害见表3.10。

表3.10 柴油机尾气组成成分以及危害

化学成分	性质	危害
CO	无色无味、有毒	与血红蛋白的亲和力远比氧大,使得血红蛋白失去输氧能力,引起头痛、眩晕、恶心,甚至昏迷和死亡
HC	尾气中未燃烧的部分以及蒸发与滴漏	光化学烟雾的重要成分,当光化学烟雾中的光化学氧化剂超过一定浓度时,具有明显的刺激性
NO_x	NO无色且不稳定,易被氧化生成NO_2,NO_2红棕色刺鼻	对眼睛、呼吸道黏膜和肺部组织有强烈的刺激性和腐蚀作用,严重时引起肺水肿
微粒	柴油发动机燃料不完全燃烧的产物,含有大量黑色碳颗粒	因含有少量的带有特殊臭味的乙醛,引起恶心和头晕
硫化物	主要为SO_2,无色,有强烈的硫黄气味及酸味	对眼睛和呼吸道黏膜有强烈的刺激作用,可能引起喉炎和肺水肿
CO_2	无色无毒	当二氧化碳浓度为10%时,可使人的意识模糊

在五老峰隧道、兴隆隧道及咪的村隧道的施工中,装载机、挖掘机以及自卸车都是使用柴油机作为动力的,在隧道施工中,大气环境差,重车油耗高、排放量大,将会大量生成PM、NO_x以及CO。

3.2 隧道花岗岩段放射性危害

3.2.1 花岗岩放射性污染方式

花岗岩放射性污染主要包括γ射线辐射、氡气及氡子体内照射。

1. γ射线辐射

花岗岩经γ衰变，释放出γ射线(高能光子流)，此种辐射穿透性强、散射作用强，电离本领相对较弱。

人体中70%为水，25%为高分子，5%为低分子，因此人体细胞主要由水组成。按照电离损伤学说，在水中电离将使分子发生变化并会形成一种对染色体有害的化学物质，这种损伤使细胞的结构和功能发生变化，显示出临床症状。

γ射线产生辐射损伤的过程非常复杂，通常可分四个阶段。

(1) 最初物理阶段(仅持续10～16s)，辐射能量瞬间沉积在细胞内并引起电离。

(2) 物理-化学阶段(持续6～10s)，在第一阶段产生的正负离子与其他水分子等作用形成一些新的产物。

(3) 化学阶段(持续几秒钟)，反应产物作用于细胞的有机分子、自由基和氧化剂，可能破坏构成染色体的复杂分子。

(4) 生物阶段，这个阶段时间变化可从几十分钟到几十年，由所受剂量大小和特定症状而定。

上述物理化学变化可导致细胞早期死亡，阻止或延迟细胞分裂，导致细胞永久性变形等。细胞受损伤导致了辐射对人体的效应。这些效应分为两类：一类为出现在受照者本人身上的，称为躯体效应，如放射病、白内障、辐射诱发的癌症等；另一类为出现在受照者后代身上的，称为遗传效应。

2. 氡气及氡子体内照射

氡是一种天然放射性气体，俗称氡气，是放射性重元素的衰变产物。花岗岩石材是氡的主要来源。氡气及氡子体是危害较大的放射性核素，人们吸进氡气及氡子体后，在体内引起内照射，极易引发肺部疾病。

3.2.2 花岗岩放射性气体

1. 氡的本底值

地壳中不同时代的岩石和土壤都不同程度地含有天然放射性元素。氡同位素有 ^{210}Rn、^{219}Rn、^{222}Rn，因 ^{222}Rn 的半衰期最长，所以自然界中见到的主要是 ^{222}Rn，氡射气主要指的是 ^{222}Rn。

南京大学地质系对华南地区不同时期花岗岩进行了铀含量测定,结果见表 3.11(唐俊华,2001)。

表 3.11　不同时期花岗岩中铀含量平均值

雪峰期/($\times 10^{-6}$)	加里东期/($\times 10^{-6}$)	印支期/($\times 10^{-6}$)	燕山早期/($\times 10^{-6}$)	燕山晚期/($\times 10^{-6}$)	平均值/($\times 10^{-6}$)
7.1	6.4	12.4	18.8	18.9	13.8

利用下式可计算出地区氡射气的可能本底值:

$$N_{\mathrm{Rn}} = \frac{\alpha \cdot U \cdot c \cdot \rho}{\eta}\ 3.4 \times 10^4 \tag{3.7}$$

式中,α 为氡射气系数;ρ 为岩石密度;η 为岩石孔隙度;U 为岩石中铀的含量,%;c 为铀、镭平衡系数。

表 3.12 是我们对不同地区氡的可能本底值进行初步计算的结果,计算时各参数取值是参考了有关文献后确定的。

表 3.12　不同地区氡的可能本底值

	印支期花岗岩	燕山晚期花岗岩	花岗岩最高含量
铀含量/($\times 10^{-6}$)	12.4	18.9	24.1
氡可能本底值/爱曼[①]	52.7	80.325	102.425

2. 氡射气的特性及迁移聚集过程

氡是无色无味的气体,它是惰性元素簇中最末一个。^{222}Rn 的半衰期为 3.825 天,主要进行 α 衰变并辐射 α 射线,其衰变后的一系列产物(称为氡的子体或子代产物)仍可辐射 α 粒子,直至变成稳定的铅同位素 ^{206}Pb。氡能溶于水及其他液体中,并易被松散多孔物质所吸附。

氡及其子体辐射的 α 粒子具有一定能量,虽然其穿透能力很弱,但容易将能量传递给其他物质并使其电离和激发。空气中主要的放射性污染物是氡和它的子体以及由它辐射的α粒子。当一定量的 α 辐射体被吸入人体后危害甚大,有关资料表明大多数 α 辐射体有很高的毒性。

地壳中不同岩石、土壤中都相应含有微量放射性元素。这些元素(如 U、Ra、Rn)在大气降水渗入地下过程中以溶解或悬浮等方式进入地下水,并以水为"载体"和地下水一道向断裂破碎带等储水空间迁移、富集。断裂带具有较好的通气性、透水性,是地下水和气体的良好通道,加上断裂带中的黏土和铁锰胶体等对放射性元素的吸附,以及断裂带中的 U、Ra 不断衰变等原因,使断裂破碎带附近氡的浓度要比完整基岩处大得多。氡气在浓度差、压力差和温度差等因素作用下,以扩散、对流和抽吸等方式沿断裂带上升至浅部,从而在其出口和覆盖层接触处形成浓度比围岩大得多的氡气晕,该气晕在覆盖层中继续向

[①] 1 爱曼=3.7Bq/L=1×10^{-10}ci/L。

地表迁移和扩散。根据大量的测试观察资料综合分析可知，在断裂带处氡气浓度异常值要比完整基岩处氡的本底值高 3~10 倍。

氡的扩散过程与其浓度梯度、介质性质等因素有关。若仅考虑由浓度变化而引起的扩散，则在介质中氡的扩散规律为

$$x = \frac{\ln\left(\dfrac{N_0}{N}\right)}{\sqrt{\dfrac{\lambda}{D}}} \tag{3.8}$$

式中，N_0 为氡射气在基岩面断裂出口处的浓度；N 为扩散至 x 距离处的氡浓度；λ 为氡的衰变常数；D 为氡射气扩散系数；x 为由 N_0 到 N 的距离(扩散距离)。

3. 氡气污染及其危害

一般认为氡及其子体辐射的α射线对人的外照射并非十分严重，但是一旦进入人体内，射线就会连续照射人体(称内照射)而产生辐射损伤。氡及其子体进入人体的途径：①直接吸入；②由口通过食道咽下；③通过皮肤或污染伤口进入；④直接照射皮肤。

吸入到肺中的放射性污染物一部分进入血液，另一部分被排出而后又被咽下，通过消化道进入体液，或溶于溶液的污染物直接进入消化道。α射线有足够的能量引起细胞中水分子的电离，从而使细胞死亡失去功能或形成非正常细胞，在临床症状上将表现为放射性病和诱发癌症。若辐射损伤的是生殖细胞，症状将表现在受照者后代身上。发生损伤的概率取决于接受α辐射剂量的大小。

3.2.3 隧道放射性初勘及岩石放射性检测

1. 咪的村隧道

咪的村隧道伽马结果见 2.3.6 节。

针对咪的村隧道岩石的放射性情况，将现场取回的岩心委托专业检测公司进行检测，检测结果表明铀含量＜0.001%。

2. 兴隆隧道

通过详勘阶段对隧址区花岗岩进行放射性元素检测，其结果见表 3.13。

表 3.13 花岗岩放射性试验结果统计表

类别	^{226}Ra Bq/kg	^{232}Th Bq/kg	^{40}K Bq/kg	I_{Ra}(内照) 测量值	I_r(外照) 测量值	检测单位
S-XLSD-XJ-ZK-05 (86.0~86.5m)	221.2	370.2	1528.8	1.106	2.4038	中国科学院地球化学研究所
LK24+175 里程	137.7	327.1	1625.7	0.7	2.0	昆明矿产资源监督检测中心

根据《建筑材料放射性核素限量》(GB 6566—2010)关于装饰装修材料放射性水平大小的划分(表 2.6)，花岗岩装饰装修材料放射性 I_{Ra} 与 I_r 测试值水平为 C 类，根据详勘阶段放射性报告综合判断兴隆隧道花岗岩对施工作业人员身体影响较小。施工中注意：①隧道施工中布置有利的通风措施；②缩短工人在隧道内施工作业时间，工人及时休息或换班。

3.3 隧道施工期空气质量控制标准

3.3.1 隧道爆破施工的氧平衡

从理论上讲，爆破时使用的炸药在氧气的作用下发生爆炸、燃烧等，产生氧富余、氧恰好、氧不足三种情况，即正氧平衡、零氧平衡及负氧平衡。正氧平衡的炸药爆炸时生成较多的氮氧化物(NO_x)，负氧平衡的炸药爆炸时生成较多的一氧化碳(CO)，零氧平衡的炸药爆炸时既不产生一氧化碳(CO)，也不产生氮氧化物(NO_x)。但在实际爆破中，几乎所有炸药爆炸时都会产生有毒有害气体，且一种炸药的理论爆炸产物和实际爆炸产物存在着差别。

3.3.2 隧道施工相关劳动卫生标准

在隧道施工过程中，打眼、放炮、装卸渣、车辆运输、混凝土拌和、喷射混凝土等作业流程会产生大量的无机粉尘和有毒有害气体。粉尘和有害气体不仅危害作业人员的健康和安全，而且影响内燃设备工作效率，从而产生更多各种有毒气体，严重影响施工人员的身体健康、工程进度及施工质量。

自 1962 年出台《工业企业设计卫生标准》后，各领域不断有相关的环境卫生标准规定出台。《公路隧道施工技术规范》(JTG/T 3660—2020)、《铁路隧道设计规范》(TB 10003—2016)、《铁路瓦斯隧道技术规范》(TB 10120—2019)和《煤矿安全规程》等都对隧道可能出现的有毒有害气体和粉尘做了详细的要求。

1. 粉尘最大允许浓度

《公路隧道施工技术规范》(JTG/T 3660—2020)对隧道中各类粉尘浓度进行了详细的规定。所有规定值分为时间加权平均容许浓度(permissible concentration-time weighted average，PC-TWA)(8h)和短时间接触容许浓度(permissible concentration-short term exposure limit，PC-STEL)(15min)。根据规范要求，任何粉尘浓度不得累积超过 PC-STEL 值，整个过程的平均浓度不得超过 PC-TWA 值。

2. 有毒有害气体最大允许浓度

一氧化碳(CO)浓度：空气中一氧化碳(CO)体积浓度不得超过 0.0024%，质量浓度不得超过 30mg/m³，且施工人员进入隧道开挖面后 30min 浓度应该降至 30mg/m³。

氮氧化物(NO_x)浓度：换算成 NO_2，其体积浓度不得超过 0.00025%，质量浓度不得超过 $5mg/m^3$。

3. 隧道内允许温度

洞内温度应控制在 15~20℃，掘进工作面的温度不宜超过 28℃。

4. 风速要求

隧道全断面开挖时，隧道通风风速不得小于 0.15m/s，分部分开挖时坑道中风速不得小于 0.25m/s，但均不应大于 6m/s。

5. 放射性规范

《建筑材料放射性核素限量》（GB 6566—2010）规定：装修材料中天然放射性核素镭-226、钍-232、钾-40 的放射性比活度同时满足 I_{Ra}≤1.0 和 I_r≤1.3 要求的为 A 类装修材料。不满足 A 类装修材料要求但同时满足 I_{Ra}≤1.3 和 I_r≤1.9 要求的为 B 类装修材料。B 类装修材料不可用于Ⅰ类民用建筑的内饰面，但可用于Ⅰ类民用建筑的外饰面及其他一切建筑物的内、外饰面。不满足 A 类、B 类装修材料要求但满足 I_r≤2.8 要求的为 C 类装修材料。C 类装修材料只可用于建筑物的外饰面及室外其他用途。I_r＞2.8 的花岗石只可用于碑石、海堤、桥墩等人类很少涉及的地方。

3.4 本章小结

本章以五老峰隧道、兴隆隧道及咪的村隧道为工程依托，分析了隧道施工期职业健康环境影响因素，探究了隧道花岗岩段的放射性危害，建立了隧道施工期职业健康环境控制标准，主要结论如下。

(1) 以五老峰隧道、兴隆隧道及咪的村隧道为工程依托，分析了隧道爆破施工和喷浆施工过程中烟气、粉尘浓度及分布规律，介绍了车辆运输过程中的废气。

(2) 研究了花岗岩放射性污染的两种方式：γ 射线辐射、氡气及氡子体内照射。借助 JGS-1 综合测井仪对隧址区花岗岩进行放射性元素检测，得出花岗岩装修材料放射性 I_{Ra} 与 I_r 测试值水平为 C 类。

(3) 通过分析隧道爆破施工的有毒有害气体及氧平衡，结合隧道施工相关劳动卫生标准，制定隧道内粉尘、有毒有害气体及温度的控制标准，建立了隧道施工期职业健康环境控制标准。

第 4 章 隧道施工区污染物扩散机制相似模型试验

4.1 隧道相似模型

4.1.1 施工区域空气流动控制方程及相似准则

1. 施工区域空气流动控制方程

流体流动满足物理守恒定律，基本的守恒定律包括：质量守恒定律、动量守恒定律、能量守恒定律及热力学第二定律。下面直接给出一般惯性直角坐标系下，三维非定常、黏性流动的流动力学基本方程(李秀英，2009)。

1) 质量守恒方程

质量守恒方程(连续方程)：单位时间内流体微元中质量的增加等于同一时间间隔内流入该微元体的净质量，表达式为

$$\frac{\partial \rho}{\partial t}+\frac{\partial(\rho u)}{\partial x}+\frac{\partial(\rho v)}{\partial y}+\frac{\partial(\rho w)}{\partial z}=0 \tag{4.1}$$

式中，ρ 为密度，kg/m³；t 为时间，s；u、v、w 分别表示速度矢量 $\boldsymbol{u}$ 在 x、y 和 z 方向上的分量，m/s。

2) 动量守恒方程

动量守恒方程：微元体中流体的动量对时间的变化率等于外界作用在该微元体上的各力之和(王明超，2016)，表达式为

$$\frac{\partial(\rho u)}{\partial t}+\frac{\partial(\rho uu)}{\partial x}+\frac{\partial(\rho uv)}{\partial y}+\frac{\partial(\rho uw)}{\partial z}=-\frac{\partial P}{\partial x}+\rho f_x+\frac{\partial}{\partial x}\left[-\frac{2}{3}\mu\left(\frac{\partial u}{\partial x}+\frac{\partial v}{\partial y}+\frac{\partial w}{\partial z}\right)+2\mu\frac{\partial u}{\partial x}\right] \\ +\frac{\partial}{\partial y}\left[\mu\left(\frac{\partial v}{\partial x}+\frac{\partial u}{\partial y}\right)\right]+\frac{\partial}{\partial z}\left[\mu\left(\frac{\partial u}{\partial z}+\frac{\partial w}{\partial x}\right)\right] \tag{4.2}$$

$$\frac{\partial(\rho v)}{\partial t}+\frac{\partial(\rho vu)}{\partial x}+\frac{\partial(\rho vv)}{\partial y}+\frac{\partial(\rho vw)}{\partial z}=-\frac{\partial P}{\partial y}+\rho f_y+\frac{\partial}{\partial x}\left[\mu\left(\frac{\partial v}{\partial x}+\frac{\partial u}{\partial y}\right)\right] \\ +\frac{\partial}{\partial y}\left[-\frac{2}{3}\mu\left(\frac{\partial u}{\partial x}+\frac{\partial v}{\partial y}+\frac{\partial w}{\partial z}\right)+2\mu\frac{\partial v}{\partial y}\right]+\frac{\partial}{\partial z}\left[\mu\left(\frac{\partial w}{\partial y}+\frac{\partial v}{\partial z}\right)\right] \tag{4.3}$$

$$\frac{\partial(\rho w)}{\partial t}+\frac{\partial(\rho wu)}{\partial x}+\frac{\partial(\rho wv)}{\partial y}+\frac{\partial(\rho ww)}{\partial z}$$
$$=-\frac{\partial P}{\partial z}+\rho f_z+\frac{\partial}{\partial x}\left[\mu\left(\frac{\partial u}{\partial z}+\frac{\partial w}{\partial x}\right)\right]+\frac{\partial}{\partial y}\left[\mu\left(\frac{\partial w}{\partial y}+\frac{\partial v}{\partial z}\right)\right]+\frac{\partial}{\partial z}\left[-\frac{2}{3}\mu\left(\frac{\partial u}{\partial x}+\frac{\partial v}{\partial y}+\frac{\partial w}{\partial z}\right)+2\mu\frac{\partial w}{\partial z}\right]$$
(4.4)

式中，f_x、f_y、f_z 分别为作用于单位质量气体的体积力在 x、y 和 z 方向上的分量，N/kg；P 为压力；μ 为气体动力黏性系数，kg·s/m²。

3) 能量守恒方程

能量守恒方程：微元体中能量的增加率等于进入微元体的净热流量加上体力与面力对微元体所做的功，表达式为

$$\frac{\partial(\rho e)}{\partial t}+\frac{\partial(\rho eu)}{\partial x}+\frac{\partial(\rho ev)}{\partial y}+\frac{\partial(\rho ew)}{\partial z}$$
$$=\rho\dot{q}+\frac{\partial}{\partial x}\left(k\frac{\partial T}{\partial x}\right)+\frac{\partial}{\partial y}\left(k\frac{\partial T}{\partial y}\right)+\frac{\partial}{\partial z}\left(k\frac{\partial T}{\partial z}\right)-P\left(\frac{\partial u}{\partial x}+\frac{\partial v}{\partial y}+\frac{\partial w}{\partial z}\right)-\frac{2}{3}\mu\left(\frac{\partial u}{\partial x}+\frac{\partial v}{\partial y}+\frac{\partial w}{\partial z}\right)^2 \quad (4.5)$$
$$+\mu\left[2\left(\frac{\partial u}{\partial x}\right)^2+2\left(\frac{\partial v}{\partial y}\right)^2+2\left(\frac{\partial w}{\partial z}\right)^2+\left(\frac{\partial u}{\partial y}+\frac{\partial v}{\partial x}\right)^2+\left(\frac{\partial u}{\partial z}+\frac{\partial w}{\partial x}\right)^2+\left(\frac{\partial v}{\partial z}+\frac{\partial w}{\partial y}\right)^2\right]$$

式中，e 为单位质量气体的内能，J/kg；k 为热传导系数，W/(m·K)；$\dot{q}$ 为除热传导外，单位时间内对单位质量气体的外加热量，J/(kg·s)；T 为温度，K。

4) 状态方程

$$P=\rho RT \quad (4.6)$$

式中，R 为气体常数，J/K。

2. 施工区域空气流动空间坐标变量分析

流体的运动分析或以流场为研究对象，或以总流为研究对象，可以根据流动的状态分为一元流动 (one-dimensional flow)、二元流动 (two-dimensional flow) 和三元流动 (three-dimensional flow)。一元流动是指流体在某一个方向流动较为显著，其余两个方向的流动可忽略不计，流体的运动要素可以表达为一个空间坐标与时间 t 的函数，即 $u=u(s,t)$，管道中的流动往往被认为是一元流动；当流体主要在两个方向上流动，而第三个方向上的流动可以忽略时，即 $u=u(x, y, t)$，被称为二元流动，大部分绕流被认为是二元流动；当流体的运动要素是三个空间坐标的函数时，即 $u=u(x, y, z, t)$，属于三元流动。根据定义可知，当把流体定义为一元流动时，方程变量最少，最容易获得解，而当流体是三元流动时，方程更复杂，不容易获得解。因此为了更好地获得流动方程的解，大部分流动在被分析时会进行适当的简化变成低元流动。本节旨在获得隧道施工区域风流运动要素所含空间坐标变量个数，确定隧道施工区域风流是几元流动。在解决该问题时，通过采用数值计算的方法观察隧道施工区域的流动来确定。

以咪的村隧道压入式通风为例，采用 ANSYS ICEM 软件建立螺旋隧道，隧道长度为 300m，曲率半径为 700m，风筒出风口距掌子面 30m。计算采用 ANSYS Fluent 数值计算软件进行，风流通过风筒进入隧道中，设置进风风速为 15m/s。图 4.1 为隧道施工区域的流场分布。从图 4.1 中可以很明显地看出，在隧道内，无论是平面上还是断面上风流的方向都不是单一的。在隧道平面中，风流可以被分为三个区域：射流区、涡流区和回流区。风流在断面上也可以分为涡流区和回流区。在运营期，由于隧道已经贯通，流动整体向着一个方向，另外两个方向上的流动可以忽略，流场结构比较单一。此外，对于运营期隧道来说，长度远大于隧道直径，因此常常被简化为一元流动。而对于施工期的隧道，研究的关注点往往集中在掌子面附近的区域，该区域不仅是施工最集中的区域，也是污染物最集中的区域。根据计算结果(图 4.1)可以发现，隧道内风流在三个方向上流动都比较明显，由此可知：施工期隧道通风的风流结构不可简化为一元流动，须按照三元流动进行分析。

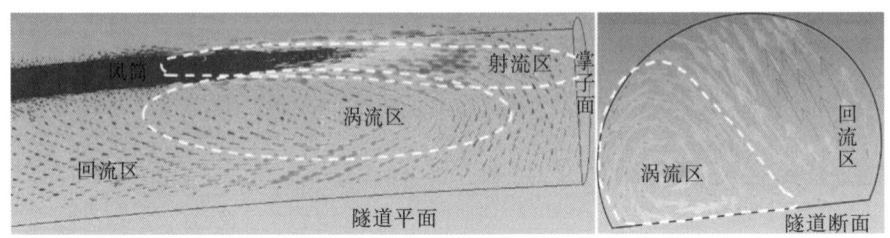

图 4.1　隧道施工区域流场分布

3. 流动相似准则

隧道模型与真实隧道内部流场的流动相似，要求两个流场的对应点所有表征流动状况的相应物理量都保持各自固定的比例关系。以下标"p"(prototype)表示原型隧道内的空气流场，下标"m"(model)表示模型隧道内的空气流场，各流动参数的比值用 Π 表示(Π 的下标表示具体某个参数)。根据相似要求建立各物理量之间的比例关系为

$$\begin{cases} x_m = \Pi_l x_p, \ y_m = \Pi_l y_p, \ z_m = \Pi_l z_p \\ t_m = \Pi_t t_p \\ u_m = \Pi_v u_p, \ v_m = \Pi_v v_p, \ w_m = \Pi_v w_p \\ \rho_m = \Pi_\rho \rho_p \\ P_m = \Pi_P P_p \\ f_{xm} = \Pi_g f_{xp}, \ f_{ym} = \Pi_g f_{yp}, \ f_{zm} = \Pi_g f_{zp} \\ e_m = \Pi_e e_p \\ T_m = \Pi_T T_p \\ \dot{q}_m = \Pi_q \dot{q}_p \\ k_m = \Pi_k k_p \\ \mu_m = \Pi_\mu \mu_p \end{cases} \quad (4.7)$$

式中，Π_l、Π_v、Π_g 分别为 $\dfrac{l_\mathrm{m}}{l_\mathrm{p}}$、$\dfrac{v_\mathrm{m}}{v_\mathrm{p}}$、$\dfrac{g_\mathrm{m}}{g_\mathrm{p}}$，即模型与原型的比例。

由式(4.1)可以得到模型和原型中流场流动的质量守恒方程：

$$\begin{cases}\dfrac{\partial \rho_\mathrm{m}}{\partial t_\mathrm{m}}+\dfrac{\partial(\rho_\mathrm{m}u_\mathrm{m})}{\partial x_\mathrm{m}}+\dfrac{\partial(\rho_\mathrm{m}v_\mathrm{m})}{\partial y_\mathrm{m}}+\dfrac{\partial(\rho_\mathrm{m}w_\mathrm{m})}{\partial z_\mathrm{m}}=0 \\ \dfrac{\partial \rho_\mathrm{p}}{\partial t_\mathrm{p}}+\dfrac{\partial(\rho_\mathrm{p}u_\mathrm{p})}{\partial x_\mathrm{p}}+\dfrac{\partial(\rho_\mathrm{p}v_\mathrm{p})}{\partial y_\mathrm{p}}+\dfrac{\partial(\rho_\mathrm{p}w_\mathrm{p})}{\partial z_\mathrm{p}}=0\end{cases} \tag{4.8}$$

将式(4.7)中相应的参数代入式(4.8)中，整理后可以得到：

$$\left(\dfrac{\Pi_\rho}{\Pi_t}\right)\dfrac{\partial \rho_\mathrm{p}}{\partial t_\mathrm{p}}+\left(\dfrac{\Pi_\rho \Pi_v}{\Pi_l}\right)\left[\dfrac{\partial(\rho_\mathrm{p}u_\mathrm{p})}{\partial x_\mathrm{p}}+\dfrac{\partial(\rho_\mathrm{p}v_\mathrm{p})}{\partial y_\mathrm{p}}+\dfrac{\partial(\rho_\mathrm{p}w_\mathrm{p})}{\partial z_\mathrm{p}}\right]=0 \tag{4.9}$$

为了使得模型和原型相似，式(4.9)中的系数需要相等，即

$$\dfrac{\Pi_\rho}{\Pi_t}=\dfrac{\Pi_\rho \Pi_v}{\Pi_l} \tag{4.10}$$

将式(4.7)代入式(4.10)中可以得到：

$$\dfrac{l_\mathrm{p}}{v_\mathrm{p}t_\mathrm{p}}=\dfrac{l_\mathrm{m}}{v_\mathrm{m}t_\mathrm{m}} \tag{4.11}$$

式(4.11)表示的是斯特劳哈尔数(Sr)。

由式(4.2)可以得到模型的动量守恒方程：

$$\begin{aligned}&\dfrac{\partial(\rho_\mathrm{m}u_\mathrm{m})}{\partial t_\mathrm{m}}+\dfrac{\partial(\rho_\mathrm{m}u_\mathrm{m}u_\mathrm{m})}{\partial x_\mathrm{m}}+\dfrac{\partial(\rho_\mathrm{m}u_\mathrm{m}v_\mathrm{m})}{\partial y_\mathrm{m}}+\dfrac{\partial(\rho_\mathrm{m}u_\mathrm{m}w_\mathrm{m})}{\partial z_\mathrm{m}} \\ &=-\dfrac{\partial P_\mathrm{m}}{\partial x_\mathrm{m}}+\rho_\mathrm{m}f_{x\mathrm{m}}+\dfrac{\partial}{\partial x_\mathrm{m}}\left[-\dfrac{2}{3}\mu_\mathrm{m}\left(\dfrac{\partial u_\mathrm{m}}{\partial x_\mathrm{m}}+\dfrac{\partial v_\mathrm{m}}{\partial y_\mathrm{m}}+\dfrac{\partial w_\mathrm{m}}{\partial z_\mathrm{m}}\right)+2\mu_\mathrm{m}\dfrac{\partial u_\mathrm{m}}{\partial x_\mathrm{m}}\right] \\ &\quad +\dfrac{\partial}{\partial y_\mathrm{m}}\left[\mu_\mathrm{m}\left(\dfrac{\partial v_\mathrm{m}}{\partial x_\mathrm{m}}+\dfrac{\partial u_\mathrm{m}}{\partial y_\mathrm{m}}\right)\right]+\dfrac{\partial}{\partial z_\mathrm{m}}\left[\mu_\mathrm{m}\left(\dfrac{\partial u_\mathrm{m}}{\partial z_\mathrm{m}}+\dfrac{\partial w_\mathrm{m}}{\partial x_\mathrm{m}}\right)\right]\end{aligned} \tag{4.12}$$

将式(4.7)中相应的参数代入式(4.12)中可以得到：

$$\begin{aligned}&\dfrac{\Pi_\rho \Pi_v}{\Pi_t}\dfrac{\partial(\rho_\mathrm{p}u_\mathrm{p})}{\partial t_\mathrm{p}}+\dfrac{\Pi_\rho \Pi_v^2}{\Pi_l}\left[\dfrac{\partial(\rho_\mathrm{p}u_\mathrm{p}u_\mathrm{p})}{\partial x_\mathrm{p}}+\dfrac{\partial(\rho_\mathrm{p}u_\mathrm{p}v_\mathrm{p})}{\partial y_\mathrm{p}}+\dfrac{\partial(\rho_\mathrm{p}u_\mathrm{p}w_\mathrm{p})}{\partial z_\mathrm{p}}\right] \\ &=\dfrac{\Pi_P}{\Pi_l}\left(-\dfrac{\partial P_\mathrm{p}}{\partial x_\mathrm{p}}\right)+\Pi_\rho \Pi_g \cdot \rho_\mathrm{p}f_{x\mathrm{p}}+\dfrac{\Pi_\mu \Pi_v}{\Pi_l^2}\cdot\left\{\dfrac{\partial}{\partial x_\mathrm{p}}\left[-\dfrac{2}{3}\mu_\mathrm{p}\left(\dfrac{\partial u_\mathrm{p}}{\partial x_\mathrm{p}}+\dfrac{\partial v_\mathrm{p}}{\partial y_\mathrm{p}}+\dfrac{\partial w_\mathrm{p}}{\partial z_\mathrm{p}}\right)\right.\right. \\ &\quad \left.\left.+2\mu_\mathrm{p}\dfrac{\partial u_\mathrm{p}}{\partial x_\mathrm{p}}\right]+\dfrac{\partial}{\partial y_\mathrm{p}}\left[\mu_\mathrm{p}\left(\dfrac{\partial v_\mathrm{p}}{\partial x_\mathrm{p}}+\dfrac{\partial u_\mathrm{p}}{\partial y_\mathrm{p}}\right)\right]+\dfrac{\partial}{\partial z_\mathrm{p}}\left[\mu_\mathrm{p}\left(\dfrac{\partial u_\mathrm{p}}{\partial z_\mathrm{p}}+\dfrac{\partial w_\mathrm{p}}{\partial x_\mathrm{p}}\right)\right]\right\}\end{aligned} \tag{4.13}$$

为了使得模型和原型相似，式(4.13)中的系数需要相等，即

$$\dfrac{\Pi_\rho \Pi_v}{\Pi_t}=\dfrac{\Pi_\rho \Pi_v^2}{\Pi_l}=\dfrac{\Pi_P}{\Pi_l}=\Pi_\rho \Pi_g=\dfrac{\Pi_\mu \Pi_v}{\Pi_l^2} \tag{4.14}$$

式(4.14)中存在五个独立项,第一项和第二项可以获得斯特劳哈尔数,第二项和第三项可以推导得到:

$$\Pi_\rho \Pi_v^2 = \Pi_P \Rightarrow \frac{v_m^2}{P_m/\rho_m} = \frac{v_p^2}{P_p/\rho_p} \Rightarrow \frac{P_m}{\rho_m v_m^2} = \frac{P_p}{\rho_p v_p^2} \tag{4.15}$$

式(4.15)表示的是欧拉数(Eu)。

此外,声速公式:

$$a = \sqrt{\gamma \frac{P}{\rho}} = \sqrt{\gamma R T} = \sqrt{c_p(\gamma-1)T} \tag{4.16}$$

式中,γ为气体的热容比;c_p为定压热容,J/K。

$$\gamma = \frac{c_p}{c_V}, c_p = \frac{\gamma}{\gamma-1}R, c_V = \frac{1}{\gamma-1}R \tag{4.17}$$

式中,c_V为定容热容,J/K。

可以推导获得流动过程中的马赫数(Ma):

$$Ma = \frac{v}{a} = \sqrt{\gamma \frac{P}{\rho}} \tag{4.18}$$

式中,v为流场中某点的速度;a为当地声速。

式(4.14)中第二项和第四项可以推导得到:

$$\frac{\Pi_v^2}{\Pi_l} = \Pi_g \tag{4.19}$$

将式(4.7)代入式(4.19)中可以得到:

$$\frac{v_p^2}{l_p g_p} = \frac{v_m^2}{l_m g_m} \tag{4.20}$$

式(4.20)表示的是弗劳德数(Fr)。

式(4.14)第二项和第五项可以推导得到:

$$\Pi_\rho \Pi_v = \frac{\Pi_\mu}{\Pi_l} \tag{4.21}$$

将式(4.7)代入式(4.21)中可以得到:

$$\frac{\rho_p l_p v_p}{\mu_p} = \frac{\rho_m l_m v_m}{\mu_m} \tag{4.22}$$

式(4.22)表示的是雷诺数(Re)。

由式(4.5)可以得到模型的能量守恒方程:

$$\frac{\partial(\rho_m e_m)}{\partial t_m} + \frac{\partial(\rho_m e_m u_m)}{\partial x_m} + \frac{\partial(\rho_m e_m v_m)}{\partial y_m} + \frac{\partial(\rho_m e_m w_m)}{\partial z_m}$$

$$= \rho_m \dot{q}_m + \frac{\partial}{\partial x_m}\left(k\frac{\partial T_m}{\partial x_m}\right) + \frac{\partial}{\partial y_m}\left(k\frac{\partial T_m}{\partial y_m}\right) + \frac{\partial}{\partial z_m}\left(k\frac{\partial T_m}{\partial z_m}\right) - P_m\left(\frac{\partial u_m}{\partial x_m} + \frac{\partial v_m}{\partial y_m} + \frac{\partial w_m}{\partial z_m}\right)$$

$$-\frac{2}{3}\mu_m\left(\frac{\partial u_m}{\partial x_m} + \frac{\partial v_m}{\partial y_m} + \frac{\partial w_m}{\partial z_m}\right)^2 + \mu_m\left[2\left(\frac{\partial u_m}{\partial x_m}\right)^2 + 2\left(\frac{\partial v_m}{\partial y_m}\right)^2 + 2\left(\frac{\partial w_m}{\partial z_m}\right)^2 + \left(\frac{\partial u_m}{\partial y_m} + \frac{\partial v_m}{\partial x_m}\right)^2\right.$$

$$\left. + \left(\frac{\partial u_m}{\partial z_m} + \frac{\partial w_m}{\partial x_m}\right)^2 + \left(\frac{\partial v_m}{\partial z_m} + \frac{\partial w_m}{\partial y_m}\right)^2\right] \tag{4.23}$$

将式(4.7)中相应的参数代入式(4.23)中可以得到：

$$\frac{\Pi_\rho \Pi_e}{\Pi_t}\frac{\partial(\rho_p e_p)}{\partial t_p} + \frac{\Pi_\rho \Pi_e \Pi_v}{\Pi_l}\cdot\left[\frac{\partial(\rho_p e_p u_p)}{\partial x_p} + \frac{\partial(\rho_p e_p v_p)}{\partial y_p} + \frac{\partial(\rho_p e_p w_p)}{\partial z_p}\right]$$

$$= \Pi_\rho \Pi_{\dot{q}} \cdot \rho_p \dot{q}_p + \frac{\Pi_k \Pi_T}{\Pi_l^2}\left[\frac{\partial}{\partial x_p}\left(k\frac{\partial T_p}{\partial x_p}\right) + \frac{\partial}{\partial y_p}\left(k\frac{\partial T_p}{\partial y_p}\right) + \frac{\partial}{\partial z_p}\left(k\frac{\partial T_p}{\partial z_p}\right)\right]$$

$$-\frac{\Pi_P \Pi_v}{\Pi_l}\left[P_p\left(\frac{\partial u_p}{\partial x_p} + \frac{\partial v_p}{\partial y_p} + \frac{\partial w_p}{\partial z_p}\right)\right] - \frac{\Pi_\mu \Pi_v^2}{\Pi_l^2}\left\{\frac{2}{3}\mu_p\left(\frac{\partial u_p}{\partial x_p} + \frac{\partial v_p}{\partial y_p} + \frac{\partial w_p}{\partial z_p}\right)^2 + \mu_p\left[2\left(\frac{\partial u_p}{\partial x_p}\right)^2\right.\right.$$

$$\left.\left. + 2\left(\frac{\partial v_p}{\partial y_p}\right)^2 + 2\left(\frac{\partial w_p}{\partial z_p}\right)^2 + \left(\frac{\partial u_p}{\partial y_p} + \frac{\partial v_p}{\partial x_p}\right)^2 + \left(\frac{\partial u_p}{\partial z_p} + \frac{\partial w_p}{\partial x_p}\right)^2 + \left(\frac{\partial v_p}{\partial z_p} + \frac{\partial w_p}{\partial y_p}\right)^2\right]\right\} \tag{4.24}$$

为了使得模型和原型相似，式(4.24)中的系数需要相等，即

$$\frac{\Pi_\rho \Pi_e}{\Pi_t} = \frac{\Pi_\rho \Pi_e \Pi_v}{\Pi_l} = \Pi_\rho \Pi_{\dot{q}} = \frac{\Pi_k \Pi_T}{\Pi_l^2} = \frac{\Pi_P \Pi_v}{\Pi_l} = \frac{\Pi_\mu \Pi_v^2}{\Pi_l^2} \tag{4.25}$$

式(4.25)中第四项和第六项相等可以得到：

$$\frac{\Pi_\mu \Pi_v^2}{\Pi_k \Pi_T} = 1 \tag{4.26}$$

将式(4.14)中第二项和第五项相等的结果[式(4.21)]代入式(4.26)中可得到：

$$\frac{\Pi_\rho \Pi_v \Pi_l}{\Pi_\mu} \cdot \frac{\Pi_v^2}{\Pi_T} \cdot \frac{\Pi_\mu}{\Pi_k} = 1$$

$$\Rightarrow \frac{\rho_m v_m l_m}{\mu_m} \cdot \frac{v_m^2}{(c_p)_m (\gamma_m - 1) T_m} \cdot \frac{\mu_m (c_p)_m}{k_m} \cdot (\gamma_m - 1) = \frac{\rho_p v_p l_p}{\mu_p} \cdot \frac{v_p^2}{(c_p)_p (\gamma_p - 1) T_p} \cdot \frac{\mu_p (c_p)_p}{k_p} \cdot (\gamma_p - 1)$$

$$\Rightarrow \frac{\mu_m (c_p)_m}{k_m} = \frac{\mu_p (c_p)_p}{k_p}, \quad \gamma_p = \gamma_m \tag{4.27}$$

根据式(4.27)可以获得流场流动过程中的普朗特数(Pr)。

通过以上的推导，获得了两个流动相似的主要相似参数：

$$\begin{cases} Ma = \dfrac{v}{a} \\ Fr = \dfrac{v^2}{gl} \\ Eu = \dfrac{p}{\rho v^2} \\ Re = \dfrac{\rho vl}{\mu} \\ Sr = \dfrac{l}{vt} \\ Pr = \dfrac{\mu c_p}{k} \end{cases} \quad (4.28)$$

为保证模型和原型的流动相似,就必须满足式(4.28)中所有参数对等。

4.1.2 隧道粉尘运动控制方程及相似准则推导

公路隧道在使用钻爆法施工时,主要有钻孔、爆破、出碴、立架和喷浆等工序,而在爆破和喷浆过程中都会有大量的粉尘产生。隧道爆破后,在炸药的高温高压下,岩层被破碎,部分岩石形成粉尘颗粒,在气流的作用下进入到隧道空间中,其分散度较高,能够长时间在空气中滞留,并随空气的流动而运移。此外,爆炸产生的冲击波也会将掌子面附近原本已经静止的粉尘重新扬起,使粉尘随着空气的流动在隧道中漂移。

在喷浆过程中,将预先配好的水泥、砂、石子、水和一定数量的外加剂装入喷射机中,利用高压空气将混合好的混凝土送到喷头和速凝剂混合后以较高的速度喷向隧道壁面。在这个过程中,并不能保证全部的混凝土被喷射到壁面上,有一些初速度不足的水泥粉形成粉尘进入到隧道空间中,并在高速喷射混凝土的卷吸作用下开始在隧道中运移。此外,还有一部分混凝土被喷射到隧道壁面后没有及时黏在壁面或者已有混凝土上,被反弹进入到隧道空间中,最终形成粉尘。除此之外,高速的射流会对混凝土的粒子产生冲撞,使其团块发生粉碎,并形成粉尘,这部分粉尘在喷射的高速作用下被带入到隧道空间中。

1. 隧道粉尘运动控制方程

粉尘在隧道内的运动是一种气固两相流动,而描述气固两相流动的数学模型可以分为连续介质模型和颗粒轨道模型两大类。为了便于研究,本章将粉尘在隧道中的运移看作连续介质。在隧道中,引起粉尘在沿程方向弥散的主要原因有风流对流、扩散运动及湍流脉动扩散作用。引起粉尘在高度方向沉降的主要原因有自身重力沉降、扩散沉降及湍流扩散沉降作用。

在隧道粉尘浓度场中,取一个微元体,如图4.2所示。

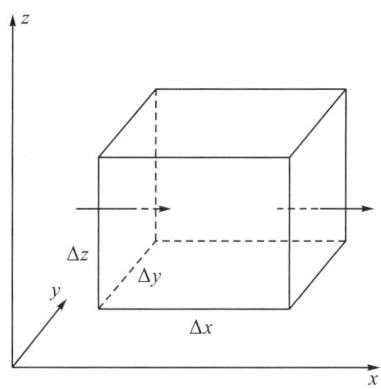

图 4.2 隧道粉尘运动微元体

采用质量守恒定律对粉尘运动微元体内粉尘质量变化进行分析。假设在单位时间内，由于粉尘分子扩散和湍流扩散引起的质量变化为 m_s，由于风流对流作用引起的质量变化为 m_c，由于粉尘自身重力沉降作用引起的质量变化为 m_g，而微元体内粉尘总质量的变化 m_t 为前三者之和，可得

$$m_s + m_c + m_g = m_t \tag{4.29}$$

粉尘的扩散通量为

$$q_x = -\left(D_x + k_x\right)\frac{\partial C}{\partial x} \tag{4.30}$$

式中，q_x 为粉尘沿 x 轴方向扩散通量，$kg/(m^2 \cdot s)$；D_x 为 x 轴方向上粉尘的分子扩散系数，m^2/s；k_x 为 x 轴方向上湍流扩散系数，m^2/s；C 为微元体内的粉尘浓度，kg/m^3；$\frac{\partial C}{\partial x}$ 为沿 x 轴方向的粉尘浓度梯度，kg/m^4。

因此，单位时间内，微元体在 x 轴正方向上由扩散引起的粉尘质量变化为

$$\begin{aligned}
& q_x \mathrm{d}y\mathrm{d}z\mathrm{d}t - q_{x+\mathrm{d}x}\mathrm{d}y\mathrm{d}z\mathrm{d}t \\
&= q_x \mathrm{d}y\mathrm{d}z\mathrm{d}t - \left(q_x + \frac{\partial q_x}{\partial x}\mathrm{d}x\right)\mathrm{d}y\mathrm{d}z\mathrm{d}t \\
&= -\frac{\partial q_x}{\partial x}\mathrm{d}x\mathrm{d}y\mathrm{d}z\mathrm{d}t \\
&= -\frac{\partial\left[-\left(D_x + k_x\right)\frac{\partial C}{\partial x}\right]}{\partial x}\mathrm{d}x\mathrm{d}y\mathrm{d}z\mathrm{d}t \\
&= \left(D_x + k_x\right)\frac{\partial^2 C}{\partial x^2}\mathrm{d}x\mathrm{d}y\mathrm{d}z\mathrm{d}t
\end{aligned} \tag{4.31}$$

同理，单位时间内，微元体在 y 轴和 z 轴正方向上由扩散引起的粉尘质量变化为

$$\begin{cases} q_y \mathrm{d}x\mathrm{d}z\mathrm{d}t - q_{y+\mathrm{d}y}\mathrm{d}x\mathrm{d}z\mathrm{d}t = \left(D_y + k_y\right)\dfrac{\partial^2 C}{\partial y^2}\mathrm{d}x\mathrm{d}y\mathrm{d}z\mathrm{d}t \\ q_z \mathrm{d}x\mathrm{d}y\mathrm{d}t - q_{z+\mathrm{d}z}\mathrm{d}x\mathrm{d}y\mathrm{d}t = \left(D_z + k_z\right)\dfrac{\partial^2 C}{\partial z^2}\mathrm{d}x\mathrm{d}y\mathrm{d}z\mathrm{d}t \end{cases} \quad (4.32)$$

因此可得

$$\begin{aligned} m_s &= \left(D_x + k_x\right)\dfrac{\partial^2 C}{\partial x^2}\mathrm{d}x\mathrm{d}y\mathrm{d}z\mathrm{d}t + \left(D_y + k_y\right)\dfrac{\partial^2 C}{\partial y^2}\mathrm{d}x\mathrm{d}y\mathrm{d}z\mathrm{d}t + \left(D_z + k_z\right)\dfrac{\partial^2 C}{\partial z^2}\mathrm{d}x\mathrm{d}y\mathrm{d}z\mathrm{d}t \\ &= \left[\left(D_x + k_x\right)\dfrac{\partial^2 C}{\partial x^2} + \left(D_y + k_y\right)\dfrac{\partial^2 C}{\partial y^2} + \left(D_z + k_z\right)\dfrac{\partial^2 C}{\partial z^2}\right]\mathrm{d}x\mathrm{d}y\mathrm{d}z\mathrm{d}t \end{aligned} \quad (4.33)$$

由于风流对流引起微元体内粉尘质量的变化为

$$\begin{aligned} Cu\mathrm{d}y\mathrm{d}z\mathrm{d}t - \left[Cu + \dfrac{\partial(Cu)}{\partial x}\mathrm{d}x\right]\mathrm{d}y\mathrm{d}z\mathrm{d}t &= -\dfrac{\partial(Cu)}{\partial x}\mathrm{d}x\mathrm{d}y\mathrm{d}z\mathrm{d}t \\ Cv\mathrm{d}x\mathrm{d}z\mathrm{d}t - \left[Cv + \dfrac{\partial(Cv)}{\partial y}\mathrm{d}y\right]\mathrm{d}x\mathrm{d}z\mathrm{d}t &= -\dfrac{\partial(Cv)}{\partial y}\mathrm{d}x\mathrm{d}y\mathrm{d}z\mathrm{d}t \\ Cw\mathrm{d}y\mathrm{d}z\mathrm{d}t - \left[Cw + \dfrac{\partial(Cw)}{\partial z}\mathrm{d}z\right]\mathrm{d}x\mathrm{d}y\mathrm{d}t &= -\dfrac{\partial(Cw)}{\partial z}\mathrm{d}x\mathrm{d}y\mathrm{d}z\mathrm{d}t \end{aligned} \quad (4.34)$$

则：

$$\begin{aligned} m_c &= -\dfrac{\partial(Cu)}{\partial x}\mathrm{d}x\mathrm{d}y\mathrm{d}z\mathrm{d}t - \dfrac{\partial(Cv)}{\partial y}\mathrm{d}x\mathrm{d}y\mathrm{d}z\mathrm{d}t - \dfrac{\partial(Cw)}{\partial z}\mathrm{d}x\mathrm{d}y\mathrm{d}z\mathrm{d}t \\ &= -\left[\dfrac{\partial(Cu)}{\partial x} + \dfrac{\partial(Cv)}{\partial y} + \dfrac{\partial(Cw)}{\partial z}\right]\mathrm{d}x\mathrm{d}y\mathrm{d}z\mathrm{d}t \end{aligned} \quad (4.35)$$

此外，粉尘还受到自身重力的作用，当粉尘的重力大于在空气中受到的浮力时，粉尘便在重力作用下开始沉降。开始沉降后，粉尘不仅会有重力、浮力，还会有斯托克斯阻力，当浮力等于重力和斯托克斯阻力之和时，粉尘便开始匀速（v_d）下降，此过程很短，在本研究中忽略该过程。在粉尘沉降过程中，由于重力引起微元体内质量的变化为

$$m_\mathrm{g} = \left[\left(v_\mathrm{d}C + \dfrac{\partial(v_\mathrm{d}C)}{\partial z}\mathrm{d}z\right) - v_\mathrm{d}C\right]\mathrm{d}x\mathrm{d}y\mathrm{d}t = \dfrac{\partial(v_\mathrm{d}C)}{\partial z}\mathrm{d}x\mathrm{d}y\mathrm{d}z\mathrm{d}t \quad (4.36)$$

对微元体整体分析，其内部粉尘质量变化可以表达为

$$m_\mathrm{t} = \left(C + \dfrac{\partial C}{\partial t}\mathrm{d}t\right)\mathrm{d}x\mathrm{d}y\mathrm{d}z - C\mathrm{d}x\mathrm{d}y\mathrm{d}z = \dfrac{\partial C}{\partial t}\mathrm{d}x\mathrm{d}y\mathrm{d}z\mathrm{d}t \quad (4.37)$$

将式（4.33）、式（4.35）、式（4.36）和式（4.37）代入式（4.29）中，可得

$$\left[\left(D_x+k_x\right)\frac{\partial^2 C}{\partial x^2}+\left(D_y+k_y\right)\frac{\partial^2 C}{\partial y^2}+\left(D_z+k_z\right)\frac{\partial^2 C}{\partial z^2}\right]\mathrm{d}x\mathrm{d}y\mathrm{d}z\mathrm{d}t-\left[\frac{\partial(Cu)}{\partial x}+\frac{\partial(Cv)}{\partial y}+\frac{\partial(Cw)}{\partial z}\right]\mathrm{d}x\mathrm{d}y\mathrm{d}z\mathrm{d}t$$

$$+\frac{\partial(v_\mathrm{d}C)}{\partial z}\mathrm{d}x\mathrm{d}y\mathrm{d}z\mathrm{d}t=\frac{\partial C}{\partial t}\mathrm{d}x\mathrm{d}y\mathrm{d}z\mathrm{d}t$$

$$\Rightarrow \left[\left(D_x+k_x\right)\frac{\partial^2 C}{\partial x^2}+\left(D_y+k_y\right)\frac{\partial^2 C}{\partial y^2}+\left(D_z+k_z\right)\frac{\partial^2 C}{\partial z^2}\right]-\left[\frac{\partial(Cu)}{\partial x}+\frac{\partial(Cv)}{\partial y}+\frac{\partial(Cw)}{\partial z}\right]+\frac{\partial(v_\mathrm{d}C)}{\partial z}=\frac{\partial C}{\partial t}$$

(4.38)

在实际隧道中，各个方向上的湍流扩散系数和分子扩散系数都是不同的，但是该系数在实际中很难获得，因此本研究中忽略其微小的差别，认为 x、y、z 三个方向上的湍流扩散系数和分子扩散系数为相等值。此外，粉尘的分子扩散远远弱于湍流扩散，因此粉尘的分子扩散可以忽略不计。在隧道施工中，爆破产生的粉尘在运动过程中可以近似地看作一维流动，也就是说，在本研究中，在 y 轴和 z 轴方向上，风流对流对微元体内的粉尘质量的变化影响较小，由此可得

$$k\left(\frac{\partial^2 C}{\partial x^2}+\frac{\partial^2 C}{\partial y^2}+\frac{\partial^2 C}{\partial z^2}\right)-\frac{\partial(Cu)}{\partial x}+\frac{\partial(v_\mathrm{d}C)}{\partial z}=\frac{\partial C}{\partial t} \tag{4.39}$$

式(4.38)是井巷风流中粉尘运移沉降的普适性理论模型，也适用于隧道施工期间，式(4.39)是合理简化后隧道中粉尘的运移沉降模型。因此，粉尘的最终沉降速度为

$$v_\mathrm{d}=\frac{(\rho_\mathrm{d}-\rho_\mathrm{g})g}{18\mu}d^2=\frac{v_\mathrm{d}-v_\mathrm{g}}{18\mu}d^2 \tag{4.40}$$

式中，ρ_d 为粉尘密度，kg/m³；ρ_g 为空气密度，kg/m³；g 为重力加速度，m/s²；μ 为空气的动力黏度，Pa·s；d 为粉尘颗粒的直径，m；v_d 为粉尘的重度，N/m³；v_g 为空气的重度，N/m³。

由式(4.40)可知，粉尘沉降速度和重度及粉尘直径相关。

2. 隧道粉尘运动相似准则推导

根据粉尘运移沉降模型，采用与前文相同的方法建立原型和模型之间的比例关系：

$$\begin{cases} x_\mathrm{m}=\Pi_l x_\mathrm{p}, \ y_\mathrm{m}=\Pi_l y_\mathrm{p}, \ z_\mathrm{m}=\Pi_l z_\mathrm{p} \\ C_\mathrm{m}=\Pi_C C_\mathrm{p} \\ d_\mathrm{m}=\Pi_d d_\mathrm{p} \\ t_\mathrm{m}=\Pi_t t_\mathrm{p} \\ u_\mathrm{m}=\Pi_v u_\mathrm{p}, \ v_\mathrm{m}=\Pi_v v_\mathrm{p}, \ w_\mathrm{m}=\Pi_v w_\mathrm{p} \\ \rho_\mathrm{m}=\Pi_\rho \rho_\mathrm{p} \\ \mu_\mathrm{m}=\Pi_\mu \mu_\mathrm{p} \\ g_\mathrm{m}=\Pi_g g_\mathrm{p} \\ k_\mathrm{m}=\Pi_k k_\mathrm{p} \end{cases} \tag{4.41}$$

由式(4.39)可以得到模型中粉尘的运移沉降方程：

$$k_m\left(\frac{\partial^2 C_m}{\partial x_m^2}+\frac{\partial^2 C_m}{\partial y_m^2}+\frac{\partial^2 C_m}{\partial z_m^2}\right)-\frac{\partial(C_m u_m)}{\partial x_m}+\frac{\partial\left[(v_d)_m C_m\right]}{\partial z_m}=\frac{\partial C_m}{\partial t_m} \quad (4.42)$$

把式(4.41)中相应的参数代入式(4.42)中可得到：

$$\frac{\Pi_C \Pi_k}{\Pi_l^2}\cdot k_p\left(\frac{\partial^2 C_p}{\partial x_p^2}+\frac{\partial^2 C_p}{\partial y_p^2}+\frac{\partial^2 C_p}{\partial z_p^2}\right)-\frac{\Pi_C \Pi_v}{\Pi_l}\cdot\frac{\partial(C_p u_p)}{\partial x_p}+\frac{\Pi_C \Pi_{vd}}{\Pi_l}\cdot\frac{\partial\left[(v_d)_p C_p\right]}{\partial z_p}=\frac{\Pi_C}{\Pi_t}\frac{\partial C_p}{\partial t_p} \quad (4.43)$$

为保证原型和模型相似，所以：

$$\frac{\Pi_C \Pi_k}{\Pi_l^2}=\frac{\Pi_C \Pi_v}{\Pi_l}=\frac{\Pi_C \Pi_{vd}}{\Pi_l}=\frac{\Pi_C}{\Pi_t} \quad (4.44)$$

使式(4.44)中第一项和第二项相等可得到：

$$\frac{\Pi_C \Pi_k}{\Pi_l^2}=\frac{\Pi_C \Pi_v}{\Pi_l}\Rightarrow\frac{\Pi_k}{\Pi_l}=\Pi_v\Rightarrow\frac{k_m/k_p}{l_m/l_p}=v_m/v_p\Rightarrow\frac{k_m}{l_m v_m}=\frac{k_p}{l_p v_p} \quad (4.45)$$

使式(4.44)中第二项和第三项相等可得到：

$$\frac{\Pi_C \Pi_v}{\Pi_l}=\frac{\Pi_C \Pi_{vd}}{\Pi_l}\Rightarrow \Pi_v=\Pi_{vd}\Rightarrow v_m/v_p=(v_d)_m/(v_d)_p\Rightarrow\frac{(v_d)_m}{v_m}=\frac{(v_d)_p}{v_p} \quad (4.46)$$

使式(4.44)中第二项和第四项相等可得到：

$$\frac{\Pi_C \Pi_v}{\Pi_l}=\frac{\Pi_C}{\Pi_t}\Rightarrow\frac{\Pi_v}{\Pi_l}=\frac{1}{\Pi_t}\Rightarrow\frac{v_m/v_p}{l_m/l_p}=\frac{t_p}{t_m}\Rightarrow\frac{l_m}{v_m t_m}=\frac{l_p}{v_p t_p} \quad (4.47)$$

通过以上推导可得原型和模型的相似准则为

$$\frac{k_m}{l_m v_m}=\frac{k_p}{l_p v_p},\ \frac{(v_d)_m}{v_m}=\frac{(v_d)_p}{v_p},\ \frac{l_m}{v_m t_m}=\frac{l_p}{v_p t_p} \quad (4.48)$$

4.2 隧道相似模型试验系统

4.2.1 隧道模型相似准则确定

1. 隧道原型湍流阻力区分析

尼库拉泽(Nikuradse)筛选均匀砂砾紧密地黏在管道内壁，以此制作了 6 种不同粗糙度的长直等径管道，以砂砾的直径 d 表示绝对粗糙度 Δ，并进行了管道水流试验(吴子牛，2001)。试验测量了流速为 v 以及管长为 l 流段的水头损失 h_f，并有公式：

$$\begin{cases}Re=\dfrac{vd}{\nu}\\ \Lambda=\dfrac{d}{l}\dfrac{2g}{v^2}h_f\end{cases} \quad (4.49)$$

式中，ν 为流体的运动黏度，m²/s；Λ 为沿程阻力系数。

算出雷诺数 Re 和沿程阻力系数 Λ，然后绘制 Λ-Re 关系图，见图 4.3。

第 4 章 隧道施工区污染物扩散机制相似模型试验

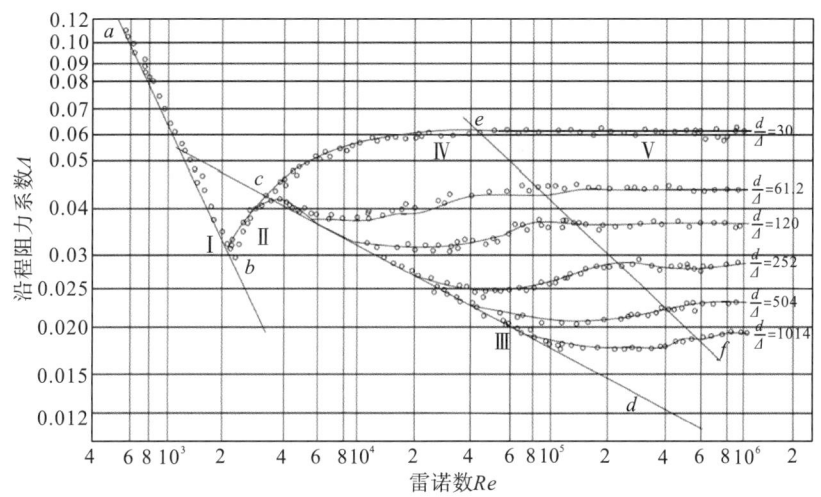

图 4.3 尼库拉泽曲线

根据 Λ 的变化特性,尼库拉泽曲线分为 5 个阻力区。

(1) 层流区:ab 线,$Re \leq 2320$,6 种管流的试验点均落在同一条直线上,Λ 与相对粗糙度 Δ/d 无关,因此可得

$$\Lambda = \frac{64}{Re} \tag{4.50}$$

试验结果与理论推导结果相符。

(2) 层流向湍流的过渡区:bc 线,$2320 < Re < 4000$,Λ 只与 Re 有关,因流态不稳定,故试验结果比较散乱。

(3) 湍流光滑区(水力光滑区):cd 线,$Re \geq 4000$,流态为湍流,6 种管流都有试验点落在同一条直线上。在该区域内,Λ 与 Δ/d 无关,仅与 Re 有关。从图 4.3 可以看出来,对于 Δ/d 较大的管道,处在水力光滑区的流动范围较小;Δ/d 较小的管道,处在水力光滑区的流动范围较大。

(4) 湍流过渡区:cd 线和 ef 线之间的区域,不同相对粗糙度的 6 种管流有 6 条不同斜率的试验曲线,表明湍流过渡区的 Λ 与 Δ/d、Re 相关。

(5) 湍流粗糙区(阻力平方区):

$$Re > 4160 \left(\frac{d}{2\Delta} \right)^{0.85} \tag{4.51}$$

图 4.3 中 6 种管流的试验曲线有 6 条不同的水平线,表明湍流粗糙区的 Λ 与 Δ/d 有关,而与 Re 无关。在模型试验中,若原型和模型都处于阻力平方区,那么只需要几何相似(Δ/d 相等),不需要 Re 相等,就可以自动实现阻力相似,也就是说,只要按照弗劳德准则设计模型,就能自动实现黏滞力相似,而无须同时满足雷诺准则。

以咪的村隧道为原型,计算原型的阻力平方区的范围:

$$\begin{cases} Re_{S\text{tunnel}} = 4160\left(\dfrac{D_{\text{t}}}{2\Delta_{\text{t}}}\right)^{0.85} = 4160 \times \left(\dfrac{7.77}{2 \times 0.108}\right)^{0.85} \approx 87431.0 \\ Re_{S\text{duct}} = 4160\left(\dfrac{d_{\text{d}}}{2\Delta_{\text{d}}}\right)^{0.85} = 4160 \times \left(\dfrac{1.8}{2 \times 0.004}\right)^{0.85} \approx 415382.8 \end{cases} \quad (4.52)$$

式中，$Re_{S\text{tunnel}}$ 为咪的村隧道风流阻力平方区范围；$Re_{S\text{duct}}$ 为咪的村隧道风筒风流阻力平方区范围；D_{t} 为咪的村隧道水力直径，7.77 m；d_{d} 为咪的村隧道风筒直径，1.8 m；Δ_{t} 为咪的村隧道绝对粗糙度，0.108 m；Δ_{d} 为咪的村隧道风筒绝对粗糙度，0.004 m。

咪的村隧道中风流的雷诺数计算：

$$\begin{cases} Re_{\text{tunnel}} = \dfrac{\rho_{\text{air}} v_{\text{t}} D_{\text{t}}}{\mu_{\text{air}}} = \dfrac{0.88 \times 0.25 \times 7.77}{1.81 \times 10^{-5}} \approx 944441.99 > Re_{S\text{tunnel}} \\ Re_{\text{duct}} = \dfrac{\rho_{\text{air}} v_{\text{d}} d_{\text{d}}}{\mu_{\text{air}}} = \dfrac{0.88 \times 5.5 \times 1.8}{1.81 \times 10^{-5}} \approx 4.81 \times 10^{5} > Re_{S\text{duct}} \end{cases} \quad (4.53)$$

式中，Re_{tunnel} 为咪的村隧道风流雷诺数；Re_{duct} 为咪的村隧道风筒风流雷诺数；ρ_{air} 为流体的密度，按照咪的村隧道当地空气密度计算，取值 0.88 kg/m³；v_{t} 为隧道中风流速度，按照规范中最小风速 0.25 m/s 计算；v_{d} 为风筒中风流速度，根据隧道中最小风速换算获得，取值 5.5m/s；μ_{air} 为流体的速度黏性系数，取值 1.81×10^{-5} Pa·s。

根据式(4.53)的计算可知，隧道和风筒内的风流雷诺数均大于阻力平方区的最小值，流动状态已经进入阻力平方区，相似模型中可以不考虑雷诺准则。

2. 隧道模型相似准则及相似比确定

隧道中流体的流动状态确定后，需要确定模型的长度比尺。模型长度比尺通常根据试验要求和试验范围，结合试验场地、模型制作及测量条件确定，本章用 Π_l 表示长度比尺。原型为云南建个元高速公路咪的村隧道，断面图见图 4.4。断面形状为三心拱，二衬施工完成后最大宽度 1110cm（二衬厚度为 50cm）。咪的村隧道曲率半径有 710m、730m、750m

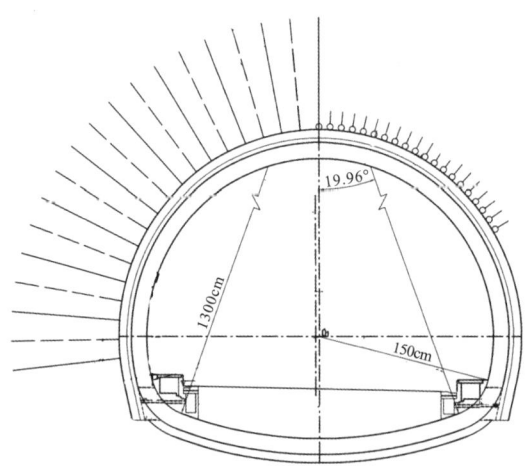

图 4.4 咪的村隧道断面及衬砌厚度

三种。根据试验场地的大小、测试方法以及隧道原型，选择模型与原型的长度比尺为

$$\Pi_l = \frac{l_\mathrm{m}}{l_\mathrm{p}} = \frac{1}{20} \tag{4.54}$$

由于本研究中不考虑隧道衬砌的结构力学特征，因此模型制作时根据隧道内径进行制作，并且忽略部分隧道中的原有结构，如水沟等。施工时，咪的村隧道采用台阶法施工，因此使得隧道在施工期间会出现三种不同面积和形状的断面，根据实际情况简化后分别有上台阶断面、全断面和二衬施工完成的断面，三种断面尺寸如图4.5所示。

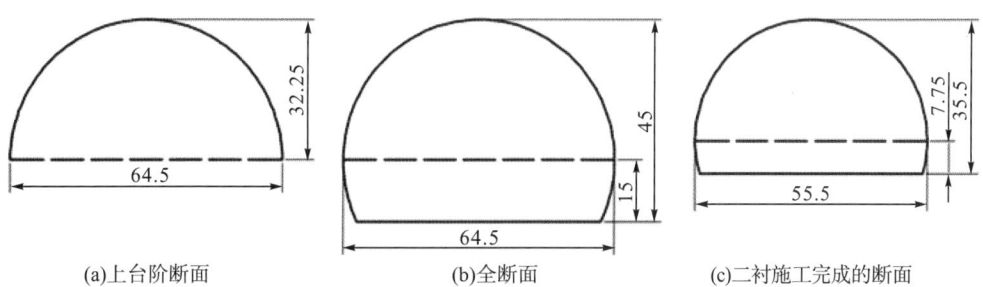

(a)上台阶断面　　　　　(b)全断面　　　　　(c)二衬施工完成的断面

图 4.5　模型隧道所用三种不同断面尺寸(单位：cm)

注：本图尺寸为隧道模型内径

由前文可知，在确定隧道相似准数时，可以不考虑雷诺准则。但为了达到原型和模型的相似，还需要满足马赫数 *Ma*、欧拉数 *Eu*、斯特劳哈尔数 *Sr* 和普朗特数 *Pr*、弗劳德数 *Fr* 相等。从实际情况来看，如果要做到全部相似准数的相等是不现实的，也是不可能的，并且相似准则之间会出现冲突，例如弗劳德数 *Fr* 和斯特劳哈尔数 *Sr*：

$$\begin{cases} Fr = \dfrac{v^2}{gl} \\ Sr = \dfrac{l}{vt} \end{cases} \tag{4.55}$$

为了使得 $Fr_\mathrm{p}=Fr_\mathrm{m}$，则：

$$\frac{v_\mathrm{p}^2}{gl_\mathrm{p}} = \frac{v_\mathrm{m}^2}{gl_\mathrm{m}} \Rightarrow \frac{v_\mathrm{p}^2}{v_\mathrm{m}^2} = \frac{l_\mathrm{p}}{l_\mathrm{m}} \tag{4.56}$$

为了使得 $Sr_\mathrm{p}=Sr_\mathrm{m}$，则：

$$\frac{l_\mathrm{p}}{v_\mathrm{p}t_\mathrm{p}} = \frac{l_\mathrm{m}}{v_\mathrm{m}t_\mathrm{m}} \Rightarrow \frac{v_\mathrm{p}}{v_\mathrm{m}} = \frac{l_\mathrm{p}t_\mathrm{m}}{l_\mathrm{m}t_\mathrm{p}} \tag{4.57}$$

显然，式(4.56)和式(4.57)中原型和模型的速度比不对等，也就是说，同一模型中弗劳德数和斯特劳哈尔数不可能同时相等，这意味着两种流动做到完全相似也是不可能的。相似理论表明，每个相似准则都有相对应的物理意义，不同的物理意义代表了各个准则之间不同的着重点，通过分析试验需求和各个准则的物理意义，可以忽略一些对现象影响不大的从属准则。下面对式(4.28)中各个相似准数代表的物理意义一一进行介绍。

欧拉数(Eu)：表征表面力的作用，是压力与惯性力之比。两个流动的欧拉数相等则表示压力相似，对于可压缩流体，Eu 的物理意义和 Ma 一致。隧道施工期的通风属于有压流动，流动介质为气体，流动的马赫数很小，所以可以按照不可压缩性黏性流体处理，因此欧拉数相等可以用于模型与原型之间的数据转换。

雷诺数(Re)：表征流体的惯性力和黏滞力之比，它是黏性相似准则。根据上文计算结果可知，在隧道通风流动过程中可以不考虑 Re。

斯特劳哈尔数(Sr)：表征流体非恒定流动时的时变加速度惯性力与迁移加速度惯性力之比，它是非定常流相似所需满足的相似准则。

普朗特数(Pr)：表征温度边界层和流动边界层的关系，反映流体物理性质以及对传热过程的影响。

弗劳德数(Fr)：表示惯性力与重力之比，它是重力相似准则。两个流动相应的弗劳德数相等，则表示重力相似。隧道通风时，空气的比重较小，因此重力作用往往忽略不计，但是粉尘在沉降过程中受重力作用明显。此外，当流动的作用力为黏滞力、重力和压力时，由于压力通常是应变量，只要黏滞力、重力相似，压力将自动相似，也就是说：当雷诺数、弗劳德数相等时，则欧拉数自行相等。为了和后面的粉尘相似模拟相配合，隧道模型的相似按照弗劳德准则进行。

根据弗劳德准则有

$$\frac{v_p^2}{l_p g_p} = \frac{v_m^2}{l_m g_m} \tag{4.58}$$

可以推出模型与原型之间的速度比、风量比、时间比和压力比：

$$\begin{cases} \dfrac{v_p^2}{l_p g_p} = \dfrac{v_m^2}{l_m g_m} \xRightarrow{g_p = g_m} \Pi_v = \dfrac{v_m}{v_p} = \sqrt{\dfrac{l_m}{l_p}} = \Pi_l^{1/2} \approx 0.22 \\ \Pi_q = \dfrac{Q_m}{Q_p} = \Pi_l^{5/2} \approx 5.59 \times 10^{-4} \\ \Pi_t = \dfrac{t_m}{t_p} = \Pi_l^{1/2} \approx 0.22 \\ \Pi_P = \dfrac{P_m}{P_p} = \Pi_l \Pi_\rho = 0.05 \end{cases} \tag{4.59}$$

4.2.2 模型试验系统组成

模型试验是流体力学的研究方法之一，该方法的依据是相似理论和量纲分析法，将实际流动制作成相似的小比尺模型，根据模型的试验结果推测原型的流动现象，该方法是研究分析流体运动的重要手段。由于场地及经费有限，很多的飞行器和建筑的风动性能研究往往采用风洞试验。

在隧道通风研究领域，我国很早就开始尝试使用模型试验的方法对矿井和隧道通风进行研究，早在 1980 年，王秉权(1980)在研究某矿扩散塔的阻力系数及阻力损失时，就采用了模型试验的方法，根据各个相似准数所代表的不同意义，以及矿井的实际情况，最终选择欧拉数作为相似准数。随后刘伟等(1999)对隧道通风物理模型试验进行了理论推导，以纳维-斯托克斯方程(Navier-Stokes equation)为基础，推导了隧道通风模型试验的相似准则，研究认为在几何相似的基础上，只要模型中的流动已经进入阻力平方区，则可以认为原型和模型已经相似。钟星灿等(2008)针对实际的公路隧道展开了通风模型试验，该研究对比各个相似准数所反映的物理意义，根据隧道的实际需求，确定斯特劳哈尔数为模型和原型的相似准数。刘承东等(2016)采用缩尺模型研究了城市地下管廊的通风情况，并将试验结果与 CFD Fluent 软件计算结果相对比。梁波(2015)利用相似模型试验对秦岭终南山隧道和港珠澳大桥海底隧道运营期间的通风进行了研究，并在研究过程中设计了一套完整的风压、风速测试系统。Zhou 等(2020)设计了 1∶15 的隧道相似模型，研究了阻塞比和通风口距工作面距离对通风性能的影响，同时研究了斜井与施工断面夹角、斜井斜度、隧道长度、通风口位置等几何参数对风机能耗的影响。隧道火灾的研究也常常用到相似模型，弗劳德准则常常作为相似准则。蒋仲安等(2001)根据气固两相流动的运动方程，导出了模拟掘进巷道的相似准数，设计了试验巷道，研究了粉尘在巷道中的分布规律。针对隧道降尘方面的相似模拟，蒋仲安等(2021)从气体运动方程和尘粒运动方程、扩散方程出发，推导了粉尘颗粒的相似准数和孤立泡沫的相似准数。

以上研究结果表明，流动模型试验已经被应用在航空航天、汽车、通风和火灾等领域，理论成熟可靠，较低的试验成本及与原型流动高度相似等优点都使得模型试验成为研究流体的重要手段。因此本书采用相似模型试验的方法研究隧道施工区域污染物的流动扩散特性。

依据隧道施工期间的实际情况以及试验需求，隧道施工通风模型试验系统示意图如图 4.6 所示。隧道模型断面根据图 4.5 中的尺寸制作，其中图 4.5(a)断面的模型长度为 1.5m，图 4.5(b)断面的模型长度为 0.5m，图 4.5(c)断面的模型长度为 5m。隧道模型的曲率半径为 35m。

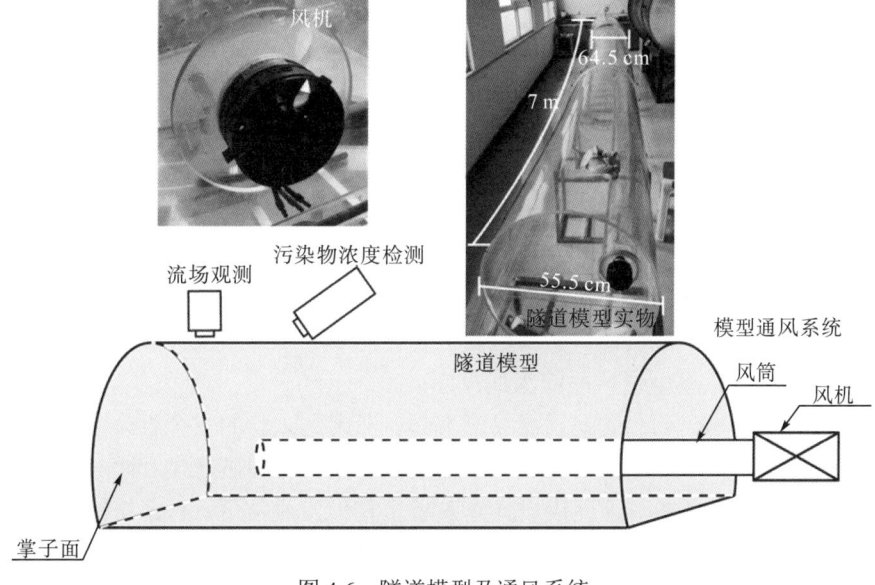

图 4.6　隧道模型及通风系统

为了便于观察隧道内污染物扩散情况，模型全部采用长度为2m的透明有机玻璃管制作而成。由于模型尺寸较大，加工难度也随之增加，为了获得准确的曲率半径，采用高温将有机玻璃管道加热使得管道变软后放入预先制备好的标准曲率半径的磨具中，待有机玻璃冷却后便可获得曲率半径准确的模型。

此外，为了做到通风阻力相似，选择模型材料时需要注意材料的绝对粗糙度。根据尼库拉泽试验可知：在湍流阻力平方区时，Λ只与Δ/d（相对粗糙度，这里可用$\bar{\Delta}$）有关，而与Re无关。因此，在模型试验中，若原型和模型都处于阻力平方区，那么只要几何相似（即Δ/d相等），不需要Re相等，就可以实现阻力相似（即Λ相等）。也就是说，只要按照弗劳德准则设计模型，就能自动实现黏滞力相似，而无须同时满足雷诺准则。根据现场实测阻力系数和尼库拉泽公式可以计算得到咪的村隧道的壁面粗糙度为108mm，因此隧道原型相对粗糙度为

$$\left(\bar{\Delta}_\mathrm{t}\right)_\mathrm{p} = \left(\frac{\Delta_\mathrm{t}}{D_\mathrm{t}}\right)_\mathrm{p} = \frac{0.108}{7.77} \approx 0.014 \tag{4.60}$$

式中，$\left(\bar{\Delta}_\mathrm{t}\right)_\mathrm{p}$为隧道原型相对粗糙度。

因此，只需要满足：

$$\left(\bar{\Delta}_\mathrm{t}\right)_\mathrm{p} = \left(\bar{\Delta}_\mathrm{t}\right)_\mathrm{m} \tag{4.61}$$

由此可以计算获得模型隧道的绝对粗糙度为

$$\left(\bar{\Delta}_\mathrm{t}\right)_\mathrm{p} = \left(\bar{\Delta}_\mathrm{t}\right)_\mathrm{m} \approx 0.014$$

$$\Rightarrow \left(\Delta_\mathrm{t}\right)_\mathrm{m} = \left(\bar{\Delta}_\mathrm{t}\right)_\mathrm{m} \times \left(D_\mathrm{t}\right)_\mathrm{m} = 0.014 \times 0.39 \approx 5.5 \times 10^{-3} \tag{4.62}$$

以同样方法计算隧道模型中风筒的绝对粗糙度：

$$\begin{cases} \left(\bar{\Delta}_\mathrm{d}\right)_\mathrm{p} = \left(\dfrac{\Delta_\mathrm{d}}{d_\mathrm{d}}\right)_\mathrm{p} = \dfrac{0.004}{1.8} \approx 0.0022 \\ \left(\bar{\Delta}_\mathrm{d}\right)_\mathrm{p} = \left(\bar{\Delta}_\mathrm{d}\right)_\mathrm{m} \end{cases}$$

$$\Rightarrow \left(\Delta_\mathrm{d}\right)_\mathrm{m} = \left(\bar{\Delta}_\mathrm{d}\right)_\mathrm{m} \times \left(d_\mathrm{d}\right)_\mathrm{m} = 0.0022 \times 0.09 \approx 2 \times 10^{-4} \tag{4.63}$$

因此模型在选材时需要做到隧道绝对粗糙度是0.0055，风筒的绝对粗糙度是0.0002。

模型通风系统由涵道风扇、风扇电调、舵机测试仪、功率计、电源、风表以及风筒组成。涵道风扇可以提供较为稳定的风流，同时具有风量可调可控的优势，在输出小风量时也可以提供比较稳定的风量，因此选择涵道风扇作为模型通风系统的供风设备。风扇电调和舵机测试仪用来改变风扇转速，调节输出风量。功率计用来记录通风系统的能耗，衡量风扇输出功率的大小。模型通风系统组成见图4.7。

由于一氧化碳具有剧毒性，是易燃易爆气体，考虑到试验的安全性，本模型试验仅对粉尘扩散及分布进行研究。隧道在施工时，粉尘来源主要有爆破产尘和喷浆产尘，重点关注爆破粉尘的扩散运移特性，因此仅设计爆破粉尘相似发生装置。石家庄铁道大学赖涤泉（1994）将爆破后炮烟弥漫形成的区域称为炮烟抛掷区，炮烟抛掷区的长度计算公式为

$$l = 15 + \frac{m_G}{5} \tag{4.64}$$

式中，l 为炮烟抛掷长度，m；m_G 为同时爆破的炸药量。

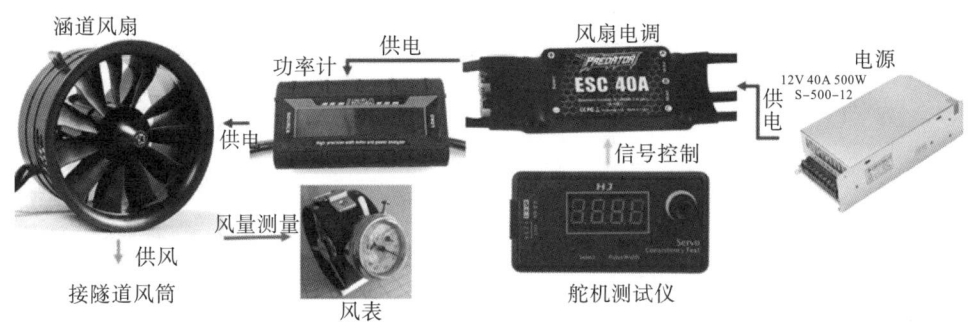

图 4.7　模型通风系统示意图

隧道爆破后，粉尘在爆轰力的作用下高速进入隧道中，在隧道中受到空气阻力和重力的共同作用时，粉尘在隧道延伸方向上速度逐渐降低，在重力方向加速，当重力等于浮力和阻力之和时，粉尘开始匀速下降。因此在设计隧道爆破粉尘发生装置时，通过模拟该过程，使得粉尘能够高速进入隧道模型中，装置示意图见图4.8。爆破粉尘发生装置由鼓风机和粉尘输送管道组成。在模拟爆破粉尘进入到隧道中时，称适当质量的粉尘，将粉尘从入口倒入，在鼓风机的作用下粉尘被加速运送至掌子面内。鼓风机的转速大小可以控制粉尘进入隧道中的初速度，以此实现对粉尘初速度的控制，此外，倒入不同量的粉尘也可以控制进入隧道中粉尘的量，以此做到对粉尘量的控制。当粉尘进入隧道中后，立即关闭鼓风机停止扬尘。采用粉尘发生装置在隧道模型中形成的爆破粉尘及现场爆破粉尘照片见图 4.9。

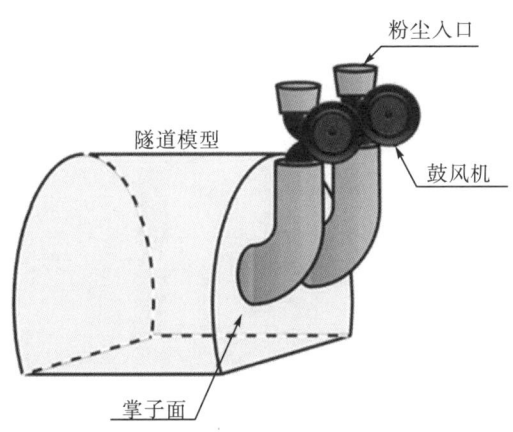

图 4.8　模型隧道爆破粉尘发生装置示意图

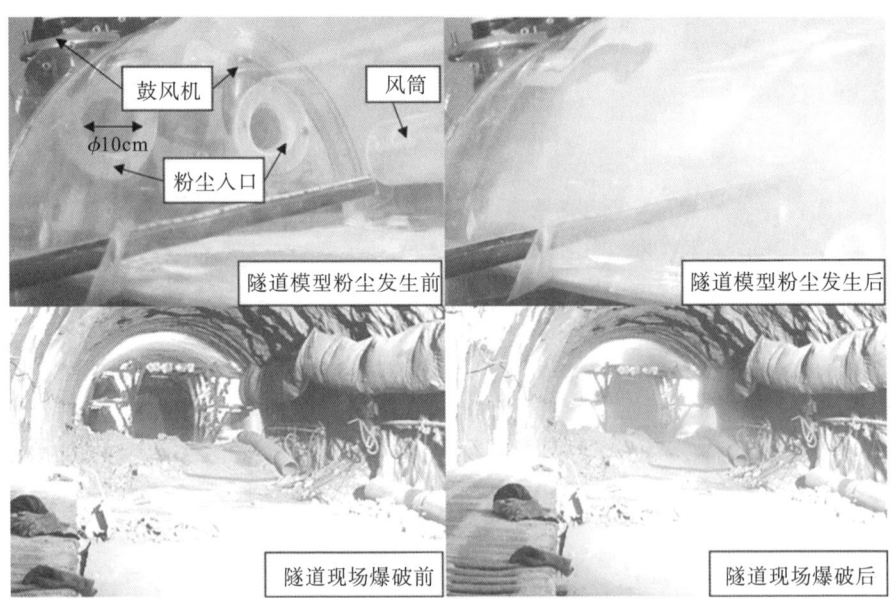

图 4.9　隧道现场及模型爆破粉尘发生前后内部效果图

探测系统由流场探测系统和粉尘浓度检测系统组成。粉尘浓度的测试采用呼吸性粉尘采样器(CCZ20 型),采样器中的微型直流电机带动刮片泵工作,形成负压,将空气中的粉尘吸入(或通过粉尘分离装置再吸入)至采样滤膜上,采样时间在开始采样前设定,到达采样时间后,停止采样,称出滤膜增重即可算出在采样时间内的平均粉尘浓度。称量时,必须采用感量为 0.1 mg 的分析天平。粉尘采样器及分析天平见图 4.10,测尘仪主要性能指标见表 4.1。此外,通过单反相机对粉尘的实际扩散情况进行采样。

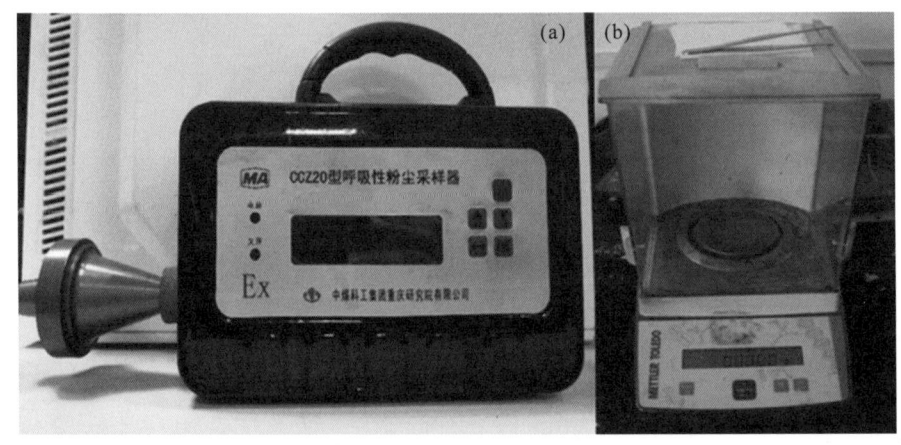

图 4.10　粉尘采样器(a)和分析天平(b)

表 4.1　测尘仪主要性能指标表

主要性能	参数
采样流量	5～20L/min
采样流量误差	±5%
采样流量稳定性	±3%
负载能力	≥1000Pa
采样准确度	±10%
采样总时间	10s～30min
外形尺寸	305mm×125mm×95mm

对风流流场的探测通过粒子图像测速(particle image velocimetry，PIV)技术实现。该方法是 20 世纪 70 年代末发展起来的一种瞬态、多点、无接触式的流体力学测速方法，能在同一瞬态记录下大量空间点上的速度分布信息，并可提供丰富的流场空间结构以及流动特性，各种复杂的流体力学速度场参数可以实时得到显示和分析。该技术被广泛地应用在流体力学、建筑、海洋及火灾研究等领域。由于 PIV 具有可对流场的速度进行无干扰和非接触测试的优点，因此不会对模型中的流场产生影响，本章采用 PIV 作为研究螺旋隧道内流场的方法。PIV 系统组成示意图如图 4.11 所示。

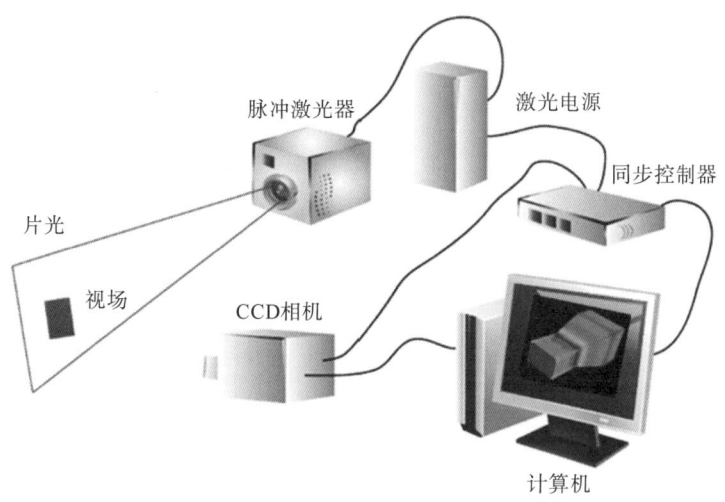

图 4.11　PIV 系统组成

开始测试流场前，需要在流场中加入示踪粒子，示踪粒子需要具有跟随性好、散光性好并且粒子比重与流体成分相差较小的特点。PIV 根据示踪粒子运动轨迹测量流体流场。由脉冲激光器发出的激光通过由球面镜和柱面镜形成的片光源镜头组，照亮流场中一个很薄(1～2mm)的面；与激光面垂直方向的 PIV 专用跨帧 CCD(charge coupled device，电荷耦合元件)相机拍摄流场层片中的流动粒子的图像，然后把图像数字化送入计算机，利用自相关或互相关原理处理，可以得到流场中的速度场分布，其工作原理见图 4.12。

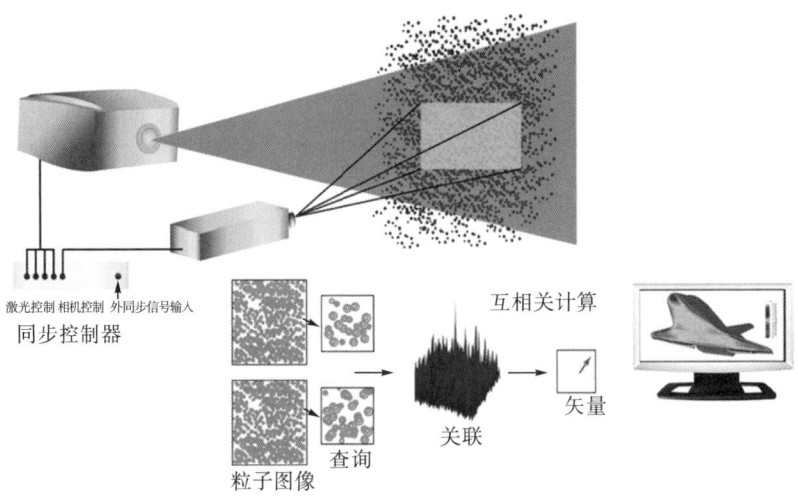

图 4.12 PIV 工作原理图

当连续采集的两张示踪粒子运动图像之间的时间 dt 足够小时,可以认为粒子的流动是匀速直线运动。如图 4.13 所示,流场中某一个示踪粒子在 t 时间内的运动,可以在二维平面上分解为 x 方向和 y 方向的运动,见式(4.65)。只要 dt 足够小,示踪粒子的平均速度便可以代替粒子运动的瞬时速度。

$$\begin{cases} v_x = \dfrac{dx}{dt} \approx \dfrac{x(t+dt)-x(t)}{dt} = \overline{v}_x \\ v_y = \dfrac{dy}{dt} \approx \dfrac{y(t+dt)-y(t)}{dt} = \overline{v}_y \end{cases} \quad (4.65)$$

式中,v_x、v_y 为示踪粒子在 x 方向和 y 方向上的瞬时速度,m/s;$\overline{v}_x$、$\overline{v}_y$ 为示踪粒子在时间 dt 内在 x 方向和 y 方向上的平均速度,m/s。

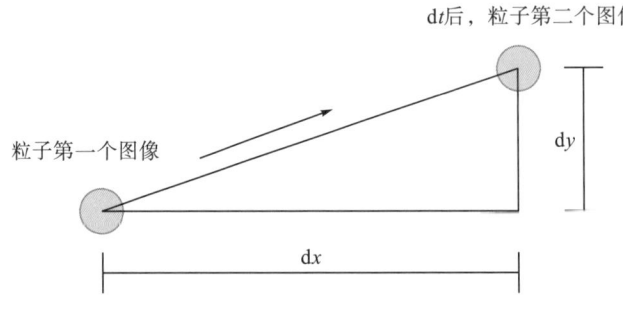

图 4.13 PIV 测速原理图

4.2.3 模型试验边界条件确定

采用压入式通风施工的隧道通风可以看作是风流在风机的作用下通过风筒进入隧道后并从隧道中流出的过程,这个过程中唯一的动力源是风机提供的压力。原型中风机的供风量和风压是可以通过测量或者计算获得的，但是风机提供的风压和风机本身的性能以及隧道内阻力等因素相关，关系较为复杂，且在运行中并不固定，因此本研究采用风机供风量来计算模型边界条件。原型隧道风机性能参数见表4.2，风机现场照片见图4.14。

表4.2 原型隧道风机性能参数表

直径/mm	风量/(m³/s)	风压/Pa	功率/kW	电压/V	转速/(r/min)
1700	52	7000	2×160	380	1500

图4.14 咪的村隧道现场风机布置图

为了能够较好地控制风机的转速，以达到节能和改变风量的目的，隧道现场风机往往会配置相匹配的变频器。变频器可以对风机进行无级调速，可以在风机给定风量范围内输出任意风量。变频器频率的设定包括数字设定、模拟量设定、脉冲频率设定、串行通信设定等。原型隧道风机变频器主要参数见表4.3。隧道在实际施工过程中，往往根据隧道长度以及内部环境等状况采用人工或者智能方法对风机运行频率进行控制，也就是说风机运行中的供风量是一个可以根据需求设定的值。鉴于此，在进行模型试验时，将供风量分为几个梯度来设置(为了便于检测，供风量由风筒平均风速代替)。

表4.3 原型隧道风机变频器参数表

输入电压/V	输出电压/V	输出频率/Hz	控制方式	故障保护
380	0~380	0~50	V/F控制、开环矢量控制	过流、过压、欠压、过温、缺相、过载

根据式(4.59)可获知原型和模型中的风速关系：

$$\Pi_v = \frac{v_\mathrm{m}}{v_\mathrm{p}} \approx 0.22 \tag{4.66}$$

根据现场实际情况以及相似后的风速数值选取合适的试验风速,设置 5 种不同的风筒出风口风速,对不同风速下隧道内风流特性进行研究。试验时,原型中风筒和隧道内的风速以及模型中风筒和隧道内的风速见表 4.4。

表 4.4 隧道流场模型试验边界条件设定表

原型风筒风速/(m/s)	对应模型风筒风速/(m/s)	换算原型隧道内风速/(m/s)	换算模型隧道内风速/(m/s)
60	13.2	2.34	0.52
40	8.8	1.56	0.35
30	6.6	1.17	0.26
25	5.5	0.98	0.22
20	4.4	0.78	0.17

已知隧道模型的几何比尺为 1∶20,根据式(4.59)可得:$\Pi_v \approx 0.22$。原型和模型中的流动介质均为空气,所以黏性系数 μ 相同,即 $\mu_m = \mu_p$。在试验中为了保证粉尘的表面性质不变,粉尘通过现场岩石破碎获得,因此原型和模型中的粉尘真密度相同,即 $(\rho_d)_p = (\rho_d)_m$。

粉尘相似准则:

$$\frac{k_m}{l_m v_m} = \frac{k_p}{l_p v_p} \tag{4.67}$$

$$\frac{l_m}{v_m t_m} = \frac{l_p}{v_p t_p} \tag{4.68}$$

$$\frac{(v_d)_m}{v_m} = \frac{(v_d)_p}{v_p} \tag{4.69}$$

根据式(4.54)、式(4.66)、式(4.67)可得

$$\frac{k_m}{k_p} = \frac{l_m v_m}{l_p v_p} \approx 0.011 \tag{4.70}$$

根据式(4.54)、式(4.66)、式(4.68)可得

$$\frac{t_m}{t_p} = \frac{l_m v_p}{l_p v_m} \approx 0.22 \tag{4.71}$$

根据式(4.66)、式(4.69)可得

$$\frac{(v_d)_m}{(v_d)_p} = \frac{v_m}{v_p} \approx 0.22 \tag{4.72}$$

根据式(4.40)可得

$$v_d = \frac{(\rho_d - \rho_g)g}{18\mu}d^2 = \frac{v_d - v_g}{18\mu}d^2 \Rightarrow \frac{d_m}{d_p} = \sqrt{\frac{(v_d)_m}{(v_d)_p}} \approx 0.47 \qquad (4.73)$$

也就是说,原型中粉尘的扩散系数约为模型中扩散系数的 91 倍(k_p/k_m);原型中 1s 内粉尘的沉降量,在模型中只需要 0.22s 就可完成;模型中粉尘的沉降速度是原型中的 0.22 倍;模型中粉尘直径为原型中粉尘直径的 0.47 倍。

4.3 隧道通风模型试验

4.3.1 隧道缩尺模型

1. 模型相似准数介绍

从描述流体运动的微分方程——动量守恒方程出发,可以推导出黏性不可压缩流体流动相似的相似准数(李彪,2011),相似准数有:弗劳德数 Fr、欧拉数 Eu、雷诺数 Re、斯特劳哈尔数 Sr。两个完全相似的流动,其 Fr、Eu、Re 和 Sr 必然对应相等。

2. 模型设计

1) 定长度比尺

模型长度比尺应该根据试验要求和试验范围,结合试验场地、模型制作及测量条件而定。建个元高速公路咪的村隧道的断面图见图 4.4,隧道为三心拱。咪的村隧道左线(ZK35+076~ZK38+906)长 3830m,右线(K35+110~K39+080)长 3970m,半径为 710m、730m、750m 三种。根据二衬施工完成的隧道横断面直径选择长度比尺,见表 4.5。

表 4.5 长度比尺选取表

原型尺寸(内径)/cm	原型当量直径/cm	原型面积/m²	长度比尺 Π_l	模型尺寸/cm	模型当量直径/cm	模型面积/m²	备注
			1/5	222	167.4	2.6144	
			1/10	111	83.7	0.6536	
1110	837	65.36	1/20	55.5	41.85	0.16341	$\Pi_l = \dfrac{l_m}{l_p}$
			1/40	27.75	20.925	0.04085	
			1/50	22.2	16.74	0.026144	

2) 设计模型几何尺寸

通过表 4.5 的计算,可以发现长度比尺 $\Pi_l = 1/20$ 时,模型尺寸较为合适,后期制作模型时方便。模型尺寸见图 4.15。

对于咪的村隧道,半径为 710cm 和 730cm。为探究不同曲率对隧道通风的影响,设计不同曲率半径，见表4.6。隧道模型周长156.2cm，模型面积1634.1cm^2；风筒模型直径9cm，周长56.52cm，面积254.34cm^2。

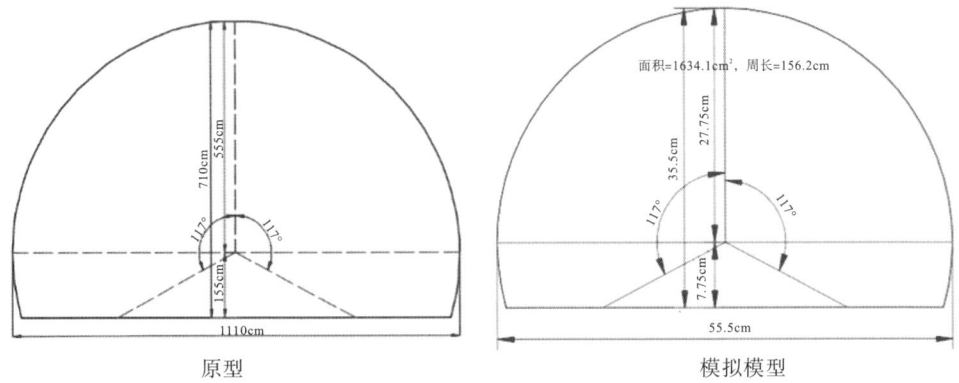

图4.15 隧道原型及模型尺寸

表4.6 不同曲率半径的隧道模型尺寸

原型曲率半径/m	原型弧长/m	长度比尺 Π_l	模型曲率半径/m	圆弧长度/m
2100			105	
1300			65	
700	160	1/20	35	8
300			15	
100			5	

3) 选择模型准则

对于不可压缩流体恒定流，一般只要同时满足雷诺准则、弗劳德准则和欧拉准则即可实现动力相似，也就是要求两个流动相应点上质点所受到的黏性力、重力、流体动压力与惯性力所构成的封闭的力多边形相似。而雷诺数和弗劳德数相等时，欧拉数自行相等。实际上要使得雷诺准则和弗劳德准则同时成立也是很困难的，也就是说模型和原型两个流动很难做到完全相似。

当雷诺数较小时，管道流动处于层流区、临界过渡区、紊流光滑区和紊流过渡区，流动阻力都与雷诺数有关(紊流过渡区还与相对粗糙度有关，严格来讲，还应要求模型和原型的相对粗糙度几何相似)。以上几种流动情况的断面流速分布、沿程水头损失都决定于管壁摩阻作用的大小，在同一水头差作用下，与管道是否倾斜、倾斜的大小无关，这说明这时重力不起作用，影响流速分布和流动阻力的主要因素是黏滞力，因此采用雷诺准则进行模型设计。当雷诺数较大时，流动进入紊流粗糙区(即阻力平方区)以后，流动阻力与雷诺数无关，只与相对粗糙度有关，所以只要保证两个流动几何相似(包括管壁粗糙度的相似)，流动就达到了动力相似，所以阻力平方区又称为自动模型区，简称自模区。计算得

$$Re_{S\text{tunnel}} = 4160\left(\frac{D}{2\Delta}\right)^{0.85} = 4160 \times \left(\frac{8.37}{2 \times 0.3}\right)^{0.85} \approx 39082.42 \quad (4.74)$$

$$Re_{S\text{duct}} = 4160\left(\frac{d}{2\Delta}\right)^{0.85} \approx 190633.61 \quad (4.75)$$

式中，D 为隧道内径，取值 8.37m；d 为风筒直径，取值 1.8m；Δ 为管道绝对粗糙度。

隧道中雷诺数计算：$Re = \frac{\rho v D}{\mu}$。$v$、$\rho$、$\mu$ 分别为流体的流速、密度与黏性系数。ρ=1.205kg/m³，μ=1.81×10⁻⁵ Pa·s，v 取最小允许风速 0.25m/s，隧道最小允许风速下风筒对应风速为 5.5m/s。

$$Re_{\text{tunnel}} = \frac{\rho v D}{\mu} = \frac{1.205 \times 0.25 \times 8.37}{1.81 \times 10^{-5}} \approx 1.39 \times 10^5 > Re_{S\text{tunnel}} \quad (4.76)$$

风筒中雷诺数计算：

$$Re_{\text{duct}} = \frac{\rho v d}{\mu} = \frac{1.205 \times 5.5 \times 1.8}{1.81 \times 10^{-5}} \approx 6.59 \times 10^5 > Re_{S\text{duct}} \quad (4.77)$$

由计算可知，只要满足规范，隧道中流动均已进入阻力平方区。根据尼库拉泽曲线可知，只要模型和原型的雷诺数处于同一自模区，雷诺数可不考虑。因此只要欧拉数和弗劳德数相等就可以做到相似：

$$Fr = \frac{v^2}{gl} = Eu = \frac{p}{\rho v^2} \quad (4.78)$$

4) 阻力相似条件

根据尼库拉泽试验可知：在湍流阻力平方区时，Λ（沿程阻力系数）只与 Δ/d 有关，而与 Re 无关。因此，在相似试验中，若原型和模型都处于阻力平方区，那么只要几何相似（即 Δ/d 相等），不需要 Re 相等，就可以实现阻力相似（即 Λ 相等）。也就是说，只要按照弗劳德准则设计模型，就能自动实现黏滞力相似，而无须同时满足雷诺准则。

5) 绝对粗糙度计算

对于隧道原型：D_p=8.37m，$\overline{\Delta}_p = (\Delta/D)_p = 0.15 \div 8.37 \approx 0.0179$，其中 0.15 为隧道壁面绝对粗糙度。对于隧道模型来说，$(\Delta/D)_p = (\Delta/D)_m = 0.0179$，$D_m$=0.4185m。因此隧道模型的绝对粗糙度为：$\Delta = \overline{\Delta}_m \cdot D_m = 0.0179 \times 0.42 = 0.007518$。

对于风筒原型：d_p=1.8m，$\overline{\Delta}_p = (\Delta/d)_p = 0.003 \div 1.8 = 0.0017$，其中 0.003 为风筒壁面绝对粗糙度。对于隧道模型来说，$(\Delta/d)_p = (\Delta/d)_m = 0.0017$，$d_m$=0.09m。因此隧道模型风筒的绝对粗糙度为：$\Delta = \overline{\Delta}_m \cdot d_m = 0.0017 \times 0.09 = 0.000153$。

6) 计算流动物理量的相似比尺

当 Π_l=1/20 时，按照弗劳德准则计算如下：

速度比尺：$\Pi_v = \Pi_l^{1/2} \approx 0.22$。

流量比尺：$\Pi_q = \Pi_l^{5/2} \approx 5.59 \times 10^{-4}$。

时间比尺：$\Pi_t = \Pi_l^{1/2} \approx 0.22$。

压强比尺：$\Pi_P = \Pi_l \Pi_\rho = 0.05$。

7) 按比尺计算模型流量、流速等运动要素，并确定边界条件

在模型试验中，原型与模型的粗糙度也应该同其他线性尺度一样呈相同的比例，因此需要对粗糙度进行计算。此外，在隧道中风流的全部动力来自风机，风量在模型与原型之间的换算公式如下：

$$q_{Vm} = q_{Vp} \Pi_{qV} = q_{Vp} \times 5.59 \times 10^{-4} \tag{4.79}$$

具体计算结果如表 4.7 所示。

表 4.7 模型计算结果

位置	原型风机风量/(m³/min)	模型风机风量/(m³/min)	模型流量/(m³/s)	原型风筒面积/m²	模型风筒面积/m²	模型风筒风速/(m/s)	模型隧道面积/m²	隧道模型中风速/(m/s)	风筒雷诺数	隧道雷诺数
咪的村隧道	2352.89	1.32	0.02	2.54	0.0064	3.45	0.14	0.16	1923643.17	87250.96

8) 风机选取和布置

方案一：模型风机风量为 1.32m³/min，为了满足风量的需求，风机选择涵道风扇提供风量(图 4.16)。涵道风扇较同样直径的孤立风扇能产生更大的升力，且风扇环括在涵道内，可阻挡风扇气动声向外传播，结构紧凑、安全性高。

图 4.16 模型风机示意图及尺寸(单位：cm)

该类风机主要用于航模，因此风机参数只有尺寸和推力，经过计算风量大约在 8.7m³/min，大于所需的 1.32m³/min。该风机的好处是风扇叶片较多，通过调速器也可以满足较低的风量需求。

方案二：由于涵道风扇风量过大，选取主机散热风扇，该风扇也是直流风机，见图 4.17。

图 4.17　模型风扇示意图

方案二中的风机直径为 12cm，大于风筒直径 9cm，需要制作专用的缩径管进行安装，且该风机风量大于 2.77m³/min，风压未知。因此最终选择方案一。

压入式通风时，风机布置在模型隧道外部，涵道风扇可以直接与风筒连接，散热风扇则通过缩径管与风筒连接。当使用巷道式通风时，由于涵道风扇可直接放进模型中，而散热风扇由于尺寸原因，无法放入模型中，因此需要设计专用模块进行巷道式通风模拟，该模块的外部接口连接风机，内部设计为风机状。

3. 缩尺模型模块化设计及制作材料选择

在模型试验中，需要注意本模型和普通的隧道通风模型有所不同。目前普通的隧道缩尺模型基本上是研究运营期隧道的风流结构和污染物扩散特性，但是本模型是研究施工期隧道风流结构和污染物的扩散特性，因此在结构上会和大部分模型有所不同。另外，本模型中会出现隧道施工期间的上台阶、下台阶等施工中才有的断面形式，这部分会在"特殊模块设计"中详细介绍。

为了更好地获得隧道中的风流结构和污染物扩散特性，模型中会布置一定数量的测试传感器，详细的内容会在"测试设备选择"中介绍。

1) 测试设备选择

在施工时隧道中会由于不同的施工工序以及不同地层而产生不同的污染物，例如甲烷、一氧化碳、氮氧化物以及粉尘等，这些污染物都要在通风系统的作用下降低浓度并排出隧道，因此缩尺模型中需要有测量污染物浓度的传感器并且合理布置。

风流结构主要是指隧道中风速的矢量分布，包括风流速度和风流方向。风流结构采用 PIV 系统获得，测速范围为 0~700m/s，测量体尺寸由硬件参数决定，测量介质可以为水、空气等透明流体。粒子图像测速系统结构如图 4.18 所示。

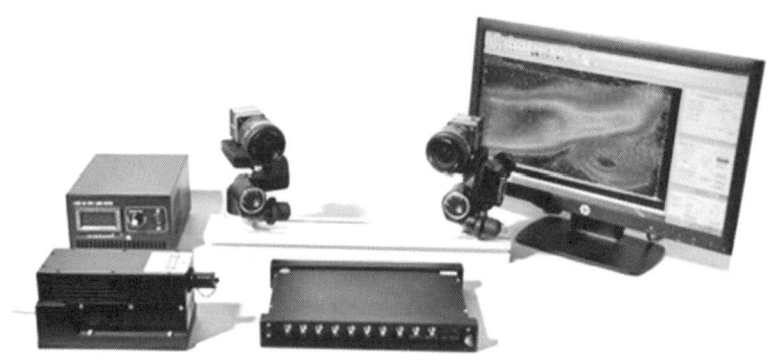

图 4.18　粒子图像测速系统结构图

污染物测试设备同样选择市面上现有产品。方案一和方案二分别如图 4.19、图 4.20 所示。

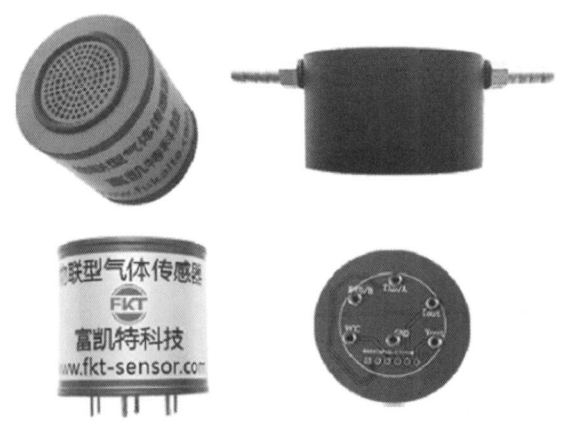

图 4.19　污染物测试设备(方案一)

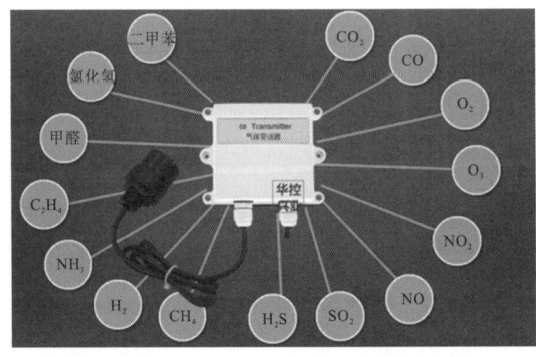

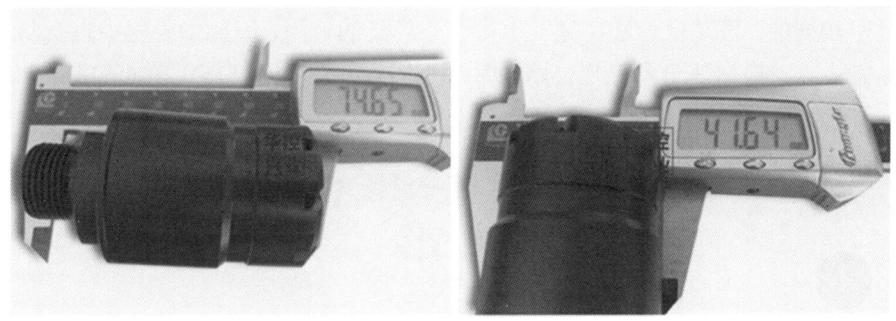

图 4.20　污染物测试设备(方案二)

以上两种方案的设备均可与计算机相连,第一种尺寸较小,但是价格昂贵,第二种尺寸较大,但是价格稍微低一点。试验过程中,传感器通过预留的管道检测 CO 浓度。

2) 材料选择及模块单元

为了能够更好地观测风流结构,模型材料选择高透的亚克力板材。

对于隧道来说,较长的部分为隧道施工完成的部分,对于模型来说较长的部分也是施工完成的部分,因此将完成的部分模块化。设计每个单元长度为 50cm,隧道模块设计见图 4.21。模块与模块之间通过法兰盘连接固定。但是对于掌子面施工区域以及其他一些特殊区域,就不能够使用该固定模块,因此需要设计专门的模块,这部分在"特殊模块设计"部分介绍。

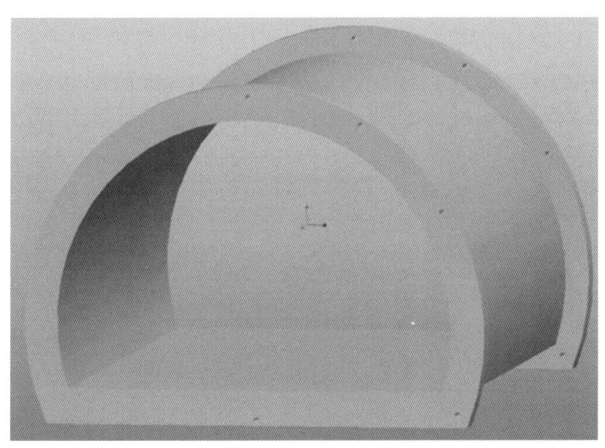

图 4.21　隧道模块设计

3) 特殊模块设计

特殊模块的设计主要是考虑斜井的通风和巷道式通风时横洞的连接以及污染物源。

运营期间的隧道模型一般都是相同断面的,在断面形状、尺寸上基本没有变化,因此模型也都是相同的模块,加工好直接进行拼接就可以进行相关的研究。但是施工期间隧道的断面是不相同的,目前台阶法在施工中得到了广泛的应用,因此本模型中也会将台阶法施工的精髓引入。根据建个元高速公路项目施工的设计,台阶法施工断面如图4.22所示。

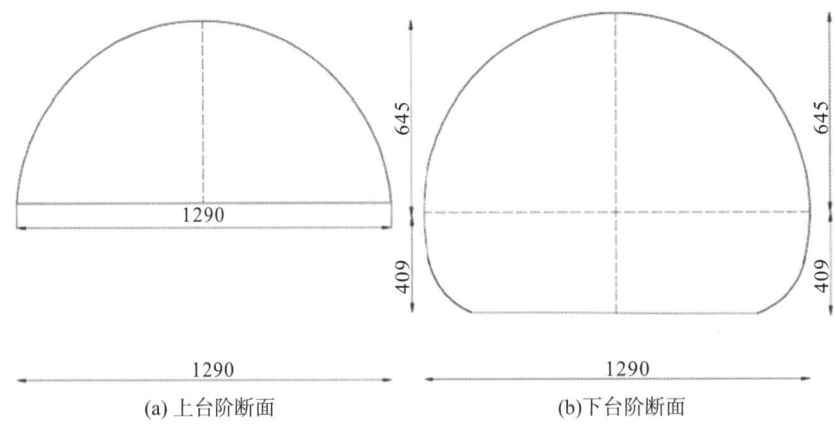

(a) 上台阶断面　　　(b) 下台阶断面

图 4.22　施工断面图(单位:cm)

4) 风流特征检测布置模块设计

采用 PIV 测试,无需特殊模块。

5) 掌子面气体源设计

在施工中爆破的瞬间会有 CO 产生,因此需要能够瞬间释放有毒有害气体;同时在某些隧道施工期间地层中还会有持续的气体产生,因此还需要能够持续释放有毒有害气体。该部分设计见图4.23。释放持续稳定浓度的气体相对来说比较简单,直接从市场购买一定浓度的标准气体连通气源腔即可。

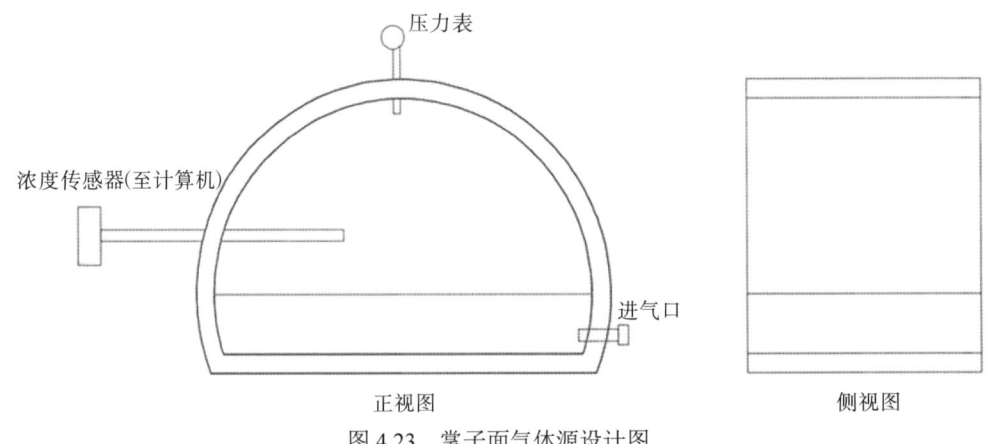

图 4.23　掌子面气体源设计图

瞬间性的气体释放在试验期间较难实现,为实现气体瞬间释放要求气源腔具有一定的密封性和承压性,在腔体中事先充入所需浓度的气体,并达到一定压力。考虑时间比尺,

第 4 章　隧道施工区污染物扩散机制相似模型试验

气体释放过程的时间可以增加至 3~4s，因此在腔体掌子面上制作活动门，活动门打开后气体释放。

6) 爆破粉尘模拟

在对爆破粉尘运移过程进行模拟时，预先使模型上台阶区域充满粉尘。首先将筛好的粉尘放置在粉尘腔体内，通过风机将粉尘扬起并使其通过模型掌子面上的粉尘孔进入到隧道模型内，见图 4.24。这样避免了粉尘过高的初速度，也使得粉尘初速度可以自由调控。此外，在粉尘腔体中增加粉尘闸门，当模型中粉尘浓度足够时，关闭闸门，阻止腔体中粉尘进入隧道。这样可以根据需求改变模型中粉尘的浓度，模拟不同浓度情况下的粉尘扩散情况。

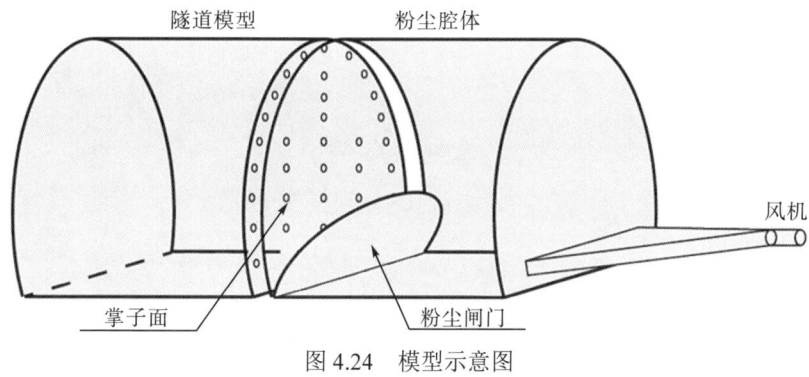

图 4.24　模型示意图

7) 非掌子面气体源设计

在隧道施工中，掌子面会有各种污染物产生，同时在距掌子面一定距离的位置上，作业机械和喷浆作业都会产生大量的污染物，因此还需要设计非掌子面气体源模块。这部分的污染物都是持续性地产生，该部分设计见图 4.25。

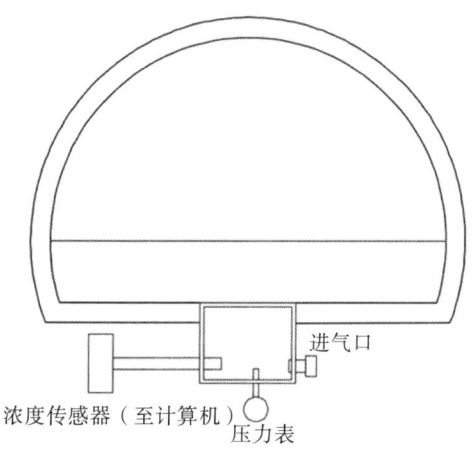

图 4.25　非掌子面气体源设计图

4.3.2 隧道施工区域流场模型试验

1. 模型试验方案

采用 PIV 系统对螺旋隧道施工区域流场进行分析。试验时选择风筒出风口的风速为 5.5m/s（对应实际风速为 25m/s），选择风筒出风口的位置分别为距掌子面 0.5m、1m 和 1.5m（对应实际情况的 10m、20m 和 30m）位置处，拍摄大小为 35cm×35cm 的正方形流场区域用来观察螺旋隧道内的流场，拍摄区域和风筒出风口位置齐平。试验设备及拍摄区域见图 4.26。

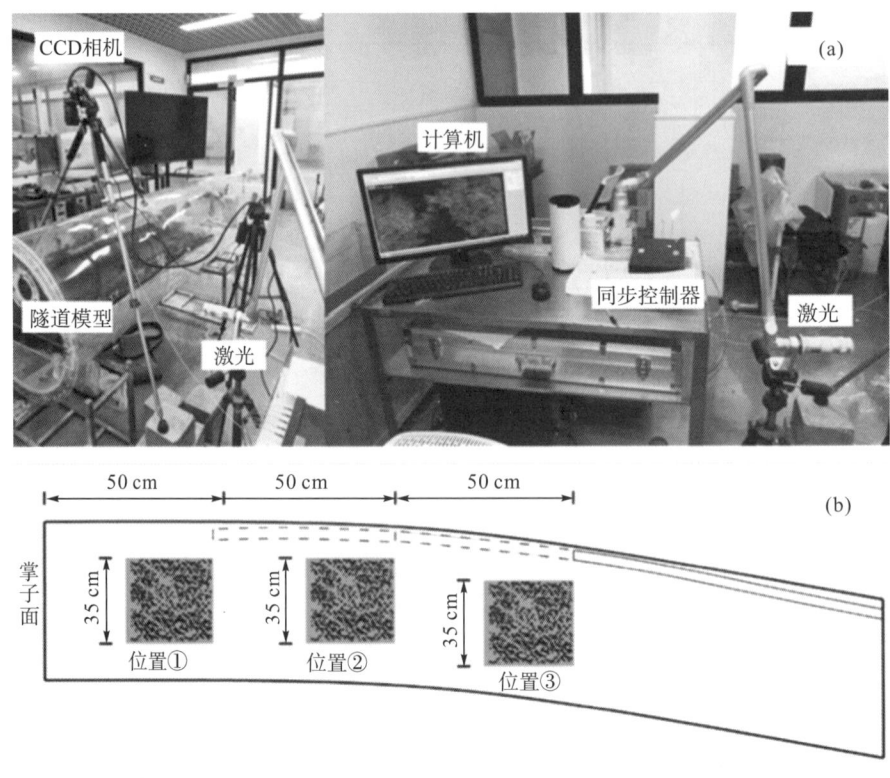

图 4.26 PIV 系统(a)及拍摄位置(b)

2. 螺旋隧道施工区域流场结构分析

从拍摄的隧道流场来看（图 4.27），随着风筒出风口至掌子面距离的增加，涡流区区域面积也会随之增加，涡流区面积的增加会直接影响污染物的运移，污染物的排出只能依靠回流区风流，涡流区面积的增加挤压了回流区容积，降低了污染物排放的效率。此外，从位置①处的不同时刻[图 4.27(a)、(b)]可以看出，不同时刻隧道内风流流场结构差别较大，说明隧道内的风流流场并不是稳态流场，流场会随着时间而发生变化。此外，涡流区的位置也会随着时间发生改变，这一点是有利于污染物的运移与扩散的，因为这种情况下不会形成稳定的涡流区，反而有利于污染物的排放。隧道施工现场的尼龙风筒在出风口处，往往会由于高速排出的风流而产生不规则摆动，这种不规则的摆动会阻碍稳定涡流区的形成，提高污染物排出效率。

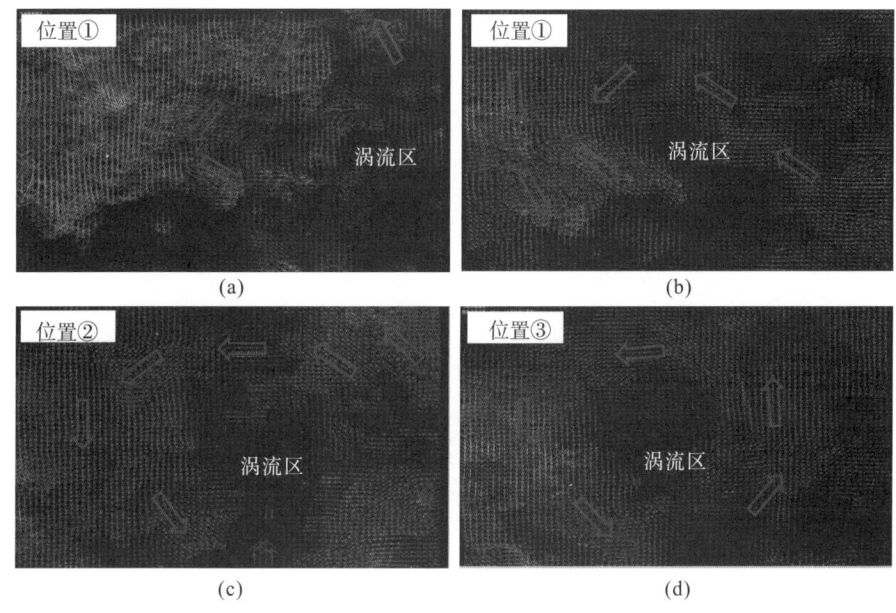

图 4.27 隧道流场结构

4.3.3 隧道粉尘扩散模型试验

粉尘不同于其他有毒有害气体，风量越大气体越容易被稀释，过大的风量可能会导致粉尘无法沉降，而过小的风量又会使得粉尘难以扩散。在螺旋线型的作用下，隧道内风流产生了变化，粉尘的分布和扩散也会因此而不同。本小节将采用相似模型试验的方法研究隧道内粉尘的扩散特性及分布规律。

1. 螺旋隧道爆破粉尘分散度测定

物质的界面性质会影响物质整体的性质，粉尘颗粒较小，界面性质凸显，影响粉尘整体的性质，因此在进行粉尘模型试验和数值计算前都需要对粉尘进行分散度测定。本研究在隧道施工现场对爆破粉尘进行了取样分析。对粉尘分散度的测定采用的是 Mastersizer 2000 激光粒度仪，它是利用颗粒对光的散射(衍射)现象测量颗粒大小的，即光在行进过程中遇到颗粒(障碍物)时，会有一部分光偏离原来的传播方向，其工作原理如图 4.28 所示。由 He-Ne 激光发射器发射一束波长固定的激光，在通过滤光镜后形成单一平行光束，并照射在颗粒样品上发生散射现象。散射光的角度与颗粒直径呈反比关系，颗粒尺寸越小，偏离量越大；颗粒尺寸越大，偏离量越小。散射光通过傅里叶或反傅里叶透镜后在排列有多个检测器的焦平面上成像。散射光的能量分布与颗粒直径直接相关，衍射光强度 $I(\theta)$ 与颗粒直径之间的关系可以表达为

$$I(\theta) = \frac{1}{\theta} \int_0^\infty R^2 n(R) J_1^2(\theta RK) \mathrm{d}R \tag{4.80}$$

其中，

$$K = \frac{2\pi}{\lambda} \tag{4.81}$$

式中，θ 为散射角度；R 为颗粒半径；$I(\theta)$ 为以 θ 角散射的光强度；$n(R)$ 为颗粒粒径分散度函数；λ 为激光的波长；J_1 为第一型傅里叶函数。

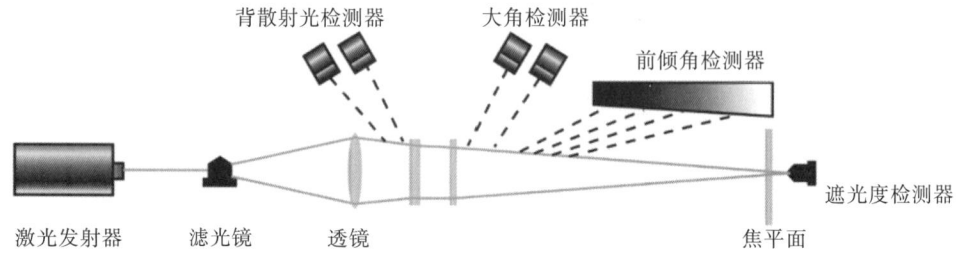

图 4.28 激光粒度仪的工作原理图

测试粉尘分散度之前，首先要在隧道现场进行粉尘取样，粉尘取样同样采用呼吸性粉尘采样器(CCZ20 型)。现场取样选择在咪的村隧道进口工区，爆破时将采样器放置在隧道施工的钻爆台车上，距掌子面为 30m 左右。取样期间爆破后 5min 之内不进行通风，5min 后停止取样。对样品进行测试，获得粒径和累计质量分数，见表 4.8 和图 4.29。

表 4.8 粉尘粒径分布(对应粒径累计质量分数)

粒径/μm	累计质量分数/%	粒径/μm	累计质量分数/%
1	99.9	20	43.3
2	98.1	30	20.2
3	96.8	40	11.7
4	95.3	50	8.6
5	93.5	60	0.9
6	90.4	80	0.9
7	85.0	100	0.9
8	80.4	150	0.0
10	73.1		

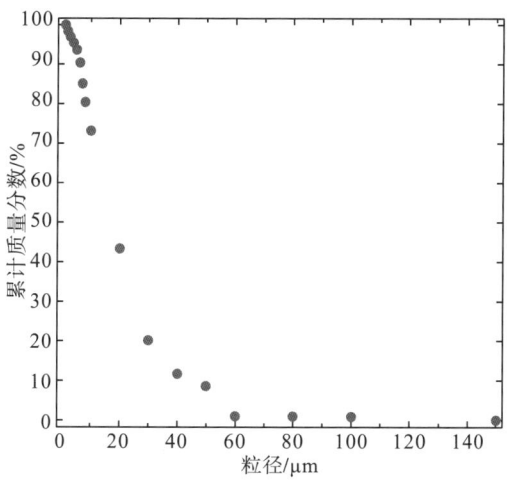

图 4.29 粉尘粒径分布

目前，对于粉尘的分布特征可以用正态分布、对数正态分布、韦布尔(Weibull)分布、罗辛-拉姆勒(Rosin-Rammler)分布和罗勒(Roller)分布等半经验公式描述。罗辛-拉姆勒分布常常用来表示磨碎的固体粗粉尘粒径分布，而爆破破岩的过程可以看作爆破产生的高压气体将岩石固体磨碎的过程，因此在分析爆破产尘的粒径分布时，本章采用了罗辛-拉姆勒分布，即

$$Y_\mathrm{d} = \mathrm{e}^{-(d/\overline{d})^n} \tag{4.82}$$

式中，Y_d 为粉尘累计质量分数；d 为粉尘直径，μm；$\overline{d}$ 为粉尘中径，μm；n 为分布指数。

式(4.82)中，$\overline{d}$ 和 n 均为常数，将式子两边都取自然对数：

$$-\ln Y_\mathrm{d} = \left(\frac{d}{\overline{d}}\right)^n \tag{4.83}$$

式(4.83)两边再次同时取自然对数：

$$\ln(-\ln Y_\mathrm{d}) = n\ln d - n\ln \overline{d} \tag{4.84}$$

令式(4.84)中的 $\ln(-\ln Y_\mathrm{d})=y$，$\ln d=x$，$-n\ln \overline{d}=a$，$n=b$，则式(4.84)可以转化为

$$y = a + bx \tag{4.85}$$

利用最小二乘法求式(4.85)中的 a 和 b：

$$b = \frac{L_{xy}}{L_{xx}}, \quad a = \overline{y} - b\overline{x} \tag{4.86}$$

其中，

$$\begin{cases} \overline{x} = \dfrac{1}{k}\sum_{i=1}^{k} x_i, \ \overline{y} = \dfrac{1}{k}\sum_{i=1}^{k} y_i \\ L_{xx} = \sum_{i=1}^{n}(x_i - \overline{x})^2 = \sum_{i=1}^{n} x_i^2 - \dfrac{1}{n}\left(\sum_{i=1}^{n} x_i\right)^2 \\ L_{xy} = \sum_{i=1}^{n}(x_i - \overline{x})(y_i - \overline{y}) = \sum_{i=1}^{n} x_i y_i - \dfrac{1}{n}\left(\sum_{i=1}^{n} x_i\right)\left(\sum_{i=1}^{n} y_i\right) \end{cases}$$

以表4.7中的测试数据为例，计算粉尘分散度函数，见表4.9。

表4.9 粉尘分散度计算表

粒径/μm	质量分数/%	y_i	x_i	y_i^2	x_i^2	$x_i y_i$
1	99.9	−6.907	0.000	47.710	0.000	0.000
2	98.1	−3.954	0.693	15.632	0.480	−2.741
3	96.8	−3.426	1.099	11.736	1.207	−3.764
4	95.3	−3.034	1.386	9.203	1.922	−4.206
5	93.5	−2.700	1.609	7.290	2.590	−4.345
6	90.4	−2.293	1.792	5.260	3.210	−4.109
7	85.0	−1.817	1.946	3.301	3.787	−3.536
8	80.4	−1.523	2.079	2.318	4.324	−3.166
10	73.1	−1.160	2.303	1.347	5.302	−2.672
20	43.3	−0.178	2.996	0.032	8.974	−0.533
30	20.2	0.470	3.401	0.221	11.568	1.597
40	11.7	0.763	3.689	0.583	13.608	2.816
50	8.6	0.897	3.912	0.805	15.304	3.511
60	0.9	1.550	4.094	2.402	16.764	6.345
80	0.9	1.550	4.382	2.402	19.202	6.791
100	0.9	1.550	4.605	2.402	21.208	7.137

根据表4.9中的数据，结合式(4.86)可得

$$\begin{cases} n = 2.543 \\ \overline{d} = e^{-\frac{a}{n}} = e^{\frac{7.618}{2.543}} \approx 19.999 \end{cases} \tag{4.87}$$

由此，可得粉尘的分散度函数为

$$Y_d = e^{-(d/19.999)^{2.543}} \tag{4.88}$$

将拟合函数和实测结果进行对比，见图4.30。从图中可以看出，拟合函数和实测数据之间符合较好，因此该拟合结果可以在后面的数值模拟及模型试验中应用。

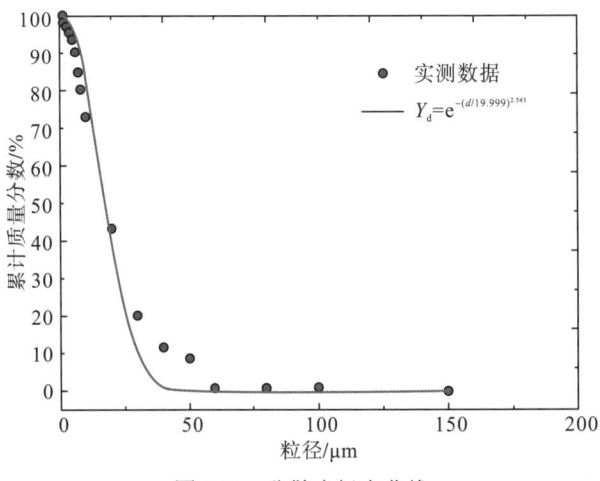

图4.30 分散度拟合曲线

根据现场测试的粉尘粒径分布(表 4.8)和粉尘分散度函数,以及粉尘相似准则制备试验粉尘,试验用的粉尘粒径分布见表4.10。试验用粉尘来自建个元高速公路咪的村隧道进口工区,5.0μm以下的粉尘采用市面上购买的氧化硅粉末(密度与现场粉尘粉末大致相等),5.1~100.0μm 的粉尘通过对现场的岩石进行研磨筛选后获得,不同粒径的粉尘见图 4.31。

表4.10 试验用的粉尘粒径分布

粒径/μm	质量分数/%
0.0~3.0	9.6
3.1~5.0	17.3
5.1~10.0	29.8
10.1~15.0	23.1
15.1~30.0	19.3
30.1~100.0	0.9

图 4.31 不同粒径的粉尘图片

2. 无通风情况下粉尘运移扩散规律

研究隧道中没有通风的情况下粉尘浓度变化情况,以掌握粉尘在无外界干扰下的运移规律。爆破时,隧道岩性的不同、岩层涌水渗水量的差异等,会使得隧道爆破的产尘量不同。此外,岩层的破碎程度、炮孔的布置方式以及炸药量等因素会导致爆破产生的粉尘扩散的初速度不同,因此在研究螺旋隧道中粉尘的运移扩散规律时,设置三种不同的粉尘量(10g、20g、30g)和三种不同的粉尘进入速度(7.8m/s、9.2m/s、11.6m/s)。在隧道中布置不同的测线和测点来检测粉尘的变化情况,隧道中测线和测点的布置见图4.32。风筒出风口数值在距掌子面1m处(本章之后所有模型试验均将出风口设置在距掌子面1m处)。

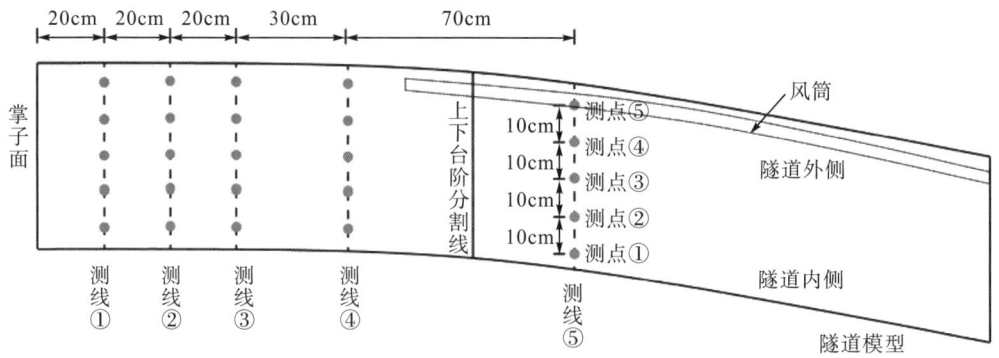

图 4.32　模型试验测线和测点布置示意图

测试粉尘浓度采用《工作场所空气中粉尘测定 第 1 部分：总粉尘浓度》(GBZ/T 192.1—2007)中介绍的方法。在进行测试时，设置采样器流量为 6L/min，采样时间为 5min。根据时间相似比尺可知模型中 5min 对应的是实际中 22.7min，因此测试的粉尘浓度实际上是一个时间尺度上的平均值，但是流量过大可能会影响模型中的风流流场，采样时间过短又会降低粉尘的测试精度，使得误差较大。因此，试验时，对每一个测点的浓度进行测试时，都需要进行一次粉尘喷射，为了提高测试的准确性，每一个测点需要测量三次粉尘浓度，取平均值后作为该点的粉尘浓度。此外，为了探究粉尘浓度随时间的变化情况，试验时分别测量了粉尘进入后 0min、2min、4min 和 6min 时的粉尘浓度，试验结果见图 4.33~图 4.35。

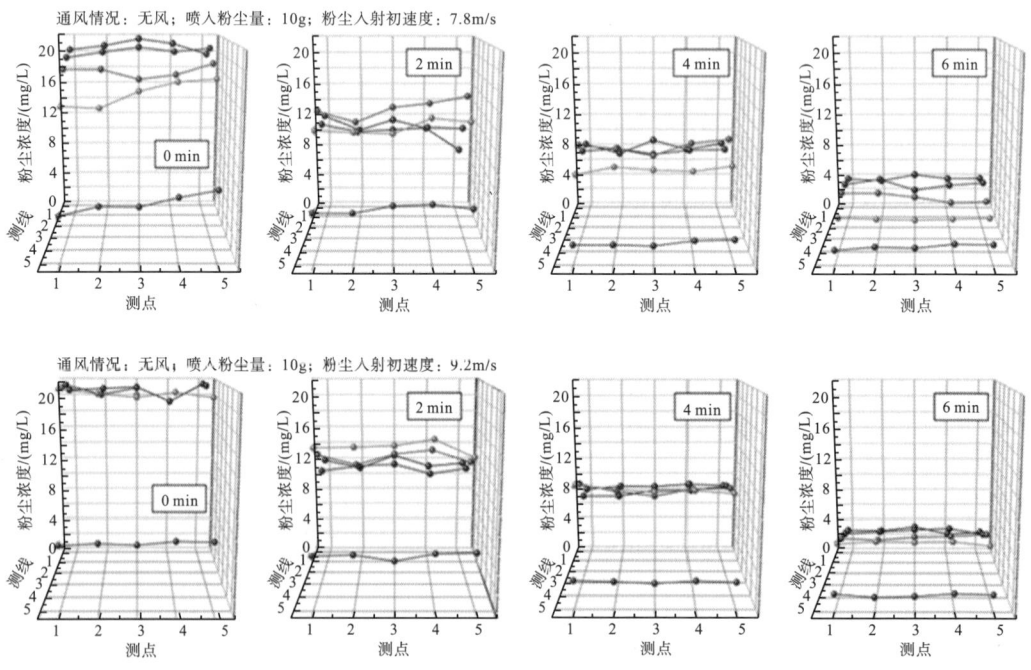

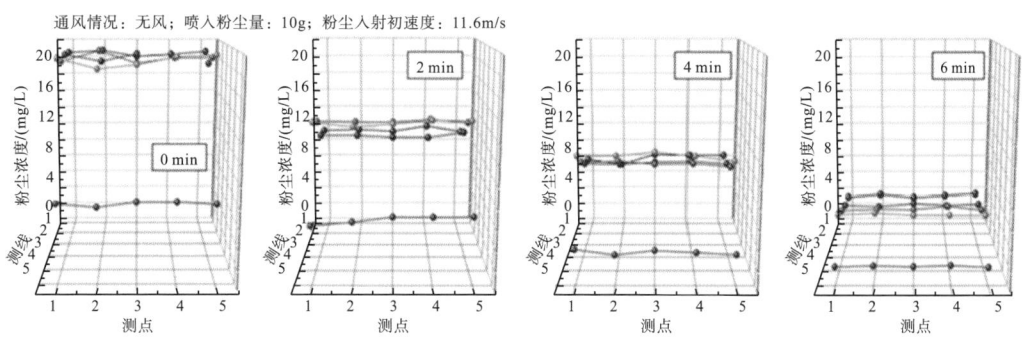

图 4.33 喷射粉尘量为 10g 时，不同粉尘入射初速度下粉尘浓度变化规律

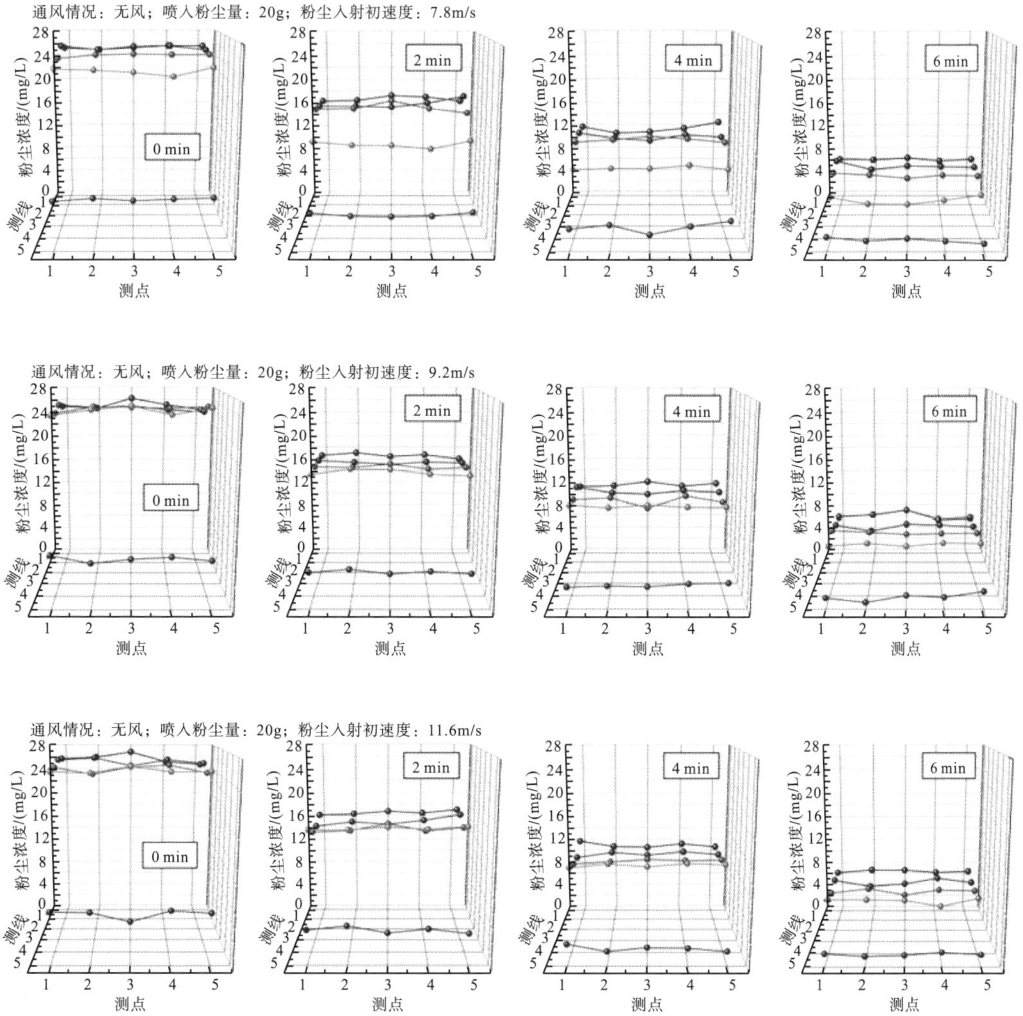

图 4.34 喷射粉尘量为 20g 时，不同粉尘入射初速度下粉尘浓度变化规律

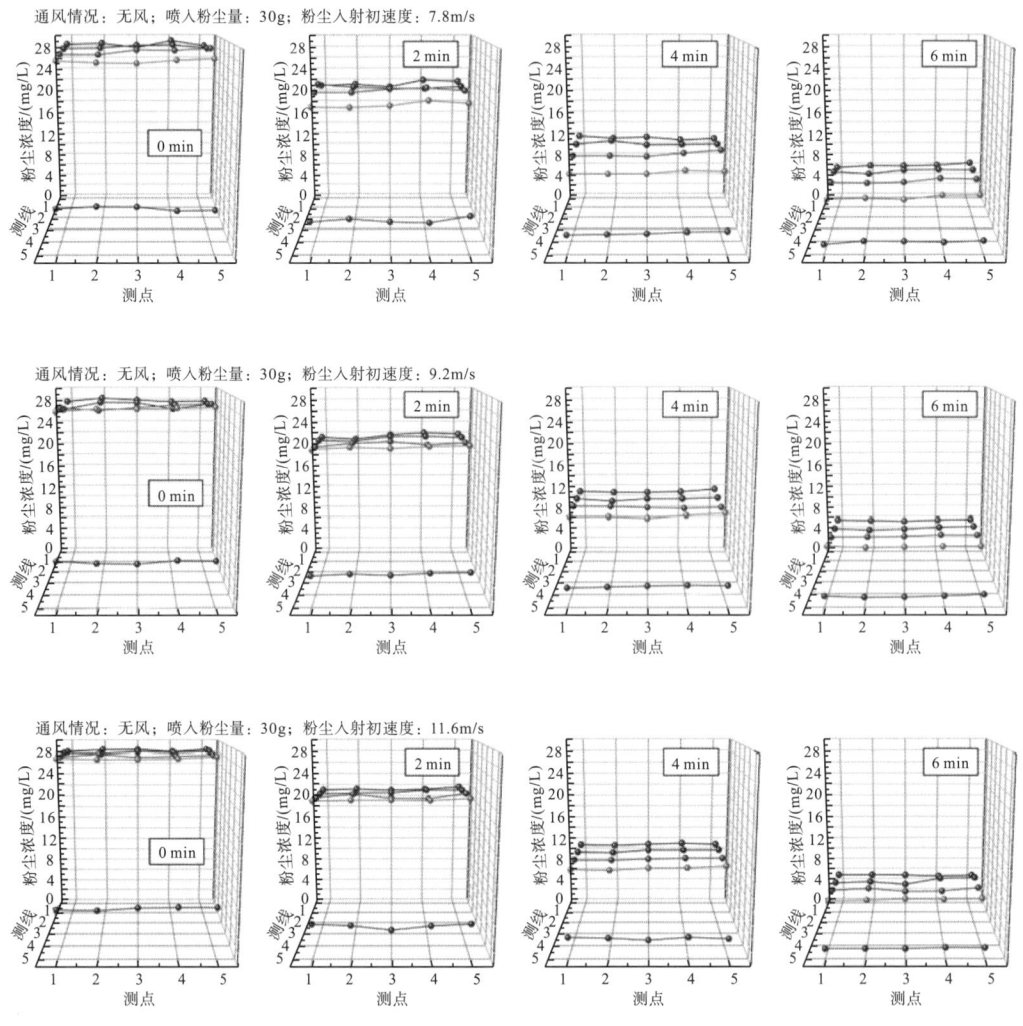

图4.35 喷射粉尘量为30g时，不同粉尘入射初速度下粉尘浓度变化规律

图4.33～图4.35中所有粉尘浓度都是经过相似比计算后的浓度值，从图中可以看出，不论喷入粉尘量为多少，不论初速度为多大，粉尘浓度都随着时间的推移而降低，且粉尘浓度降低速率均呈现出了先快后慢的趋势。粉尘浓度从0min到2min的降低速率，比2min到4min和4min到6min的降低速率大，后期的降低速率趋于平稳。此外，随着时间的推移，隧道的粉尘浓度变得均衡，不同测点和不同测线之间的浓度差变小，说明不同位置之间的粉尘存在扩散。而粉尘整体的变化趋势说明，在没有外界干扰的情况下，粉尘运动基本上只受到重力、阻力和浮力的影响，由于粉尘质量较小，因此进入隧道初期，粉尘的阻力占主导地位，粉尘仅在惯性作用下向着洞口方向运移，当惯性降低后，粉尘向洞口方向的运移速度急剧下降，并最终降为0，此时粉尘的扩散作用开始占主导地位。在重力的作用下，粉尘开始加速沉降，当重力和浮力、阻力之和相等后粉尘在重力方向上开始匀速下降，粉尘的运移占主导地位。

第 4 章 隧道施工区污染物扩散机制相似模型试验

观察不同测点(图 4.32)发现：相比于上台阶的测点(测线①～④)，下台阶的测点(测线⑤)粉尘浓度较低，说明粉尘的影响范围是有限的。虽然随着粉尘入射初速度的增加，影响范围有所增加，但是范围增加较小。从上台阶的粉尘浓度来看，也可以发现，粉尘影响范围内，不同位置上粉尘浓度差距较小。根据不同位置上粉尘浓度的分布，可以将没有外界干扰的爆破粉尘分为两部分，绝大部分粉尘集中在掌子面附近的范围内，该区域粉尘浓度较高，不同位置处粉尘浓度相差较小，粉尘分布均匀，将之定义为粉尘重度污染区，该范围的大小由总的产尘量以及粉尘初速度决定。而粉尘重度污染区之外(定义为粉尘轻度污染区)，只有少数初速度较大的粉尘会进入，粉尘浓度也随着至掌子面距离的增加而逐渐降低。

对比图 4.33～图 4.35 可以发现，随着喷入粉尘量由 10g 增加至 20g、30g，隧道中的粉尘浓度有所提高，但是其并没有像粉尘质量一样成倍增加。这说明粉尘浓度的大小和喷入粉尘的质量并不呈线性关系，大部分粉尘由于初速度较小而很快沉降。此外，从图中还可以发现：粉尘沉降后期，隧道外侧粉尘浓度略高于隧道内侧，这是由于粉尘进入隧道时，只具有掌子面切向方向的速度，且粉尘颗粒在隧道中仅受到重力的作用而无其他作用，粉尘颗粒的运动方向只会在垂直方向上改变，在螺旋隧道中，由于隧道有弯曲，而粉尘无法在隧道平面上转弯，所以导致隧道外侧的浓度略高于隧道内侧。

在没有外界干扰的情况下，根据粉尘进入隧道后的分布情况，将隧道内分为粉尘重度污染区和轻度污染区，示意图见图 4.36。两个区域中，粉尘除在重力的作用下自然沉降外，仅有一些小范围的扩散。从图中可以看出，产尘量的大小和粉尘入射初速度都会影响重度污染区的容积。对于隧道现场施工来说，重度污染区的大小和岩层破碎程度、炸药量等因素有关，由于施工的原因，这些因素无法改变，因此就需要通风系统能够尽量控制粉尘重度污染区域的大小，使得重度污染区越小越好。同时，还要将粉尘有序地引流至轻度污染区并综合沉降、扩散和运移三方面的共同作用，使得粉尘浓度能够在短时间内降低至允许浓度范围内。为此本章采用模型试验的方法研究不同供风量下，粉尘的运移扩散规律。

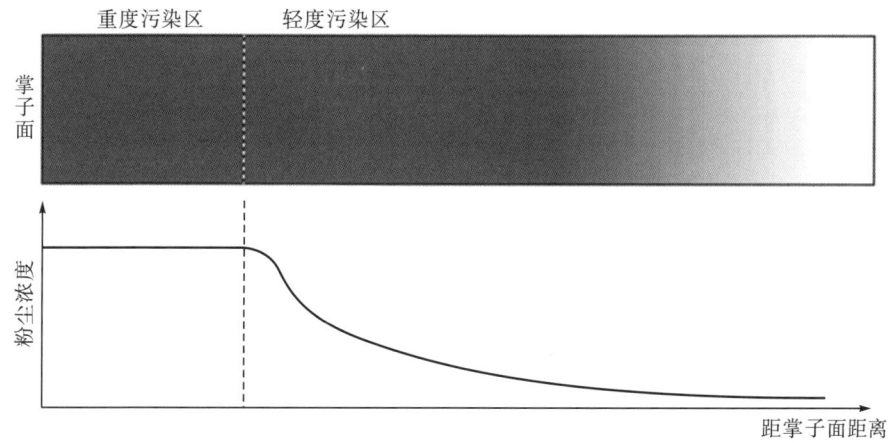

图 4.36　无外界干扰下隧道内粉尘污染分布示意图

3. 通风情况下粉尘运移扩散规律

不同供风量通过风机出风口不同的风速进行表征，考虑到过小的风速在隧道模型中不易实现的现实情况以及过小的风速会被试验外部环境影响等因素，对粉尘浓度进行测试时，同样采用前文的测试方法。由于通风后粉尘浓度较小，因此将粉尘采样器的采样流量提高为 15L/min，采样时间同样为 5min。测点分布同样采用和图 4.32 相同的布置。粉尘喷入量选择 20g，入射速度选择 7.8m/s。试验时分别测量了粉尘进入后 0s、30s、60s 和 120s 时的粉尘浓度，试验结果见图 4.37。

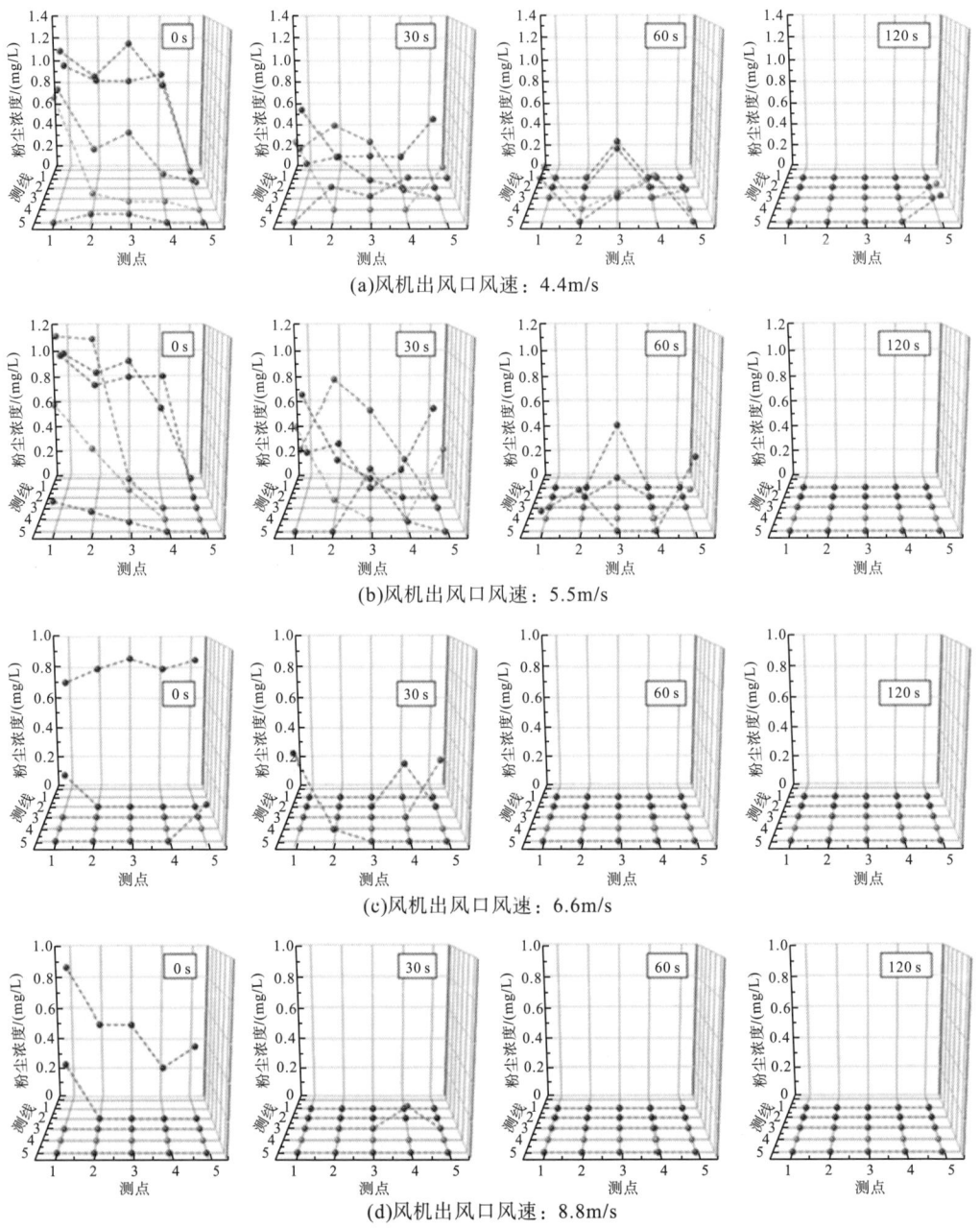

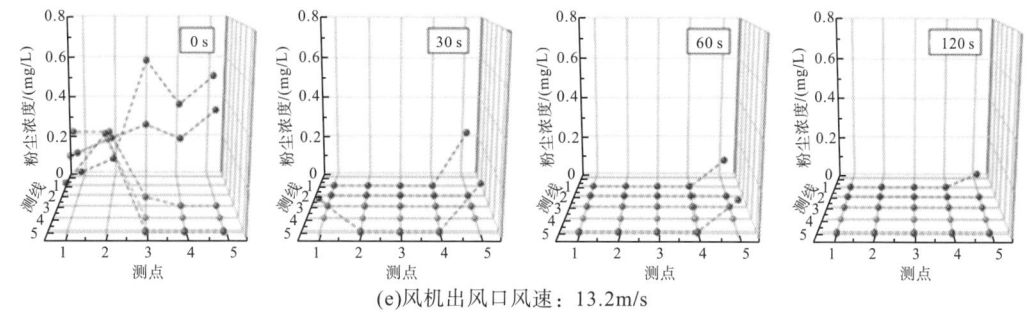

(e) 风机出风口风速：13.2m/s

图 4.37 不同风速作用下粉尘浓度分布曲线

从图 4.37 中可以发现，在风流的扰动下，粉尘不再均匀分布在掌子面附近，原本的重度污染区和轻度污染区范围被打破。不同风速下，粉尘浓度均随着时间的推移而降低。可以明显看出，随着通风风量的增加（风速的提高），粉尘浓度的降低速率呈先增加后降低的趋势，说明供风量在一定范围内可以提高粉尘浓度的降低速率，但是超过一定值以后，在风流运动的作用下粉尘难以沉降，浓度降低速率变缓；另外，原本已经沉降的粉尘粒子在高速风流的扰动下，重新进入隧道中，使得粉尘浓度降低速率变缓。

当风机出风口风速为 4.4m/s 和 5.5m/s 时[图 4.37(a)、(b)]，0s 时的粉尘大部分集中在隧道的内侧，因为风筒布置在隧道的外侧，新鲜风流进入隧道后被强制性转弯，在远离风筒的一侧形成了回流，因此大部分粉尘被风流带到了回流一侧，使得内侧的粉尘浓度高于外侧的粉尘浓度。随着时间的增加，粉尘会向洞口方向移动，在移动过程中仍旧呈现出远离风筒一侧粉尘浓度较高的趋势。在 30s 时，两种供风量的情况下在测线①和④中同时出现了隧道外侧粉尘浓度升高的现象，分析认为，这是由于隧道掌子面附近的涡流将粉尘重新带回到了这两个区域内，并在涡流的作用下造成了粉尘的暂时性聚积。此外，该时刻隧道中粉尘浓度相对均衡，不同位置之间粉尘浓度差较小。当到达 60s 时，隧道靠近掌子面的中间部位出现了较高的粉尘浓度，分析认为这是原本涡流中的粉尘开始慢慢向涡流外部扩散导致的。到达 120s 时，图 4.37(a) 中显示仅有隧道外侧有少量粉尘，而其余位置粉尘浓度均变成了 0mg/L，而图 4.37(b) 中显示全部测点的粉尘浓度均已为 0mg/L。

当供风量增加至 6.6m/s 和 8.8m/s 时[图 4.37(c)、(d)]，从图中可以看出，只有测线①的粉尘浓度较高，其余位置上粉尘浓度均较低，说明 0s 时刻爆破的粉尘几乎被束缚在测线①和掌子面形成的区域内，随着时间的增加，粉尘仅零星地在隧道中出现。当达到 60s 时，隧道中的全部粉尘浓度已经降低至 0mg/L。随着供风量的继续增加[图 4.37(e)]，0s 时刻粉尘浓度不仅在掌子面区域出现，还在隧道远离风筒的一侧出现，且浓度较高，随着时间的增加，虽然隧道中大部分区域的粉尘浓度较低，但是始终没有能够将全部的粉尘浓度降低至 0mg/L，说明该风速下，并不利于粉尘沉降，粉尘浓度难以快速降低。

从图 4.37 中可以发现，图 4.37(d) 中粉尘浓度降低得最快，且在这样的供风量下，隧道中形成了新的重度污染区和轻度污染区，相比于不通风的情况，重度污染区的容积明显减小很多。从模型中看，粉尘重度污染区的范围在掌子面到测线①之间，相似模型区域大概是距掌子面 4m 的范围内，爆破后，该范围堆满掉落的石渣，是工作人员和作业机械都无法到达也无须到达的区域,这样的通风状况下,爆破结束后甚至可以直接进入隧道中工作,无须留出专门的通风散烟时间,在一定程度上可以加快施工进度,缩短施工时间。对轻度污染区来说,被风流分隔成两部分,一部分是粉尘浓度较低的、可以直接进行工作的区域,另一部分为重度污染区的粉尘出口,重度污染区的粉尘被风流从出口带入轻度污染区并在轻度污染区沉降或随着风流运移到远离掌子面的地方。这样的通风系统,一方面可以保证隧道内粉尘的运移和扩散;另一方面可以缩短通风散烟时间,提高施工效率。

由以上的试验可以发现,在通风的作用下,原有的粉尘重度污染区和轻度污染区被打破,粉尘会在风流的作用下进行沉降、运移和扩散。粉尘浓度的降低需要兼顾这三项运动,如果仅仅靠沉降降低粉尘浓度,势必需要较多的时间,降低施工效率;而运移则使得粉尘长时间在空气中停留,虽然能够快速降低掌子面区域的粉尘浓度,但是会使得隧道中其他区域的粉尘浓度增加,且运移需要较大的供风量,增加了风机的能耗。

对粉尘进行不同供风量下的浓度分布试验时,同时检测了风机的功率。风速与功率的关系见图 4.38。从图中可以看出,风筒出风口风速与风机功率之间是二次函数关系,随着风量的加大,风机的功率增加更快,因此单纯地依靠粉尘运移来降低粉尘浓度也是不够的,最好的方式还是寻找粉尘沉降和运移的有机结合点,使得粉尘浓度能够快速降低。

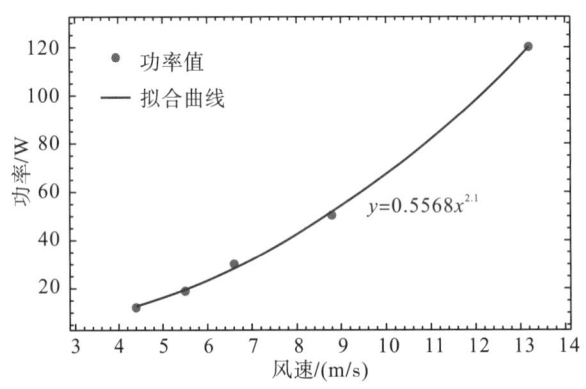

图 4.38 风机风速与功率的关系

4.4 隧道粉尘扩散机制

4.4.1 不同曲率下隧道粉尘扩散机制

曲率是螺旋隧道的重要参数,不同的曲率也会对粉尘的运移扩散产生影响。由于在进行相似模型制作时,仅根据咪的村隧道的实际情况制作了一种曲率半径的隧道相似模型,因此不同曲率半径对隧道内爆破粉尘扩散的影响研究采用数值计算的方法进行。

1. 模型及边界条件设置

模型以建个元高速公路咪的村隧道设计尺寸为依据并经过合理简化得到，隧道数值计算模型断面如图 4.39 所示，断面圆拱半径为 5.55m，风筒布置在隧道外侧，风筒直径 1.8m，底部距离地面 2.5m，距离隧道中心线 3.45m，风筒出风口距掌子面 30m，模型总长度为 300m。由于本研究的重点是曲率对粉尘扩散的影响，因此忽略隧道在施工期间的台阶等特殊部分。隧道模型及网格如图 4.40 所示。

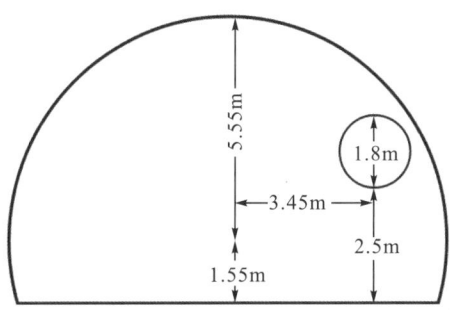

图 4.39　隧道模型断面图

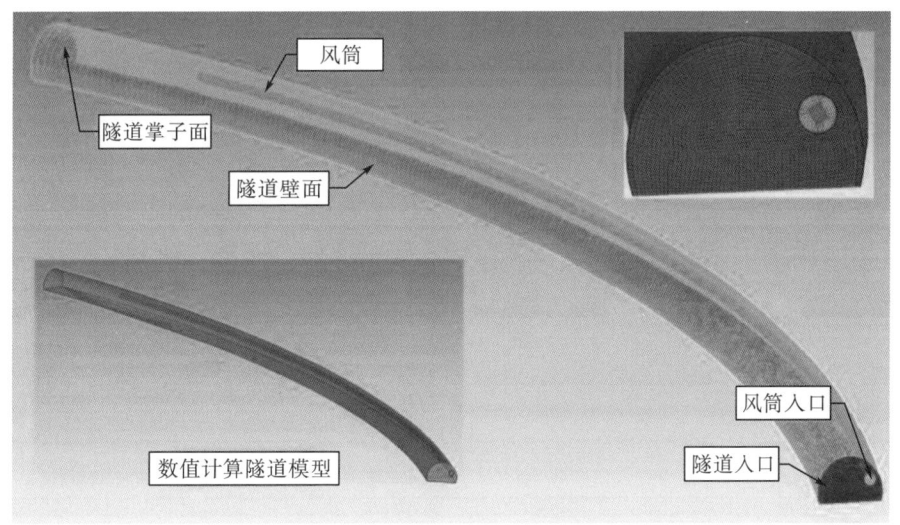

图 4.40　隧道模型及网格划分

计算时，采用压力-隐式分裂算子(pressure-implicit with splitting of operators，PISO)算法计算隧道内粉尘的扩散和运移，采用 Standard(标准离散)作为离散格式，风筒入口为 velocity-inlet(速度入口)，隧道洞口设置为 pressure-outlet(压力出口)边界，其余边界条件设置见表 4.11。根据第 3 章现场试验的测试结果设置离散相模型参数见表 4.12，计算模型的详细设置见表 4.13。

表 4.11 边界条件设置

边界条件	设置
风筒入口	根据计算需求设置
风筒水力直径	1.8 m
风筒出口	Interior（内部面）
风筒壁面粗糙度	0 m
湍流强度	2.8%
空气密度	0.88 kg/m³
隧道壁面粗糙度	距掌子面 55m 内为 0.08m，其余为 0.01m
隧道壁面	无滑移

表 4.12 离散相模型参数设置

离散型模型	设置
相间耦合	选择
最大计算步数	500000
长度尺寸	0.02 m
喷射类型	Surface
粒径分布	Rosin-Rammler
分布指数	2.543
粉尘密度	2320 kg/m³
粉尘质量流率	0.228 kg/s
粉尘最小直径	1.00 μm
粉尘中间直径	19.99 μm
粉尘最大直径	100.00 μm
粉尘释放初速度	20.0 m/s
Saffman 升力	选择
隧道壁面	地面为 trap 类型 拱顶和两帮为 reflect 类型

表 4.13 计算模型设置

计算模型	设置
求解器	Pressure-Based
时间	Transient
湍流模型	Realizable k-ε
壁面	Standard Wall Functions
能量方程	Off
离散型模型	On
压力速度耦合	PISO
梯度格式	Green-Gauss Node Based
离散格式	Second Order Upwind

2. 不同曲率半径下螺旋隧道粉尘扩散模拟

本节设置 5 个不同的曲率半径用以研究不同曲率半径下粉尘的扩散特性和运移规律。隧道曲率半径 R_D 分别为 100m、400m、700m、1000m 和 1400m，不同曲率半径的隧道模型见图 4.41。所有模型长度均为 300m，除曲率半径不同外，其余全部相同。

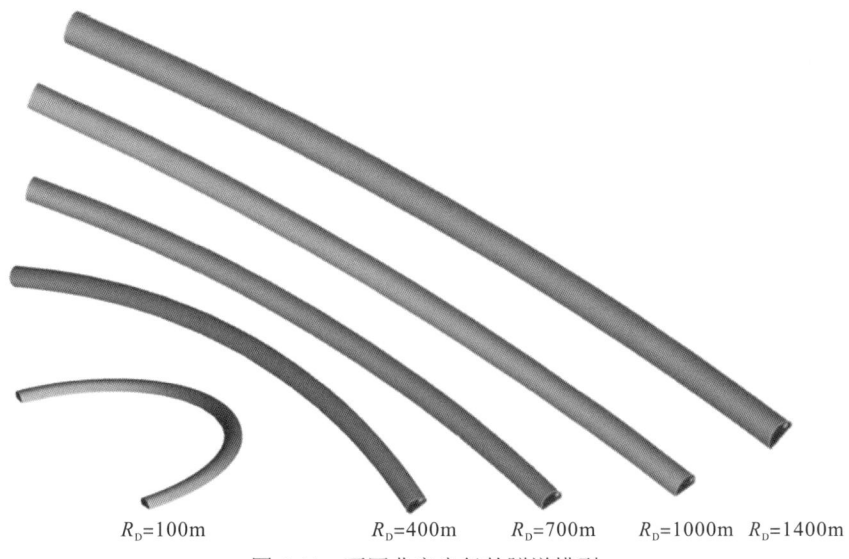

图 4.41 不同曲率半径的隧道模型

计算结束后，在隧道模型中选取距离隧道地面 1.6m（大部分工作人员口鼻的高度）高的中心线以及相同高度处分别距离中心线 3m 的左、右两侧布置 3 条测线，测线位置分布图见图 4.42。采用 CFD-Post 将三条测线上的粉尘浓度导出，可以绘制各条测线上粉尘浓度随时间的变化图，如图 4.43～图 4.47 所示。根据相关规范的要求，粉尘的最大容许浓度为 10mg/m³。对结果进行分析时，三条测线上粉尘浓度均不超过 10mg/m³ 时，则认为隧道内粉尘浓度已经达到规范要求，图 4.43～图 4.47 中最后一组粉尘浓度即为全部小于 10mg/m³ 的时刻。

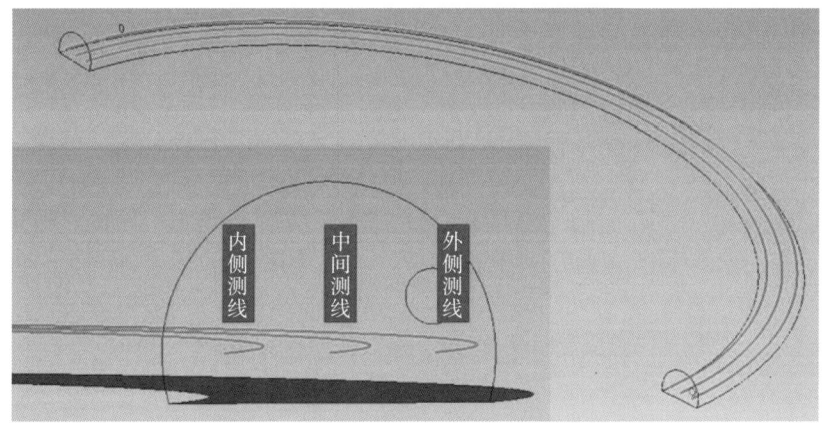

图 4.42 测线分布图（以曲率半径 100m 为例）

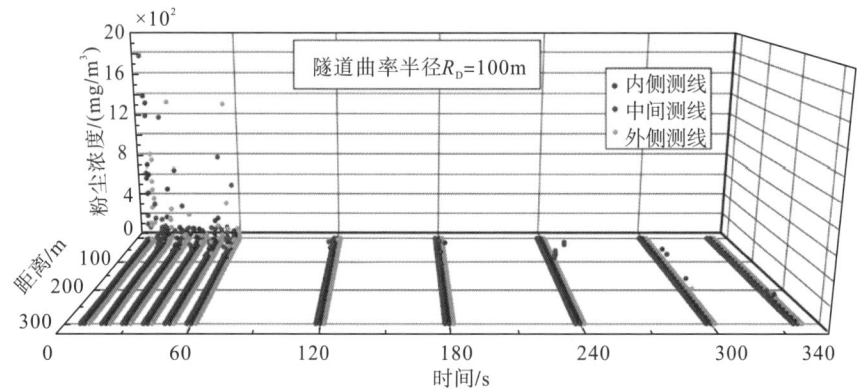

图 4.43　曲率半径为 100m 的隧道内粉尘浓度随时间变化图

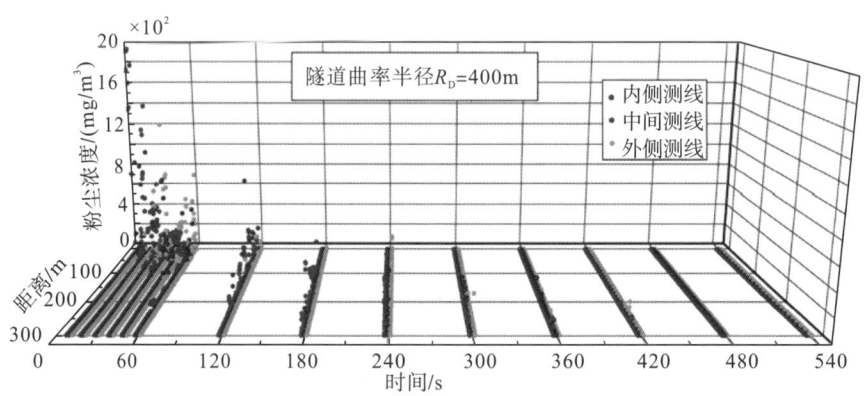

图 4.44　曲率半径为 400m 的隧道内粉尘浓度随时间变化图

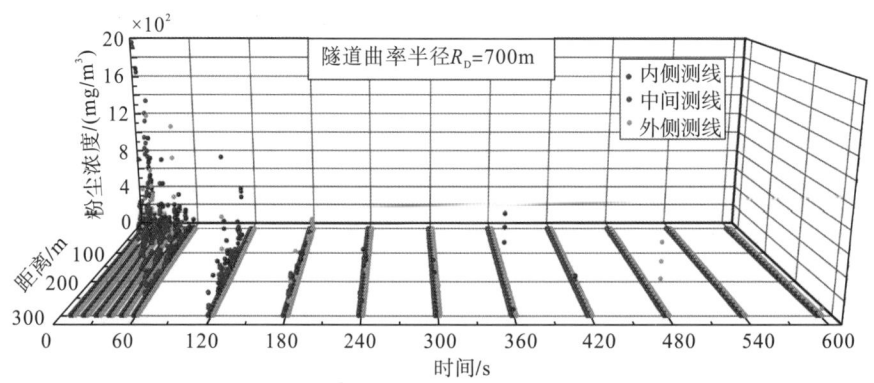

图 4.45　曲率半径为 700m 的隧道内粉尘浓度随时间变化图

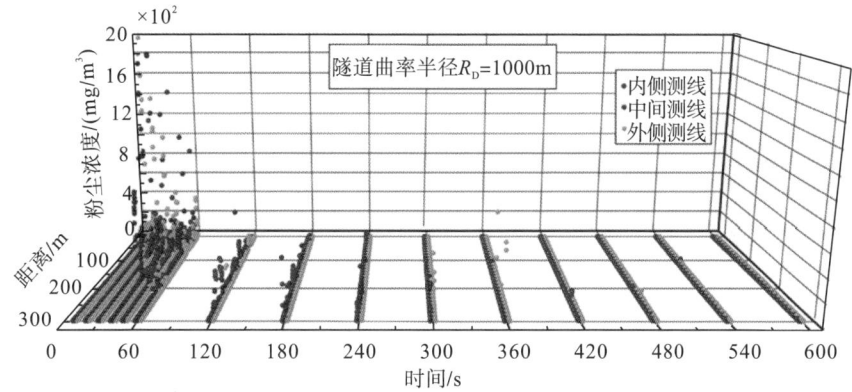

图 4.46　曲率半径为 1000m 的隧道内粉尘浓度随时间变化图

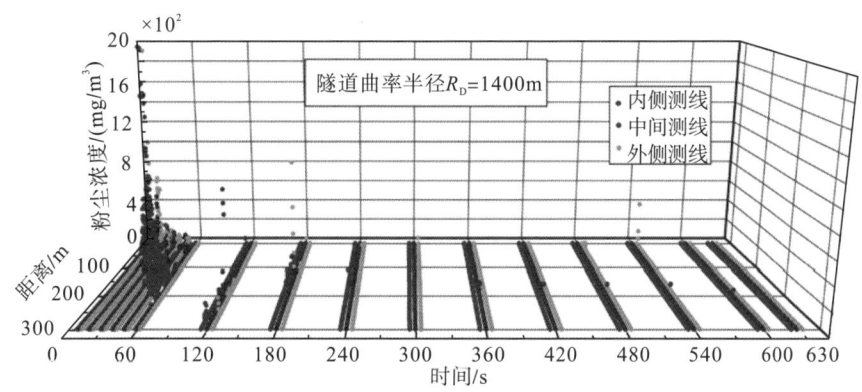

图 4.47　曲率半径为 1400m 的隧道内粉尘浓度随时间变化图

对比图 4.43～图 4.47，从粉尘在隧道中的扩散情况来看，随着隧道曲率半径不断增加，粉尘的扩散范围也不断增加，当隧道曲率半径仅有 100m 时，粉尘基本上在距掌子面 50m 范围内，即使随着时间的增加，在距掌子面 100m 到隧道洞口的范围内，超过 10mg/m³ 的粉尘浓度在隧道中只是零星地出现。但是随着隧道曲率半径不断增加，粉尘的扩散范围也逐渐增加，可以看出，当隧道曲率半径增加到 400m 时，隧道内的粉尘可以在 60s 内扩散至距掌子面 100m 处，随着时间的推移，粉尘渐渐扩散至整个隧道内，并开始向着隧道洞口的方向扩散，最终降低至容许范围内；当隧道曲率半径在 700～1400m 时，粉尘可以在 60s 内扩散至距掌子面 200m 处的位置上，随着时间的推移，粉尘逐渐扩散至整个隧道中。

当隧道曲率半径在 1000m 以下时，粉尘的最大值均出现在隧道内侧，这是由于计算模型的风筒布置在隧道外侧，新鲜风流将粉尘推向了隧道内侧，因而导致最大浓度出现在隧道内侧。当隧道曲率半径较小（R_D=100m 和 R_D=400m）时，不同位置（隧道内侧、中部和外侧）上超标粉尘浓度值的数量基本相等（三种颜色的散点中高于 10mg/m³ 的数量基本相等）。但是当隧道的半径适中（R_D=700m 和 R_D=1000m）时，可以很明显看出，红色散点远远多于其他两种颜色，也就是说超标的粉尘大部分分布在隧道内侧，而且随着时间推移超标粉尘浓度仍旧分布在隧道内侧，可以说明粉尘是从隧道内侧扩散出去的。当隧道的曲率半径 R_D 增加为 1400m 时，不同位置的超标粉尘数量又回到基本相等的状态。

4.4.2 不同供风量下隧道粉尘扩散机制

选择曲率半径为 700m 的隧道模型研究不同供风量下隧道内粉尘浓度的变化特性，同样设置 5 个梯度，分别为 5m/s、9m/s、13m/s、17m/s 和 21m/s，通过改变风筒的风速获得。此外，为了和模型试验的结果进行对比，设置 30m/s、40m/s 和 60m/s 的风筒出风速度作为对比。由于模型试验很难实现小风速的通风，因此该部分是对模型试验的补充（刘戎，2020）。其余设置和上一节相同。

图 4.48~图 4.52 展示了不同供风量下，隧道内粉尘浓度的变化情况。当隧道风筒出风口风速只有 5m/s 时，粉尘浓度在 30min 内都未降低至容许范围内，但是当风筒出风口风速增加到 21m/s 时，粉尘浓度可以在 500s 内降低至容许值范围内。说明风量的增加可以有效加快粉尘浓度降低的速度。从不同供风量下隧道爆破后粉尘的最大浓度来看，风量对粉尘的最大浓度影响较大，当风量较小时，粉尘的最大浓度远远高于风量足够时的粉尘最大浓度，而且随着风量增加，高浓度粉尘呈现整体加速下降的趋势。

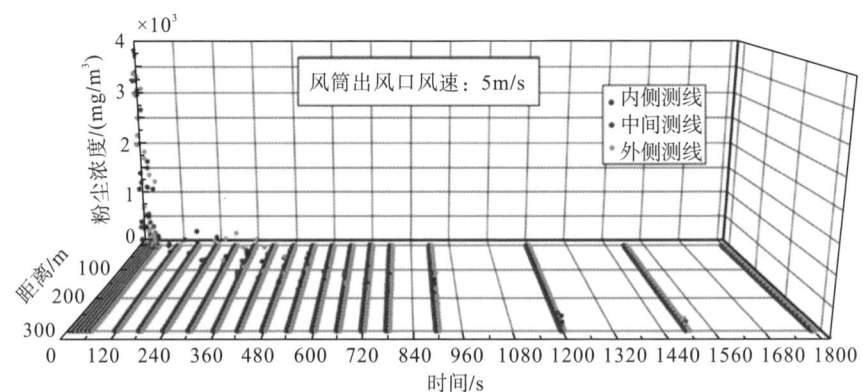

图 4.48　风筒出口风速为 5m/s 时隧道内粉尘浓度随时间变化图

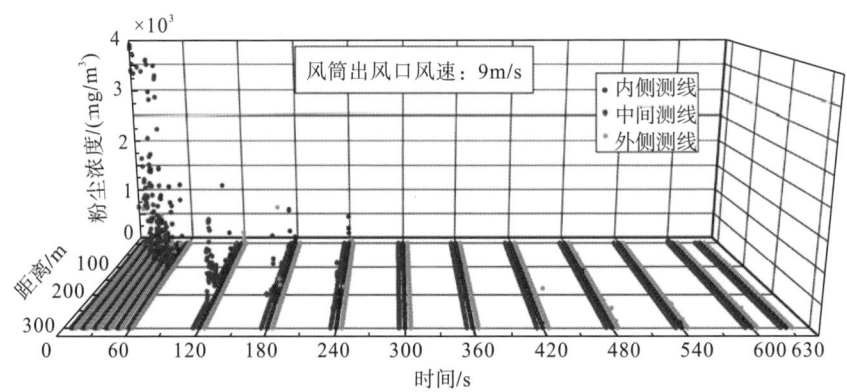

图 4.49　风筒出口风速为 9m/s 时隧道内粉尘浓度随时间变化图

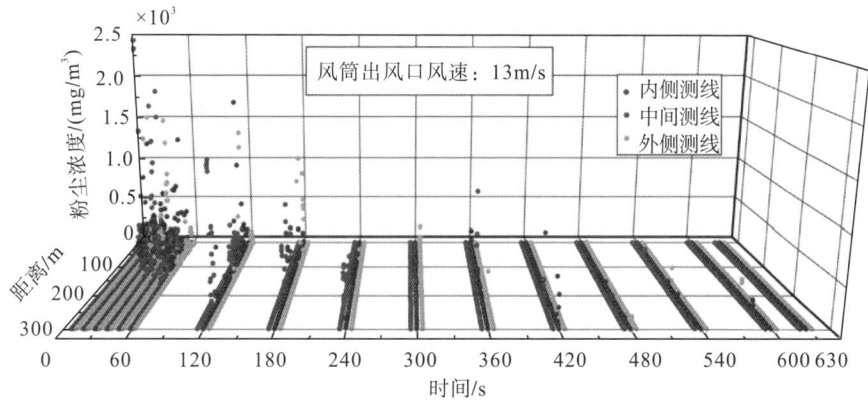

图 4.50　风筒出口风速为 13m/s 时隧道内粉尘浓度随时间变化图

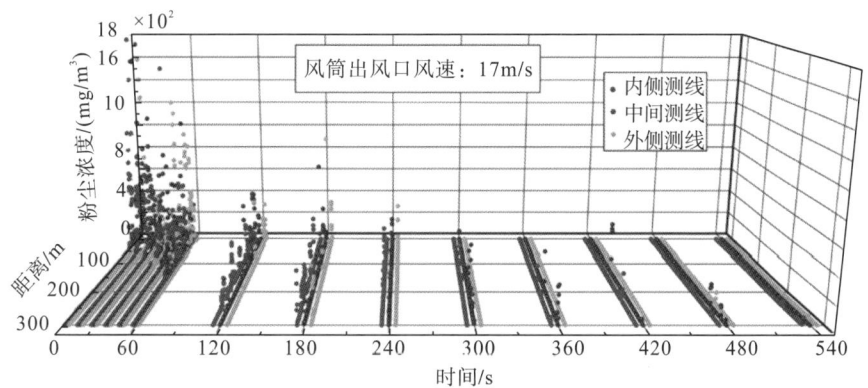

图 4.51　风筒出口风速为 17m/s 时隧道内粉尘浓度随时间变化图

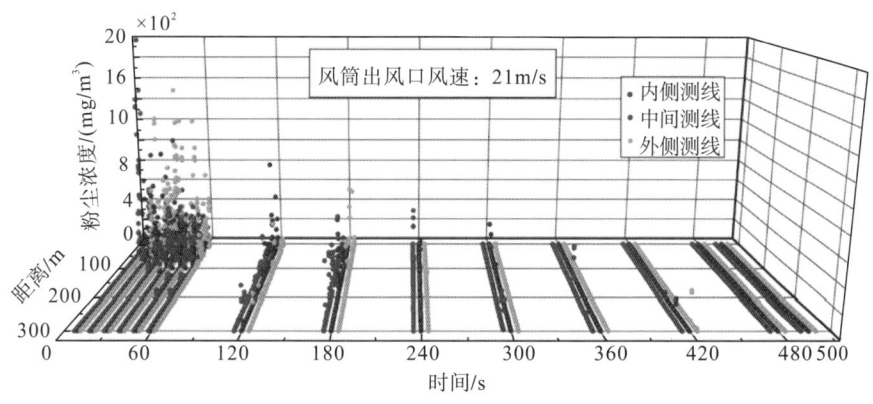

图 4.52　风筒出口风速为 21m/s 时隧道内粉尘浓度随时间变化图

当隧道风筒出风口风速达到 30m/s 时(图 4.53)，整个隧道模型中的粉尘可以在 160s 内降低至 10mg/m³ 以下，而且隧道内整体粉尘浓度较低，爆破 30s 后，大部分区域的粉尘浓度都比较低。但是当风筒出口风速增加到 40m/s(图 4.54)和 60m/s(图 4.55)时，隧道中粉尘浓度降低至 10mg/m³ 以下的时间反而有所增加，说明随着风速的不断增加，对粉尘的沉降效果经历了先增加后降低的过程。

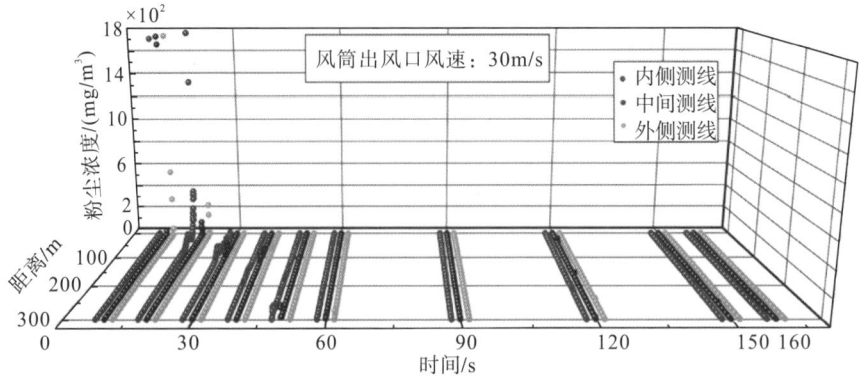

图 4.53　风筒出口风速为 30m/s 时隧道内粉尘浓度随时间变化图

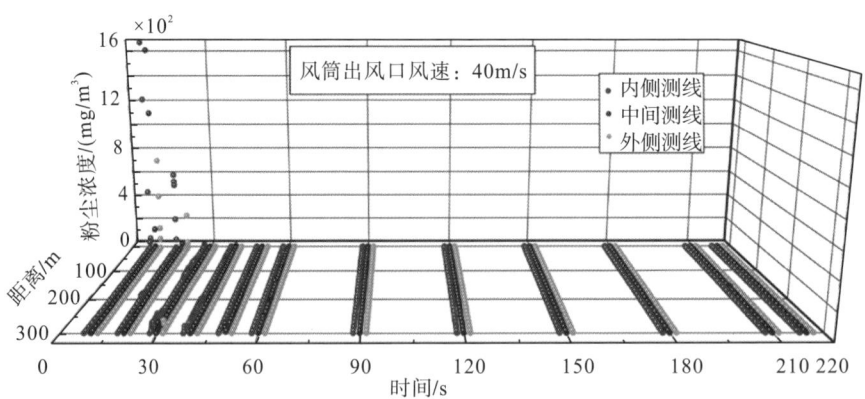

图 4.54　风筒出口风速为 40m/s 时隧道内粉尘浓度随时间变化图

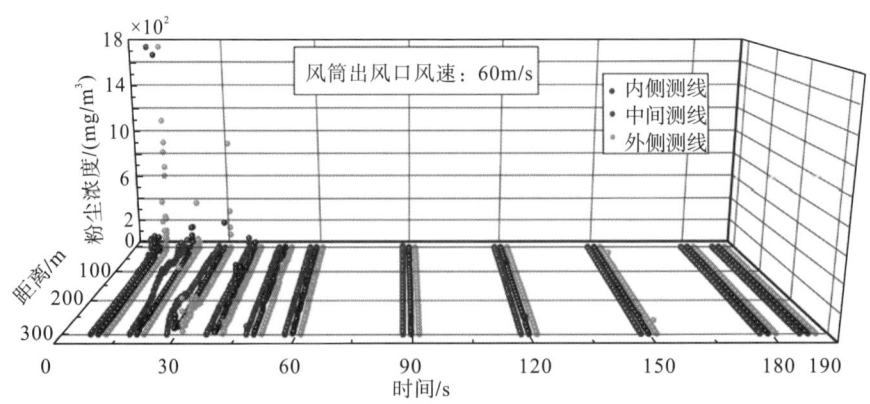

图 4.55　风筒出口风速为 60m/s 时隧道内粉尘浓度随时间变化图

4.5　本章小结

本章依据空气流动控制方程和粉尘运动控制方程推导了隧道空气及污染物运动的相似准则，并根据相似准则建立了隧道相似模型及模型试验系统，采用 PIV 系统测试隧道内的流场分布；采用相似模型对无通风和通风两种工况下，粉尘的扩散运移进行了模型试验；通过数值模拟的方法对不同曲率半径的螺旋隧道粉尘运移扩散规律进行研究。主要结论如下：

(1) 确定了隧道通风模型的相似比尺为 1∶20；确定了弗劳德准则作为原型和模型之间所须遵循的相似准则；建立了隧道相似模型试验系统，该系统由模型隧道、模型通风系统、污染物发生系统和测试系统 4 部分组成；根据原型的实际情况确定了模型试验的边界条件。

(2) 提出了隧道粉尘分布模型。在无通风的情况下，根据粉尘浓度的分布可以将隧道分为粉尘重度污染区和粉尘轻度污染区，大部分粉尘集中在重度污染区，轻度污染区的粉尘浓度随着至掌子面距离的增加不断减小。

(3) 研究了隧道螺旋曲率对粉尘扩散的影响。采用数值计算的方法研究了不同曲率隧道中粉尘的分布及浓度变化情况，计算结果发现，隧道曲率半径的增加有利于粉尘的扩散，但是隧道内粉尘降低至容许值以下的时间也随之增加。

(4) 发现了粉尘分布的最佳通风量。通风后，粉尘浓度降低速率随着供风量的增加呈现出先增加后降低的趋势，说明供风量只能在一定范围内加快粉尘浓度降低的速度，超出该范围后供风量的增加反而会降低粉尘浓度的降低速率。此外，通风后，原有的重度污染区和轻度污染区被打破，粉尘会随风流的运移而重新分布。研究发现，当出风口风速达到 30m/s（模型中 6.6m/s）时，对粉尘浓度降低效果最佳，此时粉尘重度污染区和轻度污染区分布被改变，重度污染区容积大大降低，粉尘跟随风流从重度污染区经过粉尘出口进入轻度污染区，且粉尘浓度在轻度污染区中逐渐降低。

第5章 隧道空气流场运移演化数值模拟

五老峰隧道和兴隆隧道属于特长隧道，根据隧道设计方案及地勘资料可知，五老峰隧道和兴隆隧道温度偏高，隧道施工时由于隧道长度较长，容易导致温度升高，同时五老峰隧道和兴隆隧道都具有一定的坡度。因此，在隧道施工中，隧道的温度和坡度易对通风产生一定的影响，从而影响隧道通风效果和空气质量。咪的村隧道也存在温度偏高的现象。咪的村隧道是采用上、下螺旋同时施工，螺旋隧道施工过程中，上、下螺旋对隧道施工通风会产生显著的影响。本章将研究长大隧道中温度和坡度对长大隧道施工通风的影响和螺旋隧道中的上、下螺旋及温度对螺旋隧道施工通风的影响。

5.1 温度-坡度耦合作用下隧道空气流场运移演化模拟

5.1.1 温度影响下长大隧道空气流场运移演化规律

1. 隧道围岩与风流间传热分析

1) 隧道围岩与风流间对流换热系数的影响因素

表面对流换热系数 h 的求解是研究对流换热过程的核心，其影响因素总结如下。

(1) 隧道风流流动起因。隧道的通风动力主要包括两种：一种是自然风压，采取这种方式进行通风的隧道很少；另一种是风机通风，这种方式属于强制通风。采用风机通风时，隧道内的风流与隧道壁面发生强制对流换热。

(2) 风流的流动状态。风流属于黏性流体，黏性流体有两种不同的流动状态：层流和湍流。已有研究表明，隧道内的风流流态为湍流。

(3) 风流流速 u。流速越大，单位面积、单位时间内带走的热流就越多，热流密度就越大，换热就越强烈。

(4) 风流温度 t_f 与巷道壁面温度 t_w 之间的温差 Δt。从对流换热的机理上来看，风流温度 t_f 与隧道壁面温度 t_w 只是影响风流的物性参数，而与对流换热过程无关。温差 Δt 主要影响隧道围岩与风流间的热辐射系数。相对于隧道内几十至几百的对流换热系数，热辐射影响很小。所以，在计算对流换热系数时，可以不考虑 Δt 的影响。

(5) 风流的物理性质。影响换热的物性参数主要有风流密度 ρ、定压比热 c_p、导热系数 λ、动力黏度系数 μ、热膨胀系数 β 等，其中，热膨胀系数主要在自然对流中发挥重要作用。

第 5 章　隧道空气流场运移演化数值模拟

(6)风流相变。对于干燥的隧道围岩，可以不考虑水蒸气的汽化潜热和冷凝热。

(7)隧道壁面的几何参数。影响换热的隧道几何参数主要有隧道形状(圆形管道内流动)、尺寸(隧道直径 d)、粗糙度等。

从以上的分析中可以看出，影响对流换热的主要因素有风流流速 u、风流密度 ρ、定压比热 c_p、导热系数 λ、动力黏度系数 μ、隧道直径 d。

2)表面对流换热特征数的量纲分析

掌握了影响对流换热系数的影响因素后，可以用不定函数式把它们与对流换热系数 h 之间的关系表示出来，即

$$h = f(u,\ \rho,\ c_p,\ \lambda,\ \mu,\ d) \tag{5.1}$$

根据量纲理论，式(5.1)中等号两侧的量纲一致。式(5.1)中各个量的量纲如下：

$$\begin{cases} \dim h = \mathrm{MT}^{-1}\tau^{-3} \\ \dim u = \mathrm{L}\tau^{-1} \\ \dim \rho = \mathrm{ML}^{-3} \\ \dim c_p = \mathrm{L}^2\tau^{-2}\mathrm{T}^{-1} \\ \dim \lambda = \mathrm{ML}\tau^{-3}\mathrm{T}^{-1} \\ \dim \mu = \mathrm{ML}^{-1}\tau^{-1} \\ \dim d = \mathrm{L} \end{cases} \tag{5.2}$$

式(5.2)中有 7 个物理量，即 $n=7$。从式(5.2)中可以发现，7 个物理量中共有 4 个基本量(质量 M、温度 T、时间 τ、长度 L)，即 $r=4$。根据Π-定理，可以组成的无量纲量的个数 $N=7-4=3$。

取 u、λ、μ 和 d 作为基本物理量，它们包括 4 个基本量。将基本物理量逐一与其余各量组成无量纲量，无量纲量用 π 来表示，即

$$\begin{cases} \pi_1 = h u^{a_1} \lambda^{b_1} \mu^{c_1} d^{d_1} \\ \pi_2 = \rho u^{a_2} \lambda^{b_2} \mu^{c_2} d^{d_2} \\ \pi_3 = c_p u^{a_3} \lambda^{b_3} \mu^{c_3} d^{d_3} \end{cases} \tag{5.3}$$

将式(5.2)代入式(5.3)，得

$$\begin{cases} \pi_1 = \mathrm{M}^{1+b_1+c_1}\,\mathrm{T}^{-1-b_1}\,\mathrm{L}^{a_1+b_1-c_1+d_1}\,\tau^{-a_1-3b_1-c_1-3} \\ \pi_2 = \mathrm{M}^{1+b_2+c_2}\,\mathrm{T}^{-b_2}\,\mathrm{L}^{a_2+b_2-c_2+d_2}\,\tau^{-a_2-3b_2-c_2} \\ \pi_3 = \mathrm{M}^{b_3+c_3}\,\mathrm{T}^{-b_3-1}\,\mathrm{L}^{a_3+b_3-c_3+d_3}\,\tau^{-a_3-3b_3-c_3-2} \end{cases} \tag{5.4}$$

由于式(5.4)等号左边 π 为无量纲量，所以，等号右边也应为无量纲量，那么，等号右边各量纲的指数必为零，从而得到

$$\begin{cases} a_1 = 0,\ b_1 = -1,\ c_1 = 0,\ d_1 = 1 \\ a_2 = 1,\ b_2 = 0,\ c_2 = -1,\ d_2 = 1 \\ a_3 = 0,\ b_3 = -1,\ c_3 = 1,\ d_3 = 0 \end{cases} \tag{5.5}$$

把式(5.5)代入式(5.3)，得

$$\begin{cases} \pi_1 = \dfrac{hd}{\lambda} = Nu \\ \pi_2 = \dfrac{\rho u d}{\mu} = Re \\ \pi_3 = \dfrac{\mu c_p}{\lambda} = Pr \end{cases} \quad (5.6)$$

式(5.6)中，Nu 为努塞尔数，它是表面对流换热系数的无量纲形式；Re 和 Pr 分别为以隧道等效直径为特征长度的雷诺数和普朗特数。值得注意的是，Nu 和 Pr 中的 λ 为气体的导热系数(用 λ_f 表示)，而 Bi(毕渥数)中的 λ 为隧道围岩的导热系数(用 λ_s 表示)，需要加以区别。

由于 Nu 中有待求变量 h，所以，Nu 为非定型准则。这样，式(5.1)可以转化成无量纲准则的不定函数式，即

$$Nu = f(Re,\ Pr) \quad (5.7)$$

对于两个相似管内强制对流换热的现象，只要满足 Re 和 Pr 对应相等，Nu 则自然满足相似条件。

因此，围岩与风流之间的换热过程属于受迫对流换热，若不考虑壁面水分蒸发影响，其过程可用准则方程 $Nu = f(Re,\ Pr)$ 描述。对于湍流来说，只要 $Re > 10^4$ 即可降低对其的要求，$Pr = v/a$ 表示动量扩散厚度与热量扩散厚度的比值。

2. 温度作用下隧道空气流场特性

为了研究温度对隧道内空气流场和速度场分布的影响，本节以兴隆隧道为工程背景，采用 ANSYS Fluent 模拟软件研究了隧道温度为 30℃、40℃、50℃、60℃及 70℃五种工况时隧道空气流场的演化规律。

1) 隧道几何模型建立及网格划分

本次数值计算模型根据兴隆隧道实际工程情况，主要考虑坡度在隧道施工期对隧道内风流结构的影响，以及在爆破时对粉尘扩散特性的影响。利用 Pro/Engineer 三维建模软件建立隧道几何模型如图 5.1 所示，断面由兴隆隧道实际施工图纸经过适当的简化处理得到，圆拱半径为 5.55m，风筒直径 1.8m，位于距离地面 2.5m、距离隧道中心线 2.5m 的断面右侧位置，出口距掌子面 15m。隧道几何模型的长度为 300m，坡度为 0.02。

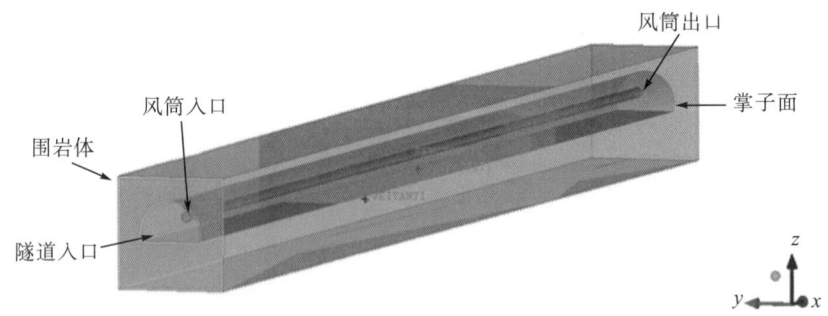

图 5.1 隧道几何模型划分

采用 ANSYS ICEM CFD 软件划分网格，网格采用四面体非结构化网格，使得不同坡度下隧道几何模型所划分网格质量均大于 0.3，满足在 ANSYS Fluent 数值模拟软件里进行计算的精度要求，网格数量约 120 万个，隧道及风筒部分区域网格如图 5.2 所示。

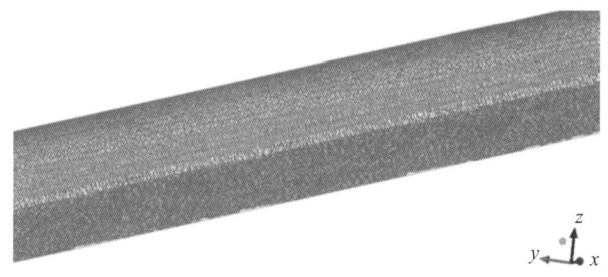

图 5.2　隧道及风筒部分区域网格划分

2) 数学模型及基本假设

本次数值模拟利用 ANSYS Fluent 软件对不同工况进行三维数值模拟计算。隧道内污染物浓度随通风过程按时间发展变化，稀释及扩散的过程为非稳态过程。研究中排除一氧化碳采用三维非稳态组分传输模型，总体模型包括质量守恒方程、动量守恒方程、组分输运方程、湍动能方程等。粉尘运移扩散采用三维非稳态 DPM(discrete phase model，离散相模型)进行求解。

数值模拟过程有如下基本假设：
(1) 不考虑风筒漏风等因素，风量无损失；
(2) 所有壁面(包括隧道壁面、风筒壁面等)绝热、无滑移；
(3) 风筒出风口风速较大，但其马赫数仍小于 0.3，不考虑其压缩性；
(4) 假定隧道内空气流场为三维不可压缩湍流场。

3) 边界条件设置

本次数值模拟在 ANSYS Fluent 软件中进行数值计算时边界条件设置如下：风筒进口采用 velocity-inlet，进口风速 12.18m/s，满足兴隆隧洞掌子面的供风需求；风筒出口设为 outflow；风筒壁面、隧道壁面、围岩体壁面均设置为 wall，采用 reflect 类型，隧道地面同样设置为 wall，采用 trap 类型；隧道入口采用 velocity-inlet，进口风速 0.5m/s，Discrete Phase BC Type 采用 escape 类型；掌子面边界条件设置为 mass-flow-inlet，Discrete Phase BC Type 采用 reflect 类型。具体边界条件设置如表 5.1 所示，计算模型的其他控制条件如表 5.2 所示。

表 5.1　边界条件设置

模型边界	边界类型	设置值
风筒进口	velocity-inlet	12.18m/s
风筒出口	outflow	—

续表

模型边界	边界类型	设置值
隧道入口	velocity-inlet	0.5m/s
风筒壁面	wall	无滑移
隧道壁面	wall	无滑移
掌子面	mass-flow-inlet	6.84kg/s
隧道地面	wall	无滑移
围岩体壁面	wall	无滑移

表 5.2　计算模型设置

计算模型	模型设定
求解器	Pressure-Based
时间	Unsteady
湍流模型	Realizable k-ε
近壁处理	Standard Wall Functions
离散相模型	On
压力速度耦合	SIMPLE
梯度格式	Green-Gauss Node Based
离散格式	Second Order Upwind

(1)不同温度条件下隧道气流速度场。通过数值模拟计算得出了不同温度条件下的隧道气流速度场，图 5.3～图 5.7 分别表示隧道温度为 30℃、40℃、50℃、60℃及 70℃五种工况的隧道气流速度场。

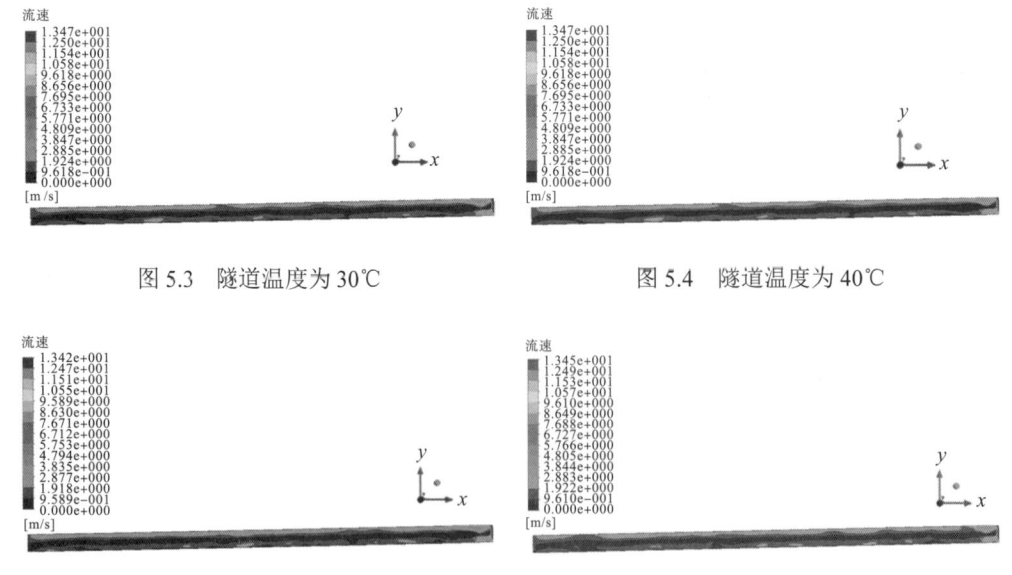

图 5.3　隧道温度为 30℃　　　　　　图 5.4　隧道温度为 40℃

图 5.5　隧道温度为 50℃　　　　　　图 5.6　隧道温度为 60℃

图 5.7　隧道温度为 70℃

由图 5.3～图 5.7 可以看出，在中心送风的情况下，风流由筒口射出后，按照自由射流规律发展，随着风流向前延伸边界层逐渐扩大，速度逐渐减小。中心送风为非贴附射流，风流在隧道内上方和下方均存在自由间断层。随着送风温度的上升，射流方向开始向下弯曲。由于风筒靠近隧道壁面、距离隧道中心截面较远且与隧道顶部之间有一定的距离，所以流场发展受到围岩壁面影响，位于射流轴线上的区域的速度偏高，在掌子面附近受壁面和掌子面限制射流流动出现回流。随着温度的增加，隧道空气流场局部发生变化，当温度为 30℃时，隧道风流较为稀疏，当温度为 70℃时，隧道风流较为紊乱，这是由于温度升高，空气密度降低的缘故。同时温度升高，局部涡流区增加，故温度对隧道风流场具有一定程度的影响。

(2) 不同温度条件下隧道气流温度场。通过数值模拟计算得出了不同温度条件下的隧道气流温度场，图 5.8～图 5.12 分别表示隧道温度为 30℃、40℃、50℃、60℃及 70℃五种工况的隧道气流温度场。

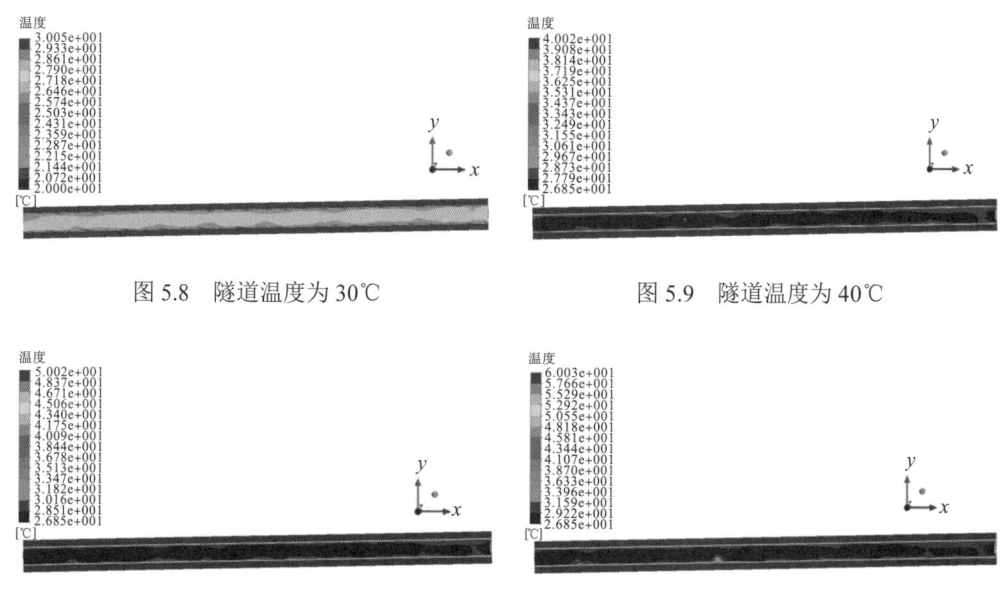

图 5.8　隧道温度为 30℃　　　　　　　图 5.9　隧道温度为 40℃

图 5.10　隧道温度为 50℃　　　　　　　图 5.11　隧道温度为 60℃

图 5.12　隧道温度为 70℃

由图 5.8~图 5.12 可知，当送风速度和距掌子面距离不变，只有送风温度发生改变时，隧道中气流的流动符合射流流动规律，流线的流型变化不太明显。由于出风口输出的低温风流与壁面和隧道内的热空气进行热量交换，温差较大，从而产生密度差，最终会造成气流的浮力不同。由于浮力和重力的影响不同射流轴线会发生弯曲。同时截面上温度分布比较均匀，这是由于中心送风的低温风流没有沿着 z 轴负方向射流，射流轴流与空间内热空气直接发生热交换，当风流到达高温壁面时，由于吸收周围空气热量，风流温度升高，与壁面发生的热交换程度较小，提高了低温风流的利用率。

5.1.2　坡度影响下长大隧道空气流场运移演化规律

为了研究坡度对隧道空气流场运移演化规律的影响，本节以兴隆隧道为工程背景，采用 ANSYS Fluent 数值模拟软件研究了隧道坡度为 0%、2%、4%、6% 及 8% 五种工况的隧道空气流场演化规律，以及隧道内爆破后粉尘扩散规律。

隧道几何模型、网格划分、数学模型及边界条件见 5.1.1 节。

粉尘分散度粒径范围为 0~200μm，中径为 108μm，分布指数为 2.169，勾选 Gravity 选项，尘源喷射类型选择 surface，质量流率为 6.84kg/s。

方程离散时，速度压力耦合采用 SIMPLE 算法，压力离散采用 standard 格式，其余采用 Second Order Upwind(二阶迎风格式)，残差收敛标准保持为默认的 10^{-3}。求解时，首先计算连续相空气流场，待计算基本稳定后开启离散相模型，连续相每迭代 40 步进行一次离散相计算，得到最终收敛结果。

1. 坡度影响下隧道空气流场特性

1)不同坡度条件下隧道气流速度场

通过数值模拟计算得出了不同坡度条件下的隧道气流速度场，图 5.13~图 5.17 分别表示隧道坡度为 0%、2%、4%、6% 及 8% 五种工况的隧道气流速度场。

第 5 章 隧道空气流场运移演化数值模拟

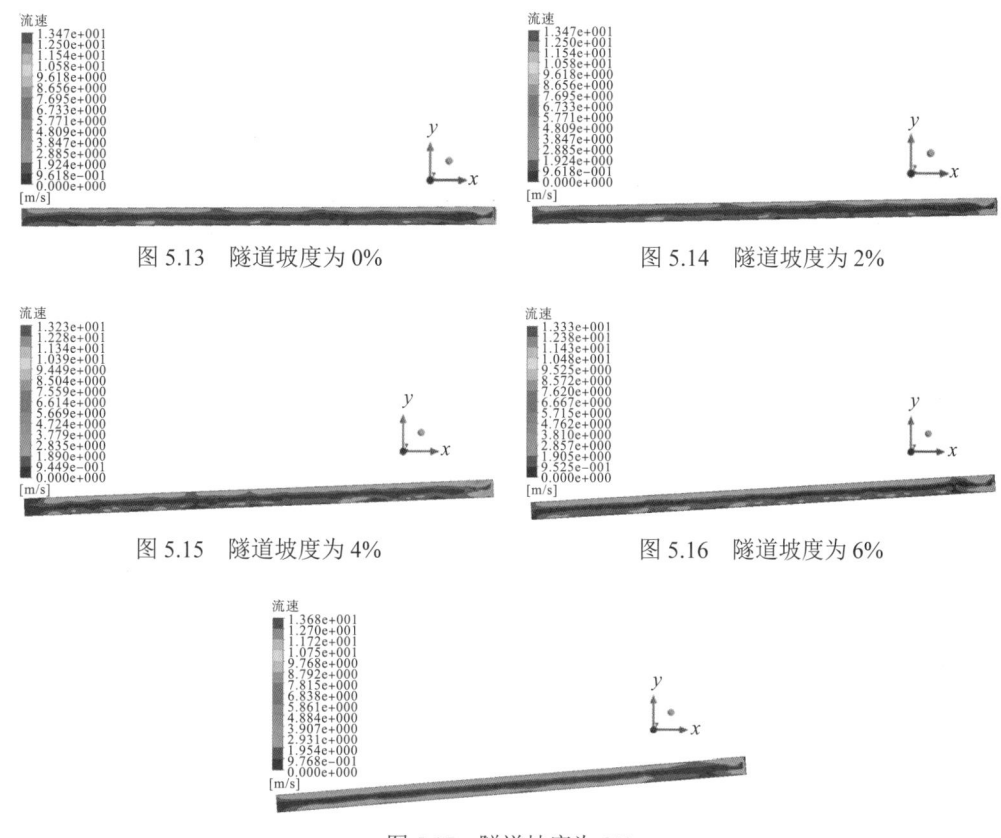

图 5.13　隧道坡度为 0%

图 5.14　隧道坡度为 2%

图 5.15　隧道坡度为 4%

图 5.16　隧道坡度为 6%

图 5.17　隧道坡度为 8%

2) 不同坡度条件下隧道气流温度场

通过数值模拟计算得出了不同坡度条件下的隧道气流温度场，图 5.18～图 5.22 分别为隧道坡度为 0%、2%、4%、6% 及 8% 五种工况的隧道气流温度场。

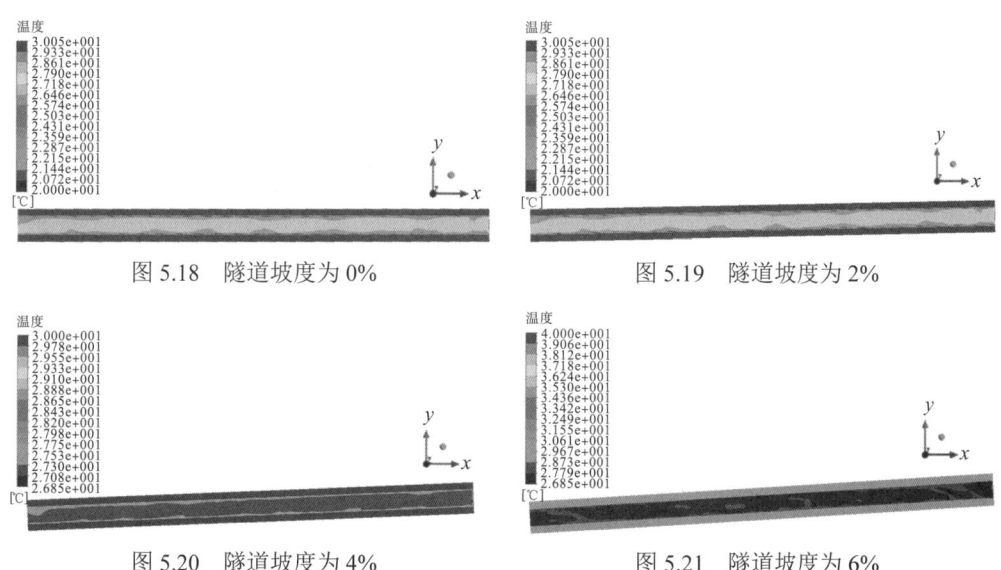

图 5.18　隧道坡度为 0%

图 5.19　隧道坡度为 2%

图 5.20　隧道坡度为 4%

图 5.21　隧道坡度为 6%

图 5.22 隧道坡度为 8%

通过数值模拟计算得出了不同坡度条件下的隧道气流场,在 ANSYS Fluent 数值模拟软件中对不同工况进行数值计算后,将计算结果导入 CFD-POST 后处理软件进行结果的后处理工作,进行不同工况结果的对比分析,对比结果如图 5.23 所示。

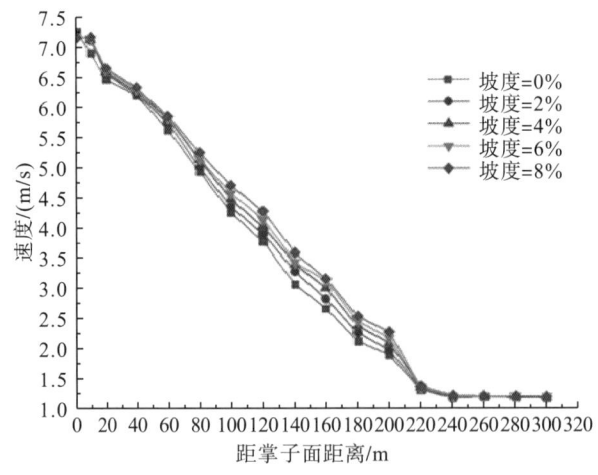

图 5.23 不同坡度工况下长大隧道内沿程风速对比曲线

结合不同坡度计算结果(图 5.23),本次数值计算中掌子面附近隧道沿程风速为 7.5m/s,隧道洞口处风速递减至 1.18m/s。可以看出,坡度对于沿程风速的变化有着明显影响。坡度越大,距掌子面相同距离处隧道沿程风速越高,隧道整体沿程风速递减更慢一些;坡度越小,距掌子面相同距离处隧道沿程风速越低,隧道整体沿程风速递减更快一些。

2. 坡度影响下隧道污染物运移特性

通过数值模拟计算得出了不同坡度条件下的隧道气流场。本次计算研究粉尘在爆破后在隧道内部的扩散规律,而非喷浆时粉尘在隧道内部的扩散,各个工况依然模拟长大隧道在上山施工时的条件,研究得到不同坡度工况下距掌子面不同距离处隧道内粉尘浓度的变化曲线,如图 5.24 所示。

长大隧道上山施工时,隧道内部的通风回流属于下行风,在掌子面进行爆破作业后,隧道通风系统开启,掌子面附近由于爆破产生的粉尘开始被驱散。由图 5.24 知,通风系统产生风流趋于稳定后,不同坡度工况下长大隧道内部掌子面附近的粉尘浓度值为

350mg/m³ 左右，距掌子面超过 70m 后，不同坡度工况下隧道内沿程粉尘浓度下降至 40mg/m³ 以下。距掌子面 50m 范围内，隧道沿程粉尘浓度下降较快，后面随着距掌子面距离的增加，粉尘浓度的下降变得较为缓慢。前期由于粉尘浓度超过了 200 mg/m³，应当增加风量以降低掌子面粉尘浓度，等掌子面粉尘浓度低于 200 mg/m³ 以后，继续进行施工，有利于隧道工作人员的健康。

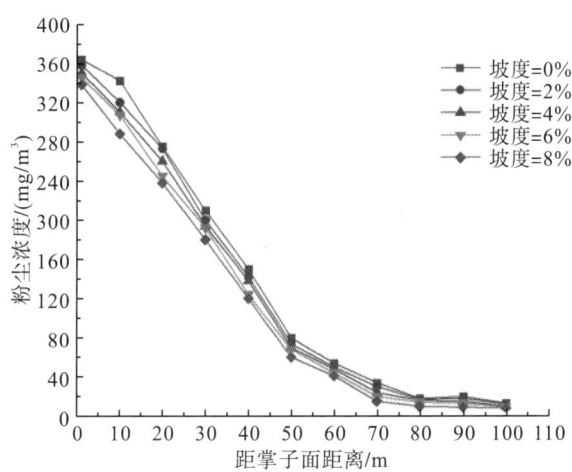

图 5.24　不同坡度工况下距掌子面不同距离处隧道内粉尘浓度变化曲线

对比不同坡度条件下距掌子面不同距离处隧道内粉尘浓度变化，分析得到，坡度越大，距掌子面相同距离处粉尘浓度越低，即隧道上山施工时，坡度越大，越有利于隧洞内粉尘的排除。

5.1.3　温度-坡度耦合作用下长大隧道空气流场运移演化规律

本章 5.1.1 节和 5.1.2 节分别研究了不同温度、不同坡度的隧道空气场运移演化规律，本节分别选取掌子面位置和距掌子面 100m 位置两点的风速为研究对象，根据数值模拟结果得出了不同温度和坡度综合作用下掌子面位置、距掌子面 100m 位置的风速，结果见表 5.3 和表 5.4 所示。

表 5.3　掌子面位置的风速　　　　　　　　　　　　（单位：m/s）

温度	坡度				
	0%	2%	4%	6%	8%
30℃	7.31	7.28	7.25	7.21	7.16
40℃	7.30	7.28	7.24	7.22	7.17
50℃	7.30	7.27	7.25	7.21	7.15
60℃	7.29	7.27	7.23	7.20	7.16
70℃	7.29	7.27	7.24	7.21	7.15

表 5.4　距掌子面 100m 位置的风速　　　　　　　　　　（单位：m/s）

温度	坡度				
	0%	2%	4%	6%	8%
30℃	4.19	4.26	4.33	4.43	4.54
40℃	4.20	4.30	4.35	4.45	4.59
50℃	4.21	4.30	4.38	4.47	4.59
60℃	4.22	4.31	4.37	4.46	4.60
70℃	4.22	4.32	4.38	4.47	4.61

由表 5.3 和表 5.4 得出温度和坡度耦合作用下掌子面位置及距掌子面 100m 位置的风速，可以看出，在坡度一定的情况下，温度对于隧道内风流流场的影响并不明显，不同温度下隧道内的温度场差异明显，越是靠近围岩区域温度越高，隧道中间区域温度较低，从隧道中间区域至围岩区域温度明显增加；在温度一定的条件下，改变隧道坡度，对隧道内流场会产生较大影响，会改变隧道涡流区距掌子面的距离及涡流区范围，距掌子面同一距离处的风流流速也会产生变化。

5.2　上、下螺旋施工多因素作用下隧道空气流场运移演化模拟

5.2.1　温度影响下螺旋隧道空气流场运移演化规律

由于隧道降温主要靠通风措施，所以隧道的送风方式、送风温度、送风速度与风筒口距掌子面的距离也是影响隧道温度的重要因素。而针对咪的村隧道的温度场分析，隧道的壁面温度、壁面粗糙度都是基本确定的，是客观且不易改变的。因此，主要分析在温度作用下隧道内的通风流场，选取影响隧道内温度场分布的因素(送风速度、送风温度以及风筒出口距掌子面的距离)进行研究，通过数值模拟得出各影响因素变化对隧道掌子面附近温控效果的影响。

1. 模型建立

模型以建个元高速公路咪的村隧道设计尺寸为依据并经过合理简化得到，隧道数值计算模型截面如图 5.25 所示，断面圆拱半径为 5.55m，风筒布置在隧道外侧，风筒直径 1.8m，底部距离地面 2.5m，距离隧道中心线 3.45m，风筒出风口距离掌子面 30m，模型总长度为 300m。隧道模型通风网格如图 5.26 所示。

2. 边界条件

(1) 入口边界条件：风筒入口设置为风流入口边，风流沿着风筒口 z 轴负方向匀速进入隧道，且风流在风筒内部分布均匀。

(2) 壁面边界条件：无滑移固体壁面，隧道内壁为粗糙面，并根据隧道实际的粗糙度确定壁面参数，壁面粗糙度为 0.0025m。

(3)出口边界条件：设置隧道出口为自由出口边界。

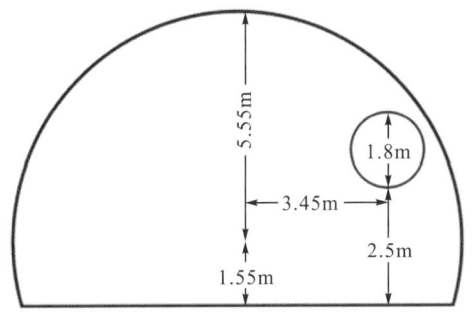

图 5.25　隧道数值计算模型截面尺寸示意图

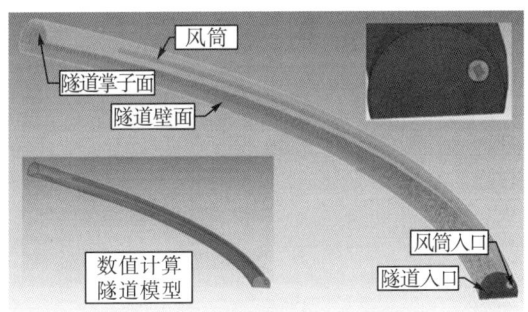

图 5.26　隧道模型通风网格图

3. 温度作用下送风温度对流场分布的影响

为了研究送风温度对隧道内气流温度场和速度场分布的影响，将送风温度为 10℃、15℃、20℃三种工况采用 ANSYS Fluent 数值模拟计算。其中，送风速度为 20m/s，风筒出口距掌子面的间距为 30m。施工主要位置在掌子面附近，所以选取风筒至掌子面这段距离进行重点观察分析。

当送风速度和距掌子面距离不变，只有送风温度发生改变时，隧道中气流的流动符合射流流动规律，流线的流型没有发生大的变化。出风口输出的低温风流与壁面和隧道内的热空气进行热量交换，由于温差较大从而产生密度差，最终会造成气流的浮升力不同。由于浮升力和重力的影响不同，射流轴线会发生弯曲。

随着送风温度的上升，射流方向开始向下弯曲。由于风筒靠近隧道壁面、距离隧道中心截面较远且与隧道顶部之间有一定的距离，所以流场发展受到围岩壁面影响，位于射流轴线上的区域的速度偏高，在掌子面附近受壁面和掌子面限制射流流动出现回流。经过对比可以看出，当送风温度为 10℃时，主流与回流之间存在涡层形式的自由间断层，但是不太明显，且自由间断层区域的面积也比较小。随着送风温度上升到 20℃，自由间断层明显在不断扩大，并且间断层内的风速也随着送风温度的上升而不断降低。这种涡流形式的间断层是由于射流受到回流限制形成的，反映了回流的扩散程度。随着自由间断层面积的增大，回流扩散越来越弱。

当送风温度发生改变时，送风筒沿轴心处的温度场和速度场变化趋势相协调，都在风筒出口位置下方出现一个高温区域。射流风流沿着 z 轴负方向运动时，与周围热空气不断发生热交换，低温射流的温度不断升高，射流吸收周围空气和壁面热量的能力渐渐变弱，隧道内的温度逐渐降低。

在不同送风温度条件下，对隧道施工通风模拟结果进行了后处理，得到 10℃、15℃、20℃三种工况下风筒出口到隧道出口各个截面平均温度变化曲线，见图 5.27。显而易见，送风温度越高，隧道内整体温度越高；风温越低，隧道内温度也越低，降温效果越明显，因为采用较低送风温度，使气流带来更多的冷量，能够综合更多热量，冷却结果越好，隧道内温度变化明显。在整个隧道内，当 $T=20$℃时，域内温度变化幅度较小，且隧道内的截面温度大部分在 28℃以上。在 T=10℃时，域内温度变化范围较大。

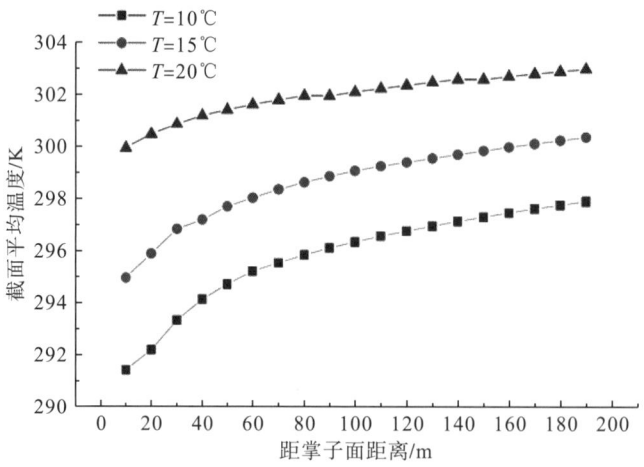

图 5.27 送风温度改变时隧道内 xy 截面平均温度曲线图

4. 温度作用下送风速度对流场分布的影响

为了研究送风速度对隧道内气流温度场和速度场分布的影响，对送风速度为 20m/s、22m/s、24m/s、26m/s 四种工况分别进行模拟计算。其中，送风温度为 15℃，风筒出口距掌子面距离为 30m。

中心送风方式与壁面接触较少，低温风流从风筒中射出后，射流轴流沿着风筒所在直线延伸，受壁面影响较小，因此可以看作自由射流。按照自由射流的规律观察，随着送风速度的上升，风流流场流型基本不发生变化，流场的形态基本保持不变，只是同一空间点处的风流速度增大，温度减小。

由图 5.28 可以看出，随着送风速度的增大，在同一截面上平均温度没有发生显著变化，但是风流速度不能无限增加，当风速增加到一定程度后其降温效果会逐渐降低。送风速度为 22m/s、24m/s、24m/s 时，均在距掌子面 20m 处出现低温区，然后温度急剧上升。

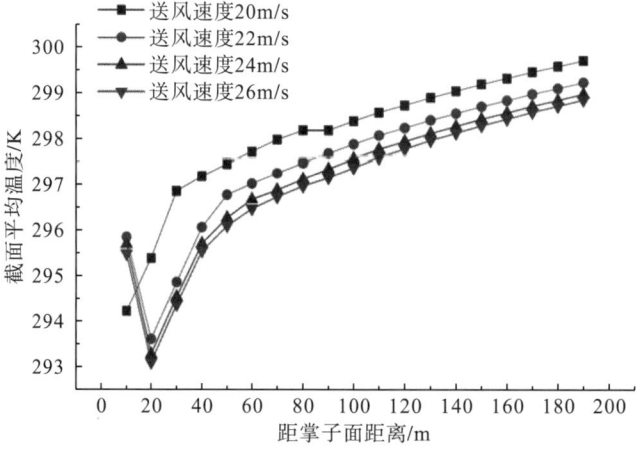

图 5.28 送风速度不同时隧道内 xy 截面平均温度曲线图

5. 温度作用下风筒出口距掌子面的距离对流场分布的影响

为研究风筒出口距掌子面的距离对隧道内气流温度场和速度场分布的影响，对风筒出口距掌子面的距离分别为 25m、35m、45m 三种工况分别进行模拟计算。其中，送风温度为 15℃，送风速度为 20m/s。

当风筒出口距掌子面的距离发生变化时，隧道内流场形态也发生了巨大变化。在风筒出口距离掌子面 25m 和 35m 的工况下，风流从风筒射出，紧贴隧道侧壁向前射出。随着距离风筒出口的距离增大，风速围绕风筒形状出现明显的层次性，受到掌子面限制，风流折返，距掌子面一段距离的区域都形成了涡流区。距掌子面 25m 工况条件下的回流强度比较大，因为低温风流与隧道内高温壁面和掌子面的换热面积较小，热交换程度较小，因此风流回流，风流储存的冷量较大，回流与热空气发生的热量交换剧烈，降温幅度较大。风筒射流出现明显地贴附射流特征，并且距离风筒出口越远，贴壁风流面积越大，贴附射流特征越明显。此时，回流区的风速逐渐从角落扩散到整个隧道远离风筒的边侧。隧道中间处的风速仍然较小，风筒侧的风速仍然较大，说明射流区风速是明显大于回风区的。

由图 5.29 能够看出，在距掌子面 25m 的工况下，隧道内的整体温度是偏低的，由于低温风流与隧道内高温壁面和掌子面进行热交换面积较小，热交换程度小，小号的冷量较少，因此回流强度较大，使隧道域内温度降低。根据距掌子面 35m 和 45m 的工况截面平均温度图，可以看出由于射流延伸过程中不断吸收大量高温壁面和围岩的热量，造成低温风流速度降低，降温能力下降。射流轴流遇掌子面发生回流，回流风速更小，但还具有一定的降温能力，所以两个工况的温度曲线比较接近。

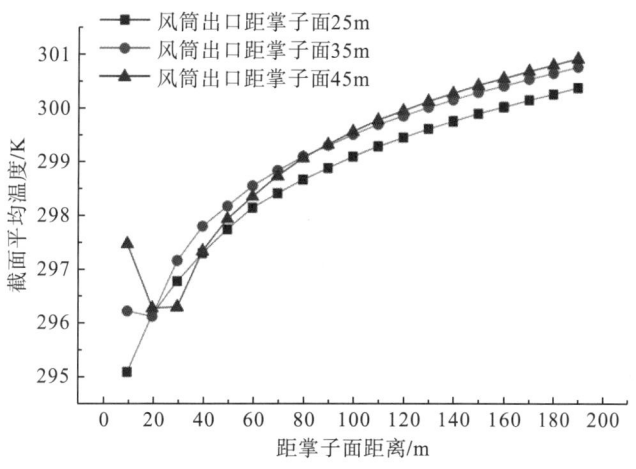

图 5.29　风筒出口距掌子面不同距离的平均温度曲线图

5.2.2　上螺旋施工隧道空气流场运移演化规律

根据咪的村隧道实际工程情况，选择坡度和曲率为影响因素，分上、下螺旋方向，施工工况如表 5.5 所示。

表 5.5　几何模型表

坡度	曲率				
	1/100	1/400	1/700	1/1000	1/1300
2%	√	√	√	√	√
4%			√		
6%			√		
8%			√		
10%			√		

隧道模型截面如图 5.25 所示，由实际工程适当的简化处理得到截面圆拱半径为 5.55m，风筒直径 1.8m，位于距离地面 3.4m、距离隧道中心线 3.45m 的外侧，出口距离掌子面 30m。螺旋隧道模型的长度为 300m。利用 Pro/Engineer 三维造型软件建立隧道几何模型。采用专业的网格划分软件 ANSYS ICEM CFD 划分非结构四面体网格，如图 5.30 所示。

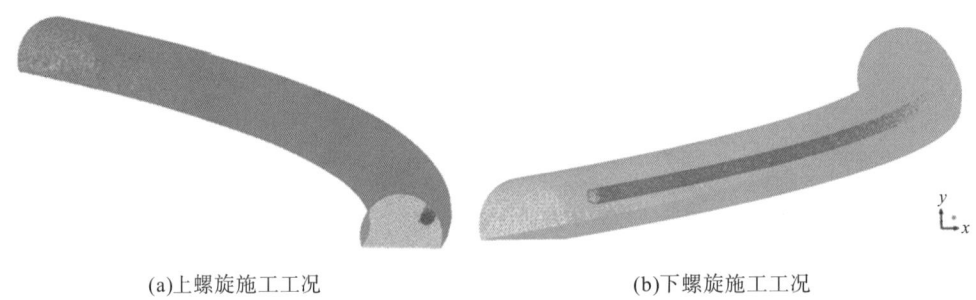

(a)上螺旋施工工况　　　　　　　　(b)下螺旋施工工况

图 5.30　螺旋隧道网格划分

为了方便进行数值模拟，进行如下假设：
(1)螺旋隧道内空气的温度保持不变并且不可压缩；
(2)粉尘粒子的三维形状为球形；
(3)粉尘粒子之间无相互作用；
(4)粉尘沉降到地面即被捕捉，不会再次扬起。

本次模拟采用 SIMPLE 算法计算空气流场，离散采用 standard 格式。风筒进口设定为速度入口，风速为 15m/s，风筒直径是 1.8m。洞口为出口边界，将其设置为 outflow 边界。具体边界条件设置见表 5.6。根据现场试验的测试结果设置离散相参数见表 5.7，计算模型的详细设置见表 5.8。

表 5.6　边界条件设置

边界条件	参数设定
入口边界	15m/s
水力直径	1.8m
湍流强度	2.8%
出口边界	outflow
空气密度	1.225kg/m^3
壁面粗糙度	距掌子面 60m 内为 0.08m，其余为 0.01 m
wall 边界	无滑移

表 5.7　离散相模型参数设置

离散相模型	模型设定
相间耦合	勾选
最大计算步数	500000
长度尺度	0.02m
喷射类型	Surface
粒径分布	Rosin-Rammler
分布指数	2.169
密度	2320kg/m^3
质量流率	0.02 kg/s
最小直径	1μm
中径	108μm
最大直径	200μm
颗粒初速度	0m/s
Saffman 升力	勾选
壁面处理	地面为 trap 类型，拱顶和两帮为 reflect 类型

表 5.8　计算模型设置

计算模型	模型设定
求解器	Pressure-Based
时间	Steady
湍流模型	Realizable k-ε
近壁处理	Standard Wall Functions
能量方程	Off
离散相模型	On
压力速度耦合	SIMPLE
梯度格式	Green-Gauss Node Based
离散格式	Second Order Upwind

求解器的精度设置为二阶迎风格式，残差收敛标准保持为默认的 10^{-3}。模拟的计算过程为先进行空气流场的计算，空气流场计算基本稳定后，打开离散相模型进行粉尘运移规律的计算直至收敛。

水力直径的计算公式如下：

$$d_H = \frac{4A}{S} \tag{5.8}$$

式中，d_H 为水力直径，m；A 为过流断面面积，m^2；S 为湿周，m。

湍流强度计算公式为

$$I = \frac{u'}{v} = 0.16 Re^{-\frac{1}{8}} \tag{5.9}$$

式中，I 为湍流实际强度；Re 为雷诺数。

1. 螺旋隧道空气内流场特性

利用 ANSYS Fluent 数值模拟软件开展了坡度及曲率影响下螺旋隧道施工通风的研究。如图 5.31 所示为咪的村特长螺旋隧道内空气流场的流线分布图。由图可看出，在掌子面附近空气流线杂乱无章，空气流场非常复杂。在距离掌子面 30m 之后，紊乱的流线才逐渐变得平滑并且稳定下来。图 5.32 为掌子面附近风速矢量图。由图 5.32 可以看出，掌子面附近 30m 的范围内存在两个大的涡流，受其影响，此区域内空气流速较小，回流区主要发生在远离风筒的一侧且空气流速较大。螺旋隧道内的空气流场特性与王海桥(1999)利用 ANSYS Fluent 数值模拟得到的独头巷道压入式通风时的流场特征一致，即使用压入式通风方式时，螺旋隧道掌子面附近的空气流场可分为贴附射流区、冲击射流贴附区、涡流区和回流区。

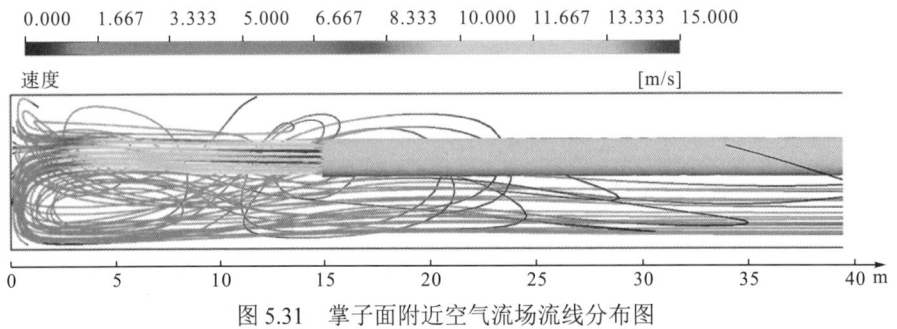

图 5.31 掌子面附近空气流场流线分布图

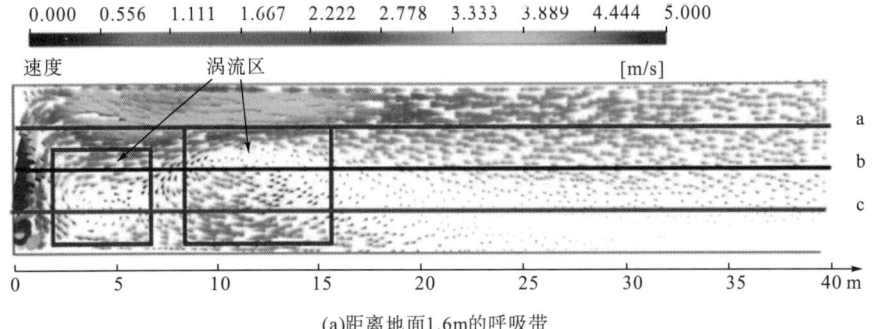

(a) 距离地面 1.6m 的呼吸带

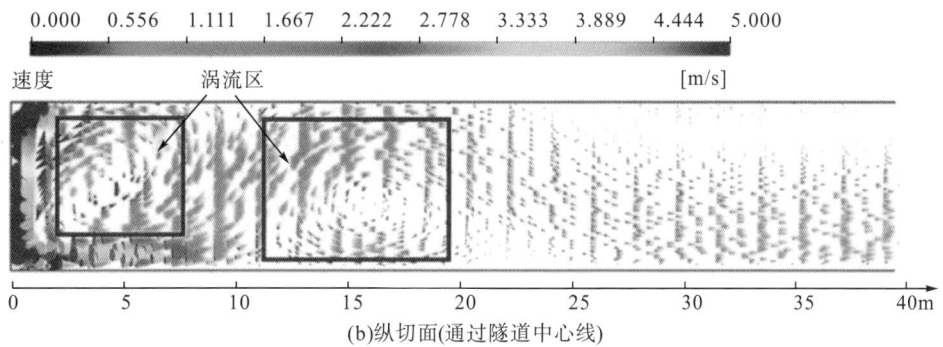

图 5.32 掌子面附近风速矢量分布图

在螺旋隧道中，距离掌子面 150m 范围内，每隔 10m 创建一个平行于掌子面的切片，图 5.33 是曲率半径为 700m、坡度为 2%的螺旋隧道中部分切片上的风速云图，其中(a)、(b)、(c)和(d)分别是距离掌子面 20m、30m、40m 和 60m 处的切片上的风速云图。另外，在呼吸带平面上，由内到外等间距创建三条曲线并依次命名为 a、b 和 c[图 5.32(a)]，图 5.34 为这三条曲线上的沿程风速变化。

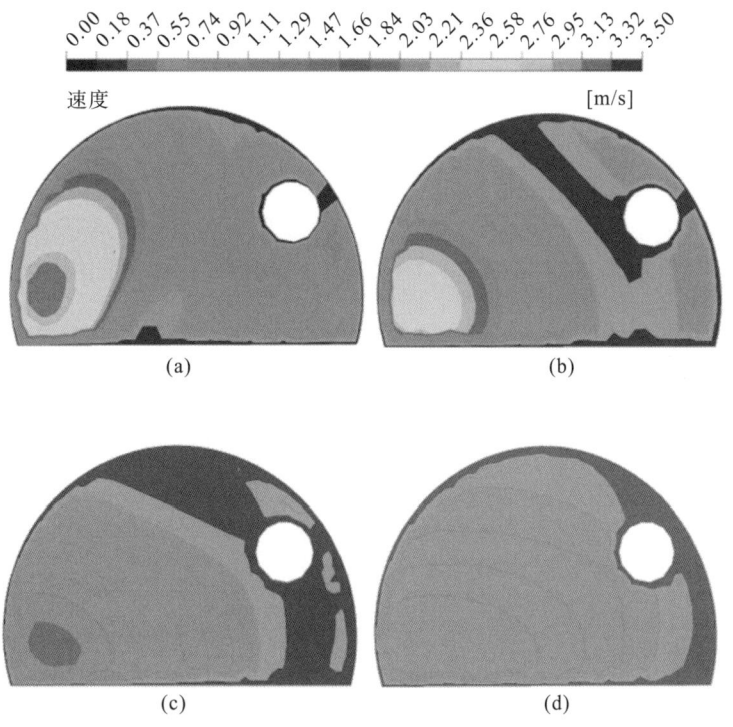

图 5.33 沿程截面上风速分布云图

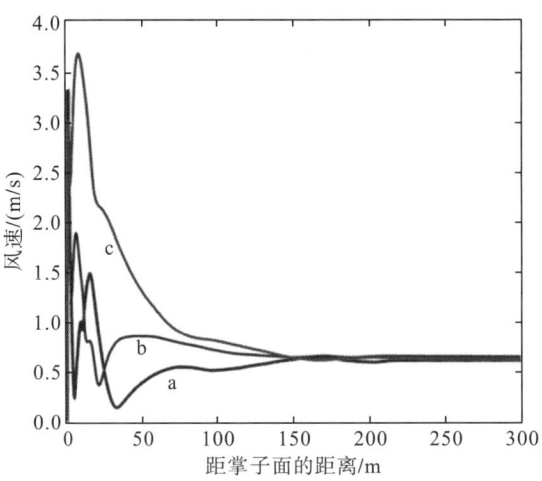

图 5.34 曲线上沿程风速

从图 5.33 可以看出，在远离风筒的一侧风速较大，风筒一侧风速较小。随着远离掌子面，隧道中空气流场逐渐均匀分布。从图 5.34 可以看出：在掌子面附近 30m 内，受涡流的影响，a、b 和 c 上的空气流速都出现较大幅度的变化，其中曲线 b 和 c 上的风流速度受到涡流的影响更为强烈，与图 5.33 沿程截面上风速分布云图展示的一致，由于空气流体的黏性作用，在远离掌子面的过程中，远离风筒一侧回流区风流速度逐渐下降，风筒一侧的风速逐渐升高，最终形成稳定流场。

2. 不同负向坡度下隧道空气流场特性

对不同坡度的螺旋隧道，在曲线 a 上每 10m 取一点，风流速度如图 5.35 所示。

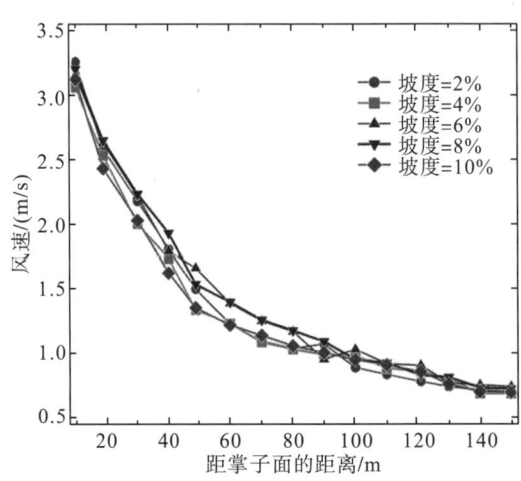

图 5.35 上螺旋施工不同坡度螺旋隧道内沿程风速

从图 5.35 可以看出，在逐渐远离掌子面的过程中，螺旋隧道沿途截面上的平均风速先快速减小后缓慢减小，最后在距离掌子面 150m 处稳定下来。这是由于风速越大时湍流强度就越大，湍流对风流造成的能量损失越大，风速减小的梯度就越大。随着与掌子面距离的增加，风速减小，所以湍流强度减小，风速减小的梯度逐渐减小。另外，从图 5.35 中不同坡度的螺旋隧道内沿程截面上的平均风速可以看出，随着坡度的改变，螺旋隧道内沿程截面上的平均风流速度并没有出现很强的规律性，说明坡度在 2%～10%变化时，对隧道内空气流场并没有产生明显的影响。

3. 不同曲率半径下隧道空气流场特性

同样的处理方法，得到坡度为 2%时不同曲率半径的螺旋隧道内曲线 a 上的风流速度，如图 5.36 所示。

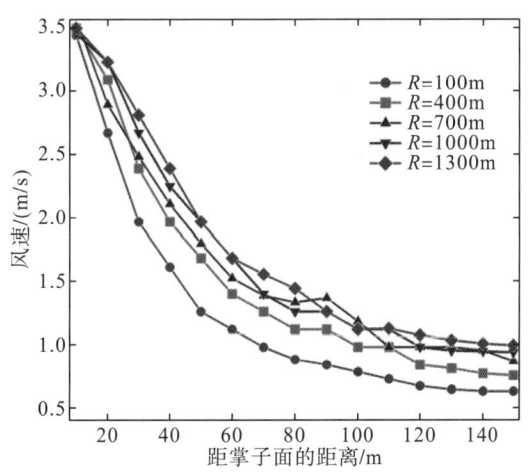

图 5.36　上螺旋施工不同曲率半径螺旋隧道内沿程风速

由图 5.36 可以看出，随着距掌子面距离的增加，螺旋隧道内沿程截面上平均风流速度逐渐减小，减小的梯度同样逐渐减小。螺旋隧道曲率半径越大时，其内部的沿程截面的平均风速减小得越慢，流场趋于稳定时的空气流速也越大。进一步对比可以发现曲率半径分别为 100m 和 400m 时，螺旋隧道内的沿程风速变化曲线差异比较明显，而曲率半径为 400～1300m 时沿程风速变化曲线的差异逐渐减小。这表明曲率半径越小，其变化对螺旋隧道内空气流场运移规律的影响越显著，随着曲率半径的增大，其变化对螺旋隧道内空气流场运移规律的影响反而减小。

图 5.37 分别为 4 种工况(曲率半径 R 分别为 100m、400m、700m、1300m)下距掌子面 1m 和 50m 断面的风速云图。可以看出，随着曲率半径的减小，距掌子面 1m 断面的风速分布逐渐由左右对称变为左右非对称，距掌子面 50m 断面风速分布的非对称性表现越来越明显，隧道外侧风速(左侧)明显大于隧道内侧(右侧)风速。

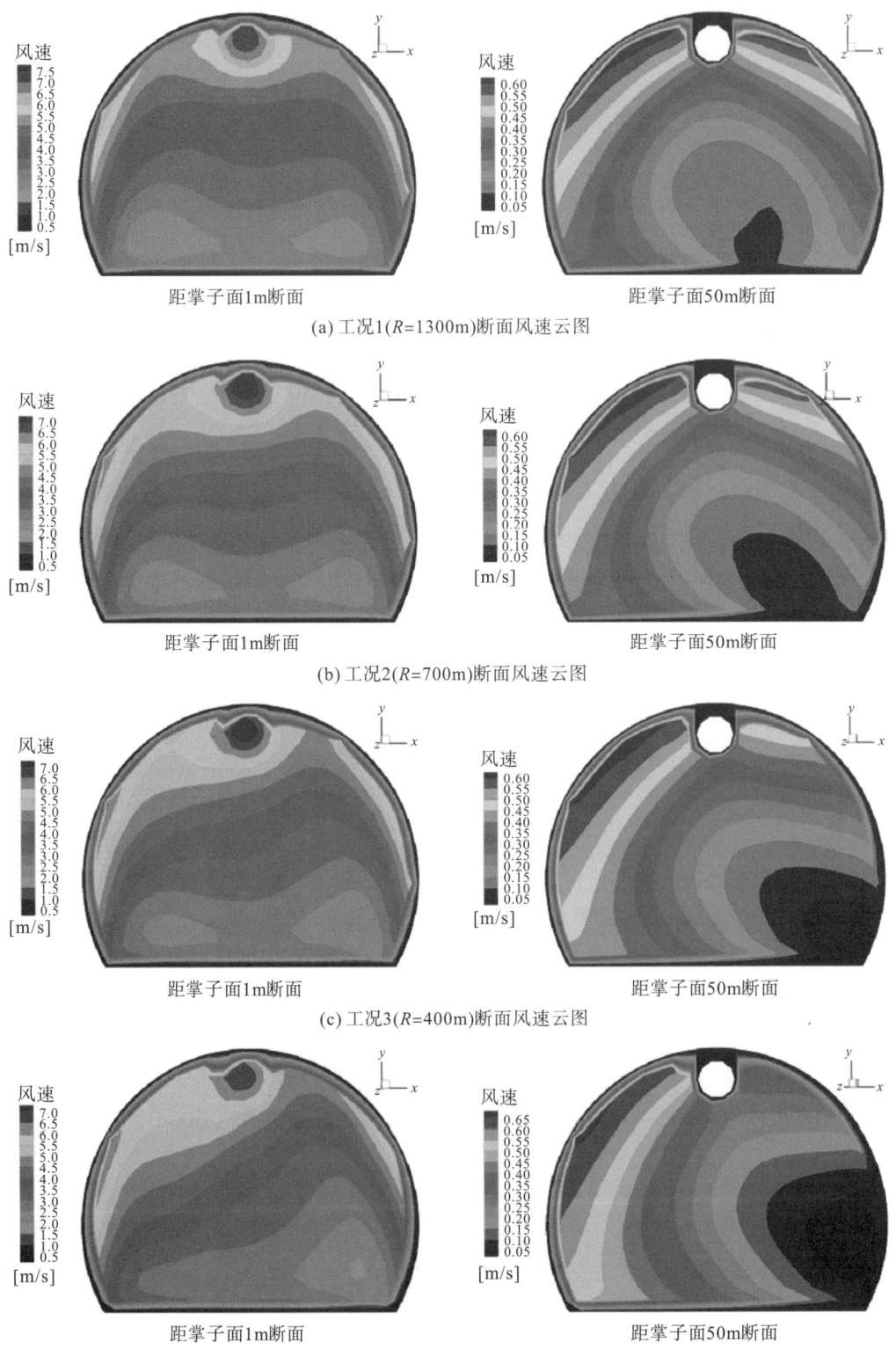

(a) 工况1(R=1300m)断面风速云图

(b) 工况2(R=700m)断面风速云图

(c) 工况3(R=400m)断面风速云图

(d) 工况4(R=100m)断面风速云图

图5.37 不同工况下距掌子面1m和50m断面风速云图

分析 4 种工况下距掌子面 1m 断面的风速分布情况，最大风速区域均出现在风筒布置高度的位置，且随着曲率半径的减小而降低；最小风速区域则随着曲率半径的减小，逐渐由拱底向隧道内侧拱脚处移动。

分析 4 种工况下距掌子面 50m 断面的风速分布情况，最大风速区域均出现在隧道外侧拱肩，可以看出曲率半径对距掌子面 50m 断面的最大风速值影响不大；最小风速区域则随着曲率半径的减小，逐渐由隧道拱底向隧道内侧拱脚移动，再由隧道内侧拱脚向隧道内侧拱腰移动。

4. 负向坡度对粉尘运移特性的影响规律

因粉尘主要沿回流区向外扩散，故选取曲线 a 上粉尘浓度的变化情况来研究坡度对粉尘运移规律的影响，图 5.38 为上螺旋施工时，不同坡度螺旋隧道内曲线 a 上的沿程粉尘浓度。

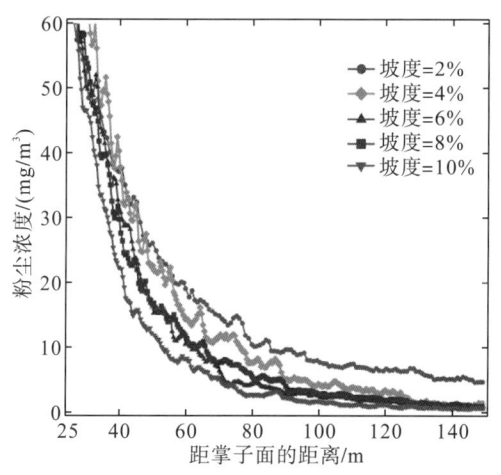

图 5.38　上螺旋时不同坡度隧道内的沿程粉尘浓度

上螺旋施工时，螺旋隧道中的通风回流属于上行风。由图 5.38 可知，随着螺旋隧道坡度的增大，在远离掌子面的过程中，粉尘浓度下降速度加快，具体表现为：距掌子面同样距离处，粉尘浓度随坡度增大而减小。这说明上螺旋施工时，螺旋隧道的坡度越大，隧道内降尘工作越容易，此时可以合理地调节通风控制系统，节约通风成本。

5. 曲率半径对粉尘运移特性的影响规律

图 5.39 所示为不同曲率半径螺旋隧道内曲线 a 上的沿程粉尘浓度。从图 5.39 可以看出，上螺旋方向的施工工况下，当曲率半径较小，即 $R \leqslant 400$m 时，其变化对螺旋隧道内沿程粉尘浓度分布有明显的影响。当曲率半径较大，即 $R > 400$m 时，其变化对螺旋隧道内沿程粉尘浓度分布的影响并不明显。这与曲率半径对螺旋隧道内空气流场运移规律的影响是一致的，曲率半径越小，隧道内回流风速越大，增加了降尘的工作难度。此时应合理调节通风系统，选择合适的降尘措施，改善施工环境。

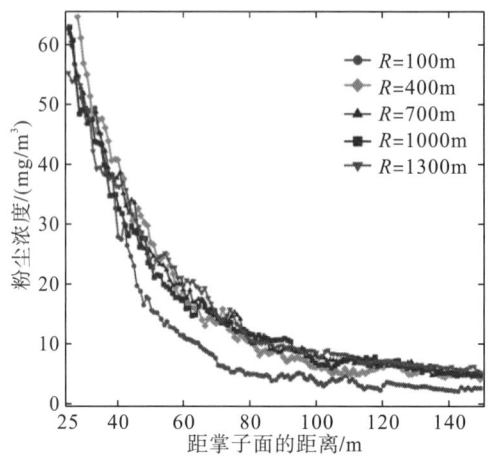

图 5.39　上螺旋施工不同曲率半径螺旋隧道内沿程粉尘浓度

6. 负向坡度对 CO 运移特性的影响规律

针对各螺旋隧道内距离掌子面 150m 处断面 C 上的检测点 2(图 3.2)，对比该检测点处一氧化碳浓度随时间的变化规律，曲率半径为 700m 时，不同坡度的螺旋隧道内一氧化碳随时间的运移规律如图 5.40 所示。

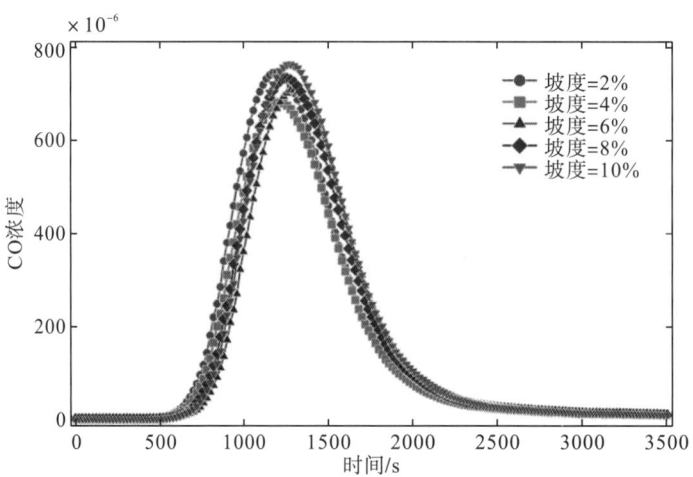

图 5.40　上螺旋施工不同坡度隧道内 CO 浓度变化规律

从图 5.40 可以看出，上螺旋方向施工时，螺旋隧道的坡度在 2%～10%范围内变化时，距离掌子面 150m 处断面 C 上检测点 2(图 3.2)处的一氧化碳浓度随时间的变化曲线差异很小，并且没有呈现出一定的规律性。这是由于一氧化碳的扩散主要受空气流场的影响。由上文可知，螺旋隧道的坡度在 2%～10%范围内变化时，几乎不对空气流场产生影响，所以一氧化碳亦是如此。

7. 曲率半径对 CO 运移特性的影响规律

同样是上述的检测点 2(图 3.2),不同曲率半径的螺旋隧道内,爆破产生的一氧化碳向洞口运移过程中,该检测点测到的 CO 浓度如图 5.41 所示。

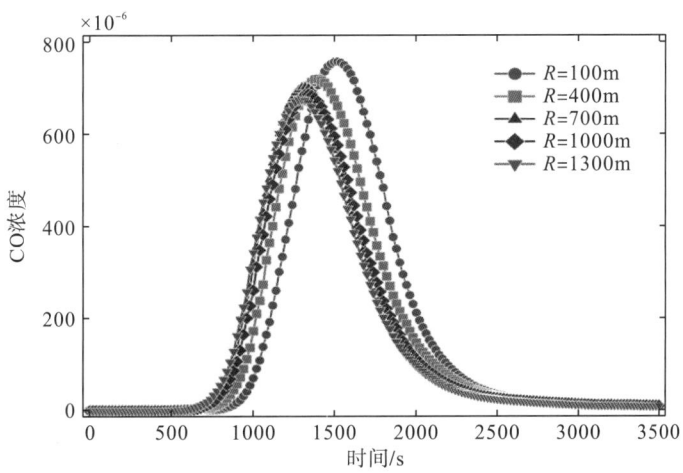

图 5.41　上螺旋施工不同曲率半径隧道内 CO 浓度变化规律

从图 5.41 中可以看出,在上螺旋施工工况下,螺旋隧道的曲率半径越大时,其内部一氧化碳气团的浓度波峰到达检测点 2(图 3.2)所用的时间越短、浓度峰值越小。这说明螺旋隧道的曲率半径增大时,其内部一氧化碳气团扩散的速度和浓度降低的速度逐渐增大。

当曲率半径较小,即 $R \leqslant 400\mathrm{m}$ 时,曲率半径分别为 100m 和 400m 对应的一氧化碳浓度随时间变化曲线的差别非常明显,说明曲率半径为 400m 时,一氧化碳气团向洞口扩散的速度和浓度降低的速度明显加快。此时,螺旋隧道曲率半径的变化对一氧化碳运移规律的影响较大。

当曲率半径较大,即 $R > 400\mathrm{m}$ 时,曲率半径从 400m 以 300m 为梯度变化到 1300m 的过程中,一氧化碳浓度随时间变化曲线的差别逐渐减小。这说明曲率半径越大时,一氧化碳气团向洞口扩散的速度和浓度降低的速度虽有增大,但增幅逐渐减小。此时,螺旋隧道曲率半径的变化对一氧化碳运移规律的影响逐渐减小。

5.2.3　下螺旋施工隧道空气流场运移演化规律

1. 不同正向坡度下隧道空气流场特性

对不同坡度的螺旋隧道,在曲线 a 上每 10m 取一点,风流速度如图 5.42 所示。从图 5.42 可以看出,在逐渐远离掌子面的过程中,螺旋隧道沿途截面上的平均风速先快速减小后缓慢减小,最后在距离掌子面 150m 处稳定下来。这是由于风速越大时湍流强度就越大,湍流对风流造成的能量损失越大，风速减小的梯度就越大。随着与掌子面距离的增加，风速减小，所以湍流强度减小，风速减小的梯度逐渐减小。另外，从图中不同坡度的螺旋隧道内沿程截面上的平均风速可以看出，随着坡度的改变，螺旋隧道内沿程截面上的平均风流速度并没有出现很强的规律性。这说明坡度在 2%～10%变化时，对隧道内空气流场并没有产生明显的影响。

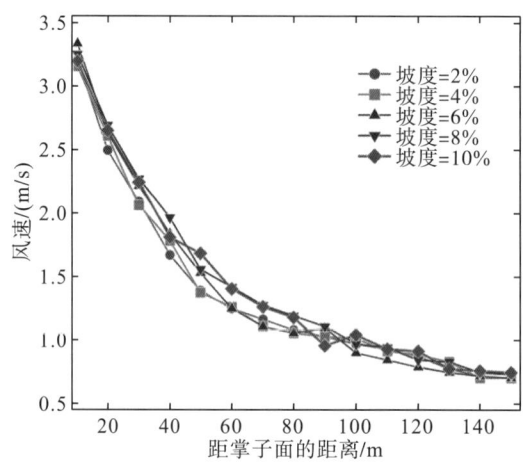

图 5.42　下螺旋施工不同坡度螺旋隧道内沿程风速

2. 不同曲率半径下隧道空气流场特性

图 5.43 为距掌子面 50m 断面在水平高度 3.5m 处的风速分布曲线，其中横坐标为负代表隧道外侧，横坐标为正代表隧道内侧，横坐标为 0 代表隧道中线位置。由图可以看出，工况 1(R=1300m)风速大致呈 U 形分布，这与直线隧道风速分布规律大致相同，随着曲率半径的减小，断面风速的非对称分布愈发明显，隧道外侧风速逐渐增大，隧道内侧风速逐渐减小。

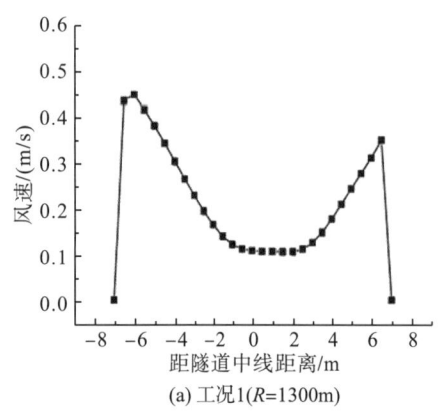
(a) 工况1(R=1300m)

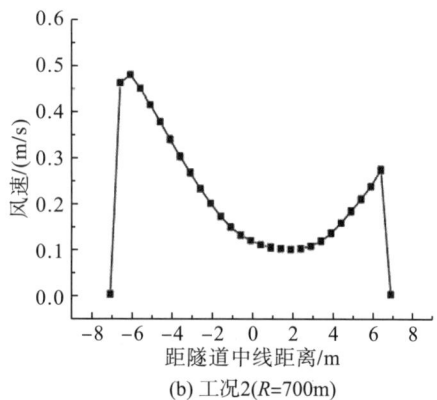
(b) 工况2(R=700m)

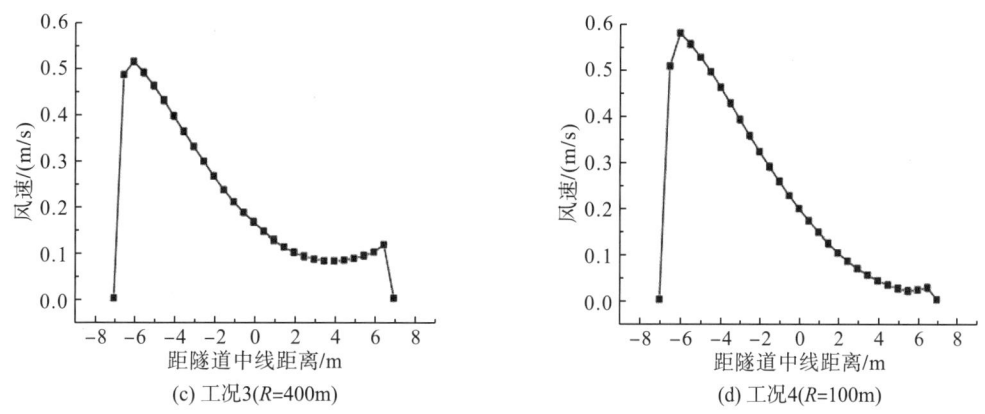

图 5.43　距掌子面 50m 断面在水平高度 3.5m 处风速分布曲线

图 5.44 为各断面平均风速沿程分布曲线。可以看出，4 种工况下隧道断面的平均风速值和沿程变化规律基本一致，距掌子面 1m 断面的平均风速最大，达到 4m/s，随着距掌子面距离的增大，断面平均风速急剧减小，并在距掌子面 50m 断面处下降至最小值 0.29m/s，在此之后断面平均风速基本保持稳定。

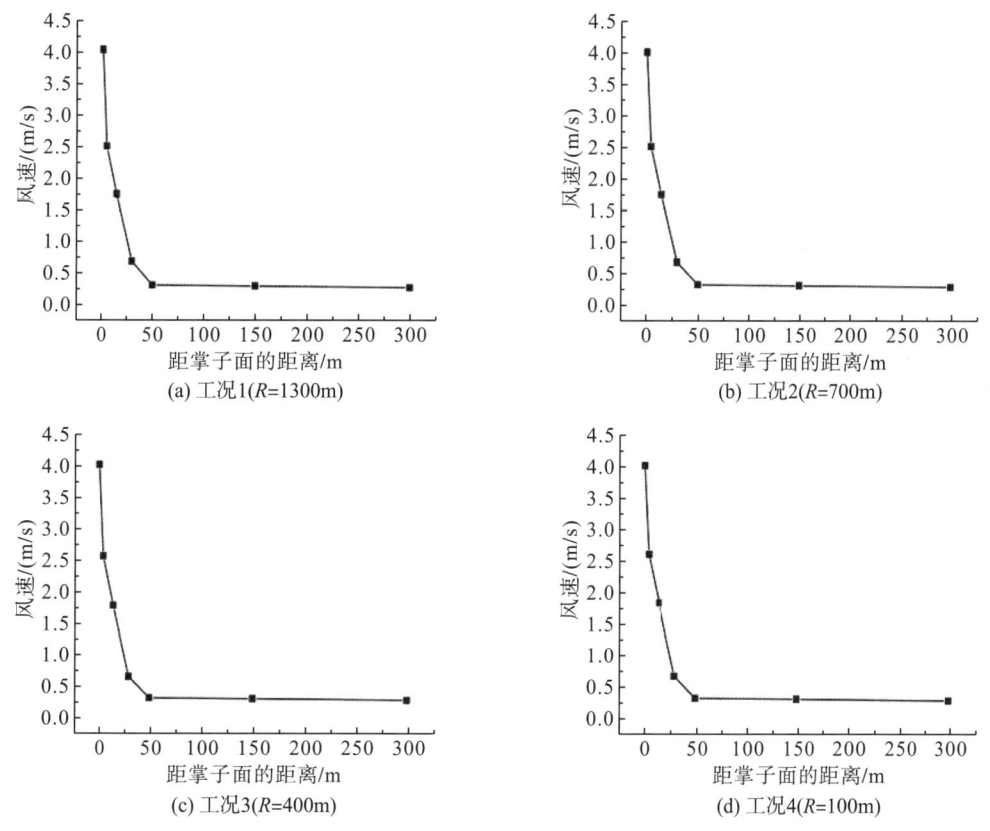

图 5.44　断面平均风速沿程分布曲线

通过同样的处理方法，得到坡度为 2%时，不同曲率半径的螺旋隧道内曲线 a 上的风流速度，如图 5.45 所示。

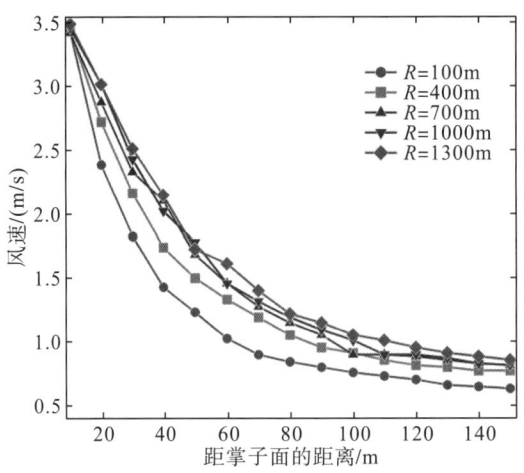

图 5.45 下螺旋施工不同曲率半径螺旋隧道内沿程风速

由图 5.45 可以看出，螺旋隧道内沿程截面上平均风流速度逐渐减小，减小的梯度同样逐渐减小。螺旋隧道曲率半径越大时，其内部的沿程截面的平均风速减小得越慢，流场趋于稳定时的空气流速也越大。进一步对比可以发现曲率半径分别为 100m 和 400m 时，螺旋隧道内的沿程风速变化曲线差异比较明显，而曲率半径为 400～1300m 时沿程风速变化曲线的差异逐渐减小。这表明曲率半径越小，其变化对螺旋隧道内空气流场运移规律的影响越显著，随着曲率半径的增大，其变化对螺旋隧道内空气流场运移规律的影响反而越小。

3. 正向坡度对粉尘运移特性的影响规律

因粉尘主要沿回流区向外扩散，故选取曲线 a 上粉尘浓度的变化情况来研究坡度对粉尘运移规律的影响，图 5.46 为下螺旋施工时，不同坡度螺旋隧道内曲线 a 上的沿程粉尘浓度。

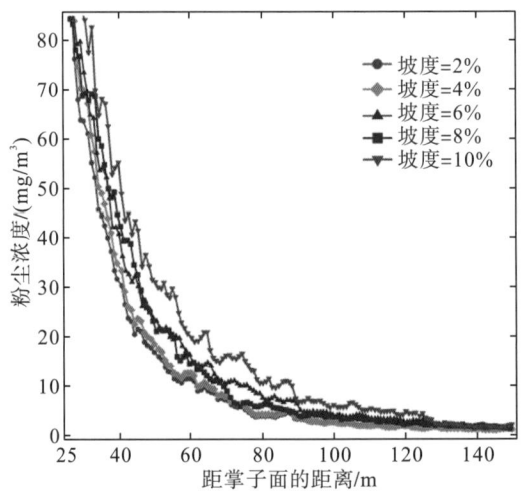

图 5.46 下螺旋施工时不同坡度隧道内的沿程粉尘浓度

下螺旋施工时，螺旋隧道中的通风回流属于上行风。由图 5.46 可知，随着螺旋隧道坡度的增大，在远离掌子面的过程中，粉尘浓度降低速度越来越慢。这说明下螺旋施工时，螺旋隧道的坡度越大，隧道内降尘工作越困难，此时应合理地调节通风控制系统，加强降尘措施，营造良好的施工环境。

4. 曲率半径对粉尘运移特性的影响规律

图 5.47 所示为不同曲率半径螺旋隧道内曲线 a 上沿程粉尘浓度。由图 5.47 可以看出，同上螺旋施工工况相同，曲率半径的变化对螺旋隧道内粉尘的运移规律具有相同的影响规律。当曲率半径较小，即 $R \leqslant 400m$ 时，其变化对螺旋隧道内粉尘浓度分布有明显的影响。当曲率半径较大，即 $R > 400m$ 时，其变化对螺旋隧道内粉尘浓度分布的影响并不明显。这与曲率半径对螺旋隧道内空气流场运移规律的影响是一致的，曲率半径越小，隧道内回流风速越大，增加了降尘的工作难度。此时应合理调节通风系统，选择合适的降尘措施，改善施工环境。

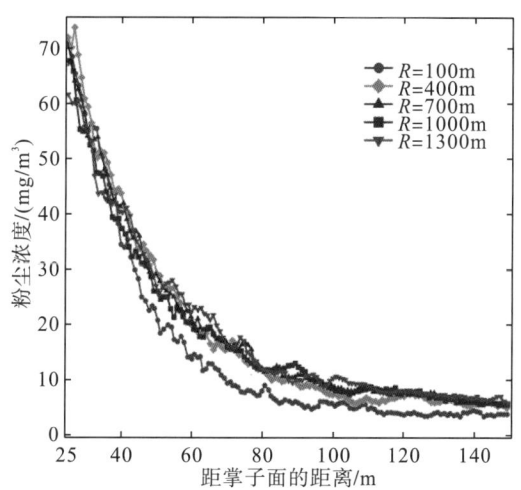

图 5.47　下螺旋施工不同曲率螺旋隧道内沿程粉尘浓度

5. 正向坡度对 CO 运移特性的影响规律

针对各螺旋隧道内距离掌子面 150m 处断面 C 上的检测点 2(图 3.2)，对比该检测点处一氧化碳浓度随时间的变化规律，曲率半径为 700m 时，不同坡度的螺旋隧道内一氧化碳随时间的运移规律如图 5.48 所示。从图 5.48 可以看出，下螺旋方向施工，螺旋隧道的坡度在 2%～10%范围内变化时，距离掌子面 150m 处断面 C 上检测点 2(图 3.2)处的一氧化碳浓度随时间的变化曲线差异很小，并且没有呈现出一定的规律性。这是由于一氧化碳的扩散主要受空气流场的影响。由上文可知，螺旋隧道的坡度在 2%～10%范围内变化时，几乎不对空气流场产生影响，所以一氧化碳亦是如此。又因为一氧化碳与空气的密度几乎相等，一氧化碳在扩散过程中不存在沉降或者上升的现象，故施工的螺旋方向对其运移规律无显著影响。

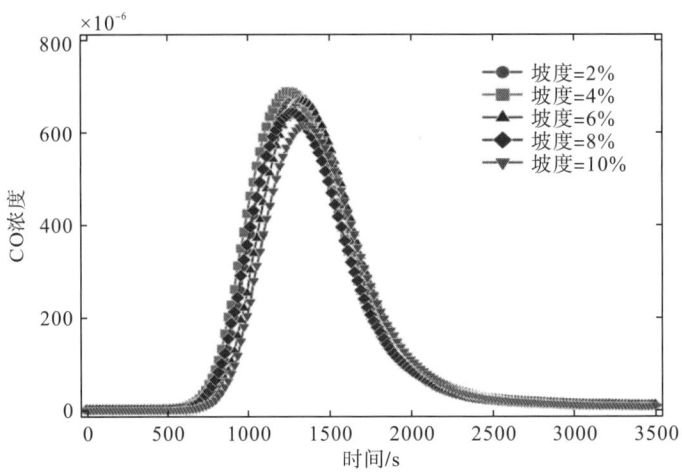

图 5.48　下螺旋施工不同坡度隧道内 CO 浓度变化规律

6. 曲率半径对 CO 运移特性的影响规律

同样是上述的检测点 2(图 3.2)，不同曲率半径的螺旋隧道内，爆破产生的一氧化碳向洞口运移过程中，该检测点测到的 CO 浓度如图 5.49 所示。

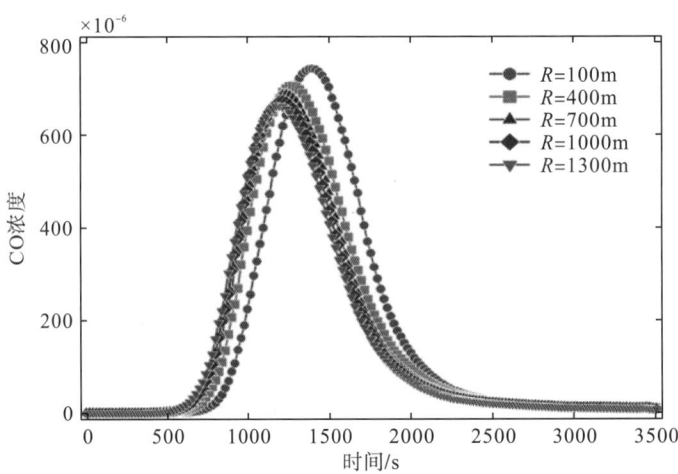

图 5.49　下螺旋施工不同曲率半径隧道内 CO 浓度变化规律

从图 5.49 中可以看出，下螺旋施工工况下，螺旋隧道的曲率半径越大时，其内部一氧化碳气团的浓度波峰到达检测点 2(图 3.2)所用的时间越短、浓度峰值越小。这说明螺旋隧道的曲率半径增大时，其内部一氧化碳气团扩散的速度和因被稀释浓度降低的速度逐渐增大。

当曲率半径较小，即 $R \leqslant 400\text{m}$ 时，曲率半径分别为 100m 和 400m 对应的一氧化碳浓度随时间变化曲线的差别非常明显，说明曲率半径为 400m 时，一氧化碳气团向洞口扩散的速度和浓度降低的速度明显加快。此时，螺旋隧道曲率半径的变化对一氧化碳运移规律的影响较大。

当曲率半径较大，即 $R>400\mathrm{m}$ 时，曲率半径从 400m 以 300m 为梯度变化到 1300m 的过程中，一氧化碳浓度随时间变化曲线的差别逐渐减小。这说明曲率半径越大时，一氧化碳气团向洞口扩散的速度和浓度降低的速度虽有增大，但增幅逐渐减小。此时，螺旋隧道曲率半径的变化对一氧化碳运移规律的影响逐渐减小。

图 5.50 分别为通风 30min 后 4 种工况下掌子面和距掌子面 5m 断面的 CO 浓度云图。可以看出，随着曲率半径的减小，掌子面和距掌子面 5m 断面的 CO 浓度分布逐渐由对称分布变为非对称分布，且曲率半径越小，断面 CO 浓度的非对称分布现象越明显。

分析 4 种工况下掌子面的 CO 浓度分布状态可知，随着曲率半径的减小，最大 CO 浓度区域逐渐向隧道内侧拱脚位置集中。由距掌子面 5m 断面的 CO 浓度云图可知，其变化规律与掌子面相似，工况 1($R=1300\mathrm{m}$) 的最大 CO 浓度区域出现在两侧拱脚与拱底之间，随着曲率半径的减小，CO 浓度逐渐向内侧拱脚与拱底之间积聚。

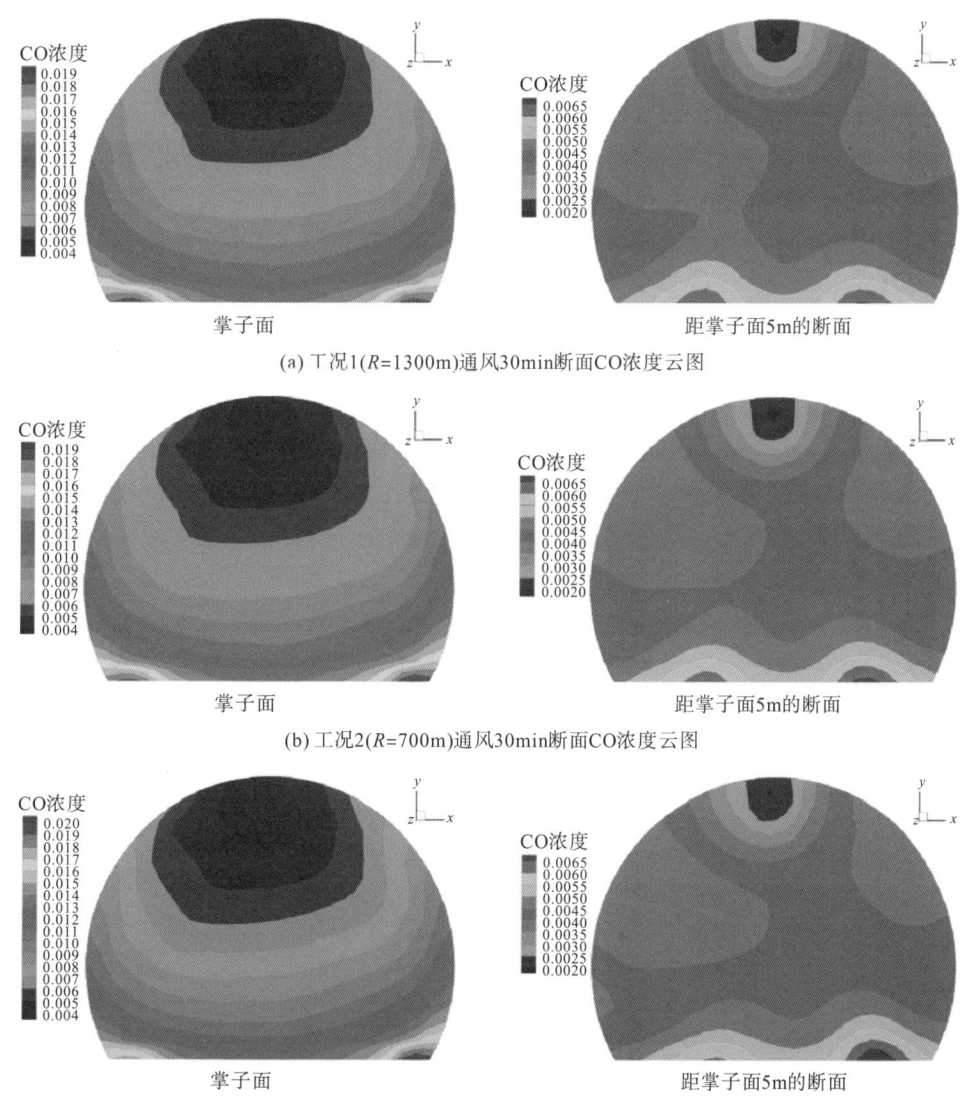

(a) 工况1($R=1300\mathrm{m}$)通风30min断面CO浓度云图

(b) 工况2($R=700\mathrm{m}$)通风30min断面CO浓度云图

(c) 工况1($R=400\mathrm{m}$)通风30min断面CO浓度云图

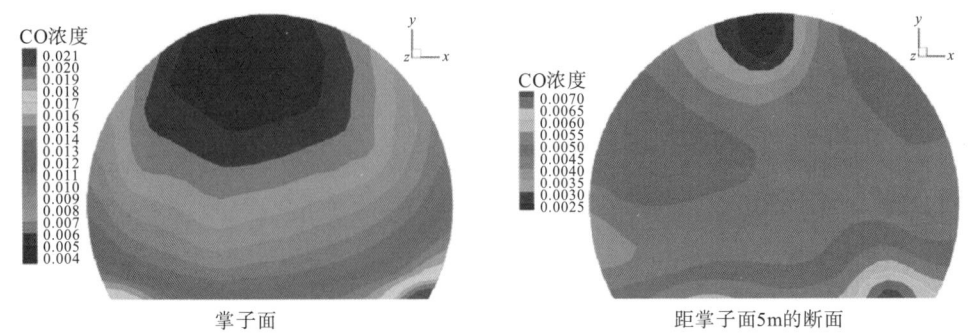

(d) 工况4(R=100m)通风30min断面CO浓度云图

图 5.50 不同工况下掌子面及距掌子面 5m 通风 30min 断面 CO 浓度云图

图 5.51 为各断面 CO 浓度随曲率半径的变化曲线。可以看出，随着曲率半径的减小，断面最大 CO 浓度逐渐增大，且其最大 CO 浓度与平均 CO 浓度的比值也逐渐增大，表明断面 CO 浓度的不均匀分布梯度随着曲率半径的减小而增大。

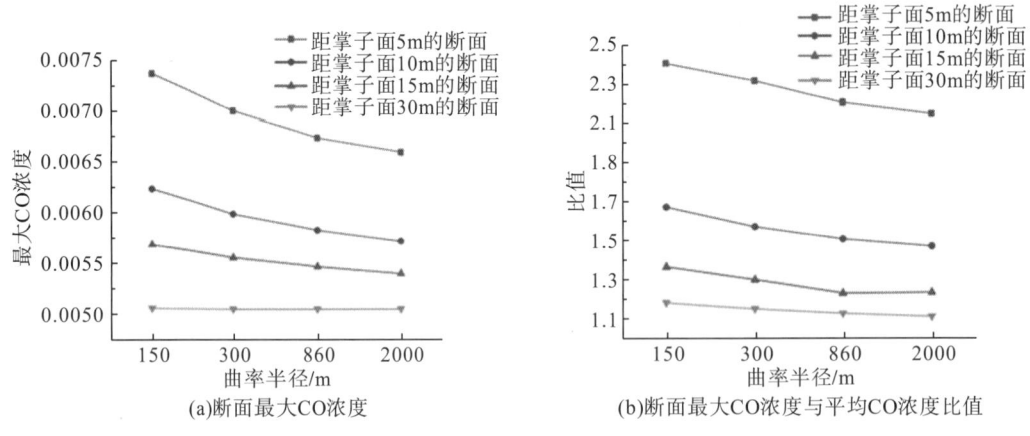

图 5.51 断面 CO 浓度随曲率半径变化曲线

图 5.52 为各断面平均 CO 浓度沿程分布曲线。

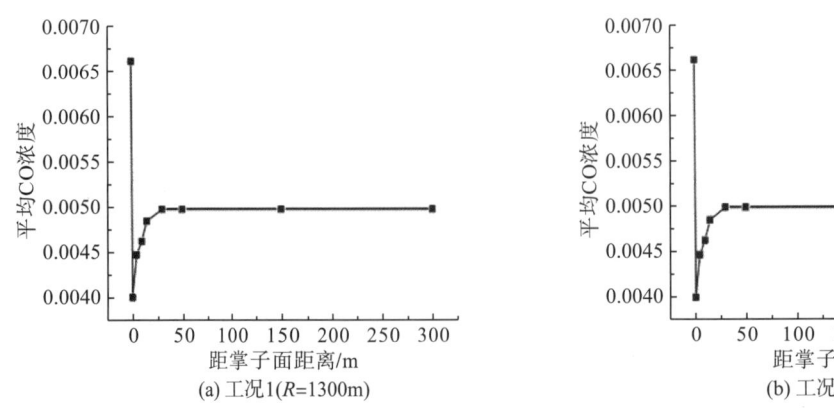
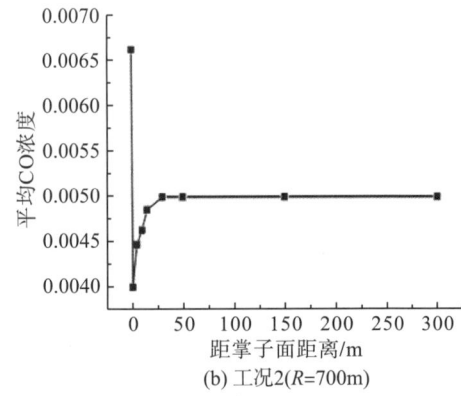

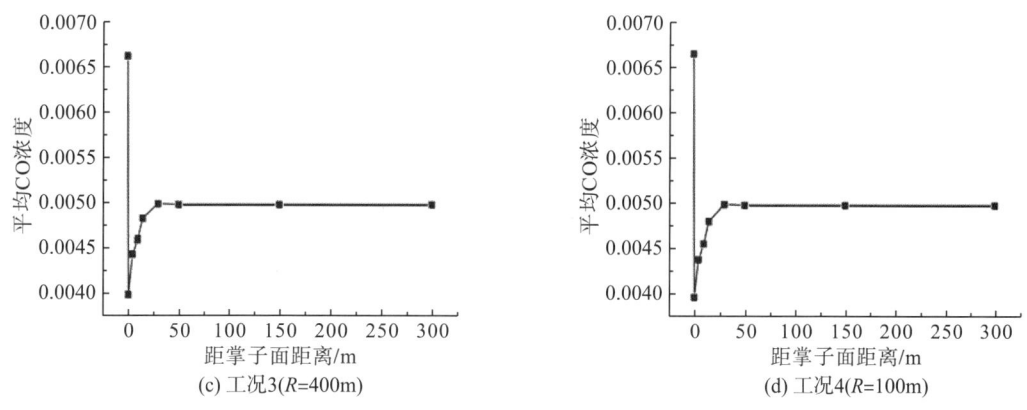

图 5.52 断面平均 CO 浓度沿程分布曲线

从图 5.52 中可以看出，4 种工况下隧道断面的平均 CO 浓度值变化规律基本一致，掌子面平均 CO 浓度最大，达到 0.66%，随着距掌子面距离的增大，CO 浓度急剧下降至最小值 0.40%，在此之后，CO 浓度逐渐增大，在距掌子面 30m 位置再次达到峰值 0.50%并保持不变。

5.2.4 上、下螺旋施工-曲率耦合作用下隧道污染物扩散特性

1. 上、下螺旋施工-曲率耦合作用下流场特性

图 5.53 为不同曲率半径的隧道内沿程截面上平均风速变化及其拟合曲线。图 5.53 中，横坐标为距掌子面的距离，无论是上螺旋还是下螺旋工况，隧道风速都在 0~80m 内急速降低，最后风速基本上稳定在 0.55m/s 左右。

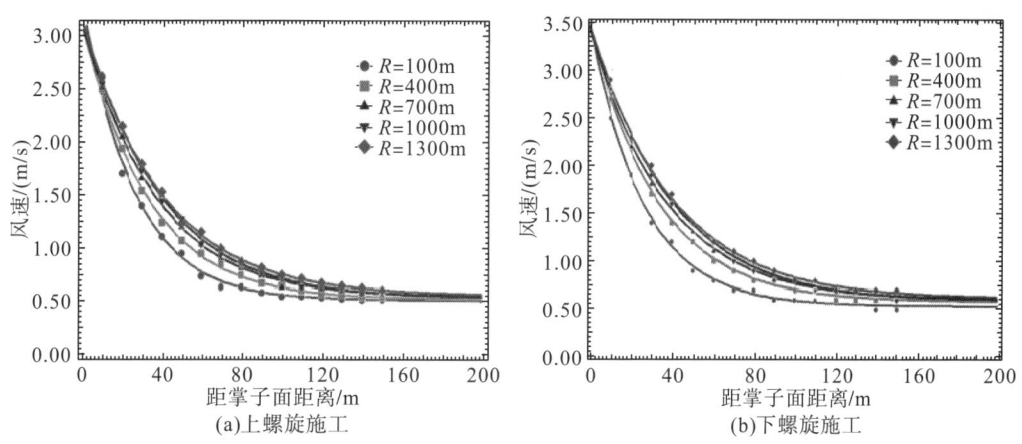

图 5.53 上、下螺旋施工不同曲率半径螺旋隧道内沿程风速

此外，在 0~80m 范围内，随着曲率半径的减小，风速降低的速率越来越大，无论是上螺旋还是下螺旋，$R=100$m 的曲线都是始终处于图中最下面的，说明曲率半径越小，风

速降低越快,也就是说在曲率的弯曲作用下,风速受到了额外的阻力。进一步分析可以发现:曲率半径分别为 100m 和 400m 时,螺旋隧道内的沿程风速变化曲线差异比较明显,而曲率半径为 700~1300m 时沿程风速变化曲线的差异逐渐减小。这表明曲率半径越小,其变化对螺旋隧道内空气流场运移规律的影响越显著,随着曲率半径的增大,其变化对螺旋隧道内空气流场运移规律的影响反而减小。

2. 上、下螺旋施工-曲率耦合作用下隧道粉尘扩散特性

图 5.54 所示为不同曲率半径螺旋隧道内沿程粉尘浓度变化。从图 5.54 可以看出,无论是上螺旋还是下螺旋,半径的变化对螺旋隧道内粉尘的运移规律具有相同的影响趋势。随着隧道曲率半径的不断增加,粉尘降低速度越来越慢,距掌子面同样距离处粉尘浓度也越大。此外,和曲率对空气流场的影响相似,曲率半径为 100m 和 400m 的螺旋隧道,粉尘浓度曲线差别明显,降尘速度也较快。而曲率半径为 700~1300m 时,不同半径之间粉尘浓度的变化不明显。也就是说,曲率半径越小,其变化对螺旋隧道内粉尘运移规律的影响越显著,随着曲率半径的增大,其变化对螺旋隧道内粉尘运移规律的影响反而减小(Zhou et al., 2020)。

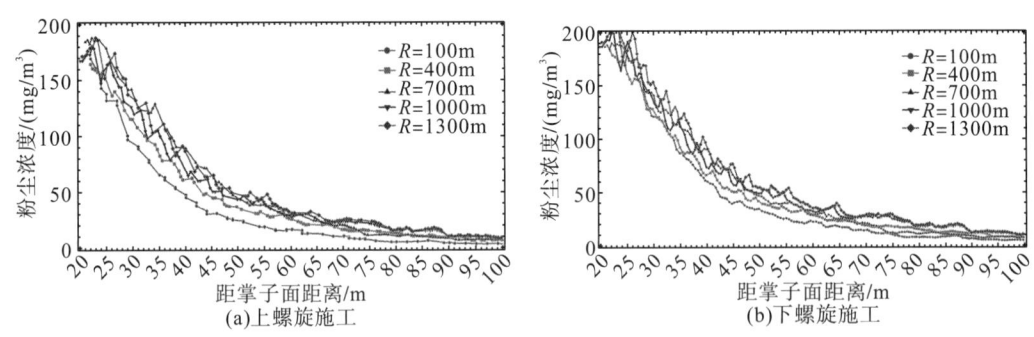

图 5.54 上、下螺旋施工不同曲率半径螺旋隧道内沿程粉尘浓度

3. 上、下螺旋施工-曲率耦合作用下隧道内 CO 分布规律

选择距离掌子面 150m 处位置,导出该位置处不同时间下的 CO 浓度变化曲线。不同曲率的螺旋隧道内,爆破产生的一氧化碳随时间的运移规律如图 5.55 所示。从图中可以看出,曲率半径越大时,螺旋隧道的一氧化碳浓度波峰运移到检测点所用的时间越短且峰值越小,说明曲率半径越大越有利于一氧化碳的扩散和稀释。另外可以发现,曲率半径分别为 100m 和 400m 对应的一氧化碳浓度随时间变化曲线差别非常明显,随曲率半径的增大,各螺旋隧道内一氧化碳浓度随时间变化的曲线越来越接近。这说明曲率半径的变化对螺旋隧道内一氧化碳的运移规律有一定的影响,但随着曲率半径的增大,其变化对螺旋隧道一氧化碳的运移规律产生的影响程度逐渐减小。

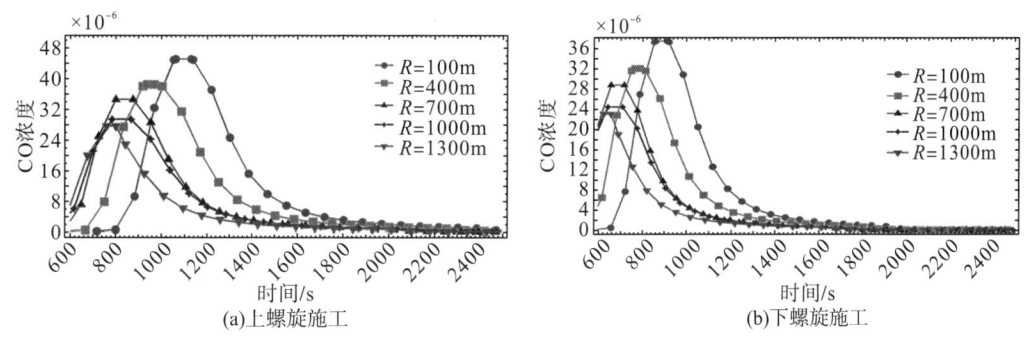

(a) 上螺旋施工　　　　　　　　　　(b) 下螺旋施工

图 5.55　上、下螺旋施工不同曲率半径影响下 CO 浓度变化曲线

5.2.5　数值计算与现场试验对比

1. CO 结果对比

掌子面爆破后，乳化炸药爆炸产生的一氧化碳等污染物会随风流逐渐向洞口扩散。图 5.56 是坡度为 2%、曲率半径为 700m 的隧道内呼吸带上一氧化碳随时间的扩散过程。

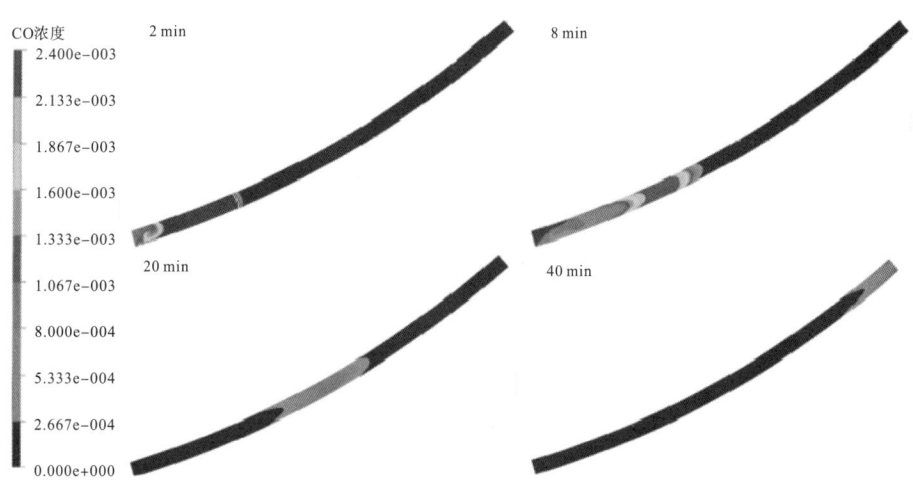

图 5.56　不同时刻 CO 浓度分布云图

由图 5.56 可以看出，在放炮之后，一氧化碳充分与空气混合，均匀分布在炮烟抛掷区内。由于新鲜风流的射入，掌子面附近区域的一氧化碳被稀释，浓度开始下降，抛掷区远处的一氧化碳浓度依然较高；随着通风时间增加，新鲜风流不断射入掌子面，一氧化碳随回流的空气开始向洞口扩散；在扩散的同时，高浓度的一氧化碳气团也逐步被稀释，气团体积不断扩大，浓度逐渐降低。

选取距离掌子面 150m 处断面 C 上的检测点 2(图 3.2)为研究对象，图 5.57 为该检测点的现场试验数据和数值模拟结果的对比。可以看出现场实测数据与数值模拟数据存在一定的误差：相比于现场实测数据，数值模拟数据的一氧化碳浓度峰值较大且出现较早，达到峰值后一氧化碳的浓度下降更快。造成这一误差的因素是现场条件较为复杂，降低了通风效果。例如台车等障碍物加大了通风阻力，风袋破损严重导致漏风过多，减少了新鲜风流的风量及射入速度等。数值模拟的模型是进行了简化处理的，排除了一些现场的复杂因素，通风条件比较理想。但两者所展现的螺旋隧道内一氧化碳的运移规律是一致的，这也证实了数值模拟参数设置的准确性与计算结果的可靠性。

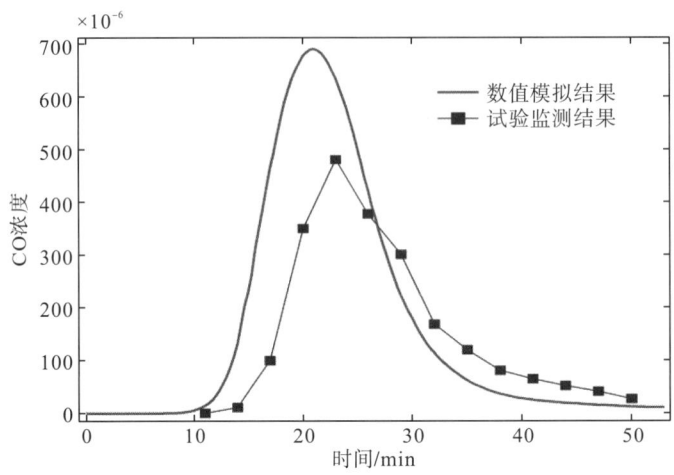

图 5.57　现场实测与模拟结果对比

2. 粉尘结果对比

图 5.58 是坡度为 2%、曲率半径为 700m 的螺旋隧道进行喷浆作业时，其内部沿程截面上的粉尘浓度分布云图，其中(a)、(b)、(c)和(d)分别是距离掌子面 20m、30m、40m 和 60m 处的切片上的粉尘浓度分布云图。可以看出，在远离风筒的一侧粉尘浓度明显高于风筒一侧，说明粉尘向洞口扩散时主要依赖于风流的"携带"作用。由于受重力的作用，粉尘在扩散过程中不断沉降被地面捕捉，浓度逐渐减小。在同一截面上，越接近地面，粉尘浓度越大；越靠近拱顶，粉尘浓度越小。

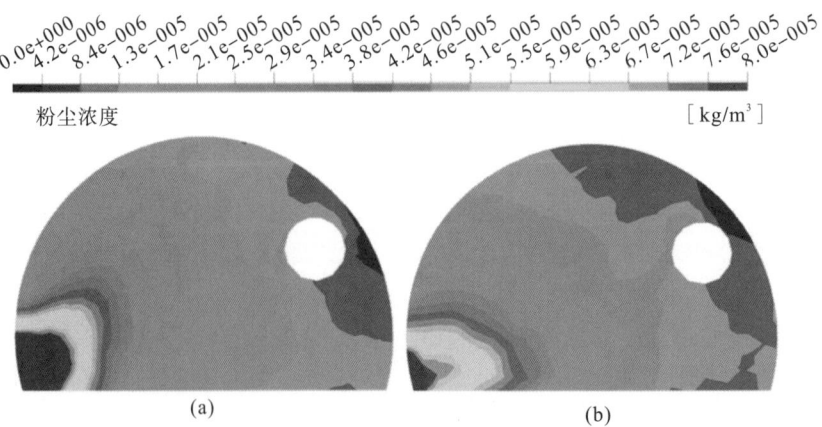

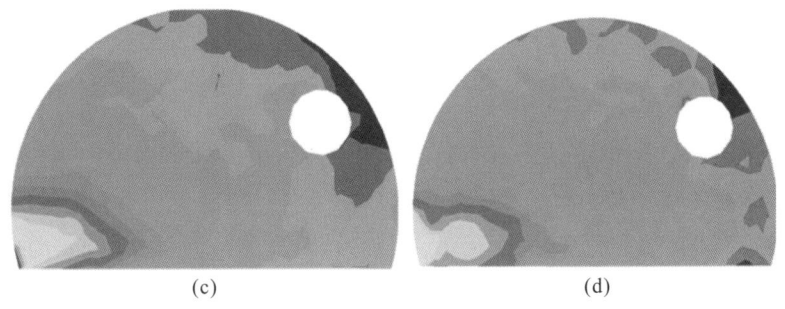

图 5.58 沿程截面上粉尘浓度分布云图

图 5.59 为图 5.32(a)中创建的三条曲线 a、b 和 c 上的沿程粉尘浓度。由图 5.59 可以看出，在掌子面附近，隧道中心及风筒一侧受涡流的影响比较强烈。距离掌子面 25m 左右，粉尘有集聚现象。在呼吸带平面内，越靠近风筒，粉尘浓度越小，曲线 a 处在回流区，粉尘浓度最大，粉尘主要沿此回流区向外扩散。

图 5.60 为咪的村螺旋隧道内现场粉尘浓度检测结果与数值模拟结果的对比。由图可以看出，现场实测数据与数值模拟数据基本吻合，数值模拟的结果可以准确描述隧道内粉尘实际的运移规律，表明进行数值模拟计算所设置的边界条件及离散相参数是准确可靠的。

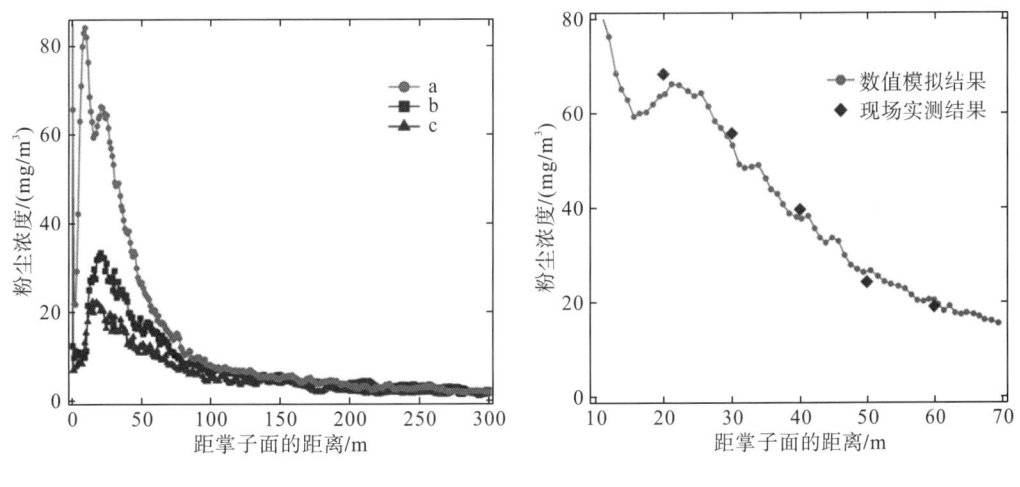

图 5.59 曲线上沿程粉尘浓度图　　图 5.60 现场实测与模拟结果对比

5.3 本章小结

本章采用数值模拟探究了温度和坡度影响下长大隧道空气流场运移演化规律，得出了不同温度和坡度影响下的隧道空气流场规律。研究了上、下两种螺旋方向施工条件下不同坡度和不同曲率的隧道内粉尘和 CO 的运移规律。

（1）分析了隧道围岩与风流间对流换热系数的影响因素，为模拟隧道温度和坡度奠定了理论基础。

（2）在不同温度条件下，只有送风温度发生改变时，隧道中气流的流动符合射流流动规律，流线的流型变化不太明显，表明温度对风流场影响不大；分析了0%、2%、4%、6%及8%五种坡度的隧道中空气流场演化规律，结果表明随着距掌子面距离的增加，隧道内粉尘浓度逐渐降低，坡度越大，距掌子面相同距离处粉尘浓度越低，即隧道上山施工时，坡度越大，越有利于隧洞内掌子面爆破产生的粉尘浓度的降低。

（3）掌子面附近空间内存在两个主要的涡流区，回流主要发生在远离风筒一侧，且隧道距掌子面距离越远，涡流效果越弱；随着螺旋隧道坡度的增大，沿程风速的降低速度有所减缓，距掌子面同样距离处的风速增大。这说明坡度的增大有利于螺旋隧道内通风的回流。螺旋隧道曲率半径越大，沿程风速减小得越慢，流场趋于稳定时的空气流速也越大，但螺旋隧道的曲率半径越大，其变化对其内部空气流场运移规律的影响越小。

（4）两种螺旋方向的施工工况下，曲率半径的变化对螺旋隧道内粉尘的运移规律具有相同的影响。即螺旋隧道的曲率半径越小时，其内部的沿程粉尘浓度降低越慢，这说明曲率半径越小，隧道内降尘工作越困难，应合理调节通风系统，加强降尘措施。

（5）螺旋隧道的曲率半径增大时，其内部一氧化碳气团扩散的速度和因被稀释浓度降低的速度逐渐增大。当曲率半径较小，即$R \leqslant 400m$时，曲率半径分别为100m和400m对应的一氧化碳浓度随时间变化曲线的差别非常明显，说明$R=400m$时一氧化碳气团向洞口扩散的速度和浓度降低的速度明显加快。此时，螺旋隧道曲率半径的变化对一氧化碳运移规律的影响较大。当曲率半径较大，即$R>400m$时，曲率半径从400m以300m为梯度变化到1300m的过程中，一氧化碳气团向洞口扩散的速度和浓度降低的速度虽有增大，但增幅逐渐减小，表现为一氧化碳浓度随时间变化曲线的差别逐渐减小。此时，螺旋隧道曲率半径的变化对一氧化碳运移规律的影响逐渐减小。

第6章　隧道施工机变混合通风技术

6.1　隧道施工通风沿程风阻计算

6.1.1　隧道通风阻力计算方法

1. 直线隧道通风阻力及阻力系数计算方法

隧道内空气流动过程中，空气之间相对运动的切应力做功，以及空气与隧道壁面之间的摩擦力做功，都是靠损失空气流动所具有的机械能来补偿，这部分能量也不可逆转地转化为热能(蒋仲安等，2001)。

在隧道工程中，通常把由于壁面摩擦和空气之间黏性作用导致的能量损失称为沿程阻力损失 h_f，把由于壁面边界急剧变化导致的能量损失称为局部阻力损失 h_ξ。例如，主隧道与竖井或斜井形成的(三向通风)、隧道中局部地段设置的紧急停车带等。沿程阻力损失和局部阻力损失的计算方法分别如下式：

$$h_f = \Lambda \frac{l}{d} \frac{v^2}{2g} \tag{6.1}$$

$$h_\xi = \xi \frac{v^2}{2g} \tag{6.2}$$

式中，l 为隧道长度，m；d 为隧道直径，m；v 为隧道内风流平均风速，m/s；g 为重力加速度，m/s^2；Λ 为沿程阻力系数；ξ 为局部阻力系数。

从式(6.1)、式(6.2)可知，在隧道几何结构形式已知的情况下，隧道内空气流动沿程阻力损失主要与沿程阻力系数和隧道内风速相关。当隧道内风速一定时，沿程阻力损失则主要取决于沿程阻力系数。隧道通风系统中，空气流动的雷诺数(Re)一般为 $10^5 \sim 10^8$，根据对隧道沿程阻力研究进展的分析可知，当隧道内空气流动处于紊流粗糙区时，沿程阻力系数仅与隧道壁面相对粗糙度(Δ)有关，与隧道内风速无关。因此，对沿程阻力损失的研究主要集中于对沿程阻力系数的研究。目前广泛应用于粗糙管道沿程阻力损失系数的计算公式包括以下三个。

(1) 尼库拉泽公式：

$$\begin{cases} \dfrac{1}{\sqrt{\Lambda}} = -2 \cdot \lg\left(\dfrac{2.51}{Re\sqrt{\Lambda}}\right), & \text{湍流光滑区} \\ \dfrac{1}{\sqrt{\Lambda}} = -2 \cdot \lg\left(\dfrac{\Delta}{3.7d}\right), & \text{湍流粗糙区} \end{cases}$$

(2) 科尔布鲁克-怀特(Colebrook-White)公式：

$$\frac{1}{\sqrt{\Lambda}} = -2 \cdot \lg\left(\frac{2.51}{Re\sqrt{\Lambda}} + \frac{\Delta}{3.7d}\right)$$

(3) 巴尔(Barr)公式：

$$\frac{1}{\sqrt{\Lambda}} = -2 \cdot \lg\left(\frac{\Delta}{3.7d} + \frac{5.1286}{Re^{0.89}}\right)$$

直管段内隧道壁面或风道壁面的沿程阻力系数 Λ 计算公式：

$$\Lambda = \frac{1}{\left(1.1138 - 2\log\frac{\Delta}{D}\right)^2} \tag{6.3}$$

式中，Δ 为平均壁面粗糙度，mm；D 为隧道断面当量直径，m。

弯曲段沿程阻力系数 Λ 计算公式：

$$\Lambda = \left[0.131 + 0.1632 \times \left(\frac{D}{r}\right)^{3.5}\right] \cdot \left(\frac{\theta}{90°}\right)^{0.5} \tag{6.4}$$

式中，r 为弯曲段内壁半径；θ 为弯曲段所对应的圆心角。

以上沿程阻力计算方法均针对直线管道和直线隧道，对于工业管道中弯管的流动损失主要采用局部阻力损失计算方法进行计算。针对本章所研究对象为曲线隧道，若采用工业管道中弯管流动损失的计算方法，势必会忽视隧道沿程阻力损失的影响。与一般工业管道弯管相比，螺旋隧道曲率半径远大于一般工业弯管曲率半径，影响隧道内空气流动损失的主要原因也与一般工业弯管大不相同。因而，计算螺旋隧道沿程阻力损失不宜采用一般工业弯管流动损失的计算方法。从对隧道内弯道段沿程阻力损失的实测结果可以得出，弯道段沿程阻力损失系数明显高于直线隧道段相应值，而目前规范和相关研究报告并未对曲线隧道沿程阻力损失做相应说明和研究。

2. 螺旋管道流动阻力及计算方法研究

流体在均匀流动时，由于黏性作用，过流断面上流速分布不均匀，相邻流体层间存在相对运动，从而使流体流层之间及流体与边界之间存在切应力(摩擦力)，这种阻力叫作沿程阻力。例如，如图 6.1 所示在一段圆管中，以管道轴线为中心线，取长度为 l、半径为 r 的流体柱体，流体两端断面分别为 a-a 和 b-b，假设上、下游断面中心压力分别为 p_1 和 p_2，位置高度分别为 z_1 和 z_2，重力方向与中心线的夹角为 α，流体受到压力、管壁切力和重力，受力分析如下：

$$p_1 A - p_2 A + \rho g A l \cos\alpha - \tau \chi l = 0 \tag{6.5}$$

式中，τ 为切应力；ρ 为流体密度；χ 为流体圆柱体的湿周；A 为所取圆柱体的截面积。

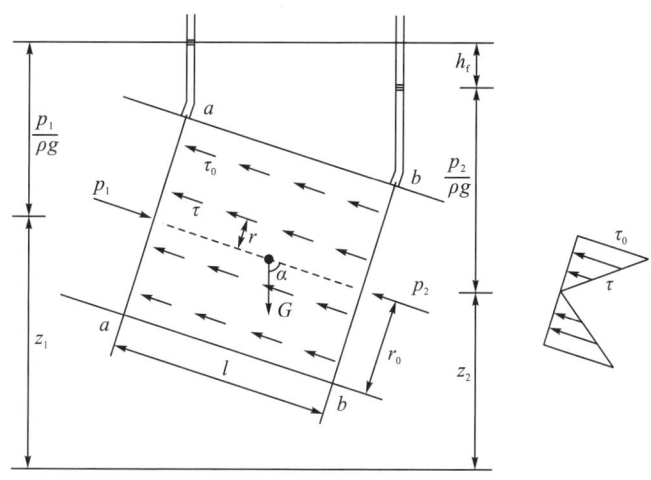

图 6.1 圆管均匀流受力分析图

从图 6.1 中可知，$l\cos\alpha=z_1-z_2$，同时将式(6.5)中各项除以 ρgA，由此可得

$$\left(z_1+\frac{p_1}{\rho g}\right)-\left(z_2+\frac{p_2}{\rho g}\right)=\frac{\tau\chi l}{\rho gA} \tag{6.6}$$

从图 6.1 中可得

$$\left(z_1+\frac{p_1}{\rho g}\right)-\left(z_2+\frac{p_2}{\rho g}\right)=h_\mathrm{f} \tag{6.7}$$

结合式(6.6)和式(6.7)可得

$$h_\mathrm{f}=\frac{\tau\chi l}{\rho gA}$$

水力半径 R' 为

$$R'=\frac{A}{\chi}$$

因此，

$$h_\mathrm{f}=\frac{\tau l}{\rho gR'} \tag{6.8}$$

若圆管的半径为 r_0，边界切应力为 τ_0，当 $r=r_0$ 时，$R'=R$，可得

$$h_\mathrm{f}=\frac{\tau_0 l}{\rho gR} \tag{6.9}$$

式(6.9)被称为均匀流基本方程，从该方程中可以得知：沿程水头损失 h_f 与流程长度 l 和壁面平均切应力 τ_0 成正比，与水力半径 R 成反比。均匀流基本方程是根据作用在恒定均匀流段上的外力相平衡得到的平衡关系式，推导过程未涉及流动特性，因此公式对于层流和湍流都适用。

对于螺旋线型的管道来说，如图 6.2 所示，选择弧长为 l，弦长为 d，对应圆心角为 2β 的一段螺旋管道内的流体作为研究对象，管道曲率半径为 R_D，流体两端断面同样为 $a\text{-}a$ 和 $b\text{-}b$，$a\text{-}a$ 和 $b\text{-}b$ 的延长线(图中篇幅有限，采用虚线表示)相交于 O 点(O 点也是螺旋管道中心线所形成的圆的圆心)。由于螺旋管道中流体所受的切应力的方向始终是和管道径向方向相切的,因此导致切应力方向在不断变化,在对螺旋管道内的流体进行受力分析时将全部的受力集中在所选流段的几何中心点。该流段的流体受力分析及各参数之间关系为

$$\begin{cases} p_1 A \cdot \cos\beta - p_2 A \cdot \cos\beta + \rho g A d \cos\alpha - \tau \chi l = 0 & (1) \\ \beta = \dfrac{90l}{\pi R_\mathrm{D}} & (2) \\ d\cos\alpha = z_1 - z_2 & (3) \\ d = 2R_\mathrm{D} \cdot \sin\left(\dfrac{90l}{\pi R_\mathrm{D}}\right) & (4) \end{cases} \quad (6.10)$$

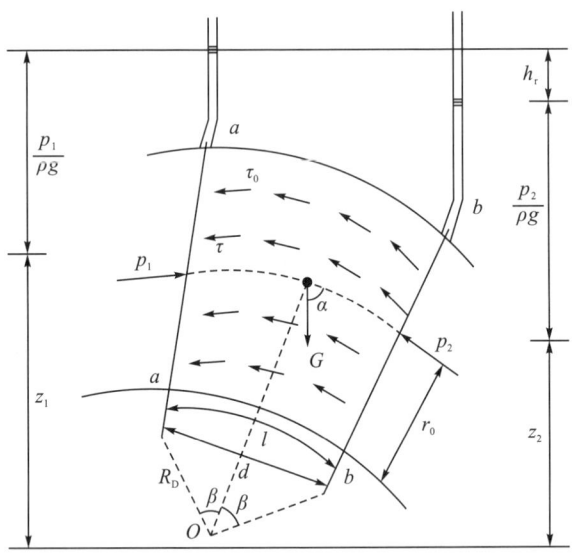

图 6.2 螺旋管道均匀流受力分析图

同样,将式(6.10)中(1)式各项除以 $\rho g A$,并将(3)式代入(1)式中,可得

$$\frac{p_1 \cdot \cos\beta}{\rho g} - \frac{p_2 \cdot \cos\beta}{\rho g} + (z_1 - z_2) = \frac{\tau \chi l}{\rho g A}$$

$$\Rightarrow \left(z_1 + \frac{p_1 \cos\beta}{\rho g}\right) - \left(z_2 + \frac{p_2 \cos\beta}{\rho g}\right) = \frac{\tau \chi l}{\rho g A} = \frac{\tau l}{\rho g r_0} \quad (6.11)$$

对于式(6.11)中的 $\dfrac{\tau l}{\rho g r_0}$,可以认为是在流体流过弧长为 l 的螺旋管道时产生的沿程阻力,因此可以将式(6.11)写为

$$\left(z_1 + \frac{p_1 \cos\beta}{\rho g}\right) - \left(z_2 + \frac{p_2 \cos\beta}{\rho g}\right) = h_\mathrm{f} \quad (6.12)$$

从图 6.2 中可得

$$\left(z_1+\frac{p_1}{\rho g}\right)-\left(z_2+\frac{p_2}{\rho g}\right)=h_r \tag{6.13}$$

由于 $\cos\beta \leqslant 1$，因此：

$$\begin{cases}\left(z_1+\dfrac{p_1\cos\beta}{\rho g}\right)\leqslant\left(z_1+\dfrac{p_1}{\rho g}\right)\\[6pt]\left(z_2+\dfrac{p_2\cos\beta}{\rho g}\right)\leqslant\left(z_2+\dfrac{p_2}{\rho g}\right)\end{cases}$$
$$\Rightarrow h_f \leqslant h_r \tag{6.14}$$

式(6.14)中 h_f 为螺旋管道内流体流动受到的沿程阻力，当且仅当 $\beta=0$ 时，可以使得
$$h_f = h_r \tag{6.15}$$

$\beta=0$ 时，意味着图 6.2 中线段 $a\text{-}a$ 和 $b\text{-}b$ 夹角为 $0°$，换句话说就是管道为直管时的情况，说明在计算流动阻力时直线管道是螺旋管道的一种特殊形式。根据以上推导可以发现：螺旋管道中，流体的沿程阻力小于流体在该段长度上流动的全部阻力。而根据以上的推导过程可以发现，螺旋管道中流动的能量损失不仅仅来自流动摩擦，还来自流体不断改变方向造成的能量损失。因此，认为流体在规则的(排除局部阻力造成的影响)螺旋管道中运动时，除受到沿程阻力的作用外，还受到一种由于特殊线型造成的阻力，本章将之定义为螺旋阻力，用符号 h_s 表示。

根据以上分析可知，流体在规则的螺旋管道中流动的阻力由两部分组成：沿程阻力和螺旋阻力。但是以上分析并未给出螺旋阻力的计算公式，使得螺旋阻力无法计算。而螺旋阻力大小的计算才是目前急需的，只有知道确切的值，才能够对隧道通风设计进行指导，才能合理地进行风机选型。为了获得准确的螺旋阻力计算公式，对式(6.12)进行整理：

$$z_1+\frac{p_1}{\rho g}+\frac{p_1\cos\beta}{\rho g}-\frac{p_1}{\rho g}-z_2-\frac{p_2}{\rho g}-\frac{p_2\cos\beta}{\rho g}+\frac{p_2}{\rho g}=h_f$$

$$\Rightarrow \left(z_1+\frac{p_1}{\rho g}\right)-\left(z_2+\frac{p_2}{\rho g}\right)+\left(\frac{p_1\cos\beta}{\rho g}-\frac{p_1}{\rho g}\right)-\left(\frac{p_2\cos\beta}{\rho g}-\frac{p_2}{\rho g}\right)=h_f$$

$$\Rightarrow \left(z_1+\frac{p_1}{\rho g}\right)-\left(z_2+\frac{p_2}{\rho g}\right)+\frac{p_1}{\rho g}\cdot(\cos\beta-1)-\frac{p_2}{\rho g}\cdot(\cos\beta-1)=h_f$$

$$\Rightarrow h_r+(\cos\beta-1)\left(\frac{p_1}{\rho g}-\frac{p_2}{\rho g}\right)=h_f$$

$$\Rightarrow h_r=h_f+(1-\cos\beta)\left(\frac{p_1}{\rho g}-\frac{p_2}{\rho g}\right)$$

$\cos\beta$ 的计算如下：

$$\cos\beta=\frac{\sqrt{R_D^2-(d^2/4)}}{R_D}=\sqrt{\frac{R_D^2-(d^2/4)}{R_D^2}}=\sqrt{1-\frac{d^2}{4R_D^2}}$$

因此，

$$h_r=h_f+\left(1-\sqrt{1-\frac{d^2}{4R_D^2}}\right)\left(\frac{p_1}{\rho g}-\frac{p_2}{\rho g}\right)=h_f+\left(1-\sqrt{1-\frac{d^2}{4R_D^2}}\right)\cdot\frac{\Delta p}{\rho g} \tag{6.16}$$

式(6.16)可以认为是螺旋管道内流体流动的均匀流方程,因此可得

$$\begin{cases} h_\mathrm{r} = h_\mathrm{f} + h_\mathrm{s} & (1) \\ h_\mathrm{s} = \left(1 - \sqrt{1 - \dfrac{d^2}{4R_\mathrm{D}^2}}\right) \cdot \dfrac{\Delta p}{\rho g} & (2) \end{cases} \quad (6.17)$$

把式(6.10)中的(4)式代入式(6.17)中的(2)式中:

$$h_\mathrm{s} = \left(1 - \sqrt{1 - \dfrac{\left[2R_\mathrm{D} \cdot \sin\left(\dfrac{90l}{\pi R_\mathrm{D}}\right)\right]^2}{4R_\mathrm{D}^2}}\right) \cdot \dfrac{\Delta p}{\rho g}$$

$$= \begin{cases} \left[1 - \cos\left(\dfrac{90l}{\pi R_\mathrm{D}}\right)\right] \cdot \dfrac{\Delta p}{\rho g}, \text{角度制} \\ \left[1 - \cos\left(\dfrac{l}{2R_\mathrm{D}}\right)\right] \cdot \dfrac{\Delta p}{\rho g}, \text{弧度制} \end{cases} \quad (6.18)$$

根据式(6.18)可知,螺旋阻力 h_s 的大小和螺旋管道的弧长以及管道曲率半径有关,同时也和管道内的流体流动情况有关。从推导过程[式(6.16)]也可以看出,流体在螺旋管道中流动时,会产生两部分阻力,一部分是和普通管道流动相似的沿程阻力,另外一部分是由于线型弯曲迫使流动转向而产生的螺旋阻力。此外,从式(6.17)中的(1)式可以知道,总阻力是沿程阻力与螺旋阻力之和,这一点和局部阻力类似,在没有螺旋阻力的情况下,总阻力是沿程阻力和局部阻力之和。

局部阻力的产生一般是由于流体流过弯头、突扩、突缩或闸门,固体边界的急剧改变引起了流体速度分布的变化,甚至导致主流动脱离边界形成涡流,从而形成局部阻力。由此可知,涡流区的形成是造成局部水头损失的主要原因。在螺旋管道中,不存在弯头、突扩、突缩或闸门,虽然有弯曲,但该弯曲不同于造成局部阻力的弯头。为此,本研究通过数值模拟软件模拟了相同入口流速下,螺旋管道和直线管道中流体的流速分布。建立管道直径1.8m、长度298.3m 的直线管道和螺旋管道,其中螺旋管道弧所对应圆心角为342°,利用计算流体力学软件 ANSYS Fluent 对直线管道和螺旋管道内流场进行数值计算,计算时两个管道设置相同的流入速度(1m/s),设置相同的壁面粗糙度,计算结果见图6.3。从计算结果可以很明显看出,直线管道流速分布是轴对称的,切应力大小也呈现出轴对称特性,方向与流动方向同轴,而切应力大小与流体沿运动平面法线方向每单位长度的速度变化成正比[式(6.19)]。而螺旋管道内流速的分布是偏向管道外侧的,管道外侧速度明显高于内侧,根据式(6.19)可知螺旋管道内部流体外侧所受的切应力大于管道内侧流体所受切应力,同时导致管道内流体内、外侧切应力增加,从而导致阻力增加。此外,在螺旋管道中流体运动方向不断改变,使得部分流动势能和动能转化为热能损失。因此,螺旋管道中的螺旋阻力不能认为是局部阻力的一部分,其产生的机理不同于局部阻力,所以,螺旋阻力是独立于沿程阻力和局部阻力的一种流动阻力。

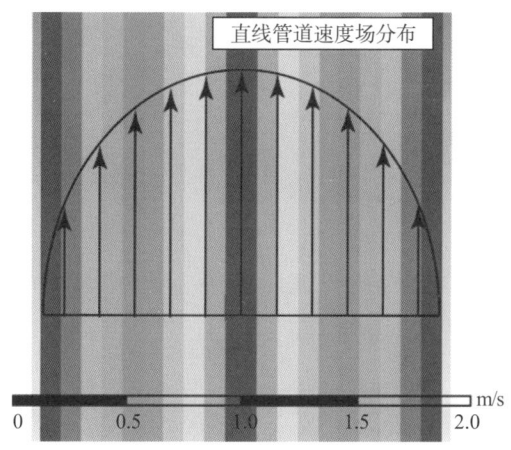 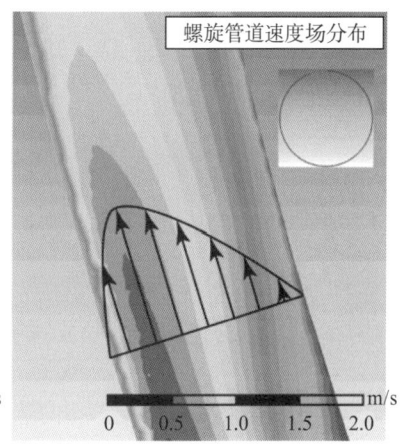

图 6.3 直线管道和螺旋管道流动速度场

$$\tau = \mu \frac{\mathrm{d}u}{\mathrm{d}z} \tag{6.19}$$

式中，u 为流动速度，m/s；z 为距离流动轴中心线的距离，m。

式(6.18)中，$1-\cos\left(\dfrac{l}{2R_\mathrm{D}}\right)$（弧度制）为[0，2]范围内的数，且当 $\dfrac{l}{2R_\mathrm{D}}=2k\pi$（$k$ 为正整数）时，$1-\cos\left(\dfrac{l}{2R_\mathrm{D}}\right)=0$，也就是说，螺旋阻力 $\left[1-\cos\left(\dfrac{l}{2R_\mathrm{D}}\right)\right]\cdot\dfrac{\Delta p}{\rho g}$ 存在等于 0 的时候，即

$$1-\cos\left(\frac{l}{2R_\mathrm{D}}\right)=0$$

$$\Rightarrow \frac{l}{R_\mathrm{D}}=4k\pi \quad (k=1,2,3,\cdots)$$

$$\Rightarrow l=4k\pi\cdot R_\mathrm{D} \tag{6.20}$$

根据圆周长的计算公式 $C=2\pi R_\mathrm{D}$，可得

$$\frac{l}{C}=2k \tag{6.21}$$

通过对比式(6.20)和式(6.21)可知：只有当螺旋管道的长度至少是其周长的 2 倍时，才会出现螺旋阻力等于 0 的情况，对于一个隧道来说，尤其是公路隧道和铁路隧道，长度为周长的 2 倍的情况是不可能出现的。换句话说，通过选择长度和曲率半径的比例关系来消除螺旋阻力是不现实的也是不可能的。但是，找到 l 和 C 的比例关系对于寻找螺旋阻力的变化趋势有重要的意义，假设：

$$\frac{l}{C}=\frac{l}{2\pi R_\mathrm{D}}=K \Rightarrow l=2\pi R_\mathrm{D}\cdot K \quad (0\leqslant K\leqslant 1) \tag{6.22}$$

由此可得

$$h_{s} = \left[1-\cos\left(\frac{l}{2R_{D}}\right)\right] \cdot \frac{\Delta p}{\rho g} = \left[1-\cos\left(\frac{2\pi R_{D} \cdot K}{2R_{D}}\right)\right] \cdot \frac{\Delta p}{\rho g}$$
$$= \left[1-\cos(K\pi)\right] \cdot \frac{\Delta p}{\rho g} \quad (0 \leqslant K \leqslant 1) \tag{6.23}$$

式(6.22)中的 K 即为弧长与圆周长之比(本章定义为弧周比),随着该比值的不断增加,螺旋阻力呈余弦关系单调增加。

6.1.2 曲率对螺旋隧道通风沿程损失影响规律

1. 计算方法

在流场的计算中,速度场和压力场的耦合计算目前主要采用的方法有 SIMPLE、SIMPLEC 和 PISO 等算法。其中,SIMPLE 算法是一种半隐式方法,其核心主要是对流场进行初步预测,通过迭代不断对速度场和压力场进行修正,最终得到满足要求的流场(封溢,2014)。SIMPLEC 算法是 SIMPLE 算法的改进型,其原理基本与 SIMPLE 相同。SIMPLEC 算法的流程和原理见图 6.4。

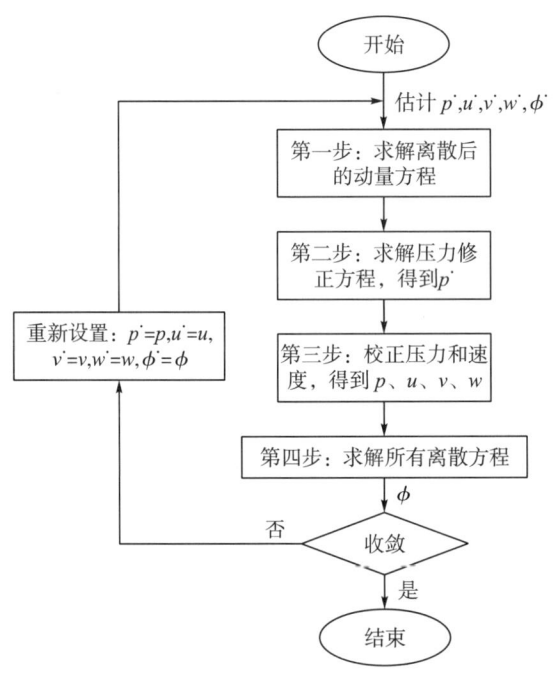

图 6.4 SIMPLEC 算法

PISO 算法是速度和压力场耦合的一种全隐式算法,其主要用于非稳态可压缩流动问题的非迭代计算,也被视为 SIMPLE 算法的进一步扩展(文醉,2010)。算法的流程和原理见图 6.5。

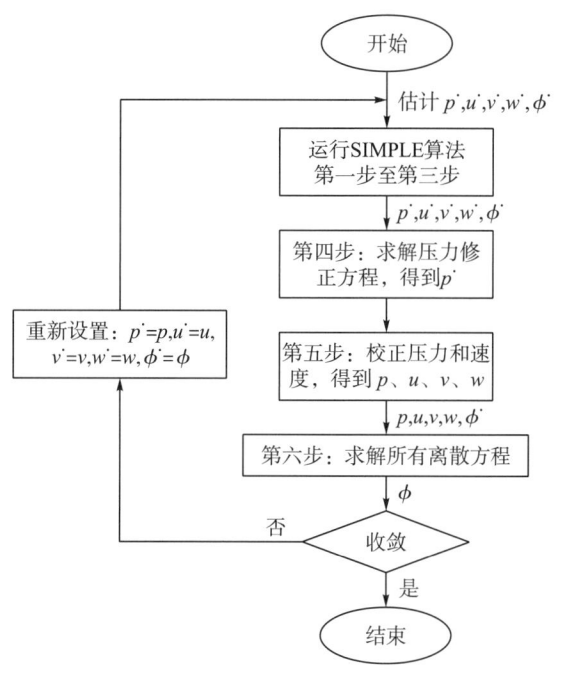

图 6.5 PISO 算法

本章的计算中,对稳态流动问题的计算主要采用 SIMPLE 算法,对非稳态流动问题的计算主要采用 PISO 算法。

对于以上离散后的代数方程组,通过将初始条件和边界条件代入,对流场内的速度、压力、湍流动能、湍流耗散率进行迭代计算,当有能量方程时还须对温度等变量进行迭代计算,直至达到所设定的收敛条件。数值求解过程如下:

(1) 变量初始化,给所有变量赋一个初始值;
(2) 代入边界条件的约束,由现有条件求得方程中各相关系数;
(3) 用以上速度-压力求解迭代算法求出所有的变量值;
(4) 判断所有变量是否达到收敛要求;
(5) 若各变量满足收敛条件,则结束计算,否则转到继续迭代,直至满足收敛要求。

2. 螺旋隧道流动阻力数值计算

根据计算要求,建立不同曲率半径的隧道模型。隧道模型的详细参数如表 6.1 所示。不同曲率半径 R 的隧道长度 L 相同,半径 r 相同,研究不同曲率半径下螺旋隧道内流动阻力的变化趋势。不同曲率半径的隧道模型如图 6.6 所示。从图中可以看出,随着曲率半径的增大,长度相同的隧道越来越直。将隧道入口的边界条件设为压力入口,压力为 0Pa;将隧道入口设为速度入口,速度分别设为 1m/s、3m/s、10m/s。

表 6.1　隧道模型详细参数

序号	长度 L/m	隧道半径 r/m	隧道曲率半径 R/m
S-1			0
R-1			50
R-2			100
R-3	298.3m	1	200
R-4			400
R-5			800
R-6			1200
R-7			1600

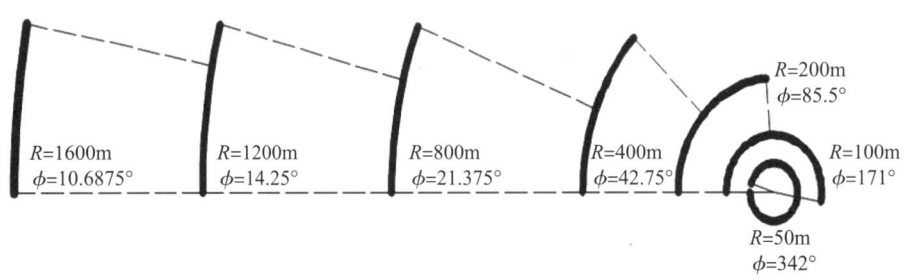

图 6.6　不同曲率半径的隧道模型图

1) 不同曲率半径下的流阻特性

采用 ANSYS Fluent 进行模拟，研究曲率半径与阻力系数（由压强来反映）间的关系，初始条件如下：曲率半径分别为 100m、300m、500m、700m，初始速度分别为 23.12m/s、25.36m/s、27.65m/s。计算结果如图 6.7 所示。

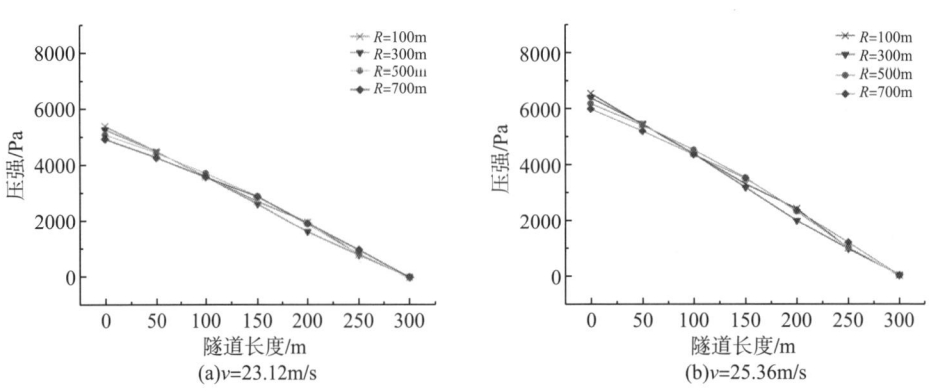

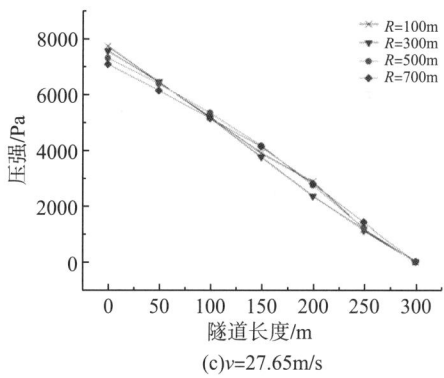

(c)v=27.65m/s

图 6.7　不同曲率半径和初始速度下的压强损失

从图 6.7 中可以看出，曲率半径较大时，螺距(隧道长度)对螺旋管道阻力系数影响较小。

2)入口速度对阻力系数的影响

采用 ANSYS Fluent 进行模拟，研究曲率半径与阻力系数间的关系，初始条件如下：曲率半径分别为 100m、300m、500m、700m，初始速度分别为 23.12m/s、25.36m/s、27.65m/s。计算结果如图 6.8 所示。

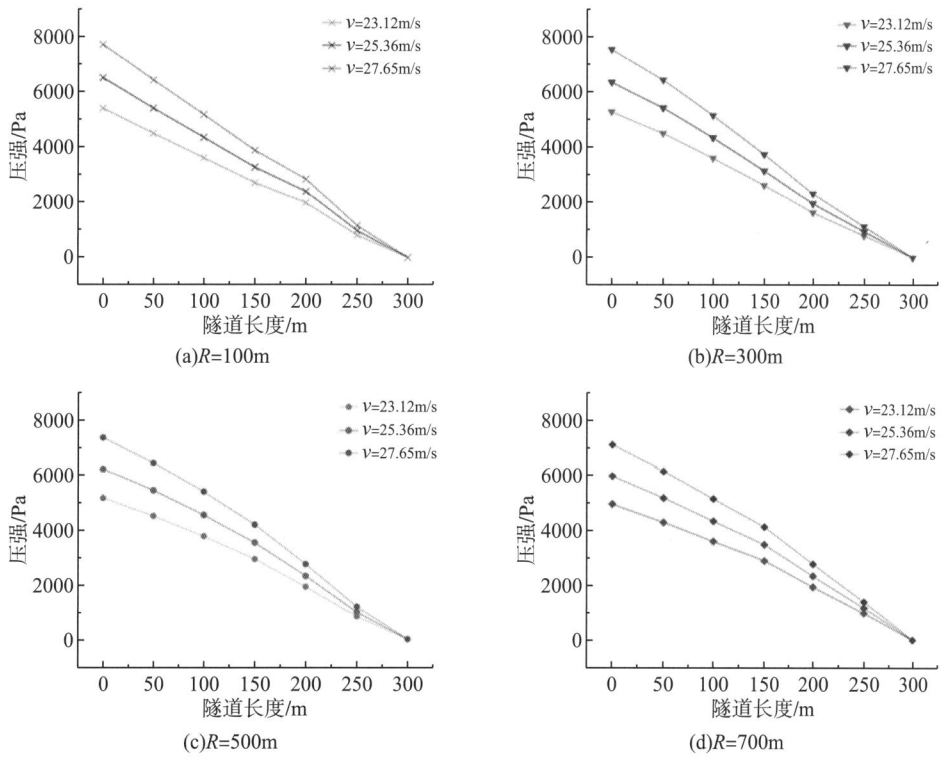

图 6.8　不同曲率半径和初始速度下的压强损失(见彩版)

根据图 6.8 可知,在管径、曲率半径一定的情况下,压强损失随入口速度的增大而增大。

3) 阻力影响下隧道流场分布规律

经过计算,观察不同曲率半径下隧道内的风速分布,如图 6.9 所示。通过观察,找到了隧道内的最大风速,并进行了标记。很明显,随着曲率半径的增大,最大风速的位置逐渐向隧道中心移动。当曲率半径较小时,最大速度明显靠近外侧,而当曲率半径较大时,最大速度更靠近隧道中心。从断面的风速分布图可以看出,随着隧道曲率半径的减小,断面的速度分布逐渐变成极不均匀性分布,断面外侧速度较大,内侧速度较小。当隧道曲率半径为 1600m 时,断面的风速分布与直线隧道相似,较为对称。

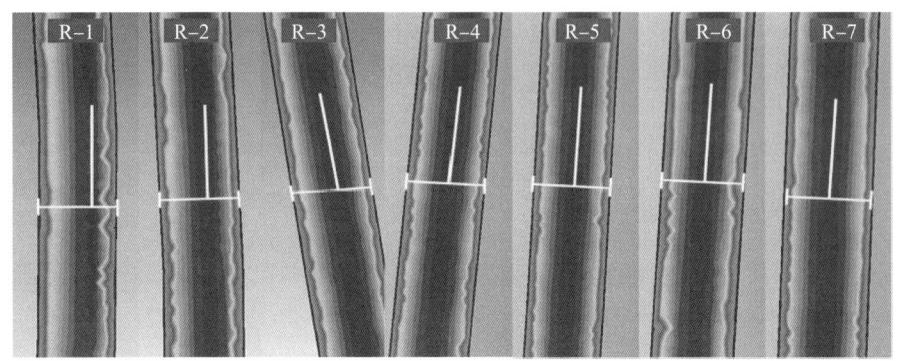

图 6.9 不同曲率半径的管道内流速分布图

图 6.10 进一步给出了不同曲线隧道充分发展阶段 1.6m 高水平面和断面中心垂直线风速与平均断面风速分布图。

分析不同螺旋隧道断面风速分布的变化过程可知,随着螺旋隧道曲率半径不断减小,断面外侧风速不断增大,内侧风速不断减小,致使断面风速出现如图 6.10 所示的镰刀形的断面风速分布。与直线隧道断面风速分布或大半径螺旋隧道断面风速分布相比,小半径螺旋隧道内,在流体质点间及流体与隧道壁面间的速度梯度明显增大,根据湍流流动中湍流切应力的计算方法及能量守恒定律可知,速度梯度的增大势必增大湍流切应力的大小,增加流动过程中的能量损失。

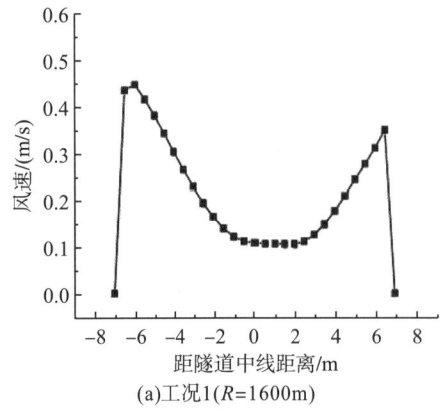

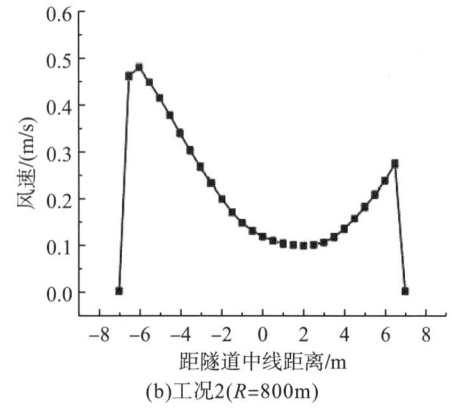

(a) 工况1($R=1600m$)

(b) 工况2($R=800m$)

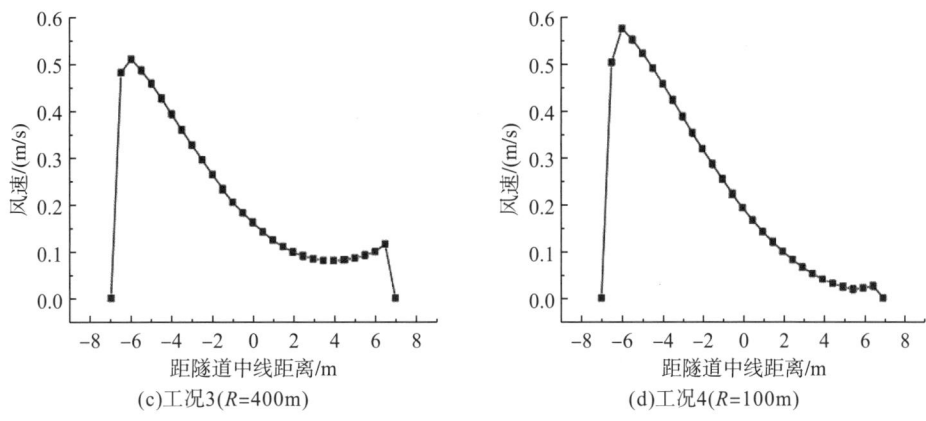

图 6.10 曲线隧道稳定段水平面速度分布图

3. 通风阻力系数研究

计算时设置两个边界条件。隧道入口为压力入口，出口为速度出口，分别设置3m/s 和 10m/s 的风速。计算完成后，求出隧道中心线上的压力值，绘制压力变化曲线，如图 6.11 所示。

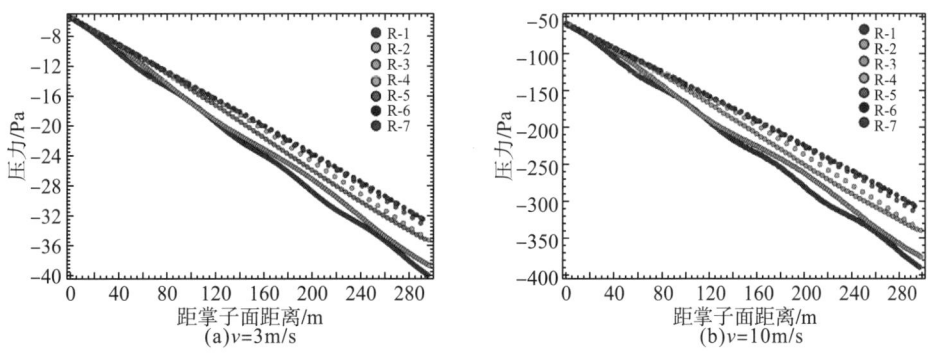

图 6.11 隧道内压力随距离变化的曲线（见彩版）

图 6.11 中的斜率代表了流动过程中阻力的变化。在计算过程中，隧道中设置了相同的阻力系数，在形状规则的隧道中不会出现局部阻力。因此，可以认为图中的斜率代表了螺旋隧道的曲率半径对流动阻力的影响。可以看出，两种不同流速下的流阻变化有相似的趋势。随着曲率半径增大，相同长度的螺旋隧道的流动阻力减小。

图 6.12 显示了不同曲率半径的隧道的风流流线图。从不同隧道内流线图可以看出，当螺旋隧道曲率半径相对较大时，如图 6.12(a)所示，隧道内的流线相对较为规则，说明此时尽管隧道壁面发生弯曲，但大部分空气质点仍沿着较为规则的路线运动，螺旋隧道内空气运动过程中的局部阻力损失不大，隧道内沿程阻力损失的增加主要是由于断面速度梯度的增大。随着螺旋隧道曲率半径的不断减小，局部的流线分布开始从较规则变

为不规则分布,见图 6.12(b)、(c),局部的空气质点同时存在纵向和横向运动。当螺旋隧道曲率半径为 100m 时,隧道内空气质点的不规则运动明显加强,隧道外侧的空气质点向内侧做螺旋运动,流体质点间因相互运动产生的流动阻力明显增大,这说明螺旋隧道内因壁面边界条件急剧变化产生的局部阻力损失开始急剧增加,势必造成螺旋隧道通风沿程阻力损失明显增大。

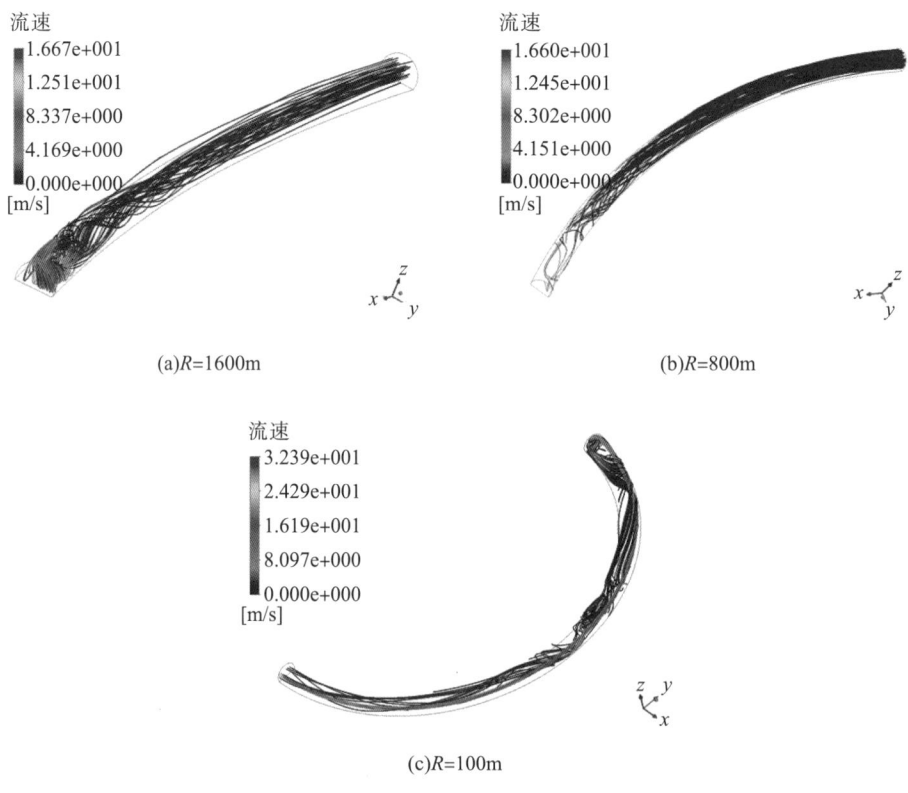

图 6.12 螺旋隧道内风流流线图

通过对不同螺旋隧道沿程阻力的研究发现,当螺旋隧道曲率半径小于 400m 时,沿程阻力系数明显增大,增加隧道通风沿程阻力损失,且沿程阻力系数随着半径的减小迅速增大;半径大于 1600m 时,沿程阻力系数变化较为缓慢。小半径螺旋隧道通风系统中导致沿程阻力系数增大的原因主要有两个。第一个,随着螺旋隧道曲率半径的减小,流体质点间及流体与螺旋隧道壁面间的速度梯度明显增大,从而增大湍流切应力的大小,增加流动过程中的能量损失。该因素在螺旋隧道通风沿程阻力的增加中占据非常重要的作用。第二个,螺旋隧道曲率半径的减小使隧道壁面边界发生急剧的变化,流体质点从原本较规则的运动变得更为复杂,增加了流体质点间的流动阻力,增加了空气的流动损失。该因素在曲线隧道曲率半径非常小的情况下才产生明显的作用,且随着曲率半径的减小影响迅速增大。

6.1.3 螺旋隧道现场通风阻力试验

通风阻力测定是煤矿定期需要进行的工作，《煤矿安全规程》规定：新井投产前必须进行 1 次矿井通风阻力测定，以后每 3 年至少测定 1 次。隧道往往会在运营后测定一次通风阻力，之后若边壁、设施没有太大变化其阻力也基本不变，因此不会有定期测试。为了获得螺旋隧道通风风流阻力的真实情况，并且计算螺旋隧道通风阻力系数，本研究对咪的村螺旋隧道现场的通风阻力进行了测定。

1. 咪的村隧道概况

咪的村隧道概况见 2.3 节介绍，隧道如图 6.13 所示，曲线特性见表 6.2。

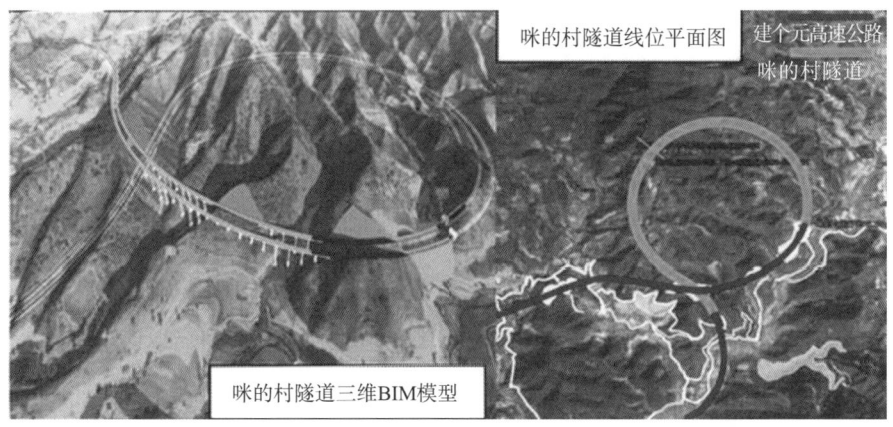

图 6.13　咪的村隧道位置图

表 6.2　咪的村隧道曲线要素表

线别	左线（JD7）	右线（YJD18）
分界里程	ZK34+752.611	K34+781.034
	ZK36+339.479	K35+602.952
	ZK37+926.346	K36+424.870
曲线要素	左 272°36′05.7″	左 139°52′58.7″
	710	730
	3468.734	1083.836
	656.343	2022.338
线别	左线（JD7）	右线（YJD19）
分界里程	ZK34+752.611	K36+424.870
	ZK36+339.479	K37+246.788
	ZK37+926.346	K38+068.706
曲线要素	左 272°36′05.7″	左 134°19′05.6″
	710	730
	3468.734	1778.836
	656.343	1734.592

续表

线别	左线(JD8)	右线(YJD20)
分界里程	ZK38+569.533 ZK39+170.196 ZK39+770.859	K38+706.635 K39+302.607 K39+898.578
曲线要素	左 102°05′16.2″ 750 1471.326 996.359	左 101°22′15.3″ 750 1461.942 984.565

2. 螺旋隧道通风阻力现场测试

对螺旋隧道进行通风阻力测试时，借鉴矿井通风阻力测试的方法。矿井通风阻力测定的常用方法有差压计法和气压计法两种，前者适合局部范围内或部分巷道的通风阻力测定，测量资料的整理计算工作量少，但在现场铺设、收放胶管费时费力，工作量大；后者则与之相反，仪器体积小、重量轻，现场测量工作简便、快速、省人省力，更适合于全矿性的大规模测量。对咪的村隧道进行通风阻力测试，选用整体控制较好的气压计基点(逐点)测定法。其基本原理为：用仪器测量出隧道风流上的绝压，同时测量测段内巷道风速、断面、干温湿度等参数，从而计算出两测点间的通风阻力。具体做法：使用两台仪器，其中一台留在基点，检测大气压的变化；另一台则随身携带，沿预定的测量路线前进，每至一测点等仪器稳定后便可记下读数和时间，与此同时测量该测段内的巷道风速、断面、干温湿度等参数。需要注意的是每次测定数据时，两台仪器要在同一时刻测定并记录数据，这样可以避免基点大气压变化导致的误差。

测试设备采用 CFZZ4 型通风阻力测试仪，设备性能参数见表 6.3。施工时，咪的村隧道右洞在距离进口 309m 的位置有一处浅埋段，埋深仅 4m，施工时为了加快施工进度，便在施工初期对浅埋段进行了开挖(图 6.14)，使得浅埋段直接与外部连通并使得咪的村隧道右洞形成了一段长度为 309m 的短隧道，对隧道通风阻力的测试便选择在咪的村隧道的浅埋段。短隧道中，全部的二衬已经完成，路面结构层也已经完成，仅有复合路面未施工，断面整体平整度较好，测试路线为：咪的村隧道右洞进口洞口处①→100m 处②→200m 处③→309m 处(隧道浅埋段)④。

表 6.3 CFZZ4 矿用通风阻力测试仪参数表

项目	基本参数			备注
	范围	分辨率	误差范围	
风速(v)/(m/s)	0.20~5.00	0.01	±0.20	直接测量值
	>5.00~20.00	0.01	±0.30	直接测量值
绝压(ρ)/hPa	100.00~1200.00	0.01	±0.35	直接测量值
差压/hPa	−1100.00~1100.00	0.01	±0.35	计算值
温度(T)/℃	−10.0~50.0	0.1	±0.3	直接测量值
湿度(RH)/(%RH)	20.0~98.0	0.1	±5.0	直接测量值

图 6.14　咪的村隧道右洞浅埋段现场照片

测试时将隧道断面分为 8 个部分(图 6.15)，依次对每个部分进行测试，测试结果记录为 v_i、P_i、T_i、RH_i。因此，断面上的各值的平均值为

$$\begin{cases} v_s = \dfrac{\sum a_i v_i}{\sum a_i} \\ P_s = \dfrac{\sum a_i P_i}{\sum a_i} \\ T_s = \dfrac{\sum a_i T_i}{\sum a_i} \\ RH_s = \dfrac{\sum a_i RH_i}{\sum a_i} \end{cases} \quad (6.24)$$

式中，i 取值为 1，2，…，8；a_i 为第 i 部分的面积。

现场测试照片及测试设备见图 6.16。

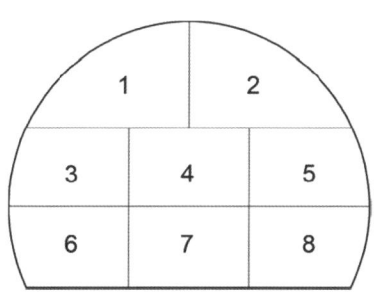

图 6.15　风阻现场测试断面布点示意图

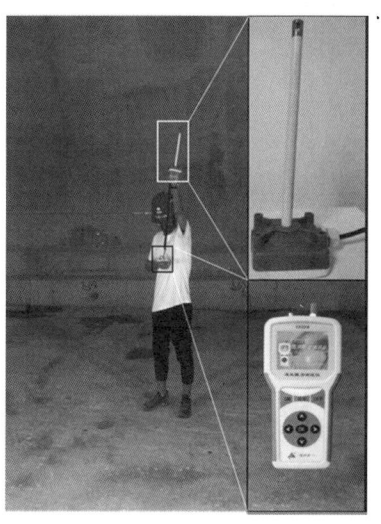

图 6.16　咪的村隧道通风阻力测试设备及现场测试照片

3. 测试参数处理及试验结果分析

通过通风阻力测试仪可以获得风速、绝压、温度和湿度四个值,为了获得最终的阻力,需要进行以下计算。

(1) 空气密度 ρ:空气密度会随着温度、干湿度等的不同而变化。其计算公式如下:

$$\rho = \rho_0 \frac{273.15}{273.15+t} \times \frac{P_a - 0.0378\varphi P_w}{0.1013} \quad (6.25)$$

式中,P_a 为测点风流的绝对静压,MPa;φ 为空气相对湿度,%;P_w 为饱和水蒸气分压力,MPa,取值 0.00425;t 为空气温度,℃;ρ_0 为 0℃、压力为 0.1013MPa 状态下的干空气密度,取 1.293 kg/m³。

(2) 风量 Q:通风阻力测试仪测量的结果是风速(v_s),隧道中的风量需要通过风速计算。计算公式如下:

$$Q = S \cdot v_s = \sum_{i=1}^{8} a_i v_i \quad (6.26)$$

式中,Q 为隧道风量,m³/s;v_i 为第 i 部分的风速;S 为巷道断面面积,m²。

(3) 面积 S:隧道面积为固定值,77.2m²。

(4) 周长 U:隧道周长为固定值,31.2m。

(5) 速压 h_v:也称动压,是流动引起的一种压力。计算公式为

$$h_v = \frac{1}{2}\left(\rho_p v_p^2 - \rho_q v_q^2\right) \quad (6.27)$$

式中,h_v 为速压,Pa;ρ_p、ρ_q 为测试断面 p 和测试断面 q 的空气密度,kg/m³;v_p、v_q 为测试断面 p 和测试断面 q 的实际平均风速,m/s。

(6) 测段位压 h_z:风流流动时由于不同高度而产生的压力差。计算公式为

$$h_z = \rho_{pq} g Z_{pq} \quad (6.28)$$

其中,

$$\rho_{pq} = \frac{\rho_p + \rho_q}{2}$$

式中,h_z 为测段位压,Pa;ρ_{pq} 为测段的平均空气密度,kg/m³;Z_{pq} 为测段间标高差,m;g 为重力加速度,取 9.783m/s²。

(7) 通风阻力 $h_{p,q}$。两个测试断面(p 断面和 q 断面)间的通风阻力计算公式为

$$h_{p,q} = k'(P_p - P_q) - k''(P_p' - P_q') + \frac{1}{2}\left(\rho_p v_p^2 - \rho_q v_q^2\right) + \rho_{pq} g Z_{pq} \quad (6.29)$$

式中,$h_{p,q}$ 为测点断面 p 和 q 之间的通风阻力,Pa;k'、k'' 为气压计(Ⅰ、Ⅱ)的校正系数;P_p、P_q 为气压计Ⅰ在测点 i、j 处的绝对静压,Pa;P_p'、P_q' 为气压计Ⅱ在 i、j 测点对应时刻的基点气压值,Pa。

隧道通风阻力计算公式为

$$h_r = \sum_{i=1}^{n} h_{p,q} \quad (6.30)$$

式中,n 表示大小不同的通风阻力的个数;h_r 为矿井通风总阻力,Pa。

(8) 隧道风阻。

测段风阻为

$$R_{p,q} = \frac{h_{p,q}}{Q^2} \tag{6.31}$$

百米风阻为

$$R_{100} = 100 \times \frac{R_{p,q}}{L_{p,q}} \tag{6.32}$$

式中，$R_{p,q}$ 为测段风阻，Ns^2/m^8；R_{100} 为百米风阻，Ns^2/m^8；Q 为断面的风量；$L_{p,q}$ 为断面 p 和断面 q 之间的距离，m。

(9) 摩擦阻力系数：

$$\alpha = \frac{h_{p,q}S^3}{Q_{p,q}^2 L_{p,q} U} \tag{6.33}$$

其中，

$$Q_{p,q} = \frac{Q_p + Q_q}{2}$$

式中，$Q_{p,q}$ 为断面 p 和断面 q 之间的平均风量，m^3/s；Q_p、Q_q 为断面 p 和断面 q 上的风量，m^3/s。

计算结果显示咪的村螺旋隧道在施工期间所形成的短隧道的阻力系数为 0.040～0.049，平均值 0.0443。

根据式(6.30)～式(6.33)可以计算得到该段隧道中，螺旋阻力仅为0.074Pa，全部阻力为 29.29Pa，螺旋阻力仅仅占 0.25%，该值相对较小，在此情况下螺旋阻力完全可以忽略不计。但是随着隧道长度的不断增加，螺旋阻力也会不断改变。对于咪的村隧道来说，根据式(6.20)可以得到式(6.34)。对于整个咪的村隧道来说，螺旋阻力仍旧是一个较小的值，但是咪的村隧道施工期间采用的是压入式通风方式，新鲜风流通过轴流风机和风筒后进入隧道掌子面，风筒进口和出口之间的压力差可看作是Δp，根据咪的村隧道专项施工方案可知咪的村隧道进口风筒进出口之间的压力约为1428.7Pa(该值未考虑螺旋阻力)，通过该压力差计算可知，管道中螺旋阻力达到了 134.3Pa，该压力足以影响隧道施工期间的通风效率，也足以影响通风设备的选型。这说明螺旋隧道在施工期间所产生的螺旋阻力是不能被忽略的。

$$h_s = \frac{\left[1 - \cos\left(\dfrac{l}{2R_D}\right)\right]}{\rho g} \cdot \Delta p = \frac{\left[1 - \cos\left(\dfrac{1935}{2 \times 730}\right)\right]}{\rho g} \cdot \Delta p \tag{6.34}$$

$$\approx \frac{0.812}{0.88 \times 9.783} \cdot \Delta p \approx 0.094 \cdot \Delta p$$

6.2 隧道通风模式

绝大多数隧道施工中采用强制机械通风，机械通风形式主要包括压入式、抽排出式、混合式和巷道式。压入式通风是将轴流风机安设在距离洞口 30m 以外的新鲜风区，通过风筒将新鲜风送到开挖工作面，并将稀释的污风沿隧道排出洞外。该通风方式基本不受施工条件限制，目前在施工生产中应用很广泛。抽排出式细分为抽出式和排出式。抽出式通风是将风机安设在距离洞口 30m 以外的下风向，通过刚性负压风筒将开挖工作面产生的污风抽出洞外，新鲜风沿隧道进入开挖工作面。排出式通风是将风机安设在开挖工作面污染源附近，通过风筒将污风排出洞外，洞外风筒出风口也需在距离洞口 30m 以外的下风向，新鲜风沿隧道进入开挖工作面。混合式通风是将压入式与抽排出式联合布置的一种通风方式。巷道式通风一般应用在有联络通道的平行双洞条件下，辅助坑道贯通的情况下有时也局部采用，分为主扇巷道式和射流巷道式。

6.2.1 压入式通风

压入式通风是指在洞口附近设置轴流风机，沿着隧道的方向平行设置风筒，风筒连接至掌子面附近时设置好风筒出口，从隧道口的风机开始送风，气流沿着风筒一直流入隧道深处直到掌子面，为掌子面送入新鲜空气，见图 6.17。

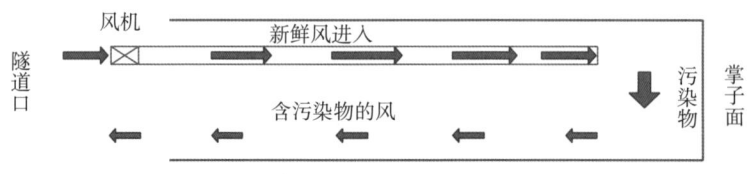

图 6.17 压入式通风平面图

压入式通风的优点主要在于它的有效射程非常远，使得掌子面附近产生的有毒有害物质随着隧道内的回流流出隧道，能够较快地清除工作面产生的有毒有害物质，设备拆装简单，使用方便，且提高了隧道施工的安全性。缺点主要是污浊空气会流经全洞，导致整个隧道布满污浊空气，会对施工人员健康产生较大影响，并且如果风筒出现连接不良或者破损的情况时，漏风会非常严重，发生漏风时对施工进度影响较大。压入式通风一般适用于 3000m 以下隧道，当隧道长度过长时，新鲜空气难以快速到达工作面。

6.2.2 抽出式通风

抽出式通风是指风筒的进风口处于隧道内部掌子面附近，而出风口设置在隧道口，在出风口设置风机，风机产生负压使隧道内部有毒有害物质沿着风筒内部流出隧道，见图 6.18。

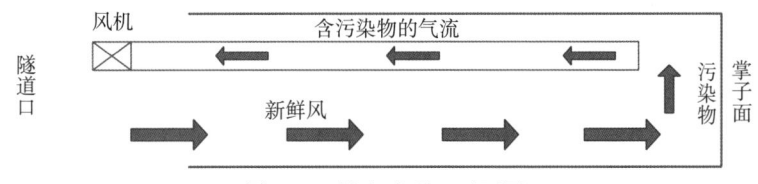

图 6.18　抽出式通风平面图

抽出式通风的优点在于有毒有害物质将不再经过整个隧道流出，而仅在风筒内部流动，沿风筒随风机排出隧道，污染物不会直接接触到工作人员，提高了安全性。缺点是有效的吸程太短，如果风机距离掌子面过远将导致通风效率下降，并且一些易燃易爆气体流经风机时容易发生事故，难以控制。

6.2.3　混合式通风

混合式通风是指压入式通风与抽出式通风共同组成的混合通风方式，有两根风筒同时设置在隧道内，一个风机将新鲜空气压入隧道内至掌子面，而另一个风机将含有有毒有害物质的气体抽出隧道，见图 6.19。

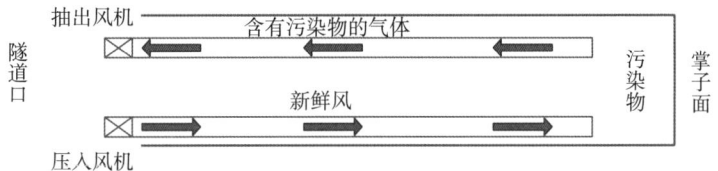

图 6.19　混合式通风平面图

混合式通风集合了抽出式通风与压入式通风的共同优点，将新鲜风流强劲地送至掌子面，使得气流携带着有毒有害物质进入抽出风机的风筒，沿着风筒通过抽出风机排出隧道，通风效率非常高，污染物只在抽出风机的风筒内部运动，安全性较高。但混合式通风的缺点也非常明显，同时设置两根通风管道将对成本、耗能以及管理方面提出非常高的要求；抽出式风机作为主风机，压入式风机作为辅助风机，主风机的功率极大，需风量非常大；隧道施工作业空间有限，在隧道内安置两个长风筒使隧道空间更加拥挤，进而影响隧道施工效率。

6.3　长大隧道巷道式通风

6.3.1　巷道式通风原理

隧道长距巷道式通风系统是将两个掌子面的新鲜风通过布置在进风洞的轴流风机和风洞输送至两个掌子面，同时两个掌子面的污染物汇集进入主风流中，通过主风流一同汇入出风洞并一同排出隧道。此方法合理利用了平行双洞的特点，通过横通道将整个隧道通风系统串联成巷道网络。巷道式通风的风流结构示意图见图 6.20。

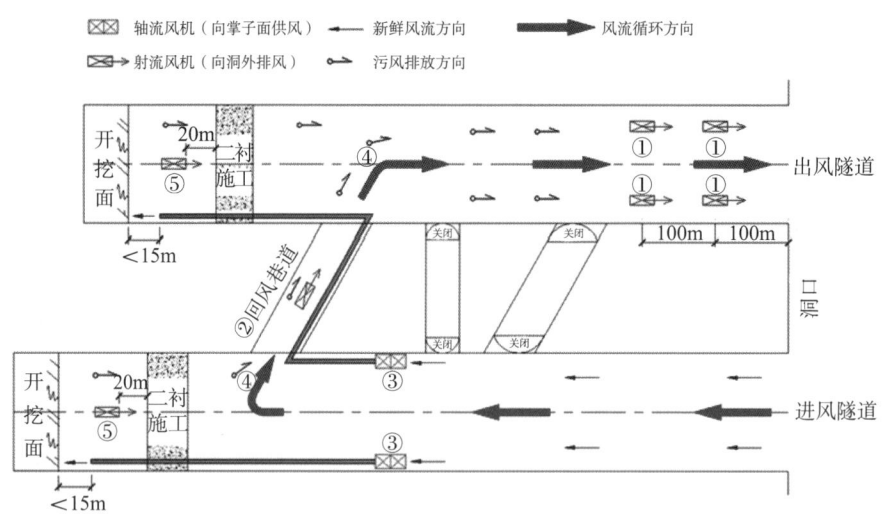

图 6.20 巷道式通风原理图

6.3.2 巷道式通风局部流场数值模拟

隧道长距巷道式施工通风是一个复杂的问题，风筒口射出后的风流受到隧道壁面的限制，射流与周围气体质点所发生的能量交换及横通道与主洞连接处的局部阻力等都涉及流体力学的问题，简单依靠试验研究和经验公式难以全面准确地反映隧道施工通风时的风流分布特性。基于计算流体力学(computational fluid dynamics，CFD)理论的数值模拟法，具有成本低、能模拟较复杂或较理想的流动过程、能推出多种优化的物理模型、对每一种物理问题的流动特点都具有相适应的数值解法等优点，被认为是目前求解各种流动问题最有效的数值计算方法。

本节主要目的是通过 ANSYS Fluent 建立隧道三维模型，进行巷道式通风局部流场数值模拟，对通风过程中隧道内风流流速及压力分布等进行研究，分析长大隧道通风效果影响因素，为实际工程中通风方案设计提供参考和指导。

1. 模型建立

为方便模拟分析，在横通道附近选取基本几何尺寸长度 200m 建立隧道的三维模型，如图 6.21 所示。

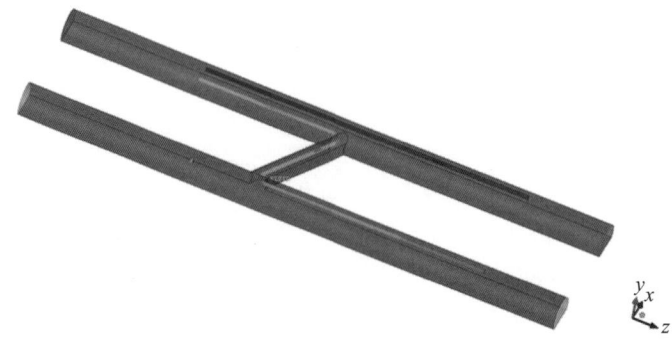

第6章　隧道施工机变混合通风技术

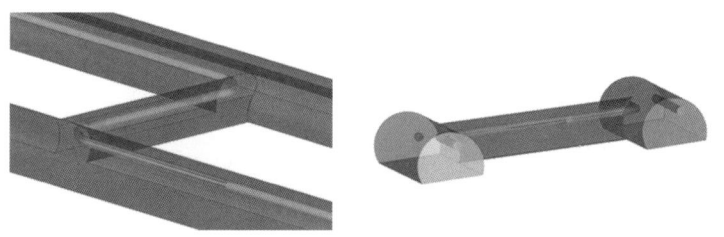

图 6.21　三维示意图

根据兴隆隧道实际工程情况建立三维数值计算模型，如图 6.22 所示，模型长度为 200m，风筒直径为 1.5m，风筒安装在隧道拱肩处，距地面 3.4m，风筒出口距离掌子面 20m，根据现场测量数据，风筒出风口的风速为 12.8m/s。为了优化通风排污效果，拟采用长距机变混合通风方式来进行通风和排污，即在原有的巷道式通风布局基础上，在距离掌子面一倍当量直径处布置一台抽出式风机，掌子面处的污染物经由风机沿着污风风筒被送入出风隧道，汇入巷道式通风主风流排至洞外。其中送风风筒和污风风筒分别布置在隧道的两侧拱肩处。采用 ANSYS ICEM CFD 划分非结构四面体网格，兼顾了计算精度和速度，最终网格划分结果如图 6.23 所示。

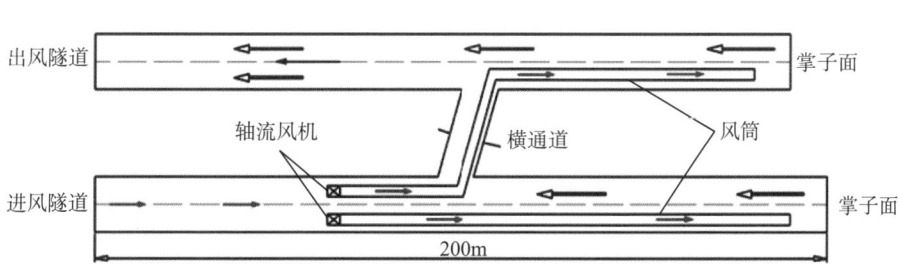

图 6.22　模型示意图

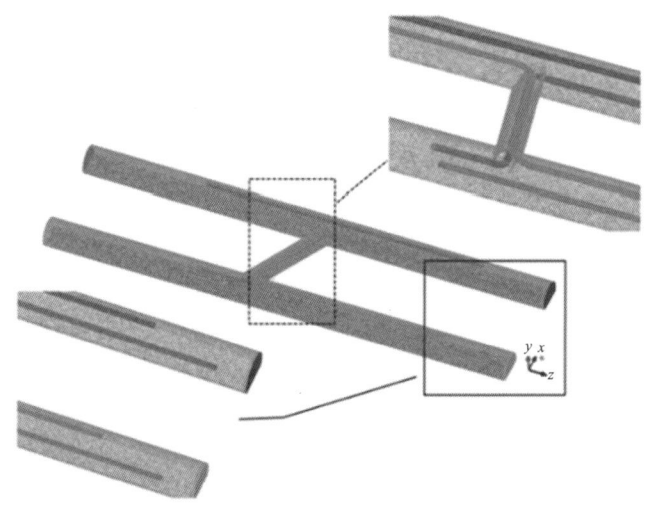

图 6.23　网格划分示意图

2. 模型网格划分

利用 ANSYS Fluent 前处理器 ICEM CFD 对模型进行网格划分，根据模型特点，选择分区划分方式，其中涉及的网格划分类型有 Cooper 及 Tet / Hybrid 两种，体网格元素主要为四面体网格和六面体网格，在适当的地方也会有楔形网格和金字塔形网格元素。

确定网格划分方案后模型被划分为 950712 个单元、2055044 个面和 256884 个网格节点。网格划分情况如图 6.24 和图 6.25 所示。

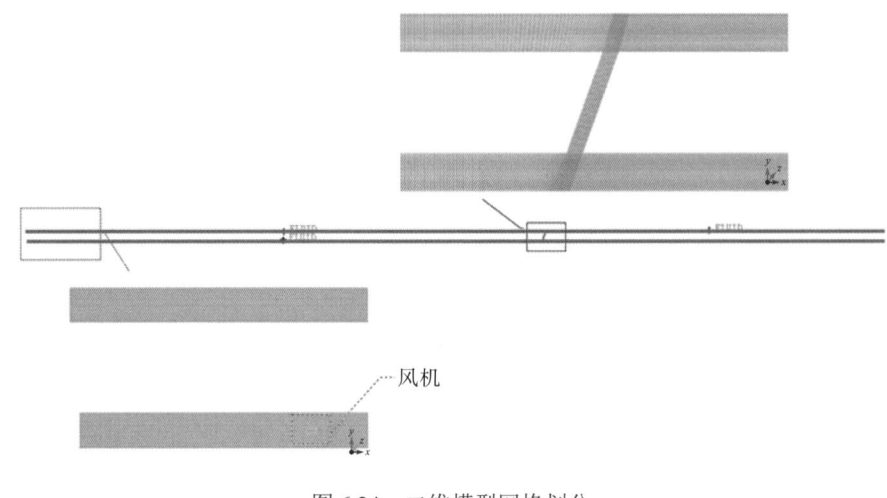

图 6.24 二维模型网格划分

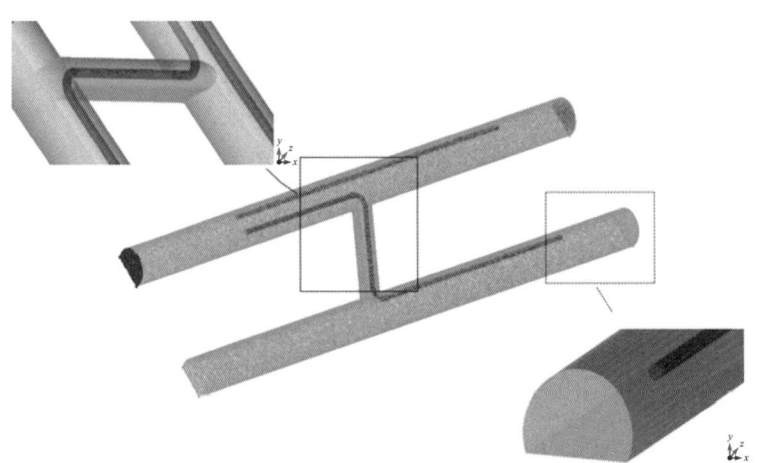

图 6.25 三维模型网格划分

3. 边界条件及求解方法

根据施工通风的实际情况确定边界条件。

(1) 风筒入口设置为速度入口 (velocity-inlet) 边界，速度按实测数据设置，左线风筒出口风速为 20.82m/s，右线为 21.35m/s，直径为 1.6m。

(2) 轴流风机进风口设为速度入口(velocity-inlet)边界，与风筒出口速度大小相同，方向相反。

(3) 送风隧道入口设置为速度入口(velocity-inlet)边界，速度按实测数据设置为1.9m/s。

(4) 射流风机设为压力入口边界，压力选择200Pa、300Pa及400Pa分别计算。

(5) 隧道壁面、地面、掌子面以及风筒壁设置为固壁(wall)边界，无滑移，粗糙度设置为0.36mm。

(6) 空气密度为1.225kg/m³，操作温度为20℃。

对于不同的流场，应选用合适的离散格式对相应的方程进行离散，离散格式的不同主要是由于方程中对流项所采用的离散格式不同所致，这种离散格式通常被称为空间差分格式，ANSYS Fluent 中提供的差分格式主要有：中心差分、一阶迎风格式、二阶迎风格式、QUICK 格式、三阶 MUCSL 格式、Roe 格式、AUSM 格式以及隐式或显式的时间差分格式等。对于隧道射流巷道式施工通风局部流场，Pressure(压力差值)方式采用 standard 格式，为了克服或减轻数值计算中的假扩散误差，Momentum、k 方程和 £ 方程的离散格式均采用一阶迎风格式。

对离散完成的差分方程组有各种不同的解法，ANSYS Fluent 中提供的 pressure-velocity coupling(压力速度耦合)方式算法有 SIMPLE、SIMPLEC、PISO 算法，现采用 SIMPLEC 算法进行解算以加速模拟收敛速度。

具体边界条件及模型设置见表 6.4、表 6.5。

表 6.4 边界条件设置

边界条件项目	设置情况
进风隧道进口	速度入口(velocity-inlet)边界 0.5m/s
轴流风机	速度入口(velocity-inlet)边界 -12.8m/s
送风风筒出口	速度入口(velocity-inlet)边界 12.8m/s
抽出式风机	风扇(fan)边界 400Pa
污风风筒出口	内部面(interior)
出风隧道出口	压力出口(pressure-outlet)
隧道壁面、地面、掌子面、风筒壁	固壁(wall)边界，无滑移，粗糙度0.36mm

表 6.5 计算模型设置

计算模型	模型设定
求解器	Pressure-Based
时间	Unsteady
湍流模型	Realizable k-ε
近壁处理	Standard Wall Functions
离散相模型	On
压力速度耦合	SIMPLE
梯度格式	Green-Gauss Node Based
离散格式	Second Order Upwind

本节对上述长距巷道式局部通风模型进行模拟分析,根据速度及压力研究隧道内风流流场特性,将数值模拟结果用于指导制定隧道现场施工通风方案,以期提高通风效率,改善通风效果。

4. 隧道主风流的形成

分析长距巷道式通风局部流场速度分布特点之前,先对整个隧道内的风流速度分布情况进行探讨。在建立的 2600m 二维隧道模型中,将射流风机布置在出风洞靠近洞口 50m 处,并同时计算了 200Pa、300Pa 及 400Pa 三种风机的结果,计算结果如图 6.26 所示。

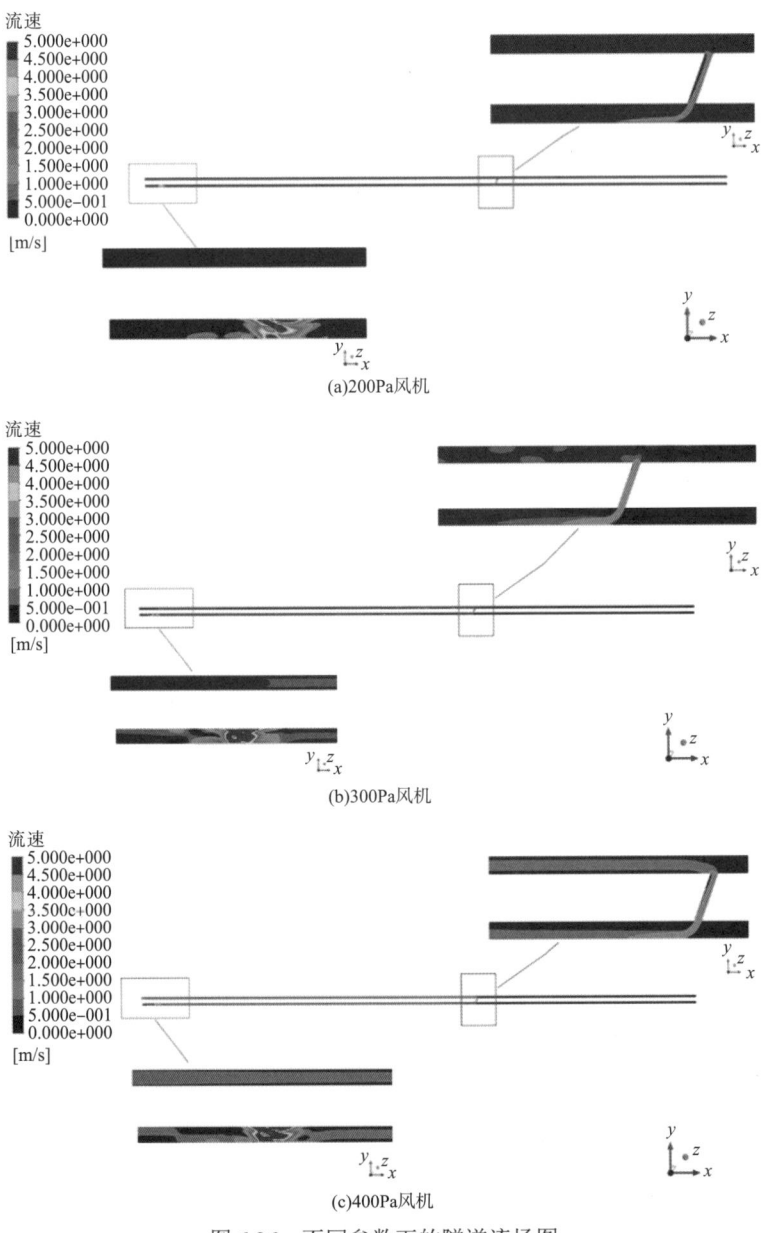

图 6.26　不同参数下的隧道流场图

从二维模拟计算结果图可以看出,巷道式通风的主循环风流依靠射流风机形成,射流风机安装在出风洞靠近洞口 50m 距离处。在射流风机的作用下,形成从进风洞进入,经过横洞后进入出风洞,并从出风洞排出的主风流。主循环风流形成示意图如图 6.27 所示。

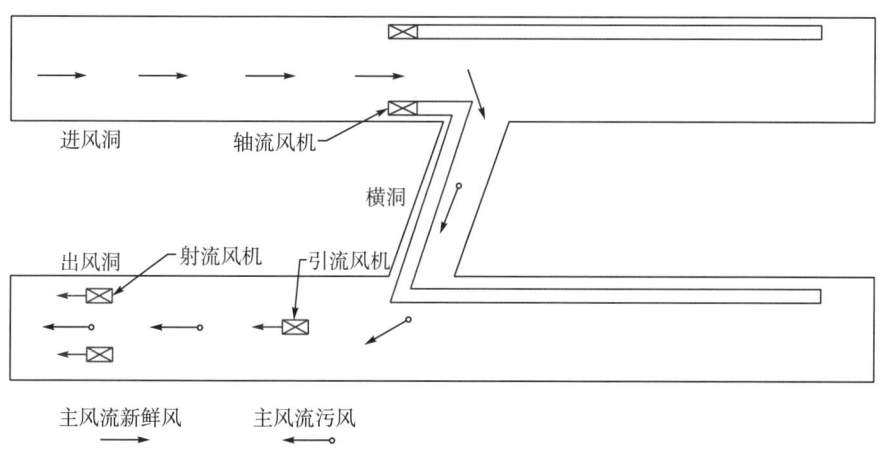

图 6.27　主循环风流形成示意图

为了研究不同风机的通风效果,截取隧道内 5 个断面研究风速的分布,断面 I 距离进风口 50m,断面 II 距离进风口 500m,断面 III 位于进风隧道横通道前方 10m 处,断面 IV 位于出风隧道横通道前方 50m 处,断面 V 位于横通道中部。断面平均风速如表 6.6 所示,从表中可以看到,当选择 200Pa 和 300Pa 的风机时,断面平均风速低于规范要求的隧道最低风速,而风速过低会导致粉尘及有害气体等不能被有效带出隧道,造成有害气体积聚,容易出现事故。因此,为了达到能同时兼顾通风效果和节能的效果,可以选择 400Pa 的射流风机形成射流巷道式通风的主风流。本研究之后的内容也都基于 400Pa 的射流风机的计算结果。

表 6.6　各检测断面平均风速分布

风机类别	检测断面				
	I	II	III	IV	V
200Pa	0.2159m/s	0.2965m/s	0.3759m/s	0.6958m/s	2.0369m/s
300Pa	0.4631m/s	0.4953m/s	0.6078m/s	0.9965m/s	2.4396m/s
400Pa	0.9356m/s	0.9880m/s	1.0325m/s	1.3236m/s	3.5678m/s

5. 巷道式通风流场研究

为更清晰地了解左洞(排风洞)、右洞(进风洞)内的风流分布情况,继续在三维模型中计算了隧道流场分布。

1)掌子面供风的形成

开挖掌子面是最易出现有毒有害气体积聚的区域,其通风效果的好坏直接影响整个隧道的通风情况,因此,掌子面的局部风流流场是平行双洞隧道射流巷道式通风数值模拟研究的重点。

掌子面风流由布置在进风隧道的轴流风机利用风筒压入,风筒口距离掌子面不超过15m,轴流风机安装在已施作二衬的混凝土段内。轴流风机的安装位置由掌子面污风扩散回流距离决定,将直接影响掌子面的通风效果,应保证轴流风机始终处于新鲜风流中。轴流风机至横通道的距离与隧道建筑尺寸、风机功率及隧道风速有关,根据已建成隧道施工经验,该距离通常取2～3倍洞径较适宜,具体应根据现场试验确定,如图6.28所示,兴隆隧道选取距离应大于30m。掌子面的风流结构如图6.29所示。

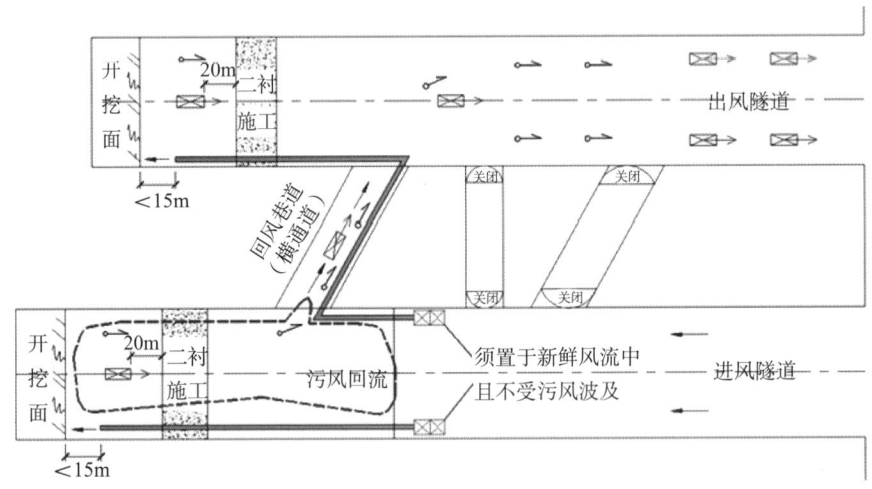

图6.28 轴流风机安装位置示意图

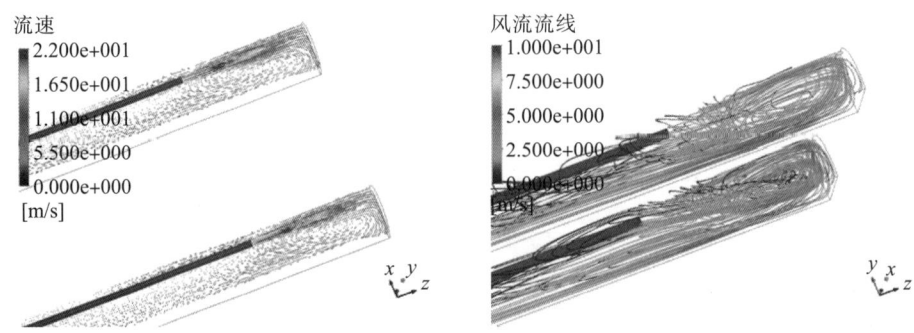

图6.29 掌子面处流场图

从图 6.29 可知，掌子面风流质点速度分布符合压入式通风一般规律。风筒口射流冲击至掌子面后，周围空气受扰动，加之壁面回弹作用，风流质点开始自冲击区域中心点向外发散，并逐渐形成回流，部分回流在风筒管口射流卷吸作用下再次改变流动方向，形成涡流区。由于从风筒出口喷射出的高速气体冲击到掌子面，使得掌子面附近的区域气体高速流动，而且流动方向各不相同。按照流动特性可以将掌子面附近的流场分为 4 个区域，分别是风筒前方的附壁射流区、由于气流冲击形成的覆盖于掌子面上的冲击射流区、与风筒气体流动方向相反的回流区以及形成漩涡的涡流区。掌子面附近有较高风速是保证吹散烟尘和防止有害气体积聚的重要条件。

2) 横通道与正洞连接处风流分布

横通道的利用是射流巷道式通风的关键，它与左、右隧道的连接处是隧道结构形式出现突变的地段，对此处局部风流流场的研究是整个隧道通风数值模拟研究的重要环节。横通道附近的流场图如图 6.30 所示。

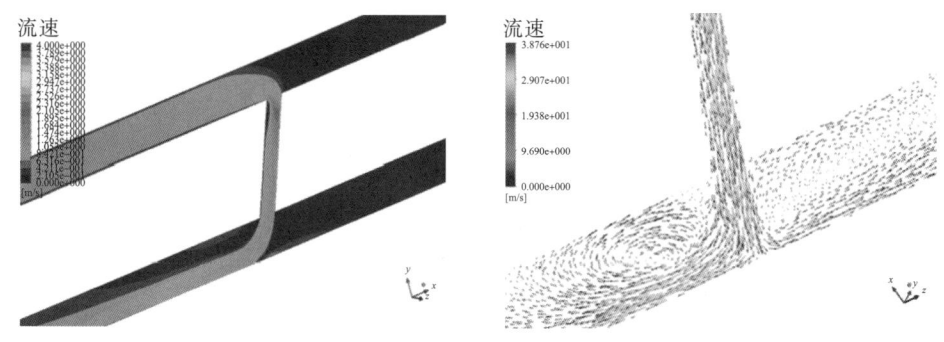

图 6.30 横通道处流场图

从图 6.30 可以看出，由于横通道断面面积小于主洞面积，风流经过横洞后风速会显著增加，达到 5m/s 左右，这导致在横洞出口形成高速风墙，阻碍出风隧道掌子面的污风交换。同时，由于从巷道流出的高速气流阻碍了掌子面的气流汇入主风流，所以在巷道口后出现了与风筒气体流动方向相反的回流区以及形成漩涡的涡流区。因此需要在风墙前方设置一台引流风机，以改善风流流态。引流风机会在尾部形成负压区，改变高速风流的流向，增加主循环的循环风速，改善出风洞排污效果。

6.3.3 隧道长距巷道式通风风机布置优化

由上节数值模拟结果可知，横洞出口形成高速风墙，阻碍出风隧道掌子面的污风交换，所以需要在风墙前方设置一台引流风机，以改善风流流态。因此，选择 200Pa、300Pa 和 400Pa 三种不同类型的引流风机，分别将它们布置在距离横通道口 10m、20m 和 30m 的位置，具体工况见表 6.7，并计算了在各种工况条件下隧道内的流场分布，从而优化兴隆隧道巷道式通风的风流结构，计算结果如图 6.31 所示。

表 6.7 不同参数组合

工况	风机压力	离横通道距离
C1	200Pa	10m
C2	300Pa	10m
C3	400Pa	10m
C4	200Pa	20m
C5	300Pa	20m
C6	400Pa	20m
C7	200Pa	30m
C8	300Pa	30m
C9	400Pa	30m

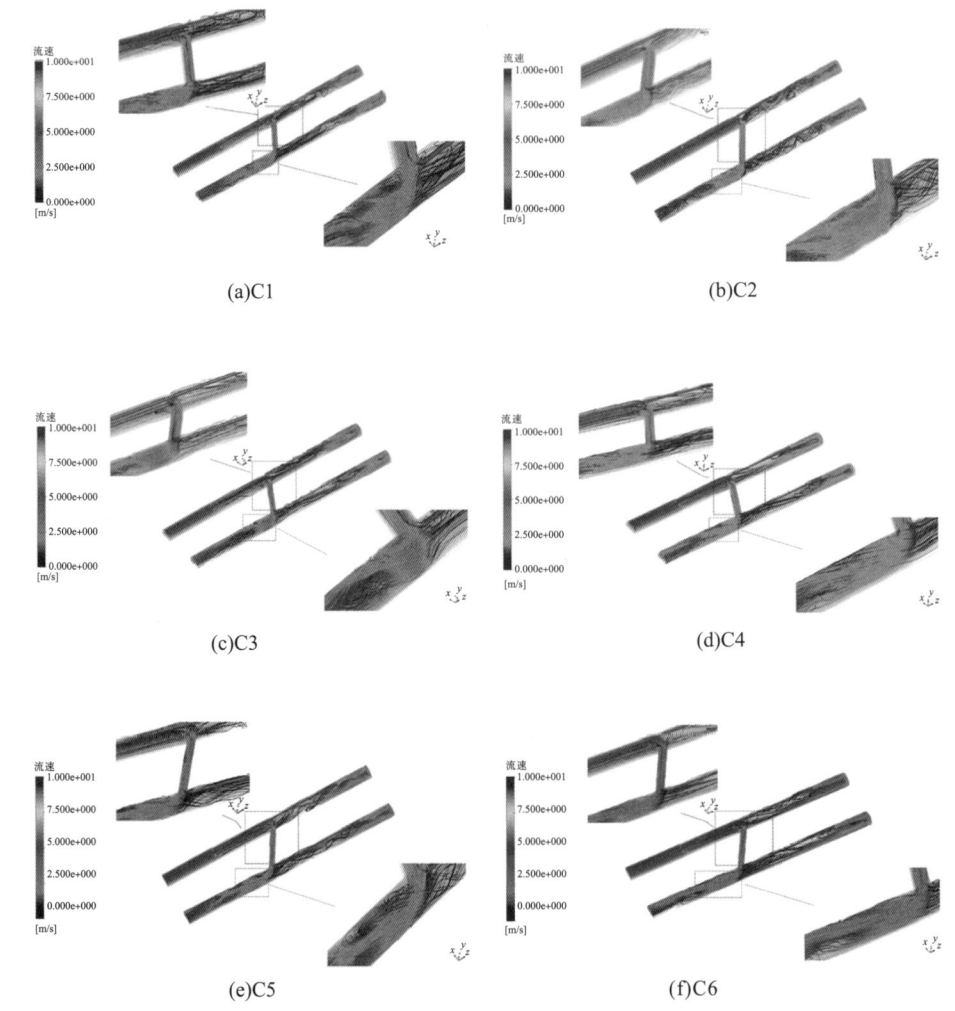

(a)C1　　　　　　　　　　　(b)C2

(c)C3　　　　　　　　　　　(d)C4

(e)C5　　　　　　　　　　　(f)C6

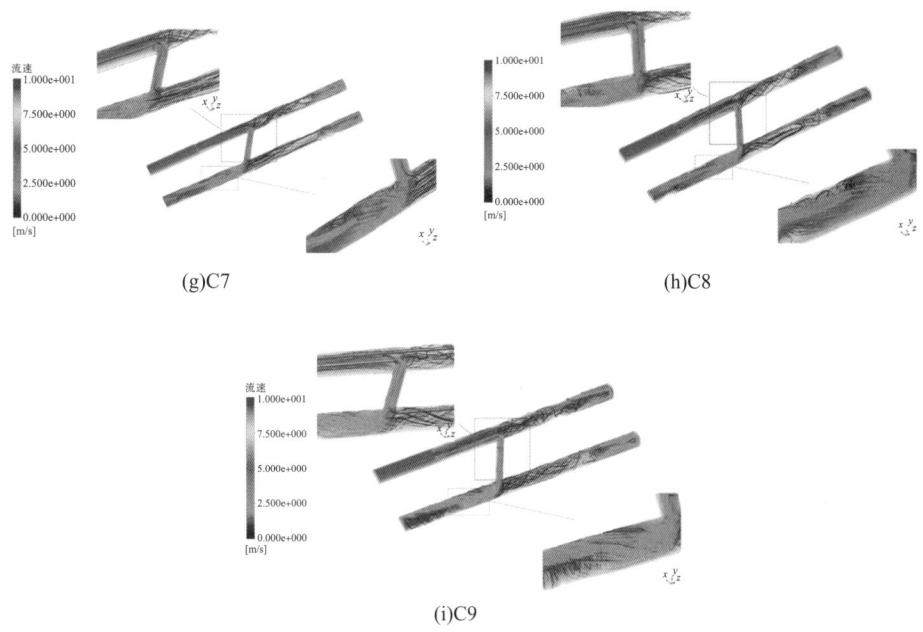

图 6.31 不同引流风机工况流场图

从图 6.31 中可以看出,在横通道前安装引流风机后,可以有效地改善横通道附近的流场状况,消除风墙的阻挡,使得掌子面处的污风更好地汇入主风流,有效地避免了污染物的聚集。其对风流的改善作用如图 6.32 所示。

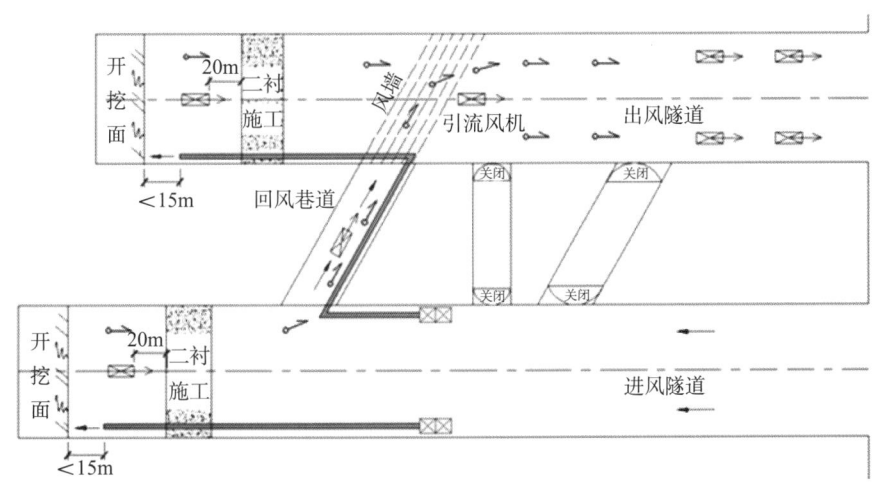

图 6.32 增加引流风机后的风流流态图

为了进一步探究不同引流风机情况下横通道与左洞连接处流场结构变化对流动的影响范围,我们比较了图 6.31 中各种工况下的计算结果,发现在 C1、C2、C3 三种工况中,即将引流风机布置在距离横通道前 10m 的位置时,尽管引流风机消除了风墙的影响,但是受到隧道结构局部变化的影响,射流自横通道流入出风洞时,空间突然扩大,流体中各点速度发生变化,主流与边壁脱离,与隧道壁面之间仍然形成了涡流区,增大了紊流脉动程度,加大了该范围内的能量损失,如图 6.33 所示。

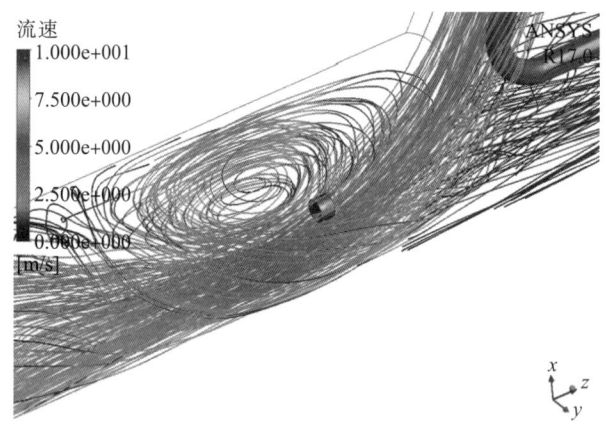

图 6.33 横通道局部流场图

通过对比其他工况的计算结果可以发现,当引流风机远离横通道时,可以消除引流风机和横通道之间的涡流。所以,我们发现引起涡流的原因可能是引流风机距离横通道太近。因此,增大引流风机与横叉通道之间的距离可以有效地解决这种涡流问题。但是,引流风机距离横通道越远,风机消除风墙所需的能量就越大。因此,应该在考虑通风效果和节能的基础上,合理选择引流风机的位置和型号。

为进一步探明不同引流风机对隧道内风速的影响,从距离隧道掌子面 40m 处开始到横通道处每隔 10m 取一个断面,即共截取隧道内 6 个断面来研究风速的分布,计算结果如图 6.34 所示。

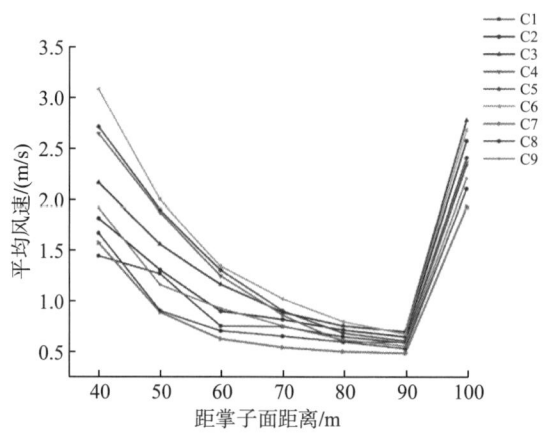

图 6.34 速度分布曲线(见彩版)

从图 6.34 可知，掌子面处的高速气流在流出时表现为一种近壁的有限空间射流，射流沿程不断向外扩散，扩张边界，主体速度沿射流方向逐渐降低，在汇入主风流后因为引流风机的作用风速又会快速上升。在此过程中，出风口射流的卷吸作用诱导周围空气的流动，射流主体与周围受诱导的空气质点流动速度差异较大，导致了涡流区的产生。在向洞口方向行进的过程中射流与洞内空气逐渐混合均匀，流动趋于稳定。比较各种工况下的空气流速可以发现，在距离横通道 30m 处使用 200Pa 风机时，隧道中的某些区域的空气流速低于 0.5m/s，即存在低风速区域。而在其他工作条件下，所有横截面风速都将达到 0.5m/s，即可以完全消除低风速区域，见图 6.35。

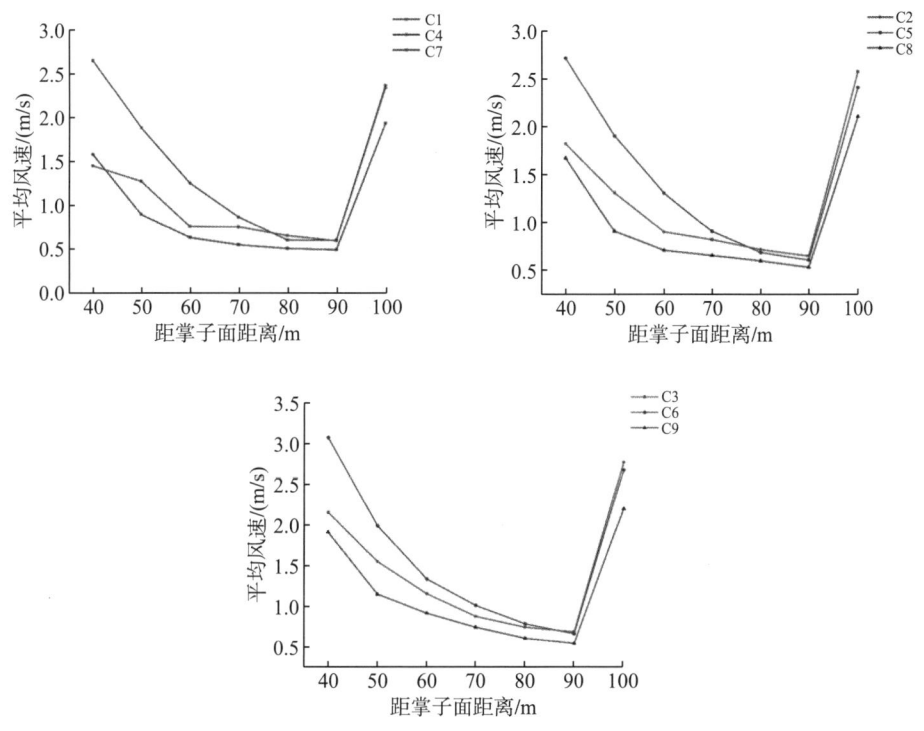

图 6.35　距横通道不同距离对风速的影响（见彩版）

从图 6.35 的计算结果可以看出，当引流风机布置在距离横通道 20m 处时各截面的风速反而比布置在距离横通道 10m 处时要大。研究表明，当引流风机距离横通道出口较近时，就容易在引流风机和横通道之间产生涡流从而对掌子面流出的气流的速度产生影响。当引流风机距离横通道 20m 时，能有效地改善风流流态，使洞外送入的新鲜空气能得到充分利用，并能减少浪费。所以在实际工程中应用巷道式通风时，考虑把引流风机布置在距离横通道 20m 处，可以取得更好的通风效果。

1. 流场分析

隧道中的空气流动直接影响到施工过程中的污染物排放，研究隧道施工过程中的流场结构是评价隧道施工通风质量最基本的方式。选取距地面高度为 1.6m 的呼吸带平面进行观察，隧道内的速度分布云图如图 6.36 所示。从速度云图中可以看出，在巷道式通风中风流由进风隧道进口流入隧道，再被布置在进风隧道内的轴流风机由风筒送到掌子面，而污风则经由横通道沿着出风隧道排出洞外。图 6.37 所示为横通道处的速度图，可以看出风流经过横洞后风速会增加，可以达到 6m/s 左右，导致在横洞出口处形成高速风墙，阻碍出风隧道与掌子面的污风交换，并且在横通道口出现了与隧道气体流动方向相反的回流区以及形成漩涡的涡流区，可能会导致污染物在此处积聚。

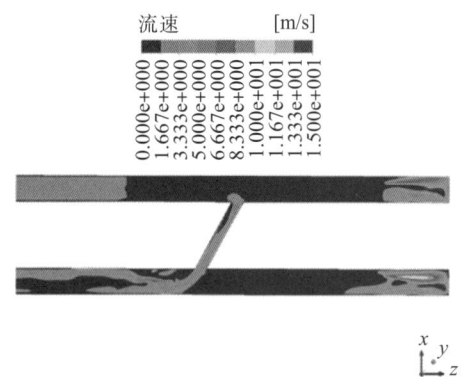 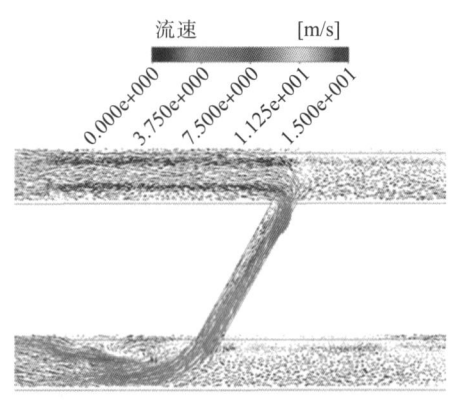

图 6.36　流场分布速度云图　　　　　图 6.37　横通道速度矢量图

如图 6.38 所示为兴隆隧道内空气流场的流线分布图。由图可看出，在掌子面附近空气流线杂乱无章，空气流场非常复杂。新鲜风流经风筒输送，从风筒出口处流出后在掌子面进行转向，形成回流，且掌子面附近存在较大旋涡。研究发现，在回流过程中，掌子面附近空气流线杂乱，空气流场较为复杂，在距离掌子面 35m 以外的区域，紊乱的空气流线随着远离掌子面而逐渐变得平滑，并且形成较为稳定的风流。

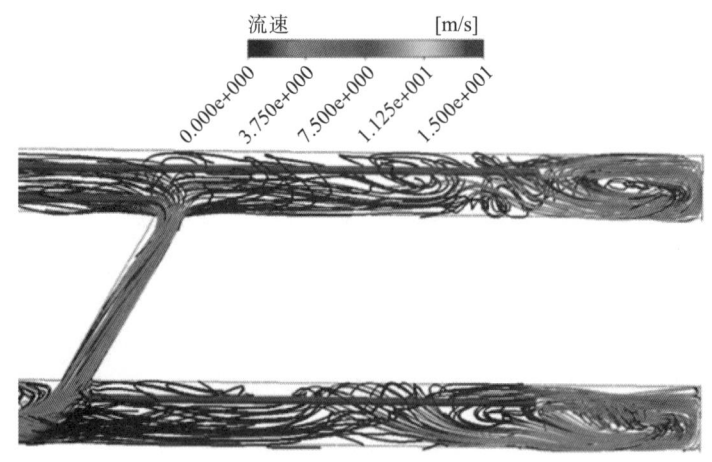

图 6.38　掌子面附近空气流场流线分布图

图 6.39 为掌子面附近不同高度隧道平面上的风速矢量图，其中(a)为 0.6m 高度处，(b)为 1.6m 高度处即人呼吸带高度，(c)为 2.6m 高度处，(d)为 3.6m 高度处即风筒悬挂高度附近。从图中可以看出，新鲜空气由风筒射出后流速逐渐降低，在接触到掌子面后反弹回隧道空间形成回流。而在形成回流过程中由于风筒射流和回流风流方向相反，因此它们之间会产生涡流区，如图 6.39 中方框标记的部分，该区域内的风流流速很小，很容易造成粉尘的积聚。比较图 6.39 中的四种工况可以发现，(c)和(d)平面的涡流区要大于(a)和(b)，即越靠近风筒的悬挂高度涡流区的面积越大，涡流情况也越复杂。同时，从图中可知，涡流区范围从掌子面到风筒出口逐渐减小，风流也逐渐平稳，在掌子面处风流流速最大，当回流风流远离掌子面时，流速逐渐减小，风流也逐渐平稳。因此，按照流动特性可以将掌子面附近的流场分为 4 个区域，分别是风筒前面的附壁射流区、由于气流冲击形成的覆盖于掌子面上的冲击射流区、与风筒气体流动方向相反的回流区以及形成漩涡的涡流区。

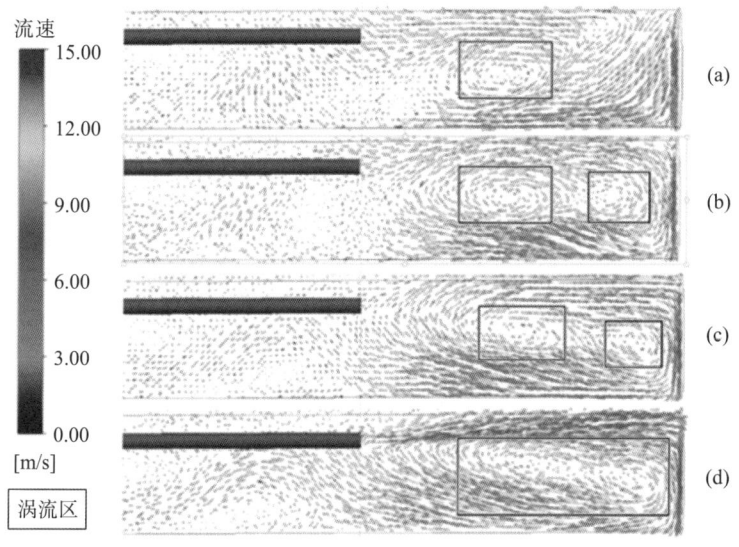

图 6.39 不同高度隧道平面风速矢量图

掌子面附近风流流速较高，风流结构复杂，当风流远离掌子面时流速逐渐降低，风流也逐渐平稳。研究发现，在距离掌子面 35m 以外的区域，紊乱的空气流线随着远离掌子面而逐渐变得平滑，并且形成较为稳定的风流。图 6.40 为在图 6.39 中(a)~(d)四个不同高度下，从距掌子面 30m 到距掌子面 100m 的沿程风速图。从图中可以看出，在距掌子面距离超过 30m 之后风流流速会迅速降低，此后均维持在相对稳定的风速，而在靠近横通道时风速又会增加。比较不同高度平面的沿程风速可知，越靠近风筒的悬挂高度风流的流速越高。研究不同平面的风速可以发现，(a)、(b)平面均有一段距离沿程风速低于规范要求的隧道最低风速(0.5m/s)，从而导致粉尘和有毒有害气体在此处积聚，影响隧道的通风质量和隧道施工人员的身体健康。

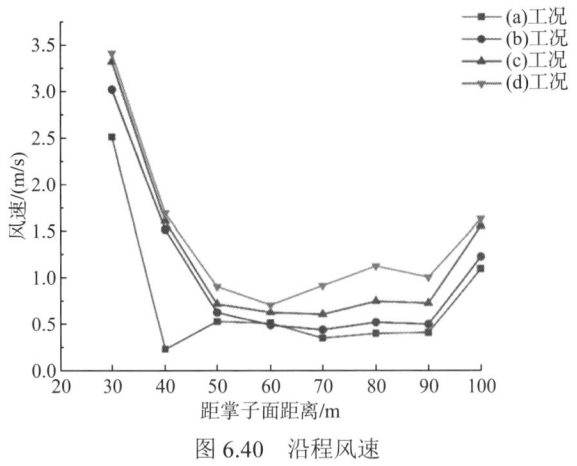

图 6.40 沿程风速

2. 通风优化

通过对兴隆隧道巷道式通风的流场和粉尘扩散的分析可知,掌子面附近存在大量涡流区,风流在远离掌子面后还存在部分区域风速低于 0.5m/s,这些区域都会造成有毒有害气体和粉尘的聚集,从而影响隧道的通风效果和施工环境。而爆破后掌子面处产生粉尘,在随风流扩散的过程中粉尘浓度远远超过规定值,并且爆破后掌子面附近粉尘浓度降至规定值以下所需要的时间很长,达到 1800s 左右,效率很低,在此之后隧道中仍然有部分区域有粉尘漂浮,且浓度超过了 200mg/m³。因此,可以采用长距机变混合通风系统对兴隆隧道的施工通风进行优化,即在原有的巷道式通风布局基础上,分别在距离掌子面一倍当量直径处布置一台抽出式风机,由抽出式风机将掌子面附近的粉尘由风筒直接送入出风隧道,随隧道主风流一起排至洞外。

图 6.41 为掌子面附近的风流流线图,新鲜空气从风筒射出后流经掌子面,掌子面反射的回流则流入抽出式风机。如图 6.42 所示,在图 6.39 中的(a)~(d)四个高度面上,采用机变混合通风系统后,掌子面附近的涡流区面积均有一定程度的减小。这说明机变混合通风系统相比普通的巷道式通风优化了隧道掌子面处的风流结构,更加有利于掌子面处的粉尘和有毒有害气体的排放。

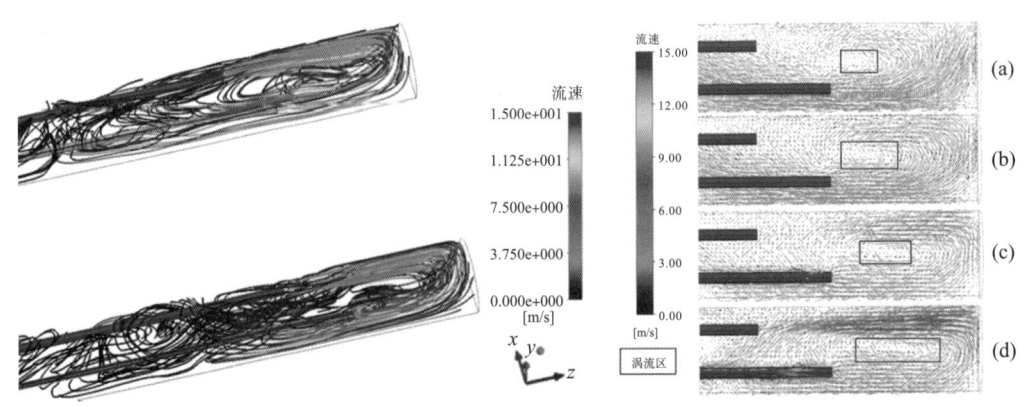

图 6.41 掌子面附近风流流线图　　图 6.42 不同高度隧道平面风速图

图 6.43 为在机变混合通风系统下不同时刻隧道粉尘质量分布。从图中可以看出,当爆破产生的粉尘充满掌子面附近区域后,即被布置在掌子面前的抽出式风机吸入污风风筒,从送风隧道排出汇入隧道主风流后再排出隧道。由图 6.43 的结果可以看出,使用机变混合通风系统后隧道的除尘效率显著提高。

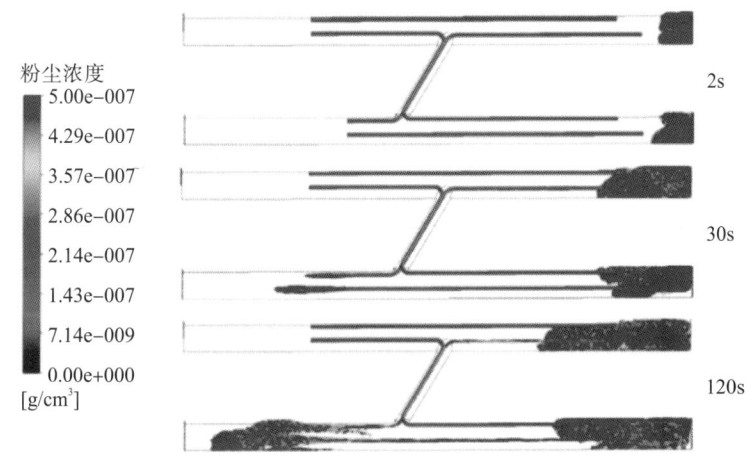

图 6.43 不同时刻隧道粉尘分布图

6.4 螺旋隧道上、下螺旋机变混合通风技术

6.4.1 隧道施工通风相关计算

1. 掌子面需风量计算

隧道施工过程中,掌子面所需风量应该按照隧道内最多同时工作人数、允许最低风速、排除炮烟情况、稀释内燃机废气情况、瓦斯等有毒有害气体涌出量等因素综合计算确定。

(1) 按隧道内最多同时工作人数计算需风量:

$$Q_1 = m \times q \times k \tag{6.35}$$

式中,m 为隧道内最多同时工作的人数;q 为每人每分钟呼吸所需新鲜空气量,一般隧道取 $3m^3/min$,瓦斯隧道取 $4m^3/min$;k 为风量备用系数。

(2) 按隧道内允许最低风速计算需风量:

$$Q_2 = v \times S \times 60 \tag{6.36}$$

式中,v 为隧道内允许最低风速,全断面开挖时取 0.15m/s,分布开挖时取 0.25m/s;S 为隧道开挖断面面积。

(3) 按排除炮烟计算需风量:

$$Q_3 = \frac{7.8}{t} \times \sqrt[3]{G(SL)^2} \tag{6.37}$$

式中，t 为爆破后通风时间；G 为开挖面一次爆破耗药量；S 为隧道开挖断面面积；L 为炮烟抛掷长度，$L = 15 + G/5$。

(4) 按稀释内燃机废气计算需风量：

$$Q_4 = g \times \sum(N \times K) \tag{6.38}$$

式中，g 为单位功率稀释内燃机废气所需新鲜风量；N 为内燃机额定功率；K 为内燃机利用率系数。

(5) 按稀释瓦斯气体计算需风量：

$$Q_5 = \frac{q_0 \times K_0}{C} \tag{6.39}$$

式中，q_0 为瓦斯气体绝对涌出量；K_0 为瓦斯气体涌出不均匀系数；C 为隧道内瓦斯允许浓度。

综合考虑以上多种因素，隧道施工过程中掌子面需风量按 Q_1、Q_2、Q_3、Q_4、Q_5 中的最大值取用，即

$$Q_{需} = \max(Q_1, Q_2, Q_3, Q_4, Q_5) \tag{6.40}$$

2. 风机供风量计算

根据掌子面需风量的计算结果，考虑风筒漏风率的影响，进一步计算得到风机的供风量。

$$Q_{供} = \eta \times Q_{需} \tag{6.41}$$

式中，η 为漏风系数，$\eta = (1-\beta)^{\frac{L}{100}}$，其中 β 为风筒百米漏风率；L 为风筒长度；$Q_{需}$ 为掌子面需风量。

3. 系统风压计算

在隧道施工通风过程中，系统风压等于动压与静压之和。为了将足够的新鲜风送到隧道工作面以满足作业人员的基本需求，并排除和稀释有害气体，新鲜空气从隧道外经过风筒输送到掌子面时具有一定的速度，便产生动压；而风流速度在通风通道中也不断降低，这是由于风流需要克服管道的阻力，即管道静压，静压包括摩擦阻力和局部阻力。

1) 动压计算

$$H_{动} = \frac{1}{2} \times \rho \times v^2 \tag{6.42}$$

式中，ρ 为空气密度；v 为管道出口风速，$v = Q_{需}/A$；A 为管道断面面积。

2) 静压计算

摩擦阻力：

$$h_{\mathrm{f}} = \frac{\alpha \times L \times U}{A^3} \times Q^2 \tag{6.43}$$

式中，α 为摩擦阻力系数；L 为管道长度；U 为管道断面周长；A 为管道断面面积；Q 为管道内风流流量，$Q = \sqrt{Q_{需} \times Q_{供}}$。

局部阻力：

$$h_{\mathrm{z}} = \frac{1}{2} \times \frac{\xi \times \rho}{A^2} \times Q^2 \tag{6.44}$$

式中，ξ 为局部阻力系数；ρ 为空气密度；A 为管道断面面积；Q 为管道内风流流量，$Q = \sqrt{Q_{需} \times Q_{供}}$。

静压：

$$H_{静} = h_{\mathrm{f}} + h_{\mathrm{z}} \tag{6.45}$$

式中，h_{f} 为管道摩擦阻力；h_{z} 为管道局部阻力。

3) 系统风压

$$H = H_{动} + H_{静} \tag{6.46}$$

式中，$H_{动}$ 为动压；$H_{静}$ 为静压。

4. 风机输入功率计算

$$W = \frac{Q_{供} \times H \times K}{60 \times 1000 \times \eta_1 \times \eta_2 \times \eta_3} \tag{6.47}$$

式中，$Q_{供}$ 为风机供风量；H 为系统风压；K 为功率储备系数；η_1 为风机全压效率；η_2 为电动机效率；η_3 为传动效率。

5. 风机的选用与风筒的选型

对于风筒的选择，主要影响因素是风筒的类型和风筒的直径。运用于隧道施工通风的风筒可分为柔性风筒和刚性风筒，柔性风筒具有重量轻、管节长、接头少、安装容易等优点，但也具有强度低、耐疲劳性差、无法承受负压等缺点。刚性风筒的优点是摩擦阻力较小、抗冲击和耐磨性好，能承受负压，且不易变形，其缺点是重量大、管节短、接头多、搬运安装较为烦琐。

对于风机的选择，根据隧道与地下工程的实际施工方案，确定通风长度和风筒直径等量值，从而选择工作风量、风压和功率不小于计算所得的风机供风量、系统风压和风机输入功率的风机即可满足隧道施工通风的供风要求。

在实际工程中，应综合考虑多方面因素，选择适用于工程实际的风机以及风筒等通风设备。

6.4.2 咪的村隧道施工通风方式及风机校核

1. 风量计算

按洞内同时工作的最多人数的需风量计算：

$$Q_1 = m \times q \times k \tag{6.48}$$

所以

$$Q_1 = 60 \times 4.0 \times 1.25 = 300 \, \text{m}^3/\text{min} \tag{6.49}$$

按洞内最小风速计算风量：

$$Q_2 = v \times S \times 60 \tag{6.50}$$

所以

$$Q_2 = 60 \times 77.2 \times 0.25 = 1158 \, \text{m}^3/\text{min}$$

按洞内同时爆破使用炸药量计算风量：

$$Q_3 = \frac{7.8}{t} \times \sqrt[3]{G(SL)^2} \tag{6.51}$$

所以

$$Q_3 = \frac{7.8}{30} \times \sqrt[3]{240.9 \times (77.2 \times 200)^2} \approx 1003.11 \, \text{m}^3/\text{min} \tag{6.52}$$

按洞内使用内燃机计算风量：

$$Q_4 = g \times \sum(N \times K) \tag{6.53}$$

所以

$$Q_4 = 4.5 \times 402.9 = 1813.05 \, \text{m}^3/\text{min} \tag{6.54}$$

根据计算结果可知，本隧道所需风量取最大值，即

$$Q_{\max} = Q_4 = 1813.05 \, \text{m}^3/\text{min} \tag{6.55}$$

考虑漏风而损失的风量，故洞外风机的供风总量应为

$$Q_{供} = \eta \times Q_{需} \tag{6.56}$$

式中，η 为漏风系数，$\eta = (1-\beta)^{-\frac{L}{100}}$，其中 β 为风筒百米漏风率，取 22%；L 为风筒长度，取 100m；$Q_{需}$ 为掌子面需风量。

所以：

$$Q_{风机} = Q_{\max} \cdot \eta = 2333.85 \, \text{m}^3/\text{min} = 38.9 \, \text{m}^3/\text{s} \tag{6.57}$$

2. 风压计算

风机的静压在数值上等于风筒沿程摩阻力损失和局部阻力损失。本隧道采用管道压入式通风。

管道摩擦阻力：

$$h_\mathrm{f} = \frac{\alpha \times L \times U}{A^3} \times Q^2 \tag{6.58}$$

所以

$$h_\mathrm{f} = \frac{0.0443 \times 100 \times 31.2}{77.2^3} \times 2057^2 \approx 1271.09\,\mathrm{Pa} \tag{6.59}$$

局部阻力：

$$h_\mathrm{z} = \frac{1}{2} \times \frac{\xi \times \rho}{A^2} \times Q^2 \tag{6.60}$$

所以

$$h_\mathrm{z} = \frac{1}{2} \times \frac{0.184 \times 1.29}{77.2^2} \times 2057^2 \approx 84.26\,\mathrm{Pa} \tag{6.61}$$

其他局部阻力取局部阻力的 5%。

总阻力：

$$h_{总} = 1271.09 + 84.26 + 84.26 \times 5\% = 1359.563\,\mathrm{Pa} \tag{6.62}$$

因此，风机的静压力 $= h_{总} = 1359.563\,\mathrm{Pa}$。

3. 通风方式选择

隧道施工通风主要有压入式、吸入式及混合式通风，结合本隧道特点，隧道施工通风散烟采用自然通风和机械通风相结合，压入式轴流风机管道通风、射流风机诱导风向为主，局部采用局扇、自然通风为辅的通风方式。同时采取消烟、降尘等综合治理措施，并制定详细的通风管理制度，以求通过合理的技术措施和严格的管理手段，经常性地检测反馈、不断改进优化，达到良好的通风效果。射流风机随施工用台车移动而相对移动。特长隧道通风，主要需要轴流风机和射流风机两种。根据上述风机的静压力的计算结果，参考风机性能曲线选择分机，要求风量、风压处于被选择风机的高效区内。

4. 通风设备选择

隧道风机选择参数见表 6.8。

表 6.8 隧道风机选择参数

名称	最大设计风量/(m³/min)	最大设计风压/Pa	拟选用风机型号	风量/(m³/min)	风压/Pa	高效风量/(m³/min)	最大配用风机功率/kW	选用风带直径/m
进口左线	2333.85	1359.702	SDF(B)-4-No13	1695～3300	930～5920	2691	132×2	1.8
进口右线	2352.89	1428.68	SDF(B)-4-No13	1695～3300	930～5920	2691	132×2	1.8

5. 风机安装

(1)风机支架应稳固结实,避免运行中振动,风机出口处设置加强型柔性管与风带连接,风机与柔性管结合处应多道绑扎,减少漏风。

(2)洞内射流风机的移动采用小平板车,移动前,提前做好风机支座或支架。射流风机应逐个移动,以保证洞内不间断的空气循环。

(3)风机的安装应有保险装置,当发生故障时能自动停机。主风机应保持经常运转,如需间歇时,因停止供风而受影响的工作面必须停止工作。

(4)主线永临结合方式按设计要求安装型号 Φ1120mm、单机功率 30kW、双向可逆射流风机,两台风机为一组,辅助施工期通风。

(5)主风机均安装在洞外距洞口 20m 处,用压入式通风,把新鲜空气送到开挖工作面。

6. 风带安装

(1)风带必须有出厂合格证,使用前进行外观检查,保证无损坏,粘接缝牢固平顺,接头完好严密。

(2)通风带应与风机配套,同一管路的直径宜一致。通风风带的安装做到平顺,接头严密,弯管半径不小于风带直径的 3 倍。

(3)风带安装前,测量放线,按正顶拱 5m 间距安置膨胀螺栓,布 8 号镀锌铁丝,用紧线器张紧。风带吊挂在拉线下。为避免铁丝受冲击波振动、洞内潮湿空气腐蚀等原因造成断裂,每 10m 增设 1 个尼龙绳挂圈。

(4)风带末端距掌子面的距离应控制在 30m 范围内。

6.4.3 螺旋隧道上螺旋和下螺旋施工通风关键参数分析

1. 当前通风方式下螺旋隧道施工主要污染物扩散

通过数值模拟,咪的村螺旋隧道内掌子面附近区域空气流场的流线分布情况和不同截面的速度云图见图 6.44。

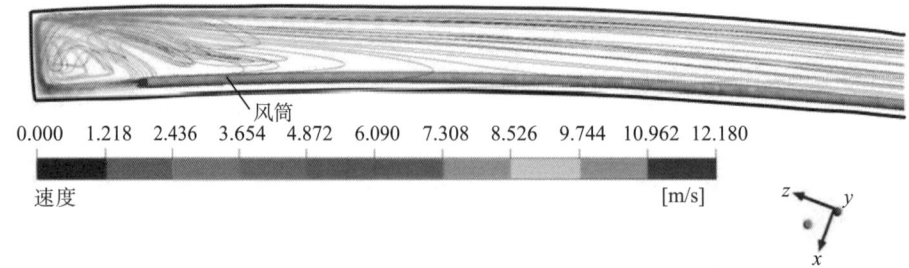

图 6.44 掌子面附近空气流场流线分布图

图 6.44 中可明显看到隧道内风流流动轨迹。新鲜风流经风筒输送,从风筒出口处流出后在掌子面进行转向,形成回流,且掌子面附近存在较大旋涡。在回流过程中,掌子面

附近空气流线杂乱,空气流场较为复杂,在距离掌子面35m以外的区域,紊乱的空气流线随着远离掌子面而逐渐变得平滑,并且形成较为稳定的风流,风筒周围风流很小。该风流流动属于贴壁非自由射流。

图6.45为不同高度隧道平面上的风速矢量图,其中(a)为0.6m高度处,(b)为1.6m高度处即人呼吸带高度,(c)为2.6m高度处,(d)为3.6m高度处即风筒悬挂高度附近。由图6.45(d)可以看出,新鲜风流经风筒出风口射出,沿着隧道近风筒侧的壁面附近一直射流,但是射流速度不断减小。风流抵达掌子面以后,由于独头掘进的封闭性,风流触碰掌子面后折返至隧道空间内形成回流。形成回流过程中,在风筒出风口附近进风和回风混合,发生涡流现象,如图6.45中方框区域,该区域内流速极小。

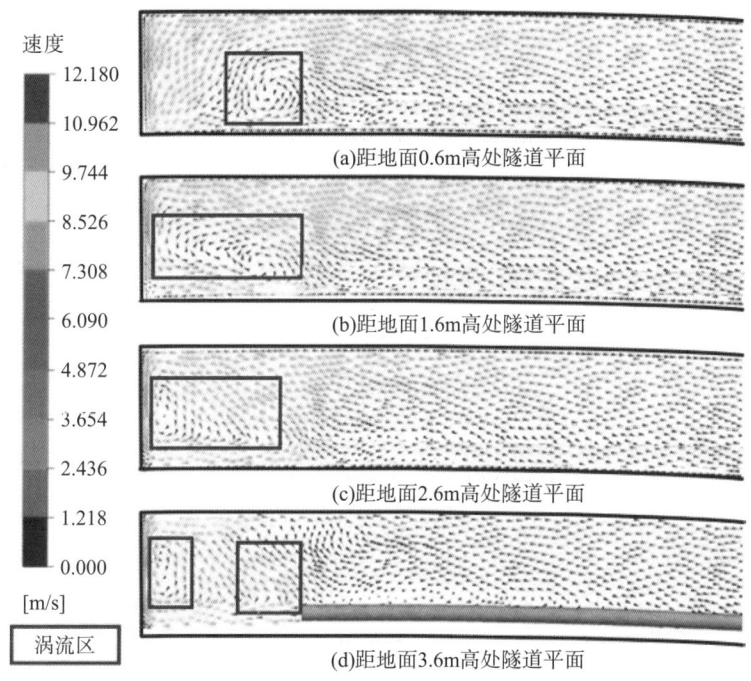

图6.45 不同高度隧道平面风速矢量图

从模拟结果来看,掌子面到风筒出风口附近约35m范围内,存在大量涡流区域。比较不同高度上的情况可发现,涡流区域集中在风筒悬挂高度附近,越靠近风筒悬挂高度,涡流情况越复杂,面积越大;远离风筒出口的高度,涡流区逐渐缩小,至0.6m高度附近时涡流区较小,流场也更为平稳。同时,可发现回流主要发生在远离风筒一侧,远离风筒那一侧的空气流动速度较大,风筒所在侧空气流动速度较小。随着离掌子面距离的增加,隧道中空气流场从混乱逐渐变得平稳,分布也更加均匀。

图6.46为不同高度隧道平面风速云图,同样可以看出,新鲜空气经风筒出风口射出,沿着隧道近风筒侧的壁面附近一直射流,但是射流速度不断减小,到达掌子面折返形成回流。越远离风筒悬挂高度,风流流场发育越完全,结构越平稳。

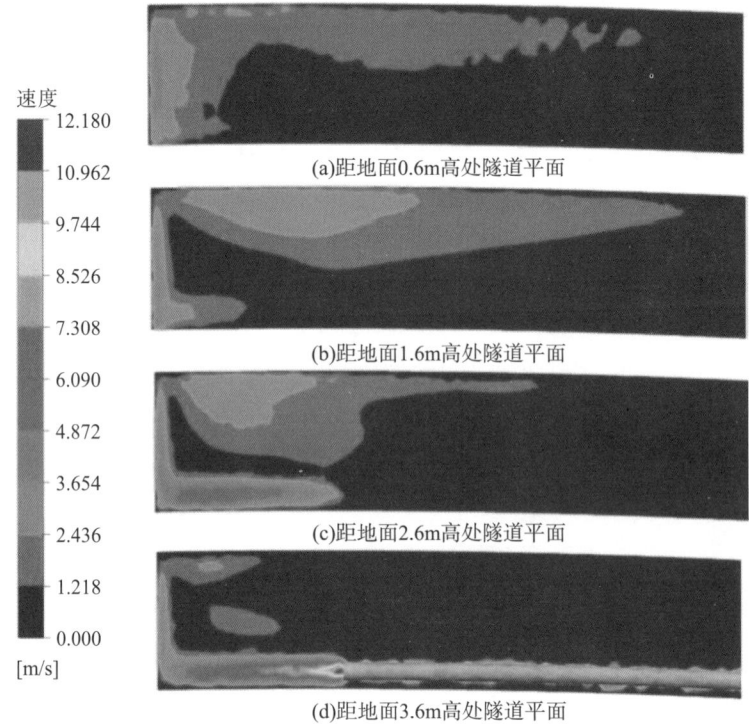

图 6.46 不同高度隧道平面风速云图

图 6.47 为距掌子面不同距离处隧道截面风速分布情况，从图中可知，涡流区范围从掌子面到风筒出口逐渐减小，风流逐渐平稳；靠近掌子面附近风速最大，但变化也最明显，远离掌子面，风速逐渐趋于平稳；压入式通风条件下的螺旋隧道，自掌子面往隧道出口方向，可依次分为射流区、涡流区和回流稳定区等，涡流区在风筒出风口附近，涡流区内风速较小。

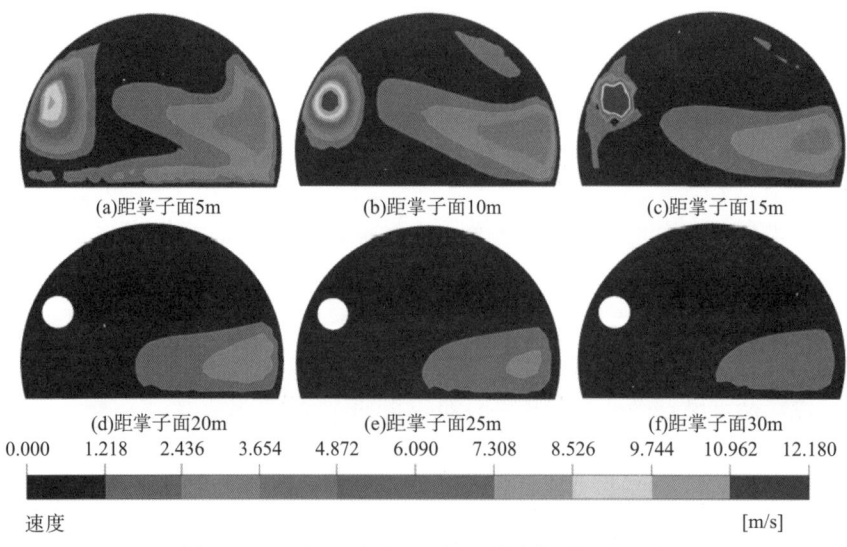

图 6.47 距掌子面不同距离处隧道截面风速分布

1) CO 扩散规律

掌子面爆破工序中，乳化炸药爆炸后产生的一氧化碳等有害污染物将随着通风风流逐渐向洞口扩散。图 6.48 为本工程工况下螺旋隧道中人呼吸高度上一氧化碳随时间扩散的过程。

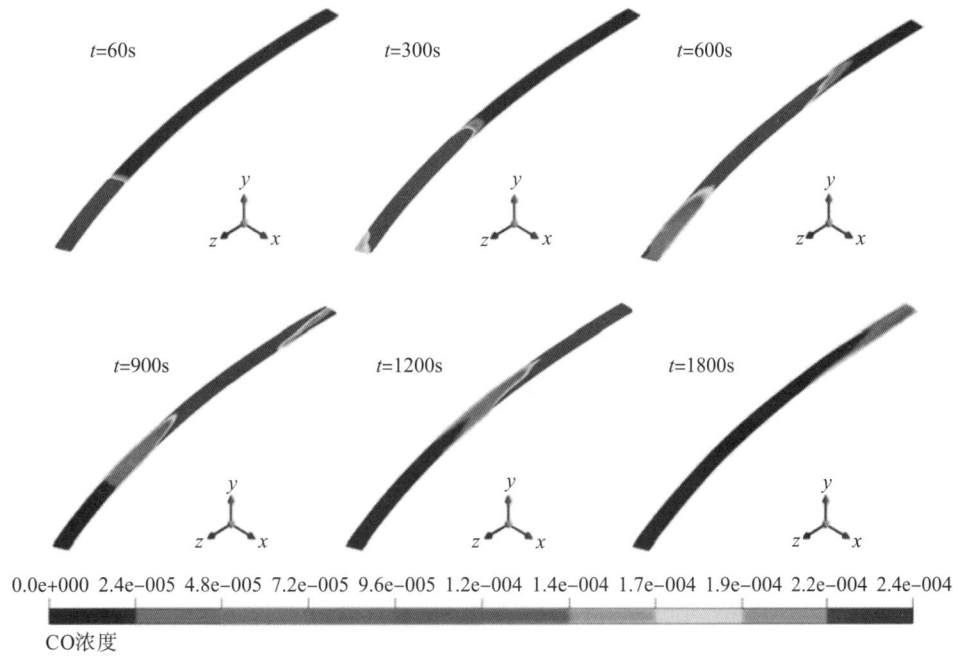

图 6.48　不同时刻 1.6m 高（人呼吸高度）处 CO 浓度分布云图

从图 6.48 中可以看到，放炮后，炮烟迅速充满掌子面附近的一个区域，该区域长度即为炮烟抛掷距离，炮烟瞬间充满此区域，均匀分布。随着施工通风不断进行，新鲜风流经风筒输送到掌子面附近，掌子面附近区域受到新鲜风流直射，该处的一氧化碳气体最先被稀释，一氧化碳浓度有所降低，但仍然维持在一个很高的浓度。此时，一氧化碳气体开始扩散到炮烟抛掷距离以外的空间中。通风不断持续，新鲜空气持续输入到隧道空间中，一氧化碳气体随着回流空气不断向隧道出口方向迁移。根据云图可以清晰地看到，一氧化碳气体以"气团"的形式从掌子面附近不断向洞口迁移，迁移时靠近壁面区域具有"黏滞性"，近壁面移动略微滞后于远离壁面的区域。气团的浓度峰值不断下降，整体浓度不断下降，但是气团体积不断扩大。掌子面附近区域最先降至浓度标准以下，且随通风时间增长，达标区域不断扩大。云图反映的气体扩散规律与现场测试曲线显示的规律一致。

隧道内同一高度平面上的一氧化碳气体浓度分布与风流结构密切相关。除涡流区风流结构较为混乱之外，中线外侧风速较其他区域更大，外侧一氧化碳气体扩散明显比内侧快，浓度稀释时，外测浓度下降也更快。

以距掌子面 150m 远处的一个截面为例，观察一氧化碳浓度变化情况。图 6.49 为距掌子面 150m 远处平面上不同时间的一氧化碳浓度分布云图。从浓度变化过程来看，在爆破刚刚结束时，爆破烟气未扩散至 150m 远处的平面；随着通风的进行，该处开始有一氧化碳气体存在，此时靠近壁面区域浓度较低，符合近壁处扩散"黏滞"的特点；到10分钟左右时，该处一氧化碳浓度达到峰值，一氧化碳"气团"中心移动到该处；通风继续进行，该处浓度又逐渐降低，且隧道螺旋中线外侧浓度低于内侧，说明外侧气体扩散更快；随后"气团"继续向洞口移动，150m处平面浓度最终降至标准浓度0.0024%以内。

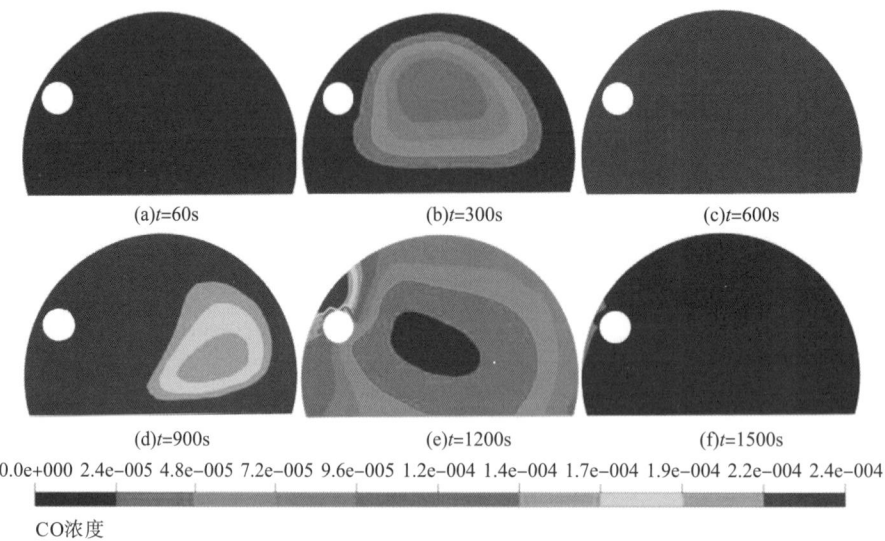

图 6.49　不同时刻距掌子面 150m 处 CO 浓度分布云图

2）粉尘扩散规律

图 6.50 为模拟的螺旋隧道进行喷浆作业工序时，隧道内部沿程距掌子面 10m、20m、30m、40m、50m、60m 处截面上粉尘浓度分布的云图。

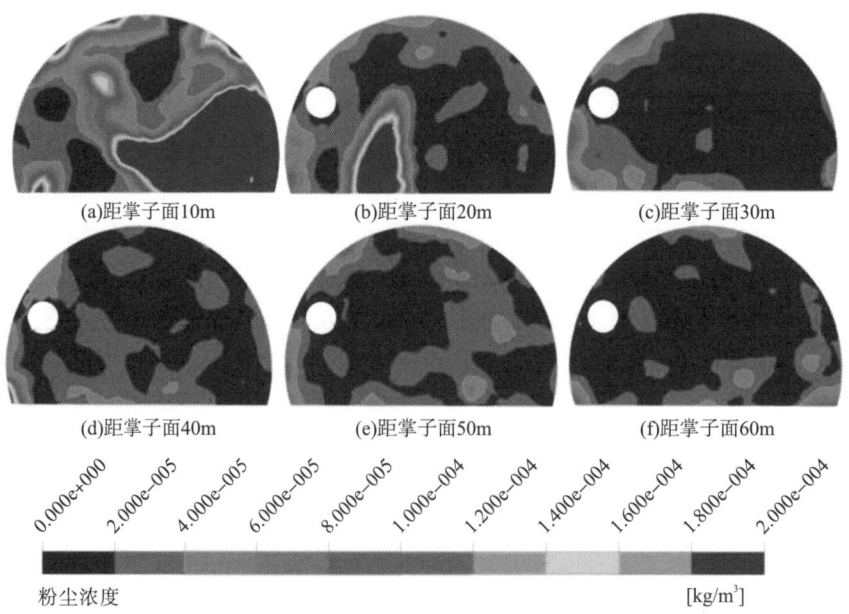

图 6.50　距掌子面不同距离处隧道截面粉尘分布

从图 6.50 中可以看出，距离喷浆区域越近，粉尘浓度越大，在喷浆区域附近浓度超过 200mg/m³，严重超标。随着到喷浆区域的距离不断增大，隧道空间截面上粉尘浓度不断减小，说明粉尘在随回流空气扩散过程中，粉尘颗粒不断发生沉降，降至地面后不再扬起，隧道空间内粉尘浓度逐渐降低。但空气中有一定的粉尘浓度，因为粉尘颗粒的粒径不同，大颗粒的粉尘易沉降，小颗粒的粉尘却飘浮在空气中随风流不断运动。

同时从浓度的分布可以看出，粉尘分布特征与风速和重力作用密切相关。风筒出风口附近（掌子面附近 20m 以内），粉尘被风流"携带"，中线外侧风流集中，风速更高，此时中线外侧的粉尘浓度明显高于其他区域。随着距离的增加，粉尘不断被吹散，充满整个隧道截面，且飞扬的粉尘粒径也越来越小，更易漂浮，因此风速大的地方粉尘易被吹散，而风筒安装的一侧风速小易积聚小粒径粉尘，此时，反而是风筒一侧粉尘浓度更高。不难发现，越靠近地面粉尘浓度越大，而隧道上部空间粉尘浓度更小，粉尘在重力作用下不断沉降被地面捕捉。远离掌子面区域粉尘浓度逐渐稳定，但可以看出，在距离掌子面一定范围内，粉尘浓度无法通过通风的方法完全达标，必须辅以湿喷、淋水等方式，保证隧道内空气洁净。

2. 风筒送风风速对风流流场的影响

为研究施工通风过程中风筒末端不同风速对曲线隧道内部风流流场的影响，分别建立曲率半径 R=300m，风筒末端距掌子面距离 D=15m，风筒悬挂于隧道上部，风筒送风风速（V）为 10m/s、14m/s、18m/s、22m/s 的 4 种工况模型进行分析，计算模型如图 6.51 所示，计算工况见表 6.9。

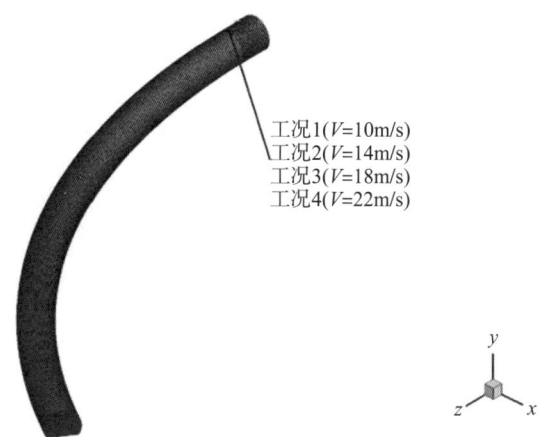

图 6.51　风筒末端不同风速整体模型图

表 6.9　风筒末端风速对风流流场影响分析的工况拟定表

	曲率半径 R	风筒末端风速 V	风筒末端距掌子面距离 D	风筒悬挂位置
工况 1	300	10	15	隧道上部
工况 2	300	14	15	隧道上部
工况 3	300	18	15	隧道上部
工况 4	300	22	15	隧道上部

图 6.52 为距掌子面 50m 断面的风速云图。可以看出,风筒末端风速对该断面的风速的非对称分布规律无明显影响,风速由隧道外侧拱肩位置向隧道内侧拱脚位置逐渐降低,随着风筒末端风速的增大,断面最大风速也逐渐增大,分别为 0.28m/s、0.39m/s、0.51m/s、0.62m/s。

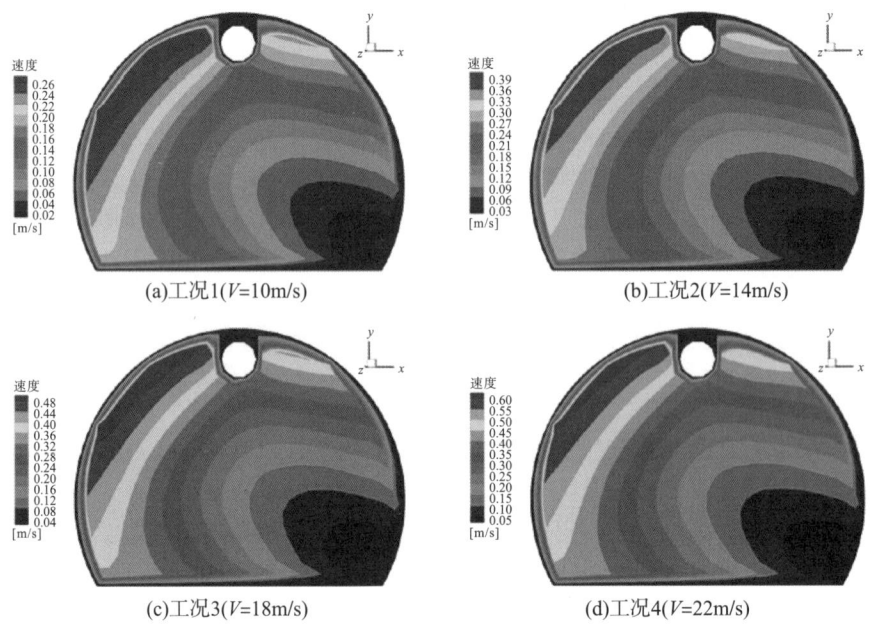

图 6.52 距掌子面 50m 断面风速云图

图 6.53 为隧道中线上不同水平高度位置的风速沿程分布曲线。从图中可以看出,随着风筒末端风速的增大,隧道中线上的风速也逐渐增大,4 种工况在同一水平高度的风速沿程变化规律相同。当水平高度为 1.6m 时,随着距掌子面距离的增大,风速先增大后减小,最后缓慢增大。各工况最大风速分别为 1.67m/s、2.34m/s、3.01m/s、3.68m/s,最小风速分别为 0.05m/s、0.07m/s、0.09m/s、0.11m/s。当水平高度为 5.5m 时,沿程风速变化规律与水平高度 1.6m 相似,但是最大风速出现在距掌子面 1m 位置,各工况最大风速分别为 1.73m/s、2.42m/s、3.11m/s、3.81m/s。

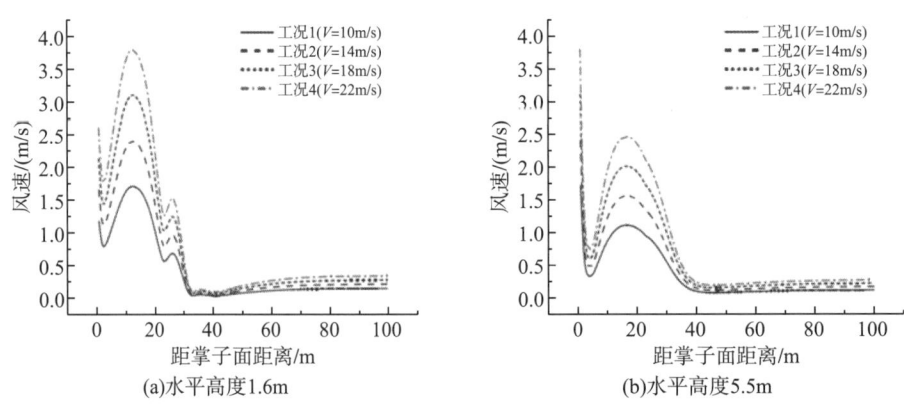

图 6.53 隧道中线风速沿程分布

图 6.54 为各断面平均风速和最大风速随风筒末端风速变化曲线图。可以看出，4 种工况下隧道各断面的平均风速和最大风速均随着风筒末端风速的增大而增大。分析 4 种工况下隧道各断面的平均风速随风筒末端风速变化曲线，距掌子面 1m 断面的平均风速随风筒末端风速增大而升高的幅值最大，以工况 1(V=10m/s)为基准，工况 2(V=14m/s)、工况 3(V=18m/s)、工况 4(V=22m/s)距掌子面 1m 断面的平均风速增幅依次为 40.01%、80.03%、120.05%。

分析 4 种工况下隧道各断面的最大风速随风筒末端风速变化曲线(图 6.54)，距掌子面 5m 断面的最大风速随风筒末端风速增大而升高的幅值最大，以工况 1(V=10m/s)为基准，工况 2(V=14m/s)、工况 3(V=18m/s)、工况 4(V=22m/s)距掌子面 5m 断面的最大风速增幅依次为 40.00%、80.00%、120.00%。

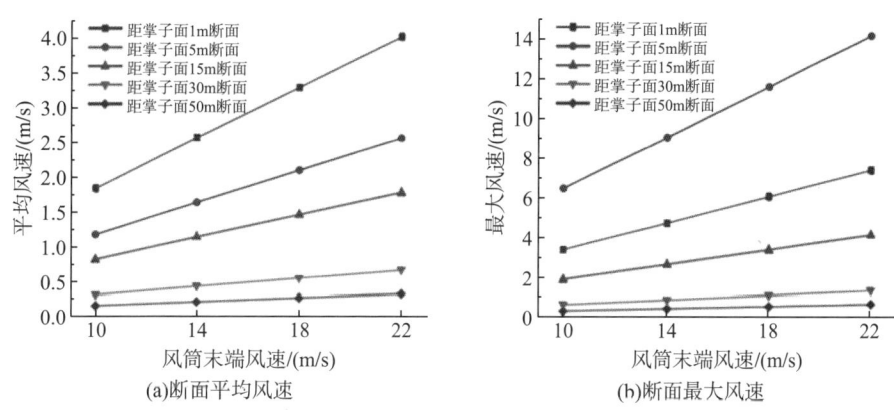

图 6.54 断面风速随风筒末端风速变化曲线

3. 风筒送风风速对 CO 扩散规律的影响

为研究施工通风过程中风筒送风风速对 CO 扩散的影响，分别建立曲率半径 R=300m，风筒末端距掌子面距离 D=15m，风筒悬挂于隧道上部，掌子面 CO 涌出量 S=0.0096kg/(m³·s)，风筒末端风速(V)为 10m/s、14m/s、18m/s、22m/s 的 4 种工况模型进行分析，计算工况见表 6.10。

表 6.10 风筒送风风速对 CO 扩散规律影响分析的工况拟定表

	曲率半径 R/m	风筒末端风速 V/(m/s)	风筒末端距掌子面距离 D/m	风筒悬挂位置	CO 涌出量 /[kg/(m³·s)]
工况 1	300	10	15	隧道上部	0.0096
工况 2	300	14	15	隧道上部	0.0096
工况 3	300	18	15	隧道上部	0.0096
工况 4	300	22	15	隧道上部	0.0096

图 6.55 为通风 60min 时 4 种工况下掌子面 CO 浓度云图,可以看出,风筒末端风速对掌子面的 CO 浓度分布规律无明显影响,掌子面的最大 CO 浓度区域均出现在隧道内侧拱脚位置。随着风筒末端风速的增大,最大 CO 浓度值逐渐降低,分别为 5.1%、3.4%、2.6%、2.1%。

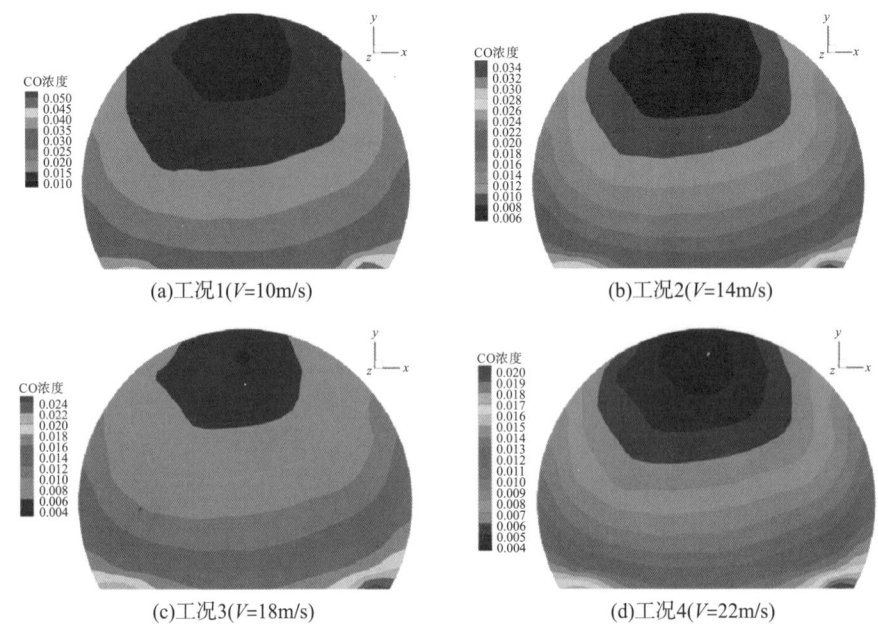

图 6.55 通风 60min 时掌子面 CO 浓度云图

图 6.56 为 4 种工况下隧道中线上不同水平高度位置的 CO 浓度沿程分布曲线。从图中可以看出,随着风筒末端风速的增大,隧道中线上的 CO 浓度逐渐降低,各工况 CO 浓度沿程分布规律相同。当水平高度为 1.6m 时,随着距掌子面距离的增大,CO 浓度先急剧减小再缓慢增大,在距掌子面 1m 位置降为最小值,分别为 0.92%、0.66%、0.42%、0.28%。当水平高度为 5.5m 时,隧道中线 CO 浓度沿程分布规律与水平高度 1.6m 相似,在距掌子面 1m 位置降为最小值,分别为 0.76%、0.55%、0.43%、0.35%。

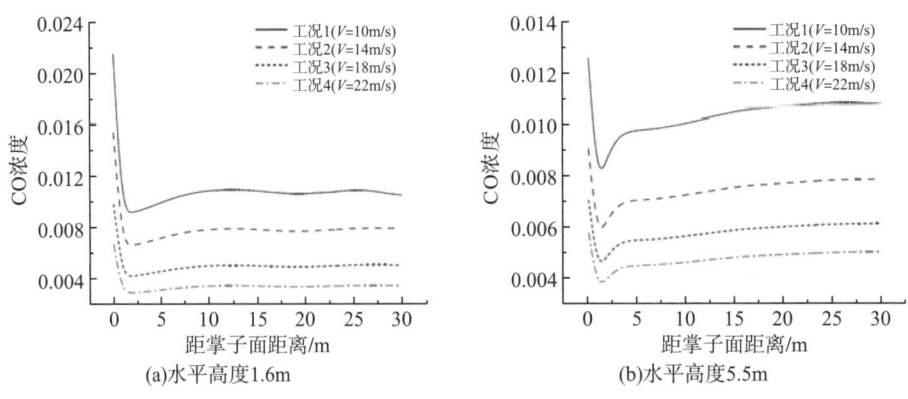

图 6.56 隧道中线 CO 浓度沿程分布

图 6.57 为各断面平均 CO 浓度和最大 CO 浓度随风筒末端风速变化曲线图。可以看出，4 种工况下各断面的平均 CO 浓度和最大 CO 浓度均随着风筒末端风速增大而降低。

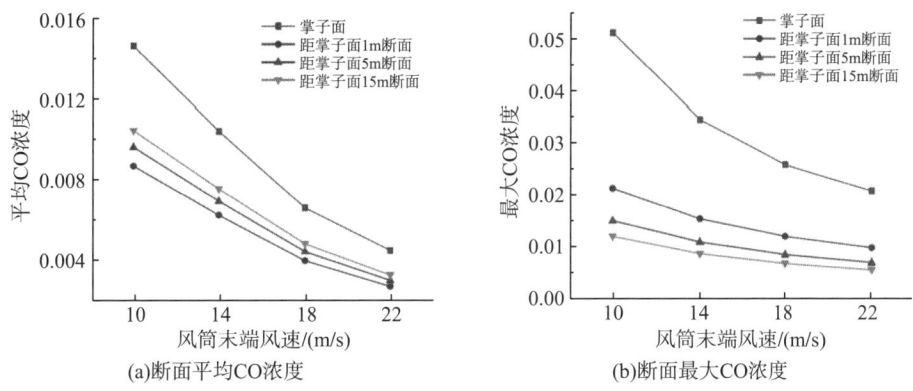

图 6.57　断面 CO 浓度随风筒末端风速变化曲线

分析 4 种工况下隧道各断面的平均 CO 浓度随风筒末端风速变化曲线，掌子面的平均 CO 浓度随风筒末端风速增大而降低的幅值最大，以工况 1(V=10m/s) 为基准，工况 2(V=14m/s)、工况 3(V=18m/s)、工况 4(V=22m/s) 掌子面的平均 CO 浓度降低的幅度依次为 28.61%、54.69%、69.20%。

分析 4 种工况下隧道各断面的最大 CO 浓度随风筒末端风速变化曲线，依然是掌子面的最大 CO 浓度随风筒末端风速增大而降低的幅值最大，以工况 1(V=10m/s) 为基准，工况 2(V=14m/s)、工况 3(V=18m/s)、工况 4(V=22m/s) 掌子面的最大 CO 浓度降低的幅度依次为 32.53%、49.39%、59.28%。

4. 风筒末端距掌子面距离对风流流场的影响

为研究施工通风过程中风筒末端距掌子面距离对隧道内部风流流场的影响，分别建立曲率半径 R=300m，风筒出口风速 V=22m/s，风筒悬挂于隧道上部，风筒出口距掌子面距离(D)为 5m、15m、25m、35m 的 4 种工况模型进行分析，计算模型如图 6.58 所示，计算工况见表 6.11。

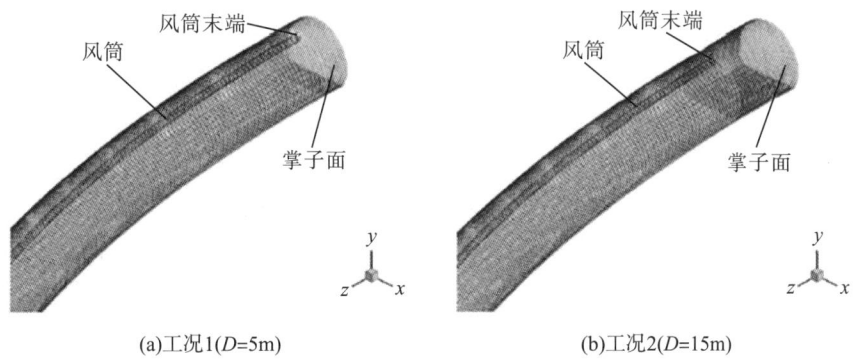

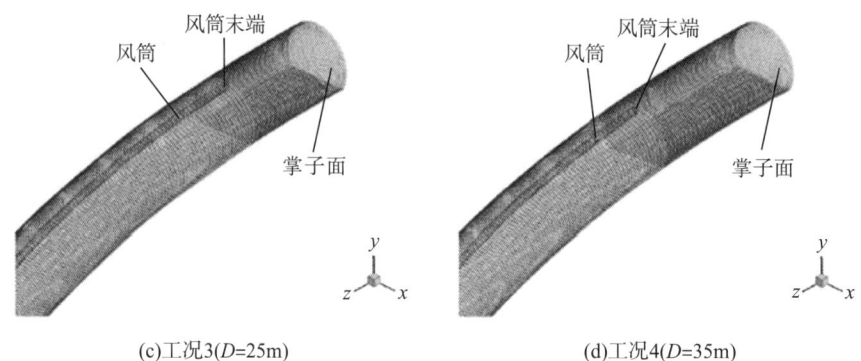

(c)工况3(*D*=25m)　　　　　　　　(d)工况4(*D*=35m)

图 6.58　风筒末端距掌子面不同距离模型局部网格

表 6.11　风筒末端距掌子面距离对风流流场影响分析的工况拟定表

	曲率半径 *R*/m	风筒末端风速 *V*/(m/s)	风筒末端距掌子面距离 *D*/m	风筒悬挂位置
工况 1	300	22	5	隧道上部
工况 2	300	22	15	隧道上部
工况 3	300	22	25	隧道上部
工况 4	300	22	35	隧道上部

图 6.59 为 4 种工况下水平高度 7.25m(风筒中心线高度位置)处的风速云图。由图可以看出，当 $D \geqslant 15$m 时，随着风筒末端距掌子面距离的增大，掌子面附近的风速逐渐降低，这是由于气流从风筒出口自由射出以后，将带动周围原本静止的气体一起运动，射流宽度逐渐发展而射流速度逐渐降低，在射程达到 15m 后，中心速度明显衰减，产生的卷吸现象也逐渐消失。当 $D \leqslant 5$m 时，由于距离较短，风筒出口射出的风流无法完全带动周围气体一起运动，导致射流发展不充分，故而掌子面附近的风速也不大。

图 6.60 为各断面平均风速随风筒末端距掌子面距离变化的曲线图。可以看出，在掌子面附近范围内，断面平均风速在风筒末端距掌子面 15m 和 25m 时保持较大值[图 6.60(a)]，而在断面距掌子面距离为 30m 和 50m 时，断面平均风速随着风筒末端距掌子面距离的增大而增大，但是在距掌子面 150m 以后的区域，断面平均风速基本相同[图 6.60(b)]。

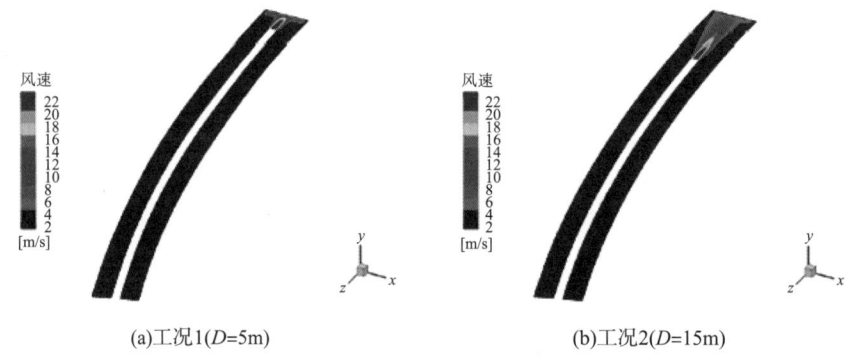

(a)工况1(*D*=5m)　　　　　　　　(b)工况2(*D*=15m)

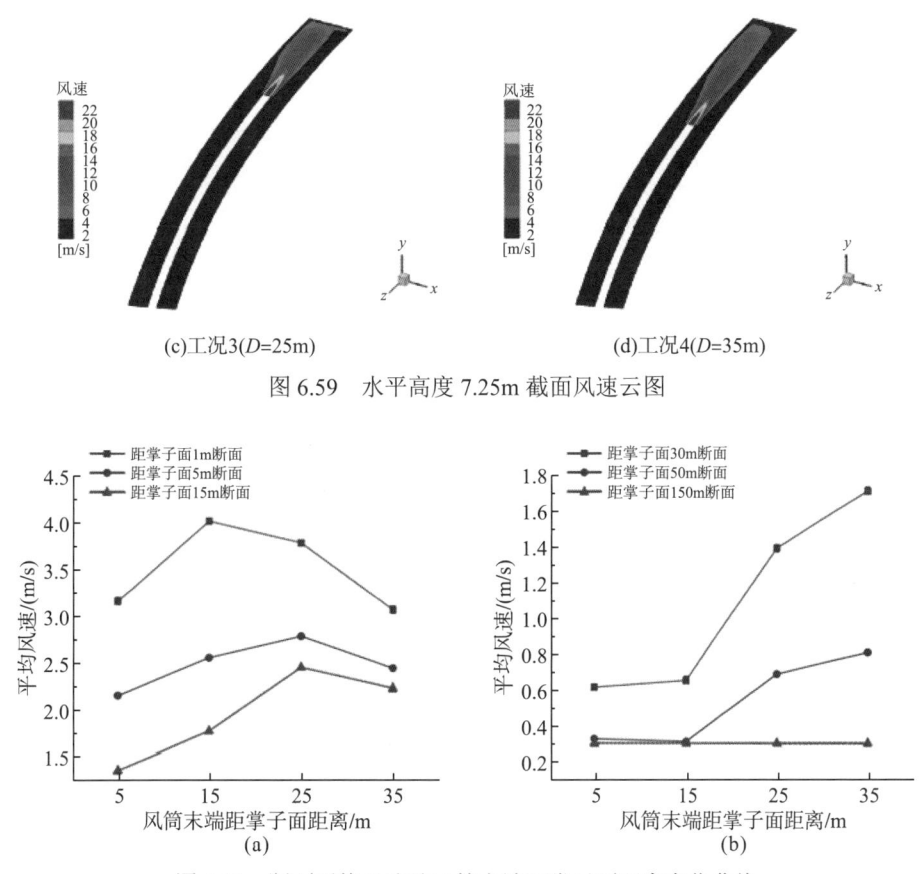

(c) 工况3(D=25m)　　　　　　　　(d) 工况4(D=35m)

图 6.59　水平高度 7.25m 截面风速云图

图 6.60　断面平均风速随风筒末端距掌子面距离变化曲线

5. 风筒末端距掌子面距离对 CO 扩散规律的影响

为研究施工通风过程中风筒末端距掌子面距离对 CO 扩散的影响，分别建立曲率半径 R=300m，风筒末端风速 V=22m/s，风筒悬挂于隧道上部，掌子面 CO 涌出量 S=0.0096kg/(m³·s)，风筒末端距掌子面距离(D)为 5m、15m、25m、35m 的 4 种工况模型进行分析，计算工况见表 6.12。

表 6.12　风筒末端距掌子面距离对瓦斯扩散规律影响分析的工况拟定表

工况	曲率半径 R/m	风筒末端风速 V/(m/s)	风筒末端距掌子面距离 D/m	风筒悬挂位置
工况 1	300	22	5	隧道上部
工况 2	300	22	15	隧道上部
工况 3	300	22	25	隧道上部
工况 4	300	22	35	隧道上部

图 6.61 为断面平均 CO 浓度和最大 CO 浓度随风筒末端距掌子面距离变化的曲线。可以看出，仅掌子面的平均 CO 浓度随风筒末端距掌子面距离的增大而增大，其他断面的平

均 CO 浓度随风筒末端距掌子面距离的变化无明显规律。各断面的最大 CO 浓度均随着风筒末端距掌子面距离的增大而升高。

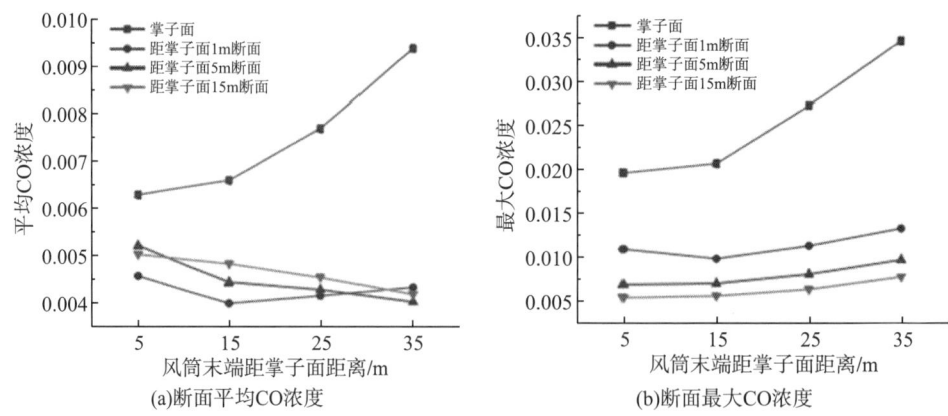

图 6.61　断面 CO 浓度随风筒末端距掌子面距离变化的曲线

图 6.62 为隧道中线 CO 浓度沿程分布曲线，由图可以看出，工况 4(D=35m)掌子面处的 CO 浓度值最大，这与之前的结论一致，即减小风筒末端与掌子面距离对降低掌子面 CO 浓度起着积极作用。但是在距掌子面 1～15m 范围内，工况 1(D=5m)的 CO 浓度值最大，而工况 4(D=35m)的 CO 浓度值最小，说明在该范围内 CO 浓度值随着风筒出口距掌子面距离的增大而减小，这与我们一般认为的"其他条件不变时，风筒出口距掌子面距离减小一定会促使整个隧道内的 CO 浓度减小"的概念有所差异。

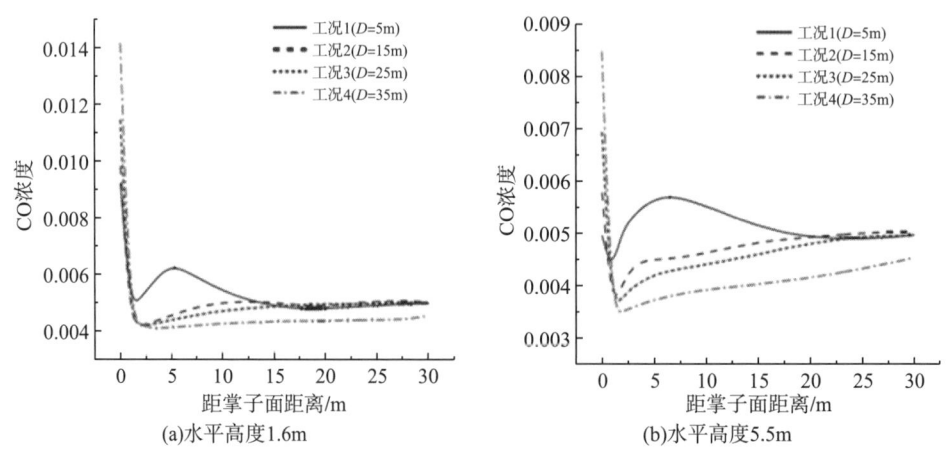

图 6.62　隧道中线 CO 浓度沿程分布

6. 风筒悬挂位置对风流流场的影响

为研究施工通风过程中风筒悬挂位置对隧道内部风流流场的影响，分别建立曲率半径 R=300m，风筒末端风速 V=22m/s，风筒末端距掌子面距离 D=15m，风筒悬挂于隧道上部、隧道内侧、隧道外侧的 3 种工况模型进行分析，风筒悬挂于隧道上部、内侧和外侧的示意图和模型图如图 6.63～图 6.65 所示，计算工况见表 6.13。

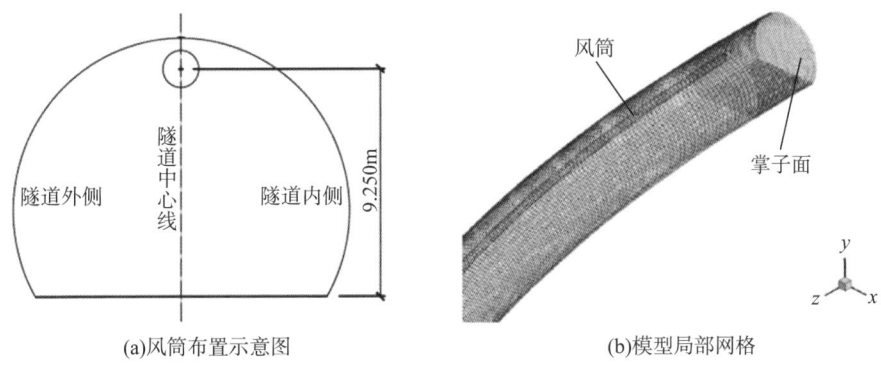

图 6.63　工况 1(风筒悬挂于隧道上部)模型示意图

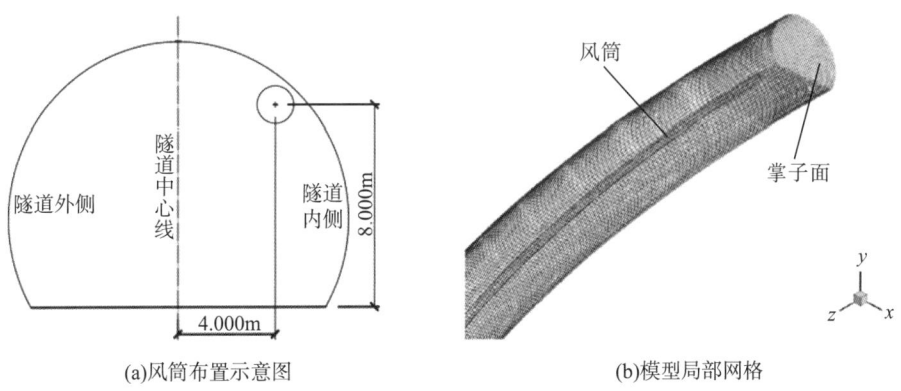

图 6.64　工况 2(风筒悬挂于隧道内侧)模型示意图

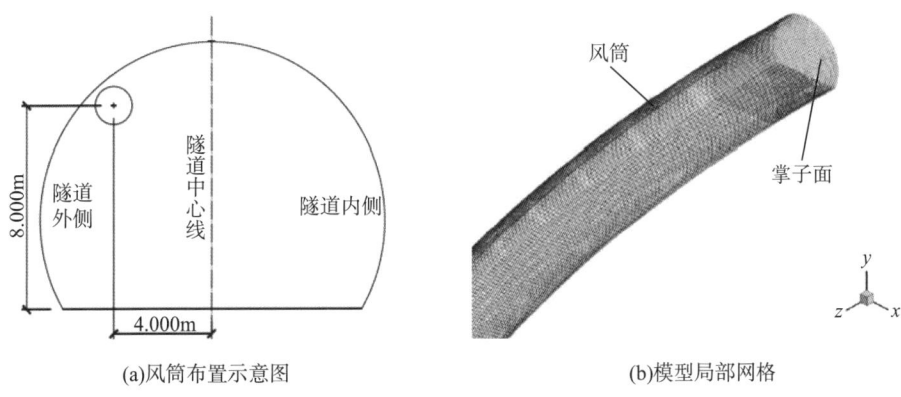

图 6.65　工况 3(风筒悬挂于隧道外侧)模型示意图

表 6.13　风筒悬挂位置对风流流场影响分析的工况拟定表

	曲率半径 R/m	风筒末端风速 V/(m/s)	风筒末端距掌子面距离 D/m	风筒悬挂位置
工况 1	300	22	15	隧道上部
工况 2	300	22	15	隧道内侧
工况 3	300	22	15	隧道外侧

图 6.66～图 6.68 分别为 3 种工况下距掌子面 1m 和 50m 断面的风速云图。由图可以看出，改变风筒悬挂位置对隧道内各断面的风速分布状态有着较大影响，对于距掌子面 50m 断面的风速分布规律大致表现为靠近风筒一侧风速较小，而远离风筒一侧的风速较大。

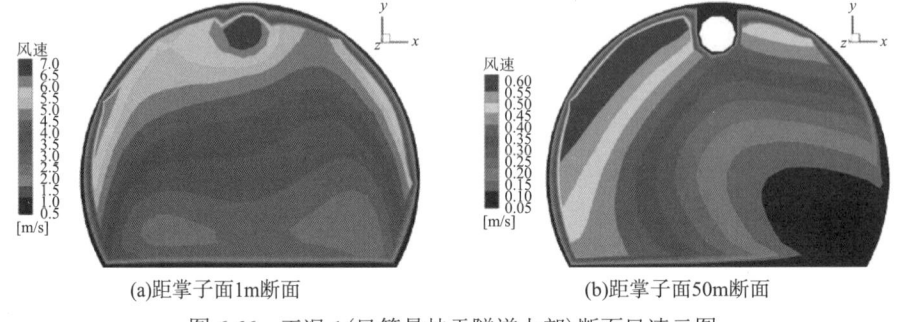

(a)距掌子面1m断面　　　　(b)距掌子面50m断面
图 6.66　工况 1(风筒悬挂于隧道上部)断面风速云图

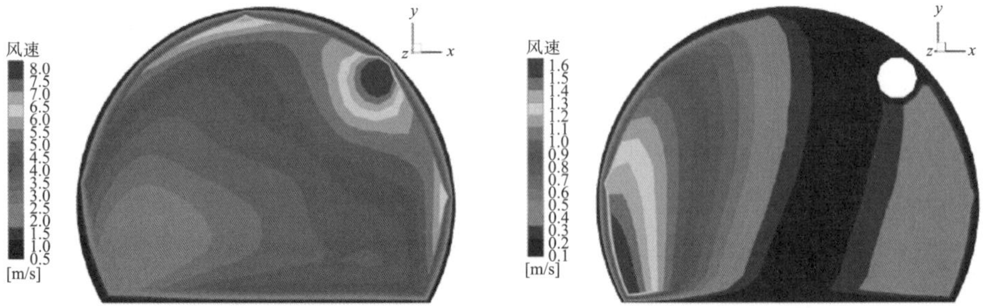

(a)距掌子面1m断面　　　　(b)距掌子面50m断面
图 6.67　工况 2(风筒悬挂于隧道内侧)断面风速云图

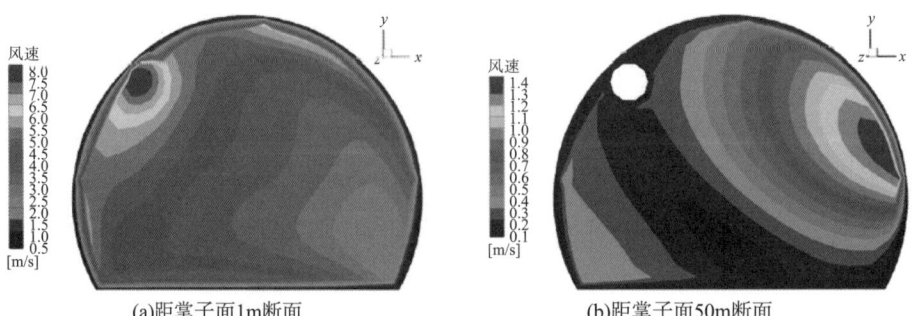

(a)距掌子面1m断面　　　　(b)距掌子面50m断面
图 6.68　工况 3(风筒悬挂于隧道外侧)断面风速云图

由图 6.66~图 6.68 可知,工况 1(风筒在隧道上部)距掌子面 1m 断面的最大风速区域出现在隧道顶部,而最小风速区域位于隧道拱底位置,风速基本呈由上到下逐渐减小的分布规律;距掌子面 50m 断面的最大风速区域则出现在隧道外侧拱肩,而最小风速区域位于隧道内侧拱脚位置,风速从隧道外侧拱肩向隧道内侧拱脚逐渐降低。工况 2(风筒在隧道内侧)距掌子面 1m 断面的最大风速区域出现在隧道内侧拱肩,而最小风速区域位于隧道外侧拱脚位置,风速从隧道内侧拱肩向隧道外侧拱脚位置逐渐降低;距掌子面 50m 断面的最大风速区域出现在隧道外侧拱脚,而最小风速区域位于隧道拱底位置,隧道外侧风速最大,隧道中部速度最小。工况 3(风筒在隧道外侧)距掌子面 1m 断面的最大风速区域出现在隧道外侧拱肩,而最小风速区域位于隧道内侧拱脚位置;距掌子面 50m 断面的最大风速区域出现在隧道内侧拱肩,而最小风速同样位于隧道拱底位置,隧道内侧风速最大,隧道中部速度最小。

图 6.69 为距掌子面 50m 断面在水平高度 3.5m 位置的风速分布曲线。从图中可以看出,3 种工况下风速均呈"U"形分布,即隧道中部速度小,隧道两侧风速相对较大。由前述分析可知,影响隧道内断面风速分布状态的两个主要因素分别为曲率半径和风筒悬挂位置,曲率半径对该断面风速分布状态的影响表现在隧道外侧风速大于隧道内侧风速,风筒

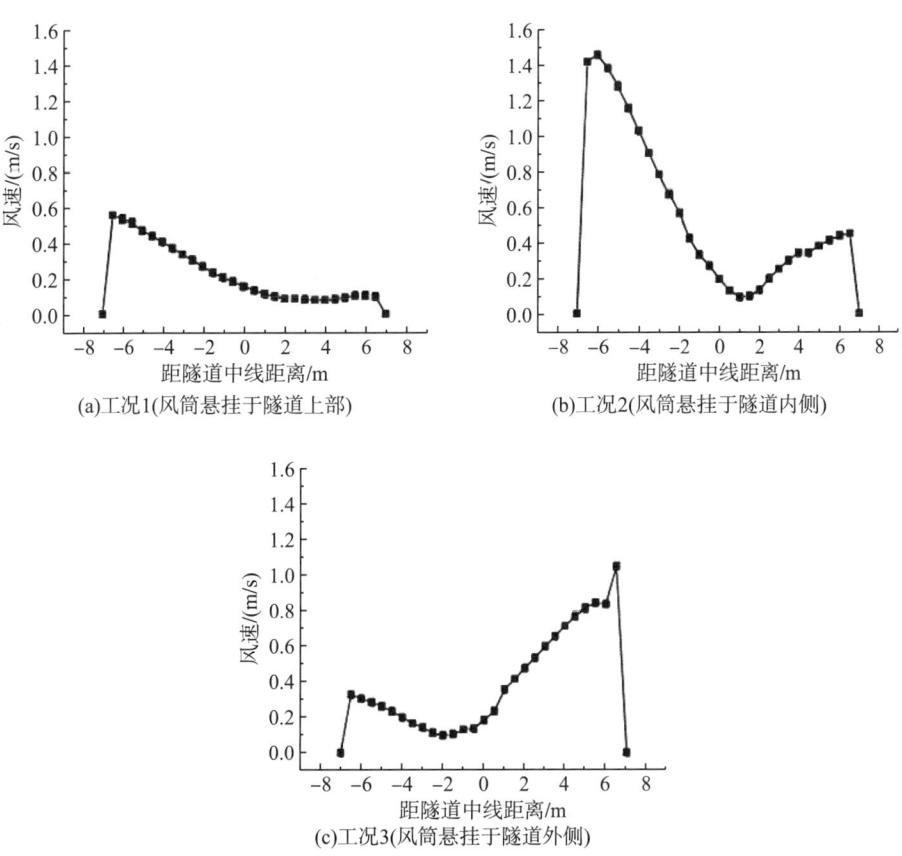

图 6.69 距掌子面 50m 断面水平高度 3.5m 处风速分布曲线

悬挂位置对该断面风速分布状态的影响则表现在靠近风筒一侧的风速小于远离风筒一侧的风速。工况1(风筒悬挂于隧道上部)呈现曲线隧道最基本的风速分布规律，即隧道外侧风速略大于隧道内侧风速。分析工况2(风筒悬挂于隧道内侧)，该断面风速分布状态同时受到曲率半径和风筒悬挂位置的影响，两种因素相互叠加使得隧道外侧风速远大于隧道内侧风速。而对于工况3(风筒悬挂于隧道外侧)，尽管曲率半径和风筒悬挂位置两种因素产生的影响相互抵消，隧道内侧风速依然大于隧道外侧风速。由此可知，风筒悬挂位置对断面风速分布状态的影响大于曲率半径对其的影响。

7. 风筒悬挂位置对CO扩散规律的影响

为分析研究施工通风过程中风筒悬挂位置对CO扩散的影响，分别建立曲率半径R=300m，风筒末端风速V=22m/s，掌子面CO涌出量S=0.0096kg/(m^3·s)，风筒悬挂于隧道上部、隧道内侧、隧道外侧的3种工况模型进行计算，计算工况见表6.14。

表6.14　风筒悬挂位置对CO扩散规律影响分析的工况拟定表

工况	曲率半径R/m	风筒末端风速V/(m/s)	风筒末端距掌子面距离D/m	风筒悬挂位置
工况1	300	22	15	隧道上部
工况2	300	22	15	隧道内侧
工况3	300	22	15	隧道外侧

图6.70～图6.72分别为3种工况下掌子面和距掌子面5m断面的CO浓度云图。分析工况1(风筒悬挂于隧道上部)各断面CO浓度云图，因为模型具有对称性，各断面的CO浓度本应沿隧道中线对称分布，但因其是曲率半径为300m的曲线隧道，导致断面的CO浓度分布也具有一定的非对称性。对于工况2(风筒悬挂于隧道内侧)和工况3(风筒悬挂于隧道外侧)，各断面的CO浓度分布规律具有极强的非对称性，具体表现为靠近风筒一侧的CO浓度较小，而远离风筒一侧的CO浓度较大。

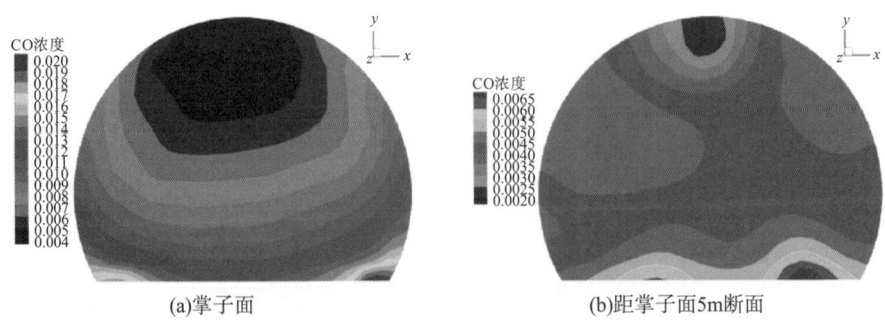

(a)掌子面　　　　　　　　　　(b)距掌子面5m断面

图6.70　工况1(隧道悬挂于隧道上部)通风30min各断面CO浓度云图

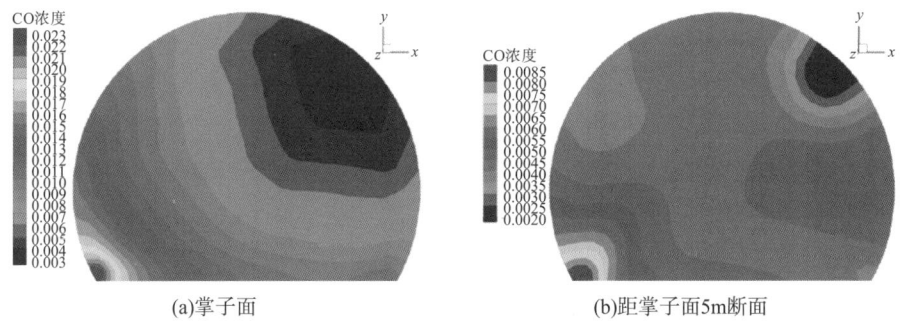

图 6.71 工况 2(隧道悬挂于隧道内侧)通风 30min 各断面 CO 浓度云图

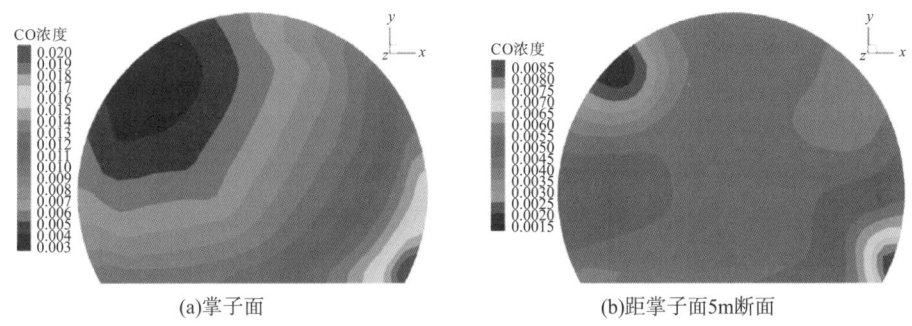

图 6.72 工况 3(隧道悬挂于隧道外侧)通风 30min 各断面 CO 浓度云图

图 6.73 为掌子面在水平高度 3.5m 位置的 CO 浓度分布曲线。从图中可以看出，对于工况 1(风筒悬挂于隧道上部)，CO 浓度基本呈"U"形分布，即隧道中部 CO 浓度较小，而隧道两侧 CO 浓度相对较大，但是由于该隧道为曲线隧道，隧道内侧浓度值高于隧道外侧浓度值。分析工况 2(风筒悬挂于隧道内侧)，掌子面的 CO 浓度分布状态同时受到曲率半径和风筒悬挂位置的影响，但是由于风筒悬挂位置对掌子面 CO 浓度分布状态起着最重要的作用，使得隧道外侧浓度值大于隧道内侧浓度值。而对于工况 3(风筒悬挂于隧道外侧)，由于两种因素的相互叠加效应，隧道内侧的 CO 浓度值远大于隧道外侧。

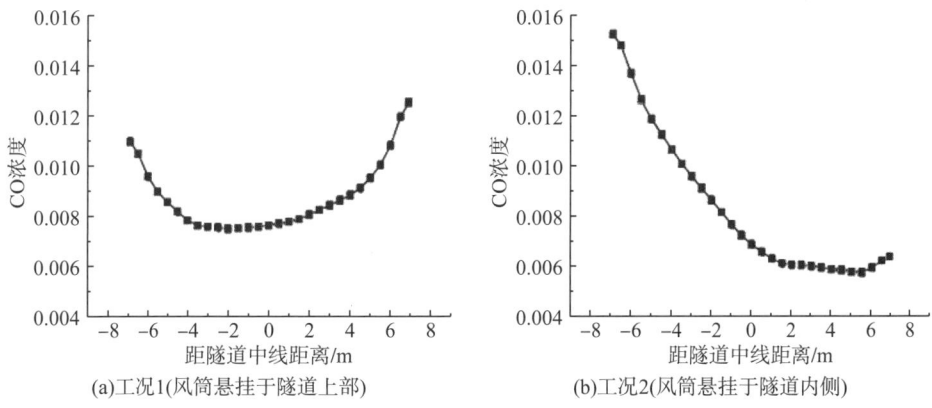

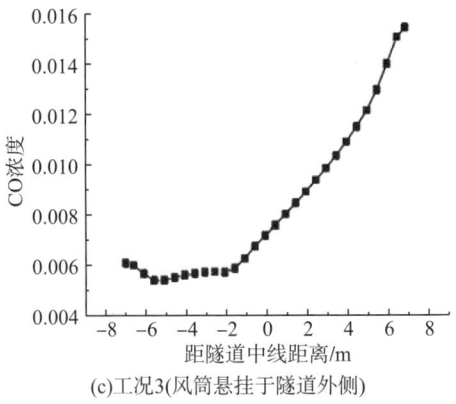

(c)工况3(风筒悬挂于隧道外侧)

图 6.73　掌子面水平高度 3.5m 处 CO 浓度分布曲线

图 6.74 为隧道中线 CO 浓度沿程分布曲线，由图可以看出，在曲线隧道中风筒悬挂位置对距掌子面 50m 以内的区域的 CO 浓度有一定影响，工况 3(风筒悬挂于隧道外侧)的 CO 浓度值低于其他 2 种工况。

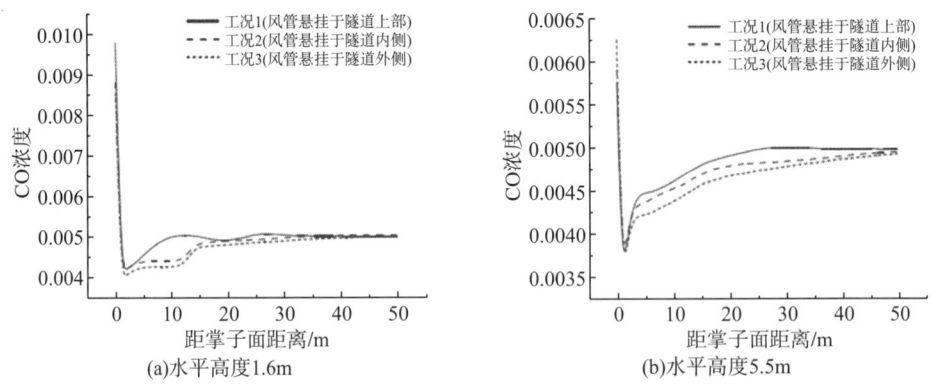

图 6.74　隧道中线 CO 浓度沿程分布

6.5　本章小结

本章建立了隧道沿程阻力的三维稳态计算模型，通过螺旋隧道均匀流基本方程推导了螺旋隧道流动阻力的计算公式，探究了隧道典型通风模式，提出了特殊隧道施工机变混合通风技术模式。主要结论如下。

(1)在同一曲率半径的螺旋隧道内，隧道内风速对隧道沿程阻力系数的影响很小，其风速的变化仅改变了断面风速的大小，断面风速分布规律基本保持不变。与直线隧道同理，当螺旋隧道断面具有相同的当量直径时，断面形式对隧道沿程阻力系数的影响很小，断面的风速分布和压力分布规律基本一致。流体在规则的螺旋管道中流动时，流动阻力由两部分组成，分别为沿程阻力和由于螺旋弯曲造成的阻力(螺旋阻力)。根据螺旋管道的均匀流基本方程推导了螺旋阻力的计算公式，根据螺旋阻力计算公式可知，螺旋阻力的大小和管道长度及管道曲率半径之比相关，同时也和管道进出口之间的压力差成正比。

(2) 螺旋隧道入口段内，由于湍流边界层的不断发展，隧道断面风速分布随着长度的变化不断变化，在纵向一定距离后，风速分布基本稳定，隧道内空气流动已经进入充分发展紊流段。与风速的变化相对应，螺旋隧道沿程阻力系数的变化在入口段也呈现一定的变化规律，在较小半径螺旋隧道内，沿程阻力系数不断增大并趋于稳定，在较大半径螺旋隧道内则相反；同理，在纵向一定距离后，沿程阻力系数基本不变。

(3) 采用数值模拟方法对螺旋阻力的计算公式进行了验证，结果显示通过计算公式和数值模拟计算获得的螺旋阻力是吻合的。螺旋隧道通风阻力现场试验发现，螺旋隧道平均阻力系数为 0.0443，计算发现施工期间螺旋阻力较大，已经达到足够影响通风效果的数值。因此，对于长度较大的螺旋隧道来说，施工期间所产生的螺旋阻力是不能被忽略的。

(4) 对比分析了隧道压入式通风、抽出式通风、混合式通风模式的优缺点，探讨了不同通风模式下隧道内温度、粉尘以及有毒有害气体浓度降低的效率。

(5) 提出了隧道主洞长距施工机变混合通风模式，介绍了隧道长距巷道式通风系统原理，借助 ANSYS Fluent 数值模拟软件研究了隧道长距巷道式通风模式下的风流流场，显示了隧道长距巷道式通风模式的适用性和高效性。采用数值模拟手段优化了隧道长距巷道式通风风机及离横通道距离，得出引流风机距离横通道最优距离为 20m，射流风机最优风压为 300Pa。风筒送风风速对隧道内的风速大小有着巨大影响，对断面风速状态无明显影响。随着风筒送风风速的增大，隧道内各位置的风速也随之增大。风筒送风风速对隧道内各区域的 CO 浓度值有着巨大影响。随着风筒送风风速的增大，隧道内 CO 浓度值逐渐降低，在实际工程中，保持足够的新鲜风供风速度是降低隧道内 CO 浓度的有效途径。

(6) 风筒末端距掌子面距离仅对掌子面附近区域风流流场有明显影响。当 $D \geqslant 15m$ 时，掌子面附近的风速随风筒末端距掌子面距离的增大而减小；而当 $D<15m$ 时，因射流产生的卷吸效应发展不充分等因素，掌子面附近的风速也略低于 $D=15m$ 工况条件下的风速。风筒末端距掌子面距离对掌子面附近的 CO 浓度也有着不小影响。风筒末端越靠近掌子面，掌子面的 CO 浓度值越低，但是在距掌子面 1～15m 空间范围内，CO 浓度则随着风筒末端距掌子面距离的增大而减小，在实际工程中，应综合考虑多方面影响因素，合理选择风筒出口距掌子面距离，距离太远会导致新鲜风无法输送至掌子面，距离太近则会影响其他施工作业。

第7章 隧道斜井分段施工"上下山"组合通风技术

7.1 隧道斜井多工作面施工通风系统

五老峰隧道及兴隆隧道均属于特长公路隧道,为了加快施工进度、提高施工质量及后期运营通风效果,两座隧道均设有两个斜井进行辅助施工。施工期斜井进入主洞后形成了呈"土"字形的施工段,出现 2~4 个同时工作的掌子面。如果采用 4 个风筒单独向 4 个掌子面供风,则斜井中的大部分空间被风筒占据,影响施工车辆行动;如果简单用"三通"的形式通风,风量分配很难平衡,会出现风阻大的掌子面风量小、风阻小的掌子面风量大的情况。不适宜的供风极有可能造成风流紊乱、回风流涌向掌子面、污染物无法排除等通风问题。为平衡不同方向的风压,本节设计了可调压风仓方案。

为了能够让新鲜风按照需要的路径和需要的风量进入掌子面,设计了针对斜井过工作面的"上下山"组合通风模式,该通风模式通过在斜井与主洞交叉处设置"风仓"实现。风仓在通风系统中起到了调压和平衡的作用,可以有效地克服斜井辅助施工下主隧道掘进两端风压不平衡的情况。风仓可以有效地改变通风系统中的风压不平衡而导致的风量分配不均的现象,能够有效地调配各掌子面需风量和风压,对有效地改善隧道内施工环境,提高施工空气质量起到了积极的意义。

7.1.1 风仓通风原理

某些隧道由于通风困难导致隧道施工效率降低,进度缓慢,已经成为影响工期、质量、安全及效益的关键因素。在无法实现巷道式通风的情况下,由于受长度、斜井限制,采用压入式通风难以满足施工要求。为了解决压入式通风无法突破其通风长度的瓶颈问题,提出了长大隧道风仓式施工通风。

长大隧道风仓式施工通风是在斜井与正洞交叉口位置设置可调压风仓,风仓通过调压通道向两个掌子面输送新鲜风,在调压通道的作用下,可以调节风仓输出的风压。该通风方式可以有效且适当地分配风量至各个掌子面。风仓通风方式及风流示意图见图 7.1。位于斜井外部的主风机通过斜井内的风筒(左、右线分别一个风筒)将新鲜风流输送至两个风仓内,风仓两端安装用于调节输出压力的调压器,调压器可调节风仓输出风压,平衡风仓两个方向的风压,避免风流只向风阻小的方向流动的情况。

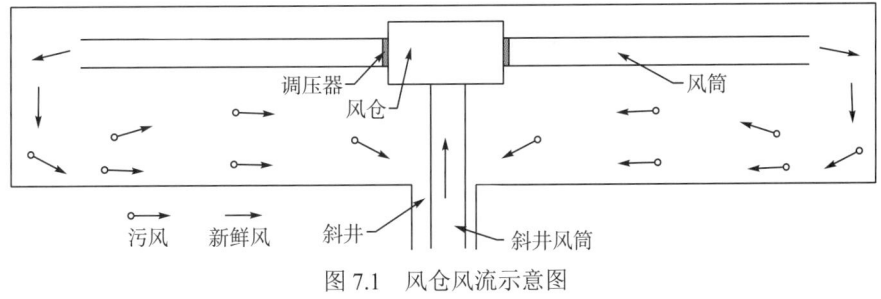

图 7.1 风仓风流示意图

由于采用风仓式这种新型通风方式的工程实例较少,可借鉴的工程经验有限,因此有必要对长大隧道风仓式施工通风布置进行研究,针对具体的五老峰隧道实例,可以通过数值计算确定其采用风仓通风时风仓的最优尺寸。

7.1.2 斜井多工作面施工通风系统构成

1. 风仓

风仓为通风系统的一部分,通风系统不能影响施工的正常进行。由于斜井断面较小,因此风仓布置在斜井与主洞交叉处的主洞内。针对五老峰隧道1#斜井,风仓在隧道内的布置见图7.2,兴隆隧道风仓布置与五老峰隧道相同。

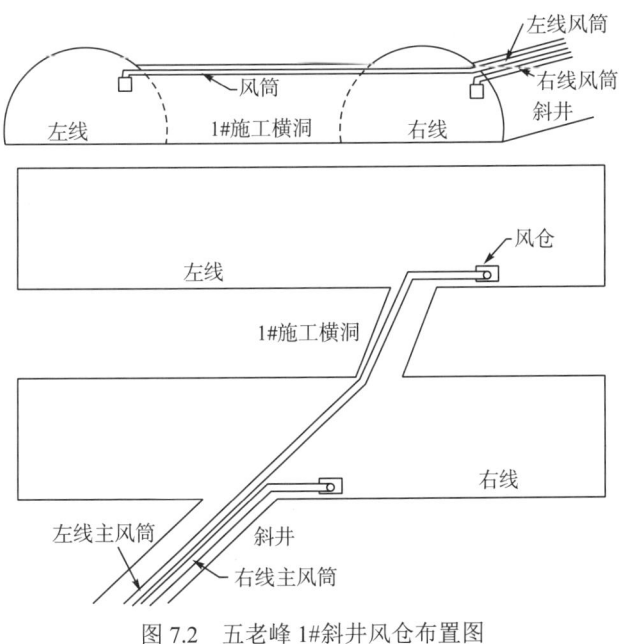

图 7.2 五老峰1#斜井风仓布置图

为不影响施工,左线风筒进入主洞后高度不得低于460cm。同时为减小风仓对车辆行驶和转弯的影响,风仓距离横洞和斜井之间的距离须大于6m。风仓质量较小,但风机质量较大,风仓和风机须用工字钢焊接支架作为底座,且底座须固定在地面。

2. 调压器设计

调压器(图 7.3)主要用于调节风仓向两个方向的输出风压。调压器主要通过调节风仓输出口风阻的方式对风仓输出风压进行调节。调压器通过百叶窗的形式进行调压,在实际运行中,通过改变百叶的角度改变输出口的面积。调压器通过布置在风仓外部的调压拨片调节,调压拨片如图 7.4 所示。

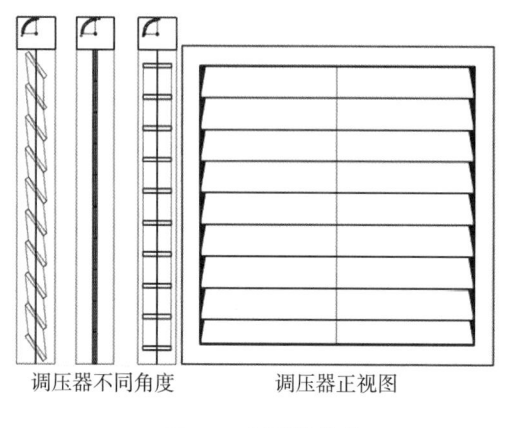

图 7.3　调压器外观

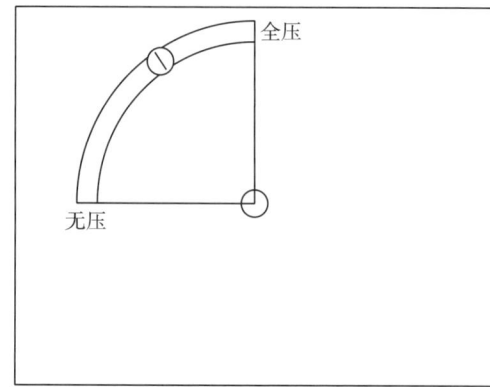

图 7.4　调压拨片

当拨片拨至全压时,调压器全开,风压不损失。当拨片拨至无压时,调压器全关,输出口无风输出。在施工中,通过改变拨片不同的位置调节风仓输出风压,达到平衡输出口风压的目的。

3. 轴流风机选型

采用隧道风仓式施工通风时,在斜井与正洞交叉口位置设置封闭的风仓,将轴流风机放在风仓两侧,根据需要分别向各掌子面供风,需要对风仓两侧的轴流风机进行选型,以满足小里程方向和大里程方向的施工供风要求。

1)风压、风量计算

1#斜井与五老峰隧道左线相交于 ZK25+474,向小里程方向施工 915m,需要的供风量为 2061.89 m^3/min,管道摩擦阻力为 603.05Pa,风机的静压力为 612Pa;向大里程方向施工 1535m,需要的供风量为 2230.50m^3/min,管道摩擦阻力为 1011.67Pa,风机的静压力为 1024Pa。

2)风机选型

风机选型见表 7.1。

表 7.1　风仓两侧轴流风机选型

风机型号	风量/(m³/min)	风压/Pa	高效风量/(m³/min)	最高点功率/kW	转速/(r/min)	最大配用风机功率/kW	备注
SDF(B)-6-No14	1399～2725	473～3100	2226	110	98	75×2	配备在小里程方向一侧
SDF(B)-6-No14	1399～2725	473～3100	2226	110	98	75×2	配备在大里程方向一侧

7.2　隧道斜井多工作面施工通风系统优化技术

7.2.1　风仓外形优化

长大隧道施工期间，为了加快施工进度会通过斜井增加施工掌子面，但是这样增加了隧道施工期间的通风难度。斜井进入隧道主洞后隧道分为两个方向，分别是向小里程方向和向大里程方向，甚至是左洞或者右洞向小里程方向和向大里程方向。这样的施工加快了施工进度，但是使得隧道通风变得十分复杂。因为从斜井送入的新鲜风需要分别送到 2 个甚至是 4 个掌子面，每个掌子面之间风阻以及环境都相差很大，对风量的调配不是一个简单的分配器就可以做到的，而风仓的出现很好地解决了这个问题，但是风仓的布置方式、尺寸大小都鲜有文献提及，因此研究风仓的外形及布置形式，旨在确定风仓的各项设计参数。

1. 计算方案

本方案主要研究风仓尺寸和隧道需风量之间的关系，确定风仓尺寸和隧道尺寸之间的关系。

根据五老峰隧道和兴隆隧道断面图和实际情况，隧道半径为 5.55m，选择将风仓立放于隧道旁侧，风仓高度选取 2.5m。隧道作业施工所用的机械均为普通施工机械，主要包括装载机、挖掘机和出渣车，宽度为 3.5～4m，因此风仓宽度取为 3m，不会影响隧道内作业人员的正常活动与施工。

五老峰隧道 1#斜井双向（进主洞左线往进出口方向），通风长度为 3802m，计算得 $Q_{风机}$ =2847.0m³/min=47.45m³/s，风机的静压力为 3915.3Pa。

根据五老峰隧道实际情况建立风仓模型，对风仓内部流场进行模拟，风仓长度 L 取 5m、10m、12m、15m、20m 及 25m，风仓两侧设置轴流风机，轴流风机沿正洞轴线布置。

由于风仓长度和风机布置形式对通风效率有较大影响，因此，为了使轴流风机通风效率达到最大，通过将风机位置固定，改变风仓长度来优化风仓通风效果，利用数值模拟软件 ANSYS Fluent 进行计算分析，可以得出轴流风机通风效率最大时的风仓最优尺寸。

2. 计算模型

1) 模型建立

隧道断面图如图 7.5 所示，隧道半径为 5.55m，风筒直径 1.8m，风仓高度为 2.5m，风仓宽度为 3m，风仓长度分别取为 5m、10m、12m、15m、20m 及 25m。风仓两侧设置轴流风机，轴流风机沿正洞轴线布置。建立风仓三维模型图如图 7.6 所示。

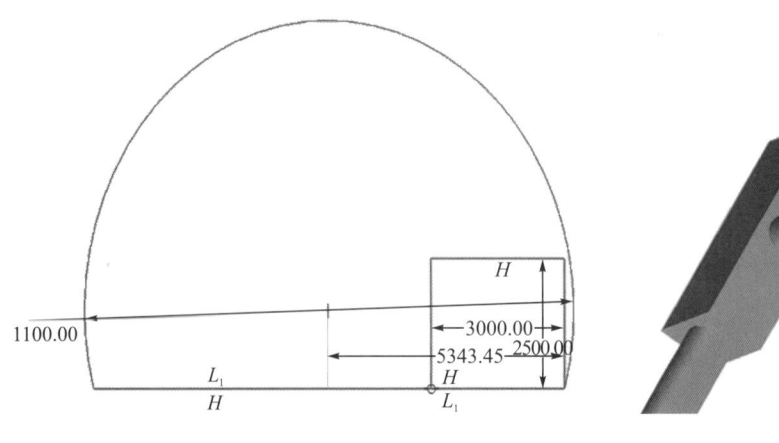

图 7.5　隧道断面图(单位：mm)　　　图 7.6　风仓三维模型

2) 边界条件

选择五老峰隧道 1#斜井双向(进主洞左线往进出口方向)，斜井入口选择速度入口，风速为 28.13m/s；风筒左侧出口选择速度出口，风速为 13.51m/s；风筒右侧出口选择速度出口，风速为 14.62m/s；隧道及风仓各个面均为壁面，边界条件为 wall。轴流风机的进出口气流方向均为轴向，气流为稳定流，气体不可压缩，计算中忽略了重力对流场的影响。

3) 网格划分

采用 ANSYS ICEM CFD 软件划分网格，划分所得网格如图 7.7 所示。

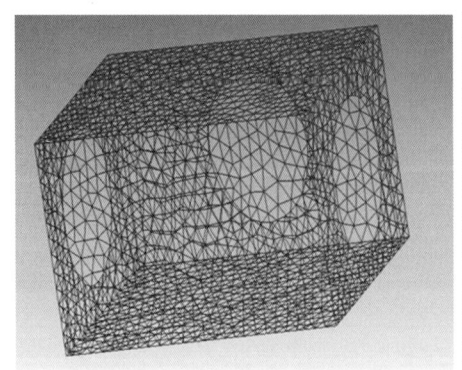 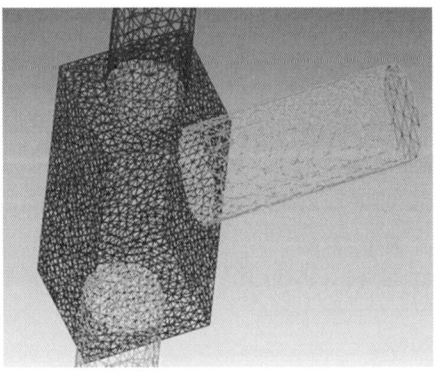

图 7.7　风仓网格

3. 结果分析

根据不同风仓长度的计算结果(图 7.8～图 7.13),可以得出当风仓长度为 5m,斜井风流进入风仓时,风仓内部风流出现涡流,可以看出涡流较多;当风仓长度为 10m,斜井风

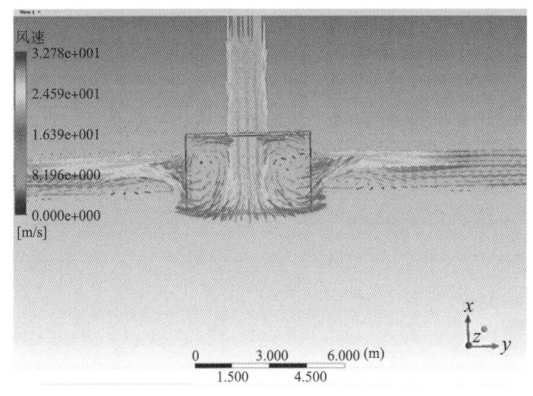

图 7.8　风仓长度 5m,XY 平面、Z=-1.25 时速度矢量图

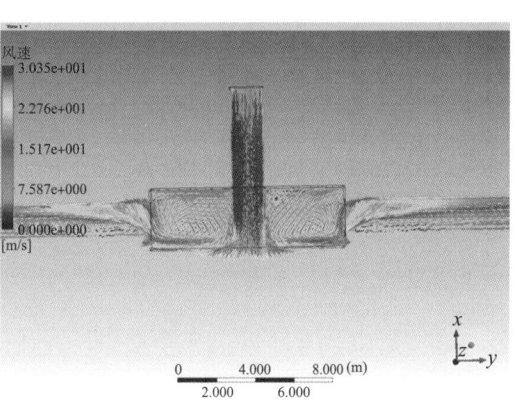

图 7.9　风仓长度 10m,XY 平面、Z=-1.25 时速度矢量图

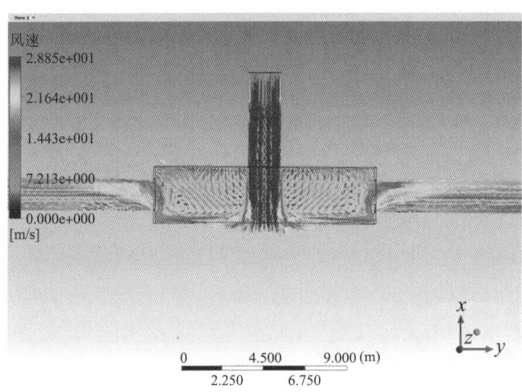

图 7.10　风仓长度 12m,XY 平面、Z=-1.25 时速度矢量图

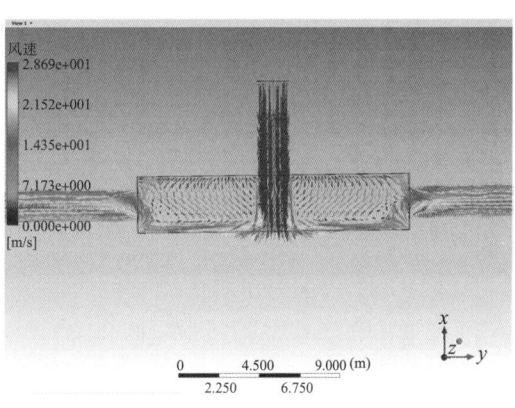

图 7.11　风仓长度 15m,XY 平面、Z=-1.25 时速度矢量图

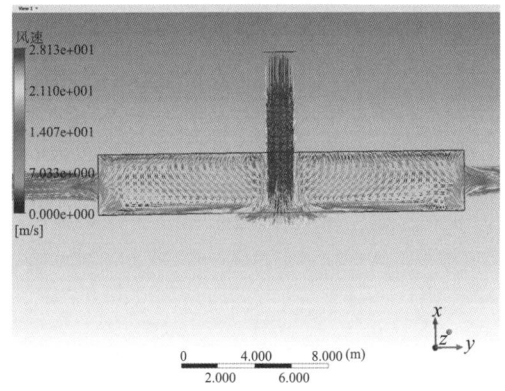

图 7.12　风仓长度 20m,XY 平面、Z=-1.25 时速度矢量图

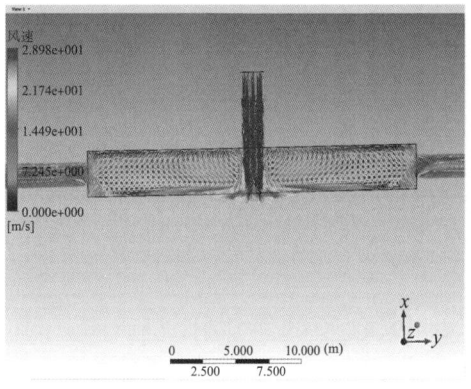

图 7.13　风仓长度 25m,XY 平面、Z=-1.25 时速度矢量图

流进入风仓时，风仓出现两处明显的涡流，风流有明显损耗；当风仓长度为 12m 时，原来两处明显的涡流区域变小，风流损耗降低；当风仓长度为 15m 时，原先两处明显的涡流区域基本消失，在风仓与两处风筒交界的边界处有小范围的涡流区，风流损耗已经变得较小；当风仓长度为 20m 和 25m 时，涡流区基本消失，此刻风仓长度对于风流的影响已经变得很小，没有必要在工程实际中采用更长的风仓。

综上所述，最终确定风仓尺寸：风仓高度为 2.5m，风仓宽度为 3m，风仓长度为 12～15m。

在上述模拟计算过程中，为了降低风机对通风效率的影响，风仓内部设置隔板。从计算结果来看，长度较大的风仓内部风流结构较稳定，涡流速度小，但是对风流的分配作用却没有不同。隧道中的风仓主要用于分配风流、调配风量，而非存储风量，因此风仓尺寸大小可不作为主要考虑因素。风仓主要应满足能够有效地调配风量。

为合理地降低涡流对风仓内风流的影响，根据隧道施工情况将风仓制作为"Y"字形，如图 7.14 所示。风仓三个端口设置圆柱形接口，接口直径和风机外径相当。风机和风仓通过硬质风带连接，风带与接口连接，风仓接口处增加螺纹，增大阻力，防止在压力下风仓和风带脱离。风仓内压力会高于外界大气压，但是相差不会很大，因此风仓采用彩钢复合板制作，焊接为满焊以防止漏风。

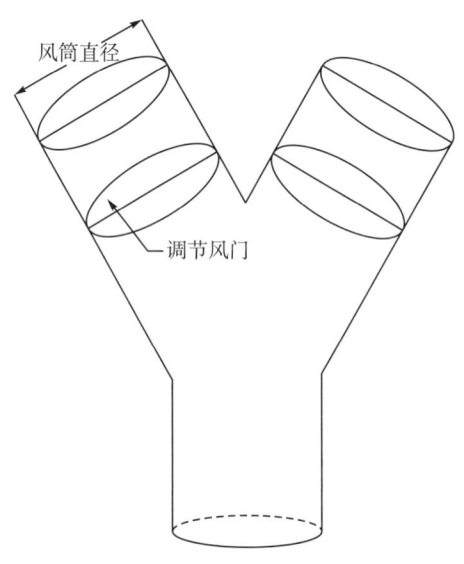

图 7.14　风仓外观尺寸

在风仓内部设置调节风门，如图 7.14 所示，风门可以固定在不同的角度，以实现不同的开合大小，改变通风风阻以实现改变风量。

7.2.2　风仓多因素优化

目前用于特长隧道的斜井式风仓较少，所以对于风仓的研究比较鲜见，在理解斜井式风仓通风过程及原理的基础上，需要分析影响风仓效率的主要因素。由于风仓是对引入的新鲜空气进行内部调节的工具，其主要是调节风流场，达到减少风损的效果。当风仓入口的风压相同时，通过调节风仓的各个参数使风仓出口处的风压尽可能地达到更小值，因此，风压差就是影响风仓效率的关键因素。

1. 局部风扇的位置

风仓出口及局部风扇的布置位置是影响风仓通风效果的重要因素，当其他条件都一致时，风仓出口以及局部风扇位置的不同将会影响到内部的流场，因此，本小节将研究三种出口和局部风扇的布置形式。

(1)出口以及局部风扇在远离斜井处设置，布置形式如图 7.15 所示。

图 7.15　出口沿风仓中间布置

(2)出口以及局部风扇沿风仓中间设置，布置形式如图 7.16 所示。

图 7.16　出口沿风仓中间布置

(3)出口及局部风扇在靠近斜井端设置，布置形式如图 7.17。

图 7.17 出口靠近斜井处布置

上述三种模式的局部风扇布置形式会导致内部流场发生变化,这也是本次研究需要进行数值模拟试验的。

2. 风仓的几何参数

考虑到风仓的长、宽、高将直接影响内部流场的形状和大小,因此风仓的长、宽、高都是对风仓效率起关键作用的因素,但由于同时考虑长、宽、高的话,所需要的模拟数量过于庞大,因此在本次研究中仅考虑风仓长度对于风仓效率的影响。根据普遍情况,假设风仓的宽度为 10m、高度为 2.5m,然后考虑风仓长度的变化对风仓效率带来的影响。本次探讨在三种不同风机布置形式下,其余条件相同,风仓的长度分别取 10m、12m、15m、20m、25m 时对风仓效率即出口风压的影响。

3. 隔板的长度

隔板是为了防止风仓长度较短时两个局部风扇导致气流对吸而引起风损而设置的,因此隔板的长度对于内部流场的调节也会有一定的影响。此次研究中考虑在其他条件相同的情况下,隔板长度为 0m(无隔板)、5m、7m、9m 时风仓的效率。

4. 其余可能的因素

除上述三种对风仓效率的影响因素外,我们认为风仓的材料、风仓的粗糙程度、风仓的形状、隔板的厚度、隔板的形状(如采用非矩形的隔板)、隔板的高度(并非与风仓等高)、风仓入口和出口的形状及参数等都可能对风仓效率有一定的影响。本章仅考虑风仓长度、局部风扇位置及隔板的长度三个因素。

7.2.3 风仓多因素优化结果

1. 风仓长度对于风仓效率的影响

在分析风仓长度对风仓效率的影响时,需保证隔板的长度以及局部风扇布置位置一定的条件。

(1) 局部风扇远离斜井处布置，隔板长度为 5m，风仓长度由 10m 增加到 25m 时内部速度云图见图 7.18～图 7.22。

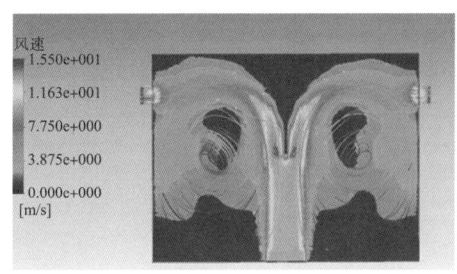

图 7.18　风仓长度为 10m 的速度云图

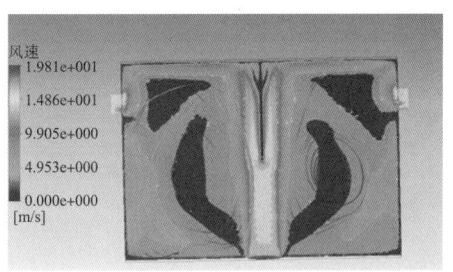

图 7.19　风仓长度为 12m 的速度云图

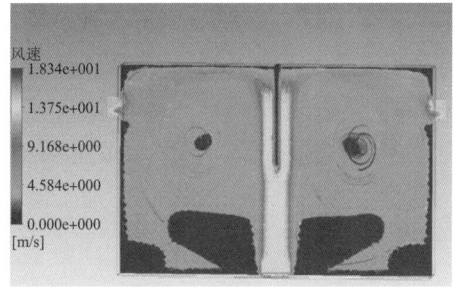

图 7.20　风仓长度为 15m 的速度云图

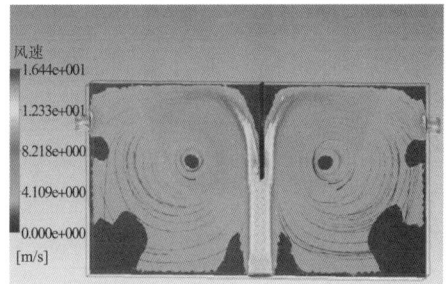

图 7.21　风仓长度为 20m 的速度云图

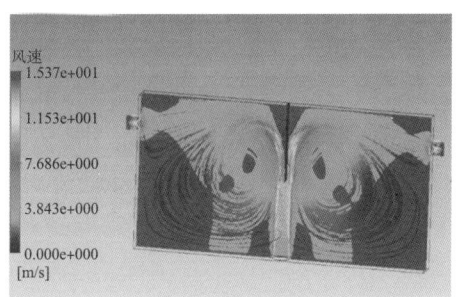

图 7.22　风仓长度为 25m 的速度云图

进出口压力值及相对压力差见表 7.2 及图 7.23。

表 7.2　风仓进出口压力值图表

风仓长度/m	进口压力值/Pa	出口压力值/Pa	相对压力差/Pa
10	−107.853	−292.711	−184.858
12	−107.669	−293.700	−186.031
15	−107.935	−306.840	−198.905
20	−108.100	−294.341	−186.241
25	−108.042	−283.386	−175.344

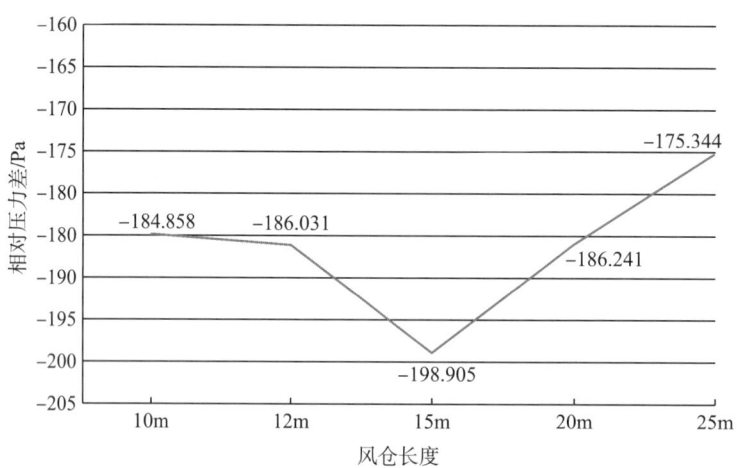

图 7.23　风仓进出口相对压力差曲线

(2)局部风扇位于风仓中间,隔板长为 5m,进出口压力值及相对压力差见表 7.3 及图 7.24。

表 7.3　风仓进出口压力值表

风仓长度/m	进口压力值/Pa	出口压力值/Pa	相对压力差/Pa
10	−105.600	−280.923	−175.323
12	−105.946	−276.689	−176.744
15	−106.244	−283.980	−177.736
20	−105.876	−268.732	−162.856
25	−105.321	−266.374	−161.053

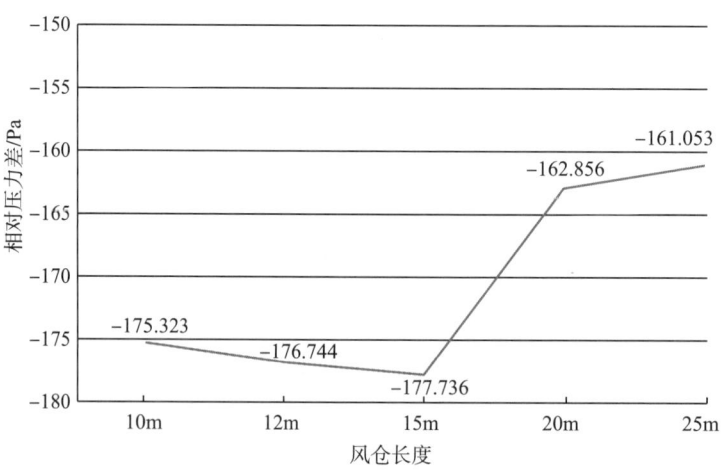

图 7.24　风仓进出口相对压力差曲线

(3) 局部风扇靠近斜井端布置，隔板长为 5m，进出口压力值及相对压力差见表 7.4 及图 7.25。

表 7.4 风仓进出口压力值图表

风仓长度/m	进口压力值/Pa	出口压力值/Pa	相对压力差/Pa
10	−106.121	−274.175	−168.054
12	−106.625	−279.401	−172.776
15	−106.735	−281.315	−174.580
20	−106.640	−262.316	−155.676
25	−106.310	−261.107	−154.797

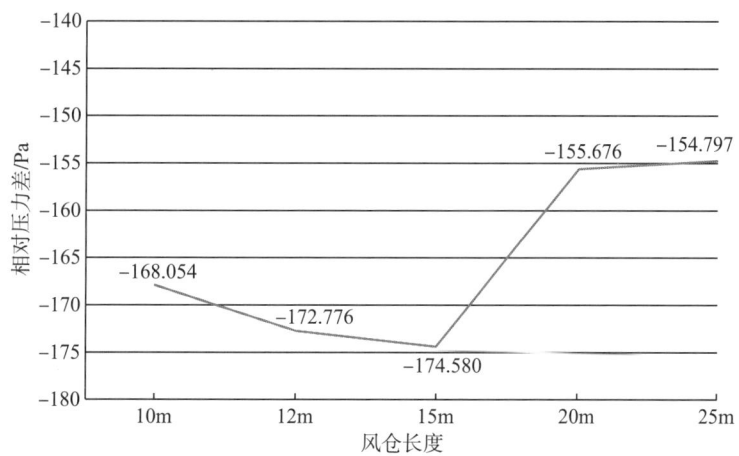

图 7.25 风仓进出口相对压力差曲线

由图 7.23～图 7.25 可知，在某一种局部风扇布置情况下以及隔板长度一定时，当风仓长度在 10～25m 变化的时候，风仓进出口相对压力差在风仓长度为 10～15m 时逐渐增大，而在 15～25m 时又逐渐减小，考虑到风仓材料的多少会对成本有所影响，最佳长度为 15m 左右(除 5m 隔板外，其余隔板长度的情况下也大致如此)。

2. 局部风扇位置对于风仓效率的影响

考虑局部风扇位置对于风仓效率的影响时，需保证风仓长度以及隔板长度一定，见图 7.26。

图 7.26 中系列 1 代表局部风扇远离斜井处布置，系列 2 代表局部风扇在风仓中间布置，系列 3 代表局部风扇靠近斜井端布置。经观察发现当隔板长度一定的时候，远离斜井端布置局部风扇时风仓的效率最高，中间布置其次，靠近斜井端布置风仓效率最低。

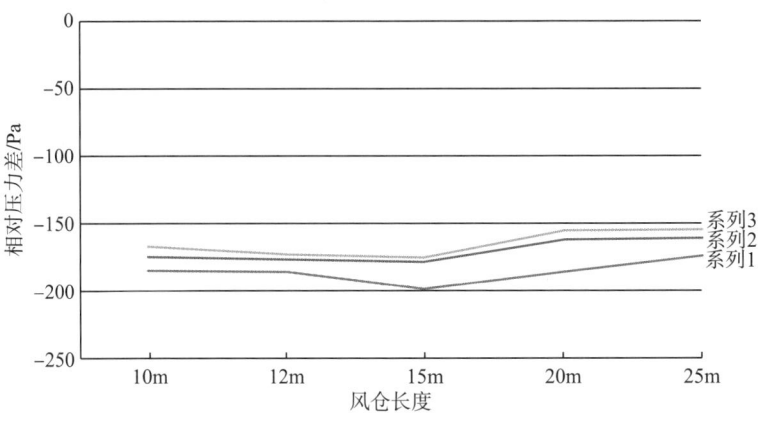

图 7.26 风仓进出口相对压力差的变化图

3. 隔板长度对于风仓效率的影响

考虑隔板长度对于风仓效率的影响时,需保证风仓长度以及风仓布置形式一定,见表 7.5 及图 7.27。

表 7.5 风仓进出口压力值图表

隔板长度/m	进口压力值/Pa	出口压力值/Pa	相对压力差/Pa
0	−106.025	−281.437	−175.412
5	−107.400	−306.840	−199.440
7	−106.191	−303.622	−197.431
9	−106.524	−296.732	−190.208

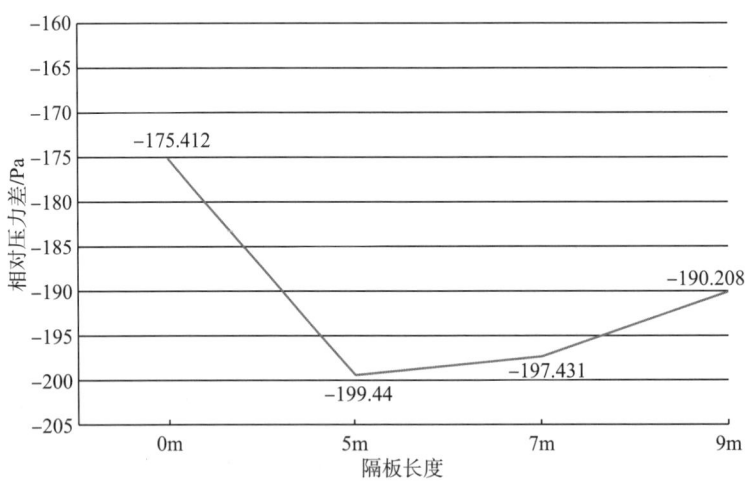

图 7.27 风仓进出口相对压力差曲线

分析可得，当隔板长度为 0m 即没隔板的时候，其进出口相对压力差与其余情况相差较大，这就与之前所说的没使用隔板时两侧的局部风扇将会产生对吸的情况而导致一部分风损相符合，而有隔板的情况时发现隔板对风仓效率有一定影响，但变化值不大，考虑隔板长度受到成本的影响，因此选择 5m 左右的隔板较好，考虑到本次风仓宽度为 10m，即隔板长度取风仓宽度一半左右较好。

7.3 本章小结

本章提出了隧道斜井多工作面施工"上下山"组合通风模式，借助 ANSYS Fluent 数值模拟软件研究了隧道斜井多工作面施工通风系统，并将该通风系统应用于五老峰隧道。主要结论如下：

(1) 提出了斜井多工作面施工"上下山"组合通风模式，通过数值模拟手段确定风仓的位置，开发了隧道通风调压器，计算了轴流风机参数供风量为 2230.50m^3/min，风机的静压力为 1024Pa。

(2) 采用 ANSYS Fluent 模拟软件分析了风仓的长度、隔板的长度及局部风扇位置，得出风仓最佳长度为 15m 左右，远离斜井端布置局部风扇时风仓的效率最高，隔板最佳长度为 5m 左右，得出"Y"形风仓通风效果最佳。

第 8 章　隧道施工快速降尘降温技术

8.1　隧道连续性脉动通风技术

8.1.1　脉动通风简介

在矿井瓦斯防治和粉尘防治中，常用到脉动通风的方法来解决开采工作面上隅角瓦斯积聚的问题(杨胜强等，2000a、b；王凯等，2000)。同时，有研究表明，脉动通风在适当的情况下，排烟效果、通风效率均优于恒定通风(和艳娥，2013)。同样地，为解决螺旋隧道通风难度大、有毒有害气体积聚在涡流区、通风除尘效果不好等问题，考虑将脉动通风方法引入螺旋隧道中，探究其提升通风效果的可能性。

1. 脉动通风介绍

脉动通风是相对于恒定通风提出来的概念。现在的隧道或者井下通风，一般以某一固定风量进行持续供风，经风筒送风至掌子面附近，风量、风速是一个定值，称为"恒定通风"。而所谓的"脉动通风"，就是在现有的抽出式、压入式、混合式通风方法的基础之上，通过某些方式或者工具，控制给风过程，使得风筒送风的风速发生周期性变化。

恒定通风送风风速 $v(t)=v_0$，为一定值。而采用脉动通风模式时，隧道内风筒送风的脉动风速 $v(t)$ 按式(8.1)随时间呈周期性变化，如图 8.1 所示。

$$v(t) = v_0 + v'(t) = v_0 + v_1 \sin \omega t \tag{8.1}$$

式中，v_0 为隧道主风流风速，m/s；$v'(t)$ 为脉动风速，m/s。v_1 为脉动幅值，m/s；$\omega = 2\pi f$，为脉动周期，其中 f 为脉动频率，Hz。

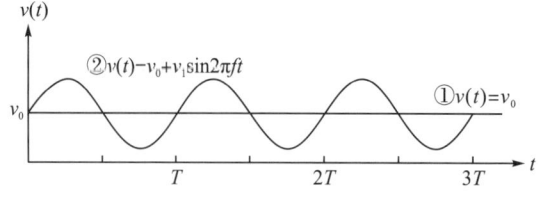

图 8.1　恒定通风与脉动通风风速

此前的脉动通风装置通过以下方式实现：控制风机开关，将风机一段时间开启，一段时间停止，有规律的开关实现脉动通风；悬挂风挡，按一定规律遮挡风筒出风口，实现阶段性通风；在煤矿井下工作面加装脉冲风流发生装置，即加装脉动风机，实现脉动效果。

这种方式存在损坏风机、操作不便、设备复杂等缺点,在隧道施工现场应用较为困难。随着技术手段不断发展,现在变频技术已十分普遍,简单易实现。现阶段实现了脉动通风,可在风机处安装变频器,通过计算机程序自动控制风速按既定要求变化,一键操作,且实时风速以图表形式显示。另外,同套变频设备还可在隧道建成后运营期使用,不会造成设备浪费,可减少运营成本。

2. 紊流脉动下一氧化碳及粉尘扩散原理

在恒定风流中叠加脉动风流,产生脉动作用后可大大增加隧道空间内风流的紊流扩散系数,提高风流驱散局部积聚气体、粉尘的效果,现将其原理简要阐述如下。

1)脉动通风下一氧化碳及粉尘扩散方程

隧道内一氧化碳气体和粉尘不断向隧道洞口扩散,其扩散过程包括分子扩散和随流扩散。考虑隧道内通风情况,提出假设:①隧道通风涡流区等"静止区",该区域内风速近似于零,其他区域为"流动区";②隧道施工通风过程为等温过程;③隧道中由脉动作用导致的风流全压产生的变化较小,可忽略不计;④主流区风量够大,满足隧道施工风量要求;⑤大量研究表明当粉尘颗粒粒径足够小时,机械力的作用对尘粒影响有限,尘粒运动主要受周围气体流动影响,因此,在考虑扬尘时,粒径足够小的粉尘可认为悬浮在空气中。

在脉动通风中,涡流"静止区"的气体分子在平行于风流速度方向上不受风流压力作用,不产生该方向的速度和位移。但在垂直于风流速度方向上,气体分子将受风流静压作用,风流全压不变的情况下,可使涡流区的污染物在垂直风流速度方向上产生位移,发生对流脉动扩散,大幅度增加了"静止区"一氧化碳气体和粉尘的扩散强度。所以,随流扩散除了考虑"流动区"内气体在主风流方向的扩散运动,还需考虑"静止区"存在的对流脉动扩散。但要强调的是,在任意一个区域内的污染物,都仅做一维扩散运动。

分子扩散遵循菲克第一定律,分子从浓度高的区域向浓度低的区域扩散。菲克第一定律表达式:

$$J = -D_\mathrm{m} \frac{\partial C}{\partial X} \tag{8.2}$$

式中,J 为扩散通量,kg/(m²·s);D_m 为扩散系数,m²/s;C 为扩散物质的体积浓度;"-"表示扩散方向与浓度梯度方向相反,分子从高浓度区域向低浓度区域扩散;X 为距离。

同时,根据菲克第一定律和质量守恒定律可得到菲克第二定律(即扩散方程)表达式。菲克第二定律表达式:

$$\frac{\partial C}{\partial t} = D_\mathrm{m} \frac{\partial^2 C}{\partial X^2} \tag{8.3}$$

式中,t 为扩散时间。

除分子扩散外,污染物还随风流做随流扩散,需在扩散方程中加入流体流动因素。根据流体运动方向建立运动坐标系(图8.2):主风流方向为 X 轴,速度为 u;垂直主风流方向为 Y 轴,速度为 v。

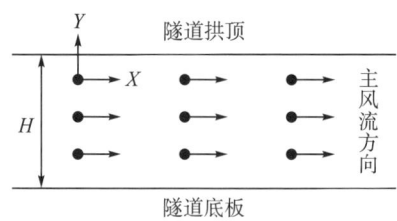

图 8.2 隧道风流运动坐标系

对"流动区"污染物而言,扩散方向为主风流方向,扩散方程为

$$\frac{\partial C(u,t)}{\partial t}+\frac{\partial (Cu)}{\partial x}=D_\mathrm{m}\frac{\partial^2 C}{\partial x^2} \tag{8.4}$$

对"静止区"污染物而言,扩散方向为垂直于主风流方向,扩散方程为

$$\frac{\partial C(v,t)}{\partial t}+\frac{\partial (Cv)}{\partial y}=D_\mathrm{m}\frac{\partial^2 C}{\partial y^2} \tag{8.5}$$

2) 脉动通风下一氧化碳及粉尘流动力学分析

当上述假设成立时,可求得垂直于主风流方向(Y 轴)上质点因风流脉动作用产生的位移速度 v 为

$$v=Ak\cos kt-Bk\sin kt+\frac{r_\mathrm{w}}{P_0}\cdot\frac{dv_0v_1}{1-(f/k)^2}\cos ft \tag{8.6}$$

式中,A、B 为积分常数;r_w 为瓦斯积聚区 dS 微面积空间内的污染物积聚厚度,m;P_0 为隧道中风流静压,Pa;d 为隧道主风流密度,kg/m³;f 为主风流脉动频率,Hz。$k^2\approx\frac{P_0}{r_\mathrm{w}^2}\cdot\frac{1}{d_\mathrm{B}-\Delta dh}$,其中,$d_\mathrm{B}$ 为隧道风流密度,kg/m³;h 为污染物平均体积分数,%;Δd 为污染物密度,kg/m³。

由此可见,当应用脉动通风时,在垂直于主风流方向上的质点将产生位移,并产生相应的位移速度。在脉动风流作用下,"静止区"污染物在该方向上的位移 r 是随时间 t 呈周期性变化的函数。当 $dr/dt>0$ 时,"静止区"污染物向外扩张,进入"流动区",随主风流排出隧道;当 $dr/dt<0$ 时,"静止区"污染物向内收缩,主风流被带入该区域稀释污染物。在脉动通风条件下,隧道内风流结构不再是一成不变,涡流区纵向脉动速度不断变化,增强污染物扩散能力。

除了改变垂直于主风流方向的纵向脉动速度外,脉动通风还加强了主风流方向的横向脉动,且横向脉动也随时间周期性变化,其加速度正负交替,不断变化,当主风流中包含多种质量不同的颗粒时,根据牛顿第二定律,风力作用大小相同的条件下加速度与质量成反比,将出现以下现象:当加速度为正时,轻粒子比重粒子加速度大,颗粒运动得更快;当加速度为负时,轻粒子比重粒子减速更快,颗粒运动得更慢。不同质量的粒子在同一风力下,加速度分别为正、负时的运动情况可以说明,脉动通风周期性变化的风流中轻、重粒子差异化分布将被打乱,质量不同的粒子强烈混合,形成混合分布状态。以上即为脉动通风稀释污染物效果优于恒定通风的原因。

8.1.2 脉动通风数值模拟

污染物在垂直于主风流方向上的位移速度决定了脉动通风对污染物运移扩散的效果。根据上节中风流脉动作用产生的位移速度 v 对时间 t 求导得到式(8.7)。在确定主风流风速 v_0 和频率 f 时，位移加速度 $v'(t)$ 与幅值大小呈比例关系，与频率呈复杂函数关系：

$$v'(t) = -Ak^2 \sin kt - Bk^2 \cos kt - f\frac{r_w}{P_0} \cdot \frac{dv_0 v_1}{1-(f/k)^2}\sin ft \tag{8.7}$$

由此可知，污染物在垂直于主风流方向的位移速度 v 的变化与脉动风速中的隧道主风流风速 v_0、脉动幅值 v_1 和脉动频率 f 均相关，且随时间呈周期性变化。

为探究脉动通风幅值、频率与通风效果之间的关系，通过数值模拟方法，在螺旋隧道中实现脉动通风方式，并在不同脉动通风的幅值、频率下考察隧道内排除炮烟以及降尘的效果，根据理论研究分析产生该影响的原因，确定螺旋隧道中最佳工况。

1. 模型建立与计算工况设置

本章中主要研究脉动通风加强施工污染物排除相关内容，为避免螺旋隧道曲率因素的影响，选用风筒位于拱顶处的几何模型，如图 8.3 所示。用于判断通风效果的试验指标仍为施工期爆破后一氧化碳(CO)浓度和喷浆粉尘浓度。因此，模拟试验过程中，除了对风筒进风风速这一边界条件的相关参数进行修改，其余网格划分、边界条件、求解参数设置见表 8.1、表 8.2。

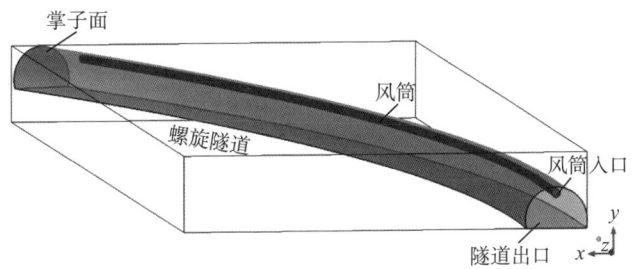

图 8.3 脉动通风试验几何模型

表 8.1 模拟一氧化碳扩散边界条件设置

边界条件项目	设定情况
入口边界	12.18m/s
风筒直径	1.5m
湍流强度	2.8%
出口边界	pressure-outlet
空气密度	1.225 mg/m³
壁面粗糙度	距掌子面 63m 内为 0.08m，其余为 0.01m
Wall 边界	无滑移

表 8.2　模拟一氧化碳扩散计算模型设定

计算模型	模型设定
求解器	Pressure-Based
时间子步	5s
湍流模型	Standard k-ε
近壁处理	Standard Wall Functions
能量方程	Off
组分输运模型	On
压力速度耦合	PISO
梯度格式	Green-Gauss Node Based
离散格式	Second Order Upwind

为实现风筒送风的风速按照计算设计的脉动风速 $v(t)=v_0+v_1\sin 2\pi ft$ 变化，定义入口速度时通过 ANSYS Fluent 的用户自定义（user-defined functions，UDF）功能，调用已编写好的速度-时间函数。具体编写程序如图 8.4 所示，实际操作中输入程序时，主风流风速 v_0、脉动幅值 v_1、脉动频率 f 均为某一工况下的具体数值，仅时间 t 为未知变量，随计算时间步自动变化。

```
/*unsteady.c*/
/* UDF for specifying a transient velocity profile boundary condition*/
/*******************************************/
#include "udf.h"
DEFINE_PROFILE(unsteady_inlet_velocity,thread,position)
{
face_t f;
begin_f_loop(f,thread)
{
real t = RP_Get_Real("flow-time");
F_PROFILE(f,thread,position) = v₀+v₁*sin(2*3.1415926*f*t);
}
end_f_loop(f, thread)
}
```

图 8.4　自定义脉动风速程序

设定 1.5m 直径风筒时出口的风速为 23.12m/s，风量满足隧道需风量要求。要探究脉动通风幅值、频率与通风效果之间的关系，考虑在 v_0 =23.12m/s 时，改变脉动风机的频率 f，计算工况设计如表 8.3 所示。计算最佳工作频率后，保持 v_0 为 23.12m/s，f 为最佳工作频率 f_B，改变脉动风机的幅值，计算工况设置如表 8.4 所示。

表 8.3　脉动风机频率变化计算工况

序号	脉动幅值 v_1/(m/s)	脉动频率 f/Hz
1	2.27	2
2	2.27	4
3	2.27	6
4	2.27	8
5	2.27	10
6	2.27	30
7	2.27	50

表 8.4　脉动风机幅值变化计算工况

序号	脉动幅值 v_1/(m/s)	脉动频率 f/Hz
1	2.27	f_B
2	4.54	f_B
3	6.81	f_B

2. 紊流脉动下风流流场特性

螺旋隧道较直线隧道而言，曲率的存在使风流结构更为复杂。采用恒定通风时，通风后流场如图 8.5 所示。隧道内人员均在地面工作，选取人呼吸高度 1.6m 处作为研究高度。恒定通风时隧道内靠近掌子面、隧道壁的区域存在大量涡流区，阻碍炮烟及粉尘排出；主风流在靠近掌子面区域走向呈"S"形，远离掌子面风流逐渐趋于稳定。

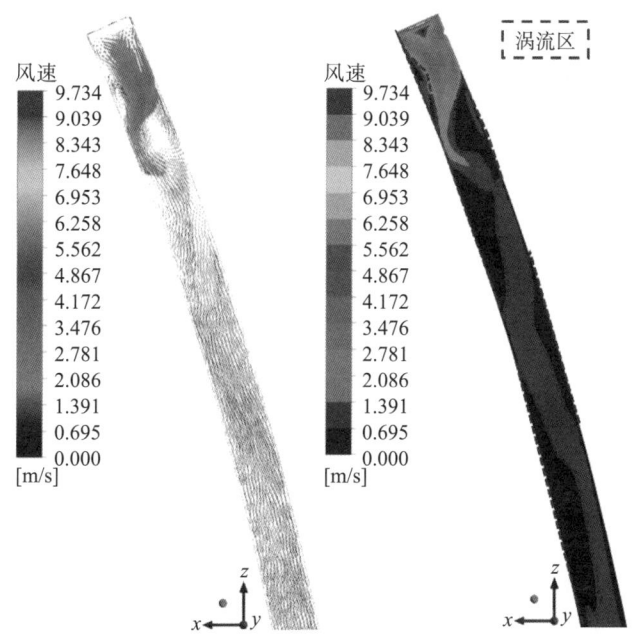

图 8.5　螺旋隧道恒定通风流场

采用脉动通风时，增加了涡流区纵向脉动速度及主风流方向上的横向脉动速度，改变隧道内通风结构，持续脉动通风后螺旋隧道内流场如图 8.6 所示。脉动通风流场较恒定通风而言改变较大，通过速度矢量图可发现涡流区明显缩小，流场结构稳定、简单。

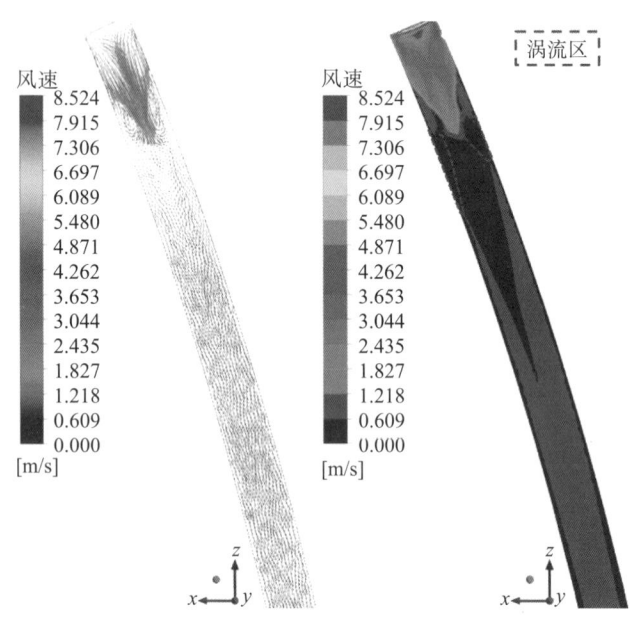

图 8.6　螺旋隧道脉动通风流场

恒定通风条件下螺旋隧道内存在大大小小的涡流区，涡流区内主风流风向速度近似于零，大量污染物积聚在涡流区域内无法随风流排出，造成局部超限。采用脉动通风时，脉动通风增加了污染物在垂直于主风流方向上的纵向脉动速度，驱使污染物扩散至主风流被带出。

3. 不同频率、幅值下爆破后一氧化碳浓度变化

隧道内 CO 的浓度分布与流场密切相关，脉动通风速度由主风流风速、脉动幅值及脉动频率决定。在根据风量要求确定主风流风速后，脉动幅值和脉动频率的取值将影响脉动通风效果。图 8.7(a) 为爆破后，脉动通风幅值 v_1 =2.27m/s，频率 f 分别为 2Hz、4Hz、6Hz、8Hz、10Hz 和无脉动通风时，隧道内人呼吸高度 1.6m 处 CO 浓度最大值随时间变化情况。爆破后脉动通风前期，一氧化碳尚未向洞外扩散，所有频率下一氧化碳最高浓度差距不大，但无脉动通风时 CO 浓度要高一些。脉动通风后期，一氧化碳开始向洞外扩散，无脉动通风情况下浓度下降迅速，且后期扩散速度一直较快(李玉，2020)。

继续增大频率，进行脉动通风幅值 v_1 =2.27m/s，频率 f 为 10Hz、30Hz、50Hz 和无脉动通风时 CO 浓度最大值随时间变化情况如图 8.7(b) 所示。其呈现的规律和 f 为 10Hz 以下情况相同，脉动通风前期，所有频率下浓度最大值差异不大；后期靠近洞口时，无脉动通风浓度下降迅速。不管频率高低，对排出 CO 效果均不理想。

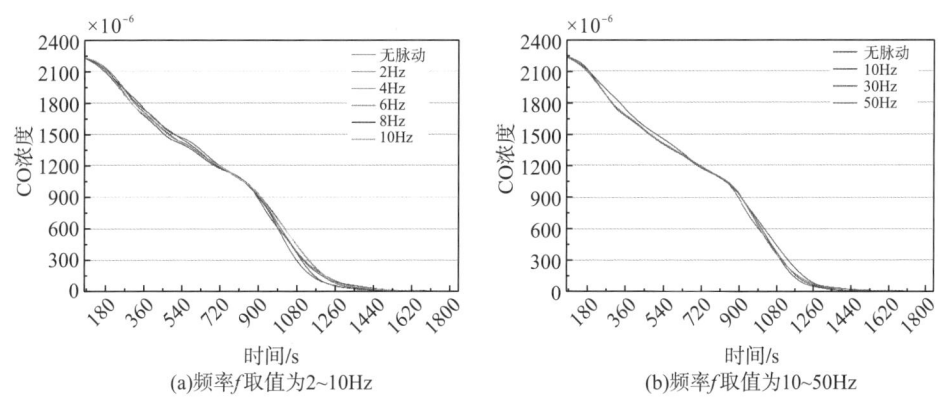

图 8.7　不同频率下螺旋隧道内 1.6m 高处 CO 浓度最大值（见彩版）

固定脉动频率 f_B=10Hz，设置脉动通风幅值 v_1 为 2.27m/s、4.54m/s、6.81m/s，不同幅值下 CO 浓度随时间变化如图 8.8 所示。通风前期除幅值为 4.54m/s 情况下 CO 浓度较高以外，其他幅值条件下 CO 浓度相差无几；后期无脉动通风时 CO 浓度下降更快。对于爆破后排 CO 的过程，数值计算结果发现，不管改变幅值还是频率，脉动通风的效果始终不明显。

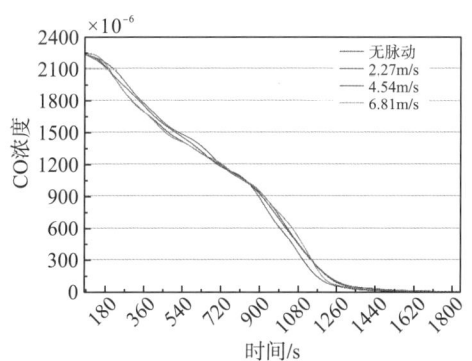

图 8.8　不同幅值时螺旋隧道内 1.6m 高度处 CO 浓度最大值（见彩版）

结合理论分析，爆破后采用脉动通风效果不明显的原因有四点。

(1) 爆破为瞬间过程，为瞬时污染源。一氧化碳气体瞬时充满整个炮烟抛掷距离的空间内，且分布较均匀；CO 气体相对分子质量为 28，空气为 29，二者几乎一样，本身就能均匀混合，不存在顶部或底部积聚明显的区域，混合均匀的一氧化碳及空气混合物可随主风流扩散。

(2) 脉动通风增加涡流等"静止区"内 CO 的纵向脉动速度，可达到驱散涡流区内 CO 的目的。但恒定通风时，涡流区周围 CO 浓度下降以后，根据菲克定律涡流区内 CO 也将逐渐扩散，且 CO 气体并非一直在产生，涡流区浓度持续下降。

(3)脉动通风增强主风流方向的横向脉动可使质量相差较大的粒子混合均匀,但 CO 和空气相对分子质量相近,横向脉动效果也不明显。

(4)在主风流中,脉动通风的纵向脉动将对主风流方向的流动产生干扰。这也可解释为什么爆破后通风初期脉动通风效果较好,但后期避开涡流区后脉动通风效果不明显,反而是无脉动通风效果较好。

4. 不同频率、幅值下喷浆后粉尘浓度变化

固定脉动通风幅值 v_1 =2.27m/s,频率 f 分别为 2Hz、4Hz、6Hz、8Hz、10Hz 和无脉动通风时,隧道内人呼吸高度 1.6m 处粉尘平均浓度随时间变化情况如图 8.9(a)所示。喷浆粉尘为一个持续性污染源,在喷浆过程中一直产尘。随时间发展,粉尘不断累积,浓度逐渐增加直至维持在一个较为稳定的状态。从隧道内 1.6 m 高处粉尘浓度变化曲线来看,采用脉动通风方式,隧道内粉尘浓度明显更低,稳定后浓度值降低了 12%左右。在 10Hz 以下频率中,粉尘浓度区别较小,但频率越大,粉尘浓度有增大趋势,4Hz 左右效果最佳。

继续增大频率,脉动通风幅值 v_1=2.27m/s,频率 f 为 10Hz、30Hz、50Hz 和无脉动通风时,隧道内人呼吸高度 1.6m 处粉尘平均浓度随时间变化情况如图 8.9(b)所示。分析发现,高频状态下稳定后的粉尘浓度较低频状态而言更高,即频率增大,通风降尘效果反而更差。频率为 10Hz 时,粉尘浓度先稳定增长,后趋于一个较低浓度值;频率为 30Hz 时,粉尘浓度起伏明显,变化剧烈且浓度较高;继续增大频率至 50Hz,粉尘浓度变化趋于平稳,浓度值与 30Hz 时相差不大,且接近于无脉动通风时粉尘的平均浓度。

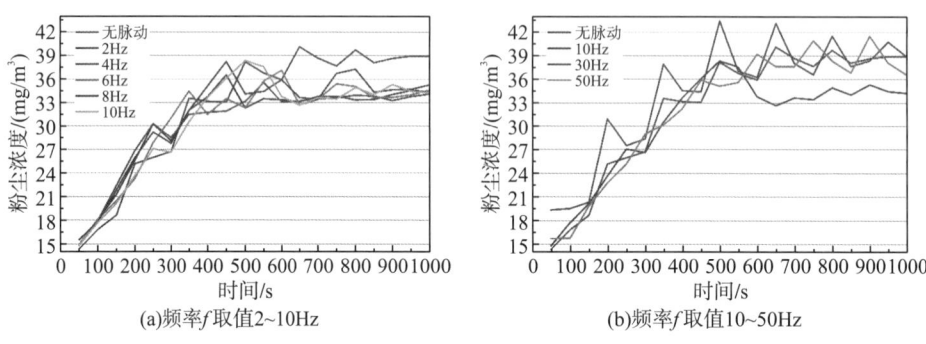

图 8.9 不同频率下螺旋隧道内 1.6m 高处粉尘浓度平均值(见彩版)

通过分析不同频率下粉尘浓度变化规律可判断,在频率较小时,脉动通风降尘效果较好,增大频率效果逐渐变差,增加到一定频率后对降尘效果几乎无影响。在考虑频率的基础上,研究幅值大小对降尘效果的影响。选择较为合适的频率 f_B 为 4Hz,取幅值 v_1 为 2.27m/s、4.54m/s、6.81m/s,不同幅值下粉尘平均浓度随时间变化情况如图 8.10 所示。增大幅值至 4.54m/s,隧道内 1.6m 高度处的粉尘浓度反而处于较高水平;继续增大幅值至 6.81m/s,前期隧道内粉尘浓度又呈现和低幅值时相近的状态。

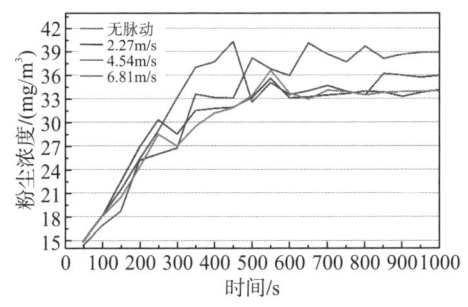

图 8.10 不同幅值时螺旋隧道内 1.6m 高处粉尘浓度平均值（见彩版）

喷浆粉尘颗粒粒径大小不一，不同粒径的粉尘颗粒质量差异较大。粉尘颗粒密度大于空气，易积聚在隧道中下部，且持续产尘使积聚浓度越来越高。通风时，大部分的粉尘随流扩散被带走并排出，但螺旋隧道存在大片涡流区，其中的粉尘无法随风流扩散，不断累积新的粉尘颗粒，涡流区内粉尘浓度将越来越高。脉动通风下粉尘粒产生纵向脉动速度，涡流区内的粉尘颗粒纵向运动，可扩散至主风流中。隧道风流结构被改变，涡流区发生改变，不再出现大面积粉尘积聚区域。从浓度变化规律发现，同一平面上浓度有规律的上下周期性波动，验证了理论研究中粉尘纵向运动的相关理论。除纵向脉动外，脉动通风增加了粉尘的横向脉动扩散。横向脉动速度呈周期性变化，在加速度为正时，较重的粉尘颗粒速度较慢，较轻的空气分子运动速度较快；加速度为负时，较重的粉尘颗粒速度较快，较轻的空气分子运动较慢。隧道内粉尘和空气分子能充分的混合，随主风流排出。以上结果与理论研究结果完全一致。

在理论研究中，纵向脉动速度与幅值成比例，与频率关系复杂。从计算结果来看，改变幅值时，脉动通风的降尘效果并非随幅值增大而提升，纵向脉动速度过大反而干扰降尘。对频率而言，在频率较小时，粉尘浓度变化较平稳；增大频率，粉尘浓度变化逐渐变剧烈，降尘效果变差。这是因为纵向脉动频率越大时周期变化越明显，对主风流产生干扰越大，因此频率过大不利于粉尘随主风流扩散。

8.2　爆破激波水泡快速降尘降温技术

8.2.1　激波水泡降尘机制

现有的水泡泥降尘是在炮孔孔口布置水炮泥（图 8.11），通过爆炸产生的冲击波撕破水炮泥袋，使得水炮泥袋中的混合物或水和爆破产生的粉尘一同扩散到隧道中，混合物或水进入隧道变成水雾或小水珠，在水雾和小水珠的作用下，粉尘凝并，使得重力成为主导作用力，从而达到快速降尘的目的。但是水雾的表面张力较大、润湿能力差，不易与粉尘结合，因此现有的研究往往会在水袋中增加药剂及抑尘剂用于改善水雾表面张力等，增加粉尘和水雾的结合力（Wu et al., 2007；Ghose and Majee, 2001；吴桂香, 2005）。

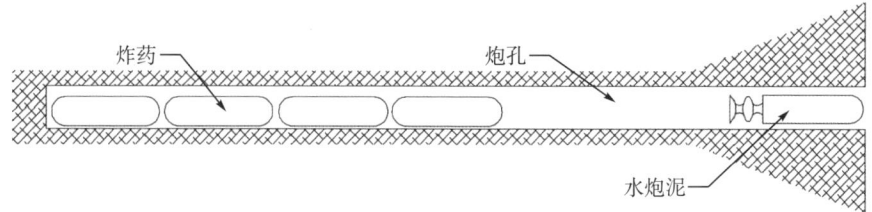

图 8.11 水炮泥降尘工作原理

降尘剂从水开始发展，经历了水、水雾(李德文，1994)、水混合物及泡沫等几个阶段。泡沫降尘的效果已经被广泛认可。目前泡沫降尘往往是将泡沫提前制备好并在采煤机或掘进机上使用(任万兴等，2009；陈贵等，2012)，使用过程中将泡沫接入高压管道中，高压管道中高速运动的水将泡沫液带入并一同喷出，喷出后形成泡沫，作用于粉尘，目前该方法已经在多个矿井掘进中被使用，降尘效果较好。然而，隧道在施工时使用掘进机的情况罕见，铺设专用的泡沫降尘管道也不现实。此外，由于隧道施工期较短、施工强度大、环境较恶劣，对作业机械和设备损耗都比较大。因此没有为隧道设计的专用泡沫降尘设备，也使得泡沫降尘这种优良的降尘措施未能在隧道中使用。

为改善隧道爆破后的作业环境，本章提出一种激波水泡降尘方法。不同于现有的水炮泥，也不同于现有的泡沫降尘方式，该方法通过压力水溶液瞬间失压形成的激波水泡来降尘。通过爆破产生的高压气体将激波水泡瓶撕破，压力水溶液瞬间失压将形成以压力气体为核心外包水溶液的水泡，我们称之为激波水泡。这样的激波水泡黏性好，会加强与粉尘颗粒的结合，增加粉尘颗粒的大小，形成以重力作用为主导力的大颗粒，加速粉尘沉降，从而降低粉尘浓度。更重要的是，爆破后形成的激波水泡具有网状结构，会产生较好的覆盖作用，激波水泡在空气中运动的同时会将其遇到的粉尘全部覆盖并包裹在其网状结构中，形成二次捕尘。此外，由于激波水泡面积大，所以在下降时的运动会类似于树叶飘落时的运动，滑过的面积大于本身具有的面积，能够捕获更多的粉尘。与水炮泥类似，激波水泡同样可以通过碰撞、湿润等作用加快粉尘的沉降。

在了解激波水泡降尘机制之前，先来了解激波水泡和粉尘粒子在空气中的相互作用过程及运动过程。假设粉尘粒子的直径为 d_p，密度为 ρ。如果粒子最初位于距水泡运动轴一定距离的 y_1 内，粒子将撞击水泡，如图 8.12 所示。

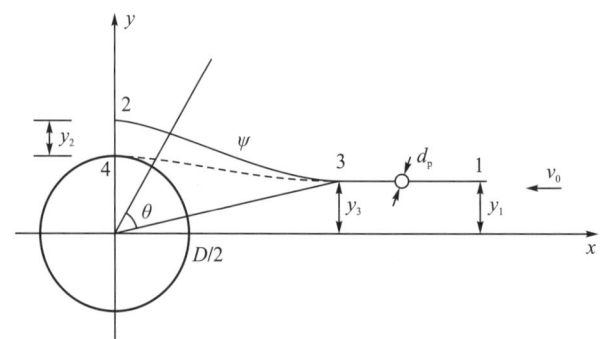

图 8.12 粉尘在激波水泡附近的绕流运动

对于沿流线运动直径为 d_p 的粉尘粒子,由于气体流线在水泡附近弯曲(虚线部分),粉尘粒子在惯性作用下不完全按照气流流线运动,而是按照另外一条弯曲的路径运动。激波水泡的碰撞、湿润、覆盖和黏附等作用对粉尘的作用机理如下。

碰撞:如图 8.12 所示,当粉尘粒子距离水泡运动轴小于 y_1 时,会在运动中与水泡相碰撞,而距离大于 y_1 时,则不会和水泡发生碰撞。此时,由于碰撞而带来的捕尘效率 E_{RI} 可以表示为半径为 y_1 的圆面积和水泡投影面积之比:

$$E_{RI} = \frac{\sigma \pi y_1^2}{\frac{1}{4}\pi D^2} = \frac{4\sigma y_1^2}{D^2} \tag{8.8}$$

撞击到水泡上的粒子理论上不可能全部被水泡捕集,有些粒子可能反跳回气流中,而这些粒子可能会被其他水泡所捕获,这一过程十分复杂,在式(8.8)中用 σ 表示其他水泡捕集粒子的捕获率,并且在本研究中忽略该过程,认为粉尘一旦和激波水泡相撞则被水泡捕集。

湿润:无论是隧道爆破产生的粉尘还是喷浆过程产生的粉尘,基本上都是疏水的,很难被水湿润而沉降,但是还是具有一定的湿润作用。

覆盖:激波水泡是以压力气体为核心,外包水溶液的水泡,这样的水泡增加了表面积,从而增加了对粉尘的覆盖作用,粉尘粒子在运动过程中会被具有较大面积的水泡捕获并在水泡的覆盖作用下沉降。此外,由于激波水泡形成的网状结构使得激波水泡在降落时会形成类似于树叶降落的行径,使得激波水泡滑过的面积要大于激波水泡本身固有的面积,再一次增加了捕尘效率。激波水泡对粉尘的覆盖作用示意图见图 8.13。

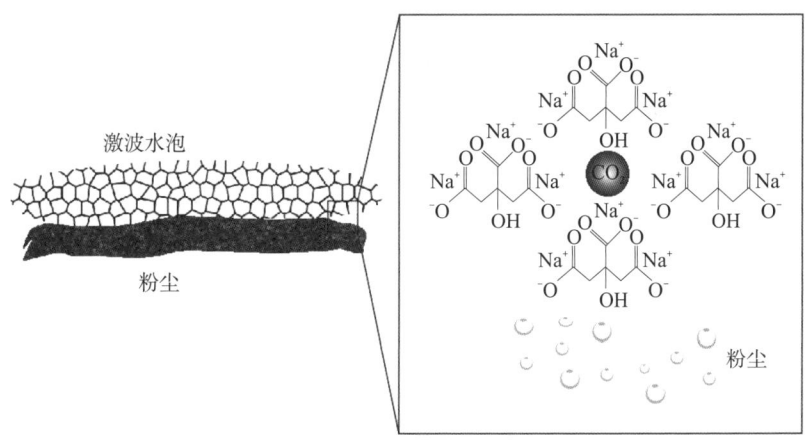

图 8.13 激波水泡对粉尘的覆盖作用

黏附:激波水泡形成后,表面会有黏附能力,当粉尘被水泡表面黏附后会跟随水泡运动。

8.2.2 激波水泡发生方式

选择激波水泡发生方式需要遵循以下几个原则：①首先需要满足功能性，根据激波水泡的工作原理，激波水泡需要产生压力，且压力可以快速释放，因此压力气体应选择失压后能够快速析出的气体；②形成水泡后，水泡内外的气-液表面和水泡吸附粉尘后的固-液表面需要降低表面张力，使得水泡具有较好的稳定性；③改变粉尘表面的疏水性，增加粉尘的亲水性；④无毒，环保，价格低廉，使用便捷。

随着施工的不断推进，隧道掌子面也不断深入，可设计专用设备，例如专用增压泵给容器中加压形成压力水溶液，爆破后打开压力罐，释放压力使得激波水泡形成。该方法需要研制专用设备，设备需要跟随掌子面不断前进，而且增压泵增加了能耗，提高了成本。此外，隧道环境恶劣，为了躲避爆破产生的飞石，专用设备需要距离掌子面 30m 以上，距离的增加使得激波水泡压力不足，为了提高压力则需要进行增压，再一次提高了成本。同时，喷浆时飞溅的混凝土也极易将激波水泡喷嘴堵塞。鉴于此，本研究采用化学方法解决压力水形成困难及成本高的问题。碳酸根溶液和酸性物质反应往往会产生二氧化碳，二氧化碳可溶于水，溶于水后会有部分二氧化碳和水反应生成碳酸，其余的二氧化碳和水形成二氧化碳水溶液。二氧化碳和水反应是一个可逆反应，即形成的碳酸也会分解形成二氧化碳和水，此外碳酸具有不稳定、易分解的特性，分解后同样形成二氧化碳和水。在爆破时，炸药急剧扩张，产生巨大的振动，振动会影响碳酸溶液平衡，使得二氧化碳析出。具体过程为

$$CO_2(g) = CO_2(aq)$$
$$H_2O + CO_2(aq) = H_2CO_3(aq)$$

爆破产生的高温高压给溶液提供了能量，而爆破产生的强烈振动再一次给溶液提供了能量，使得碳酸分解生成大量的二氧化碳。这样的特性完全符合激波水泡的要求。

选择柠檬酸($C_6H_8O_7$，酸性物质)和碳酸氢钠($NaHCO_3$，碱性物质)作为激波水泡的发生药剂。使用时，两种药品被装入可密封的激波水泡瓶中，加水反应生成二氧化碳，两者化学反应为

$$C_6H_8O_7 + 3NaHCO_3 = C_6H_5O_7Na_3 + 3H_2O + 3CO_2$$

两种试剂反应强烈，可以很快产生大量的二氧化碳。两种试剂均很廉价，柠檬酸和碳酸氢钠常作为食品添加剂，是完全无毒无害的试剂。反应突然失压会形成以二氧化碳为核心，外包柠檬酸钠的激波水泡。由于上述两种药剂反应较激烈，水泡形成后稳定性差，因此增加了发泡剂。

8.2.3 激波水泡性质测定

1. 不同压力产生的激波水泡的结构

激波水泡是由水和气体自发形成的、具有自组织结构的系统。本小结旨在研究不同压

力(0.2MPa、0.4MPa、0.6MPa 和 0.8MPa)下激波水泡的结构特征。采用 CX40M 双光源显微镜进行磨损图谱的采集，该显微镜的目镜放大倍率为 10×，物镜放大倍率包含 5×、10×、20×、50×、100×，可以实现谱片自选区域的自动扫描功能，输出单视场为 1920×1200 大小的图像。整个显微扫描分析系统如图 8.14 所示。不同压力下产生的激波水泡显微结构见图 8.15。

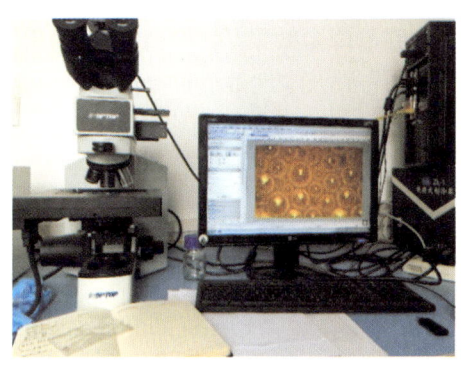

图 8.14 全自动扫描显微镜

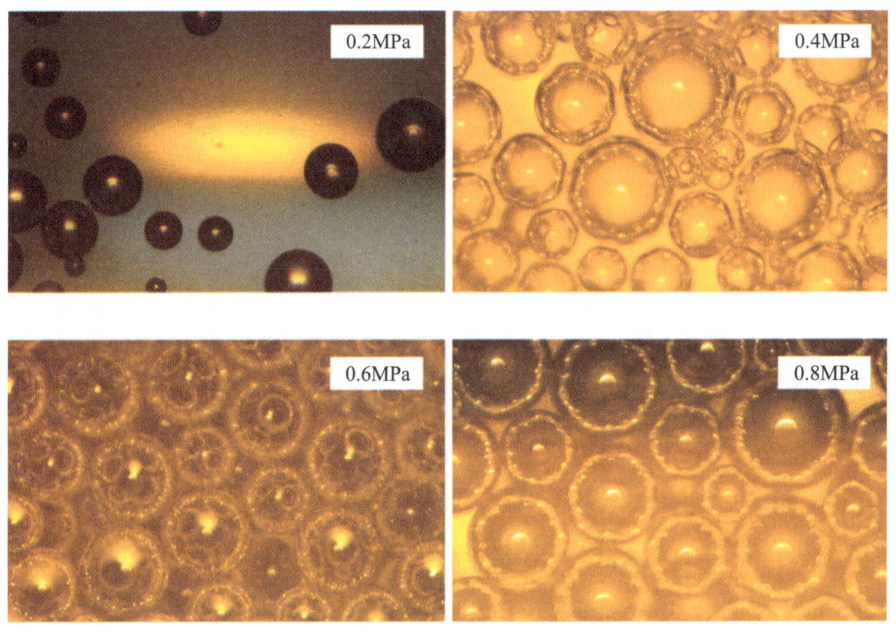

图 8.15 激波水泡显微结构图

图 8.15 是将制备好的激波水泡放大到 50 倍后观察的结果。可以看出，当压力只有 0.2MPa 时，激波水泡个数过少，生成的激波水泡几乎是以水溶液的形式存在；压力达到 0.4MPa 时，激波水泡数量开始增加，显微图片中几乎被激波水泡占满，但是水泡尺寸差距较大，相互之间基本是独立的，说明水泡没有形成一个整体，无法达到网状捕尘的目的；

0.6MPa下生成的激波水泡，各个水泡之间尺寸均匀，但相互之间仍旧是独立的，没有形成较好的整体；当压力增加至0.8MPa时，相比于其他几个压力生成的水泡，该压力下生成的水泡直径更大，水泡相互之间更加紧密，从显微结构上观察，该压力下水泡降尘效果应该更佳。

2. 不同压力产生的激波水泡稳定性

激波水泡的稳定性直接关系着降尘效果，如果稳定性不好，激波水泡无法长时间存在于隧道中，使得能够作用于粉尘的激波水泡数量过小而降低降尘效果。本小结通过研究相同时间内不同压力下激波水泡在空气中的体积变化情况来研究激波水泡的稳定性。计算公式如下：

$$s = \frac{V_t}{V_i} \tag{8.9}$$

式中，s 为激波水泡稳定性；V_i 为激波水泡初始体积；V_t 为单位时间后激波水泡体积。

式(8.9)表示激波水泡在单位时间内的残留比例，残留比例越大说明稳定性越好。图 8.16 展示了不同压力下产生的激波水泡初始体积（左）及 10min 后的体积（右）。不同压力下残留比例和压力的关系见图 8.17。从图 8.17 中可以发现，不同压力下的残留比例经历了先缓慢增加，后陡增，再缓慢增加的过程，曲线呈现出"S"形变化趋势。这说明激波水泡的稳定性和激波水泡的生成压力关系较大。当压力较小时，激波水泡中 CO_2 含量较低，压力较小，激波水泡的表面张力占主导地位，在表面张力的作用下 CO_2 被挤压并最终破碎，导致大量的激波水泡不能够保存。压力较大时，CO_2 含量较高，CO_2 的气压占主导地位，水泡的表面张力无法承受气体压力而被破坏，因此稳定性提高速率变缓。当 CO_2 的气压和表面张力相匹配时，激波水泡可以比较稳定地保存，在这个压力范围内，激波水泡的稳定性也有了极大提高。这说明在选择激波水泡最佳生产压力的时候，不需要一味地提高压力，一方面压力的提高并不会更好地增加水泡的稳定性，另一方面压力的提高会增加水泡瓶的制作成本。

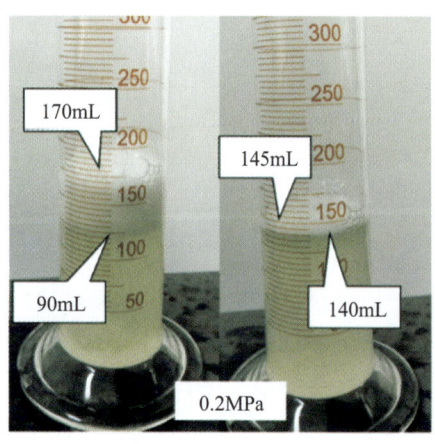

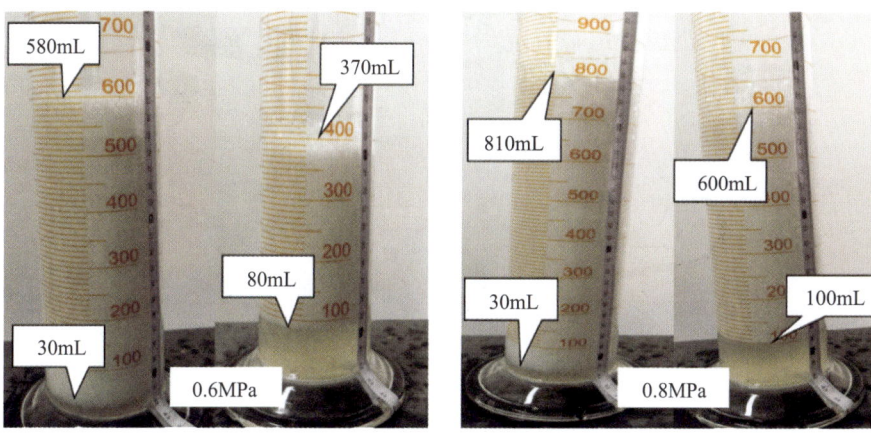

图 8.16 激波水泡稳定性测试照片

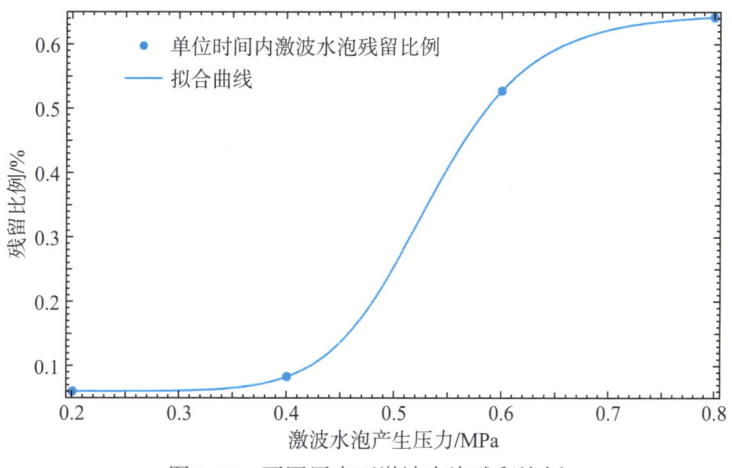

图 8.17 不同压力下激波水泡残留比例

8.2.4 激波水泡降尘模型试验

1. 模型试验中激波水泡发生方法及装置设计

在现场施工中,激波水泡被封装在激波水泡瓶中。爆生高压气体首先挤压水泡瓶,使得水泡瓶在高压气体的作用下被撕破,激波水泡同时被高压气体推出炮孔。在模型试验中,爆破过程被其他方式代替,无法按照上述过程发生激波水泡。因此设计了用于模型试验的激波水泡降尘发生装置,装置工作原理图及实物照片见图 8.18。装置罐体尺寸为 10cm×10cm×10cm,中心隔板位于罐体中间,高度 8cm,将预先准备好的酸、碱两种溶液倒入发生装置中,由于两种溶液反应较迅速,因此在密闭前,将两种溶液分别倒入隔板两侧;将螺栓拧紧,使得罐体处于密封状态,激波水泡发生前,充分摇晃装置,两种溶液发生反应,生成二氧化碳,但由于装置密闭,因此反应生成的二氧化碳会在压力的作用下溶于水中;打开水泡阀,装置瞬间失压,二氧化碳解析,并从装置中喷出,形成激波水泡(钟星灿等,2008)。

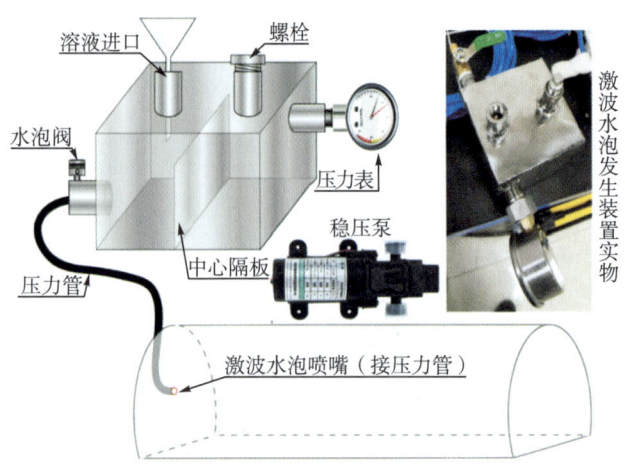

图 8.18　模型试验中激波水泡发生装置工作示意图

隧道施工现场爆破时，激波水泡被高压气体推出并撕破，激波水泡形成，该过程和粉尘进入的运动方式类似。为了便于模型试验进行，激波水泡通过喷嘴进入模型中。在压力的作用下激波水泡会被快速喷入模型中，该过程和激波水泡瓶被撕破后激波水泡进入隧道中的过程是相似的。但是，随着激波水泡的不断喷出，罐体中的压力会减小，为了保持恒定的压力，罐体外界连接稳压泵，使得罐体中的压力为药剂生成的压力。该发生器可同时被用于测试激波水泡稳定性和观测显微结构的激波水泡。

2. 不同发生压力下激波水泡降尘效果的模型试验

不同发生压力下激波水泡对爆破粉尘浓度的影响采用模型试验进行研究。采样器的采样流量设置为 16L/min，采样时间同样为 5min。测点分布采用图 4.32 中的测线①和测线④。粉尘喷入量选择 10g，喷入浓度为 20mg/L，入射速度选择 7.8m/s。试验时，模型通风系统不工作，通过加入试剂量的不同调整发生器中产生的压力，设置生成压力为 0.2MPa、0.4MPa、0.6MPa 和 0.8MPa。试验时，在粉尘被喷入模型的同时将装置水泡阀打开，使激波水泡进入模型中。待激波水泡完全进入模型中后，打开粉尘取样器测量粉尘浓度。不同发生压力下粉尘激波水泡作用后粉尘浓度的测量值见图 8.19。

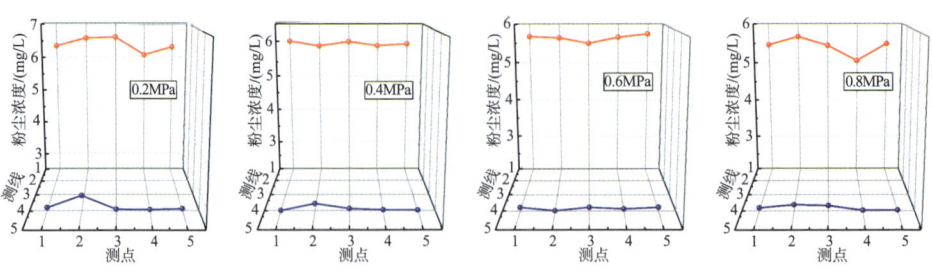

图 8.19　不同发生压力激波水泡降尘后模型中粉尘浓度

从图 8.19 中可以发现使用激波水泡降尘后，粉尘浓度从原本的初始配置的 20mg/L 左右降低至 6mg/L 左右，粉尘浓度有了明显的降低，降尘效率近似为 70%。此外，测线④的粉尘浓度始终处于较小的水平，说明激波水泡在降低掌子面附近粉尘浓度的同时也在一定程度上削弱了粉尘向外的扩散和运移。根据不同发生压力下激波水泡降尘效果可以发现，随着激波水泡内部压力的增加，激波水泡的降尘效果刚开始增加较明显，后期增加缓慢，该趋势和不同压力下激波水泡的稳定性变化趋势类似。分析认为：压力的大小代表了二氧化碳的生成量的大小，更多的二氧化碳在失压的瞬间会产生更多的激波水泡，因此降尘效果增加，但是随着压力越来越大，二氧化碳质量和水质量之比变大，激波水泡数量不再继续增加，降尘效率也不再增加。

8.2.5 激波水泡降尘现场试验研究

通过以上模型试验，选择 0.8MPa 的压力作为激波水泡的发生压力，该压力下激波水泡降尘效果良好，且压力不是特别大，可以较好地控制激波水泡瓶的制作成本。为了实现激波水泡的现场应用，本小结设计了一种可用于现场施工降尘的激波水泡装置。

1）现场用激波水泡结构设计

柠檬酸溶液和碳酸氢钠溶液反应很剧烈，但是两种药品的粉末却反应很缓慢，因此在设计现场用水泡装置时同样将装置分隔为两部分，使得药品粉末和水能够分隔开来，等装置密封后，再将水和药品粉末混合。装置通过药品架分为两部分，上半部分放置柠檬酸和碳酸氢钠的药品粉末，下半部分为水。药品架可以使水通过，但是无法让药品粉末通过。首先将水灌装至药品架下方，然后将两种药品粉末装至药品架上，拧紧激波水泡盖，摇晃激波水泡瓶，使得两种试剂充分反应，生成激波水泡。激波水泡瓶见图 8.20。

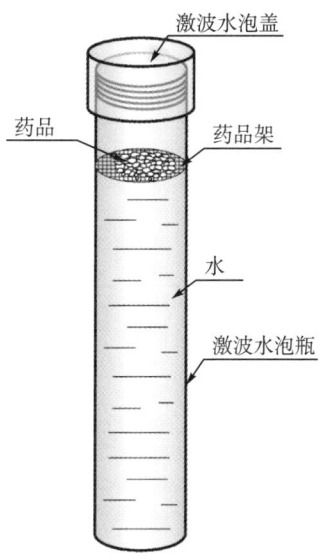

图 8.20　激波水泡瓶示意图

由于激波水泡的压力为 0.8MPa,因此激波水泡瓶选用聚对苯二甲酸乙二醇酯($COC_6H_4COOCH_2CH_2O$)(polyethylene terephthalate,PET)制作。选用该种材质,主要是由于 PET 无毒、无味、卫生、安全性好,爆炸后的产物不会对工作人员造成危害;其次 PET 获取容易、制作简单,且可以承受激波水泡的压力。

2)施工现场激波水泡降尘试验

激波水泡现场降尘试验选择在建个元高速公路兴隆隧道进口左洞。兴隆隧道主要为燕山期白垩纪花岗岩,试验时,隧道长度大概为 600 m,四级围岩,地下水呈滴水状产出。现场爆破采用塑料导爆管、毫秒雷管起爆系统,毫秒雷管采用 7 段别毫秒雷管,引爆采用火雷管。炸药为 2#岩石硝铵炸药。上台阶爆破炮孔布置图见图 8.21,爆破参数见表 8.5。

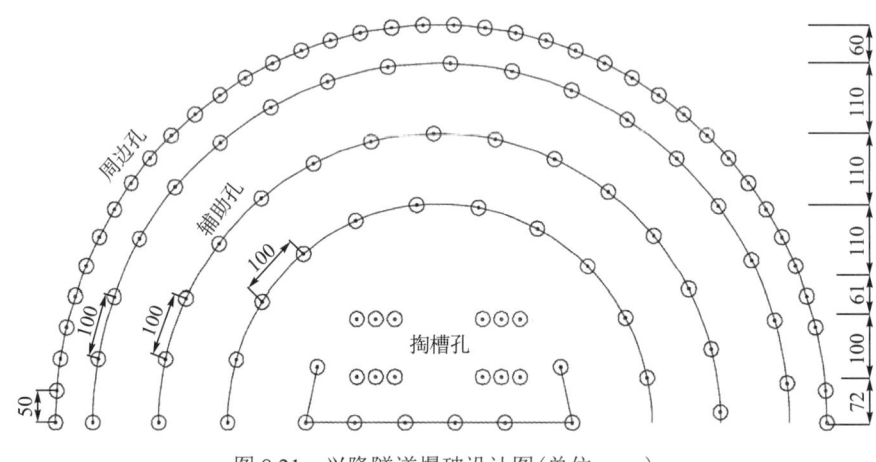

图 8.21 兴隆隧道爆破设计图(单位:cm)

表 8.5 兴隆隧道爆破参数表

炮孔名称		钻孔参数				装药参数	
		孔径/mm	孔深/cm	孔距/cm	孔数	药径/mm	药量/kg
导洞孔	掏槽孔	42	240	—	1	32	1.8
		42	240	50	6	32	10.8
	崩落孔	42	220	90	6	32	10.8
		42	220	70	9	32	14.4
二次扩孔		42	220	100	11	32	17.6
	崩落孔	42	220	100	15	32	24.0
		42	220	100	18	32	28.8
	周边孔	42	220	50	39	25	14.82

兴隆隧道现场分别在隧道钻爆台车和二衬台车上安装有粉尘传感器和视频监控系统,见图 8.22,粉尘传感器技术参数见表 8.6。爆破时,钻爆台车距离掌子面 30m 左右,因此粉尘传感器不会立刻响应。在进行激波水泡降尘效果现场测试时,设置了没有任何降尘措施的爆

破和普通水炮泥降尘作为对比。爆破后三种情况下隧道内粉尘浓度的变化曲线见图8.23。

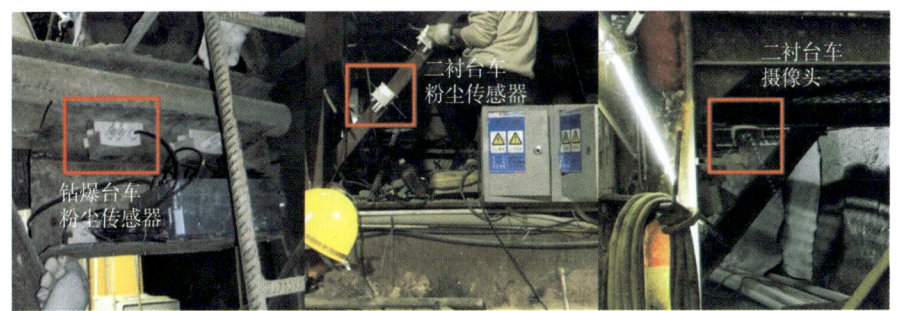

图 8.22　粉尘传感器和摄像头布置图

表 8.6　兴隆隧道粉尘传感器性能参数

测量范围/(mg/m³)	测量误差	工作电压/V	额定电流/mA	报警浓度设置范围/(mg/m³)
0.1～1000	不大于±15%	18～24	120～90	0～1000

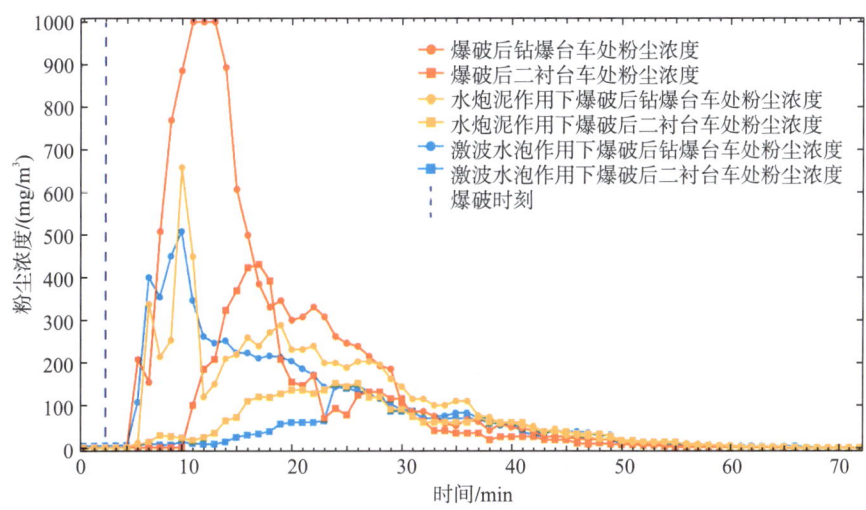

图 8.23　不同降尘措施下爆破后粉尘浓度变化曲线(见彩版)

试验期间钻爆台车距离爆破掌子面 30m，二衬台车距离掌子面 90m。从图 8.23 中可以看出，爆破后粉尘浓度会迅速升高，当不采取任何降尘措施时，钻爆台车上的粉尘传感器检测到的最大浓度为 1000mg/m³，且持续时间有三分钟之久，随后很快下降，当粉尘浓度下降至 350mg/m³ 时，粉尘浓度下降趋势开始变得缓慢。二衬台车上检测到的粉尘浓度也经历了迅速上升后缓慢下降的过程。使用水炮泥后，爆破后钻爆台车附近的最大粉尘浓度降低至 660mg/m³，而且粉尘浓度很快降低至 150mg/m³ 左右，但是随后粉尘浓度再一次升高至 300mg/m³(第二峰)，随后粉尘浓度开始缓慢下降，而二衬台车附近的粉尘经历了缓慢上升和缓慢下降过程。

使用激波水泡后,爆破后最高粉尘浓度下降到了 500mg/m³,粉尘浓度快速下降后,也进入了缓慢下降阶段,但是并没有出现类似于水炮作用下的第二峰,说明激波水泡首先对粉尘进行吸附、湿润等作用,使得粉尘能够从 1000mg/m³ 降低至 500mg/m³,在激波水泡的覆盖作用下,第二峰没有出现,说明激波水泡覆盖作用对降尘确实起到了明显的作用。

8.3　本 章 小 结

本章将脉动通风应用于隧道,采用 ANSYS Fluent 模拟软件对脉动通风的关键参数脉动幅值和频率进行研究。同时提出了一种激波水泡降尘技术,介绍了廉价高效的激波水泡发生方法,并通过模型试验分析了不同发生压力下激波水泡的降尘效率。主要结论如下。

(1)对隧道通风后的流场进行分析。恒定通风时涡流区范围较大,采用脉动通风可改变通风流场,缩小涡流区,优化风流结构。脉动通风应用于大纵坡隧道中的优点主要体现在使涡流区产生纵向脉动扩散,且增强主风流横向脉动扩散。

(2)数值模拟结果表明,脉动通风对于爆破后的 CO 气体排放效果不理想,但大大提高了喷浆工序降尘效果。建议现场应用中,根据工序实时调整通风方式,爆破后采用定常流通风,喷浆过程打开脉动风机提供脉动风速,减少能耗,优化施工环境。

(3)不同脉动幅值和频率数值模拟结果表明,污染物排放效果与幅值大小关系不大,与频率关系密切,且频率过大时排污效果反而减弱。建议脉动通风实际应用时,仅需根据实际供风风速,设置一个较小的幅值和频率即可。幅值过大浪费能耗,频率过大反而干扰降尘,效果不佳。

(4)介绍了激波水泡降尘机制。粉尘粒子在运动过程中会被具有较大面积的水泡捕获并在水泡的覆盖作用下沉降。此外,由于水泡面积较大,在降落过程中会形成类似树叶飘落的运动,覆盖更多的粉尘,增加粉尘的覆盖面积。此外,介绍了激波水泡的发生方式,即爆破产生的巨大能量降低了碳酸溶液的稳定性,使得大量二氧化碳析出,产生激波水泡。

(5)通过模型试验分析了不同发生压力下激波水泡的降尘效率,发现随着压力的增加,降尘效率有所增加,但压力越大,效率增加越缓慢。最后选择发生压力为 0.8MPa 的激波水泡进行现场测试,发现爆破粉尘浓度从原有的 1000mg/m³ 降低至 500mg/m³ 左右,且没有出现第二峰,说明激波水泡具有较好的降尘效果。

第9章 隧道施工多维度通风控制技术

9.1 控制系统需求分析及算法

在智能控制系统的控制下，风机的送风量应能够由隧道实时的需风量决定，风机的风压应能够由隧道实时的风阻决定。可以通过式(9.1)描述智能控制系统中隧道环境因素与风机风量、压力的关系。

$$\begin{cases} Q_{\text{fan}} = f\left(C_{\text{Gas}_1}, C_{\text{Gas}_2}, C_{\text{Gas}_3}, \cdots, C_{\text{Gas}_n}, C_{\text{dust}}, v_{\text{air}}, L, T\right) \\ H_{\text{fan}} = f(R) \end{cases} \quad (9.1)$$

式中，Q_{fan} 为风机供风量，m³/min；H_{fan} 为风机的输出风压，Pa；C_{Gas}、C_{dust} 为有毒有害气体和粉尘浓度，通过污染物浓度表征环境状况；v_{air} 为隧道内风速，m/s；L 为隧道长度，m；T 为隧道内温度，℃；R 为隧道的通风阻力，与隧道长度正相关。

根据风机的特性，风机风量与转速成正比，风机风压与转速的平方成正比，风机转速与运行频率正相关，可以表示为

$$\begin{cases} \dfrac{Q}{Q'} = \dfrac{n}{n'} \\ \dfrac{H}{H'} = \left(\dfrac{n}{n'}\right)^2 \dfrac{\rho}{\rho'} \\ n = 60\dfrac{f_{\text{fan}}}{p} \Rightarrow f_{\text{fan}} = \dfrac{np}{60} \end{cases} \quad (9.2)$$

式中，Q、Q'为不同转速下风机的输出风量，m³/min；H、H'为不同转速下风机的输出风压，Pa；n、n'为风机转速，r/min；ρ、ρ'为介质密度；f_{fan} 为风机运行频率，Hz；p 为风机电机的极对数。

根据式(9.2)可以得到：

$$\begin{cases} Q_{\text{fan}} = f(f_{\text{fan}}) \\ H_{\text{fan}} = f(f_{\text{fan}}) \end{cases} \quad (9.3)$$

结合式(9.1)和式(9.3)可以得到式(9.4)(在这个方程中，压力被隧道温度和长度所代替)：

$$f_{\text{fan}} = f\left(C_{\text{Gas}_1}, C_{\text{Gas}_2}, C_{\text{Gas}_3}, \cdots, C_{\text{Gas}_n}, v_{\text{air}}, L, T\right) \quad (9.4)$$

这样的通风系统不仅能满足隧道施工的需求，还能减少不必要的用电。然而，如何获得与各种污染物浓度、隧道长度及阻力相匹配的风机供风量和风压是一个难题。虽然本书研究了各种通风情况下污染物的扩散规律，也研究了通风系统的最佳布局，但是仍然无法准确地知道在隧道施工中特定的环境所对应的风机运行频率。为了获取隧道中施工环境参数和风机运行频率之间的关系，本研究在兴隆隧道进行了现场测试。

对于兴隆隧道环境来说，有CO浓度、粉尘浓度、温度和长度作为参数，输出值只有风机的运行频率，通过神经网络进行分析。径向基函数神经网络(radial basis function neural network，RBF-NN)已被证明适用于解决涉及多个输入和一个输出(Zhang et al.，2018)的问题。例如，RBF-NN被用来研究相邻建筑物在风作用下的干扰效应(以干扰因子表示)，该研究中输入层包含建筑相对位置、建筑宽高比、上游地形条件，输出层为干扰因子。与其他学习算法相比，RBF-NN的训练过程非常快，而且不会遇到局部极小值问题，因此在解决这类问题时可以获得更好的结果(He et al.，2019；Majdisova and Skala，2017)。

由于RBF-NN拓扑结构简单，能够很好地逼近任意精度的非线性函数(Kung et al.，2018；Sharma，2018)，因此，采用RBF-NN来确定风机运行频率与各种污染物浓度、隧道长度和阻力之间的关系。RBF-NN是一种使用监督训练技术进行学习的前馈神经网络，它包括三个不同的层：输入层、隐含层和输出层。RBF作为隐含层神经元的"基"，形成隐含层空间。输入向量可以直接映射到隐含层空间，而不需要通过"权值"连接。一旦确定了RBF的中心点，也就确定了映射关系。隐含层空间到输出空间的映射是线性的，即网络是隐含层神经元输出的线性加权和。这里的"权重"是一个可调参数。网络从输入层到输出层的映射关系为非线性，对于可调参数，网络输出为线性。网络的"权值"可由线性方程直接求解，这样可以加快学习速度，避免局部极小值问题(Zhang et al.，2018)。

9.2 训练集获取及训练结果

神经网络需要对样本数据进行学习，学习中寻找输入层和输出层之间的关系，这个过程叫作神经网络的训练，已有的数据叫作训练数据集(training data set，TDS)。本章将污染物浓度、隧道长度和温度作为输入层，将风机工作频率作为输出层。为了获取TDS，根据相关规范标准制定了规则，见表9.1。根据隧道中的环境参数的不同，将隧道中的环境分为5个阶段。在第一阶段，两种气体的浓度在0和仪器的固有误差之间。对于现场应用，第一阶段的污染物浓度被认为接近于零，风机将以基础频率运行。基础频率是指维持隧道环境安全所需的最低频率，基础频率由满足最小风速所需的风量、隧道长度和隧道内工人的数量等因素决定。在第五阶段中，至少有一种气体超过了规范中规定的允许值，在此阶段，风机以额定频率运行，即风机的最大运行频率(50Hz)。

表 9.1 数据集获取规则

阶段	粉尘浓度/(mg/m³)	CO 浓度/($\times 10^{-6}$)	风机响应规则
1	0.0~1.0	0.0~1.0	基础频率
2	>1.0~5.0	>1.0~10.0	使得污染物浓度在 30min 内降低至第一阶段范围内
3	>5.0~8.0	>10.0~18.0	使得污染物浓度在 20min 内降低至第二阶段范围内
4	>8.0~10.0	>18.0~24.0	使得污染物浓度在 15min 内降低至第三阶段范围内
5	>10.0	>24.0	额定频率

将误差与污染物最大允许值之间的浓度分为三种情况(第二至第四阶段)。在这三种情况下,如果风机按额定频率运行,必然会造成电能的浪费;如果按基础频率运行,可能会引起气体浓度的增加。因此,风机应选择适当的频率值运行,本章以规定时间内将气体稀释到适当的浓度范围作为准则,通过稀释时间确定风机的适当运行频率。表 9.1 显示,当两个气体的浓度在第二阶段时,适当的工作频率应该使得气体浓度在 30min 内降低至第一阶段。同样,当两种气体的浓度在第三阶段(第四阶段)时,适当的运行频率应该使得气体浓度在 20min(15min)内减少到第二阶段(第三阶段)。当两种气体的浓度在不同的阶段时,风机响应应由较大阶段的气体浓度决定。例如,CO 浓度处于第三阶段,而粉尘浓度处于第二阶段,则按照第三阶段的风机响应规则进行。此外,当隧道内温度超过 28℃时,风机的工作频率增加,直至温度降到 28℃。根据上述规则,得到了与隧道环境参数相对应的风机运行频率,即 TDS。

采用上述过程在兴隆隧道获得 TDS。环境参数通过安全监测系统和手持探测器获得。传感器的测量范围和精度如表 9.2 所示。TDS 采集过程中,隧道长度从 368m 增加到 817m。从所有数据中选取 132 组数据,这些数据涵盖了不同的气体浓度和隧道长度,组成 TDS。

表 9.2 隧道传感器参数表

检测参数	型号	测量范围	误差	生产厂家
粉尘浓度	FC-1000	0~1000mg/m³	±5%	
CO 浓度	CO-1000	0~1000×10^{-6}	±1×10^{-6}	XX 电子科技有限公司
温度	WS60	-40~60℃	±0.2℃	

描述兴隆隧道施工环境和风机运行频率的神经网络结构见图 9.1。神经网络输入层有 4 个节点,分别是:粉尘浓度、CO 浓度、温度和隧道长度。输入层的矩阵形式为

$$\boldsymbol{P} = \begin{bmatrix} C_{1(\text{dust})} & C_{1(\text{CO})} & T_1 & L_1 \\ C_{2(\text{dust})} & C_{2(\text{CO})} & T_2 & L_2 \\ \vdots & \vdots & \vdots & \vdots \\ C_{M(\text{dust})} & C_{M(\text{CO})} & T_M & L_M \end{bmatrix} \quad (9.5)$$

式中,下标 M 为 TDS 的样本数量,个;$C_{M(\text{dust})}$ 为粉尘浓度,mg/m³;$C_{M(\text{CO})}$ 为 CO 浓度,×10^{-6};T_M 为隧道内温度,℃;L_M 为隧道长度,m。

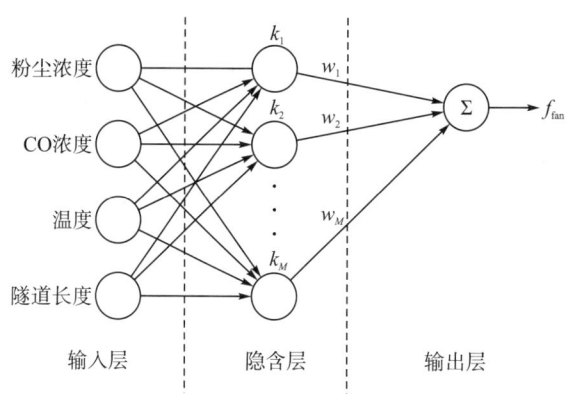

图 9.1 RBF-NN 结构示意图

训练集的输出矩阵可以表示为

$$\boldsymbol{T} = \begin{bmatrix} f_1 & f_2 & \cdots & f_M \end{bmatrix}^{\mathrm{T}} \tag{9.6}$$

隐含层中，采用高斯核函数作为激活函数：

$$k_j = \exp\left\{\frac{-\|\boldsymbol{p}_j - C\|^2}{2\sigma^2}\right\} \quad (j=1,2,\cdots,M) \tag{9.7}$$

式中，$\boldsymbol{p}_j = \begin{bmatrix} C_{j(\text{dust})} & C_{j(\text{CO})} & T_j & L_j \end{bmatrix}$，表示第 j 个训练样本向量；C 为核函数中心；σ 为函数的宽度参数。

RBF-NN 的输出层可以表示为

$$\omega_{\text{RBF}} = \sum_{j=1}^{M} w_j k_j \tag{9.8}$$

式中，ω_{RBF} 为输出层的值；w_j 为第 j 个神经元的权重。

在 RBF-NN 中，训练算法用于确定最优代价函数，使神经网络的输出与期望输出之间的指定误差最小。利用梯度下降(gradient descent，GD)方法训练神经网络，该方法具有计算速度快的优点。对于 GD 训练过程，定义误差瞬时代价函数，见式(9.9)。

$$J = \frac{1}{2}\left(\omega_{\mathrm{T}(j)} - \omega_{\mathrm{RBF}(j)}\right)^2 \tag{9.9}$$

式中，$\omega_{\mathrm{T}(j)}$ 为第 j 个样本的真值。

根据 GD 方法，求出权重如下：

$$w_{j+1} = w_j - d_j \cdot \eta_j \tag{9.10}$$

$$d_j = \omega_{\mathrm{T}(j)} - \omega_{\mathrm{RBF}(j)} \tag{9.11}$$

式中，η 为学习速率。

为了更快地得到 GD 方法的最优解，在训练前通过最大最小归一化将一个原始值映射为区间[0,1]的值，公式如下：

$$x_{\text{normalization}} = \frac{x - \text{Min}}{\text{Max} - \text{Min}} \tag{9.12}$$

式中，x 为搜集到的样本数据；Min、Max 分别表示样本数据中心的最大值和最小值。

在训练过程中，从 132 组数据中随机选取 124 组数据作为训练集，其余 8 组数据作为测试集，利用拟合度 R^2 评价 RBF-NN 的训练结果。拟合度 R^2 的计算公式见式(9.13)。拟合度 R^2 是一个位于[0,1]的数，越接近于 1，说明训练的结果越好。

$$R^2 = \frac{\left[l \cdot \sum_{i=1}^{l} \omega_{\text{RBF}(j)} \omega_{\text{T}(j)} - \sum_{i=1}^{l} \omega_{\text{RBF}(j)} \cdot \sum_{i=1}^{l} \omega_{\text{T}(j)}\right]^2}{\left[l \cdot \sum_{i=1}^{l} \omega_{\text{T}(j)}^2 - \left(\sum_{i=1}^{l} \omega_{\text{T}(j)}\right)^2\right] \cdot \left[l \cdot \sum_{i=1}^{l} \omega_{\text{RBF}(j)}^2 - \left(\sum_{i=1}^{l} \omega_{\text{RBF}(j)}\right)^2\right]} \tag{9.13}$$

式中，l 为样本数。

通过训练后的神经网络输出的频率值（预测值）和真实值被绘制在图 9.2 中。从图中可以看出，真实值和预测值的数据在 $y=x$ 线周围均匀分布。模型预测的拟合度 R^2 为 0.98，这意味着模型结果与目标数据之间有很好的一致性。从图中还可以看出，最大相对误差为 3.9%，说明模型对目标数据的预测较为准确。

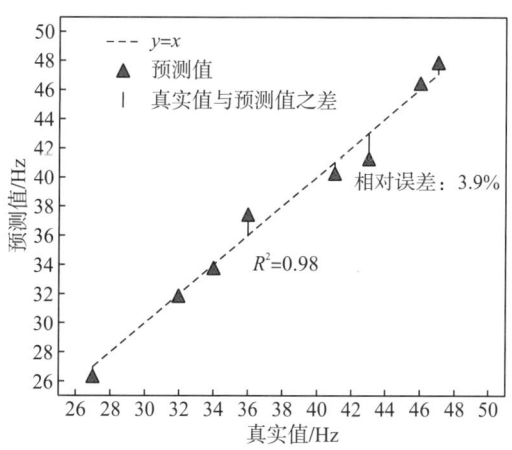

图 9.2　预测值与真实值对比图

9.3　智能控制系统组成

隧道通风智能控制(tunnel ventilation intelligent control，TVIC)系统由四个子系统组成：安全监控系统、控制系统、通信系统和变频风机。图 9.3 显示了 TVIC 系统的结构。安全监控系统负责对隧道内环境参数进行实时监测。控制系统使用 RBF-NN 训练结果来计算和分析所需的工作频率。通信系统将控制系统的信号转换为变频风机可以识别的信号。

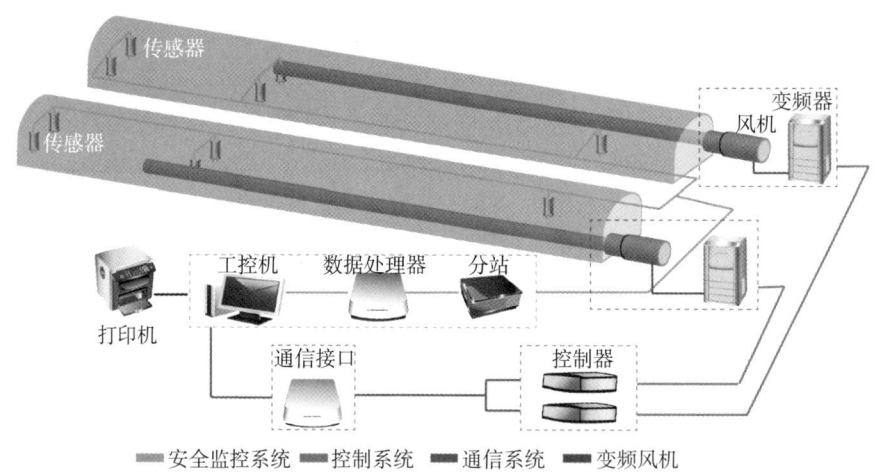

图 9.3 隧道通风智能控制系统组成示意图(见彩版)

隧道智能通风系统工作流程如图 9.4 所示。系统首先需要通过自检后方可开始后面的操作，自检的目的是检测整个系统是否完整，每个子系统是否可以正常工作。自检后，系统读取隧道信息，包括隧道长度和内部工作人员数量，并计算基础频率。然后，控制系统读取安全监控系统数据，计算风机运行频率。计算和分析方法基于训练好的 RBF-NN。此

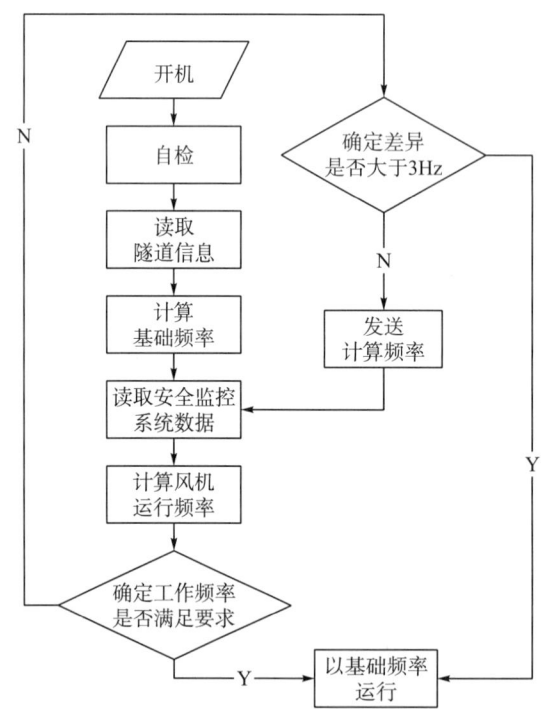

图 9.4 控制系统工作原理流程图

外，考虑到风机的使用寿命，工作频率的频繁或突然变化会增加风机轴承的磨损，因此当计算频率与风机实际工作频率的差值小于 3Hz 时，计算频率不发送给风机变频器，当此值超过 3Hz 时，计算出的频率将发送给风机变频器。根据对风机性能的研究发现，当风机频率变动小于 3Hz 时，风量和风压的变化较小。为避免频繁改变频率，选择 3Hz 作为阈值。

隧道中安全监控系统和变频风机都是较成熟的设备，不再赘述；通信接口也是由成熟的模块组成的，因此也不再赘述。本系统的核心元件——控制系统，是由笔者及课题组成员共同开发的，它执行数据读取、计算和分析等功能。控制器由放大电路、模拟开关、可编程逻辑控制器(programmable logic controller，PLC)系统、电源电路和信号输出电路组成。控制器主要完成以下工作：①计算分析功能——控制系统从安全监控系统读取数据，利用训练好的 RBF-NN 计算风机运行频率；②风机的运行状态控制——系统可以控制风机的开关，变频器还可以替代软起动器；③风机运行监控和故障报警——系统监控风机运行状态，如电压、电流和功率等，可迅速识别风机故障；④智能控制和手动控制切换——系统同时具有智能控制模式和手动控制模式。特殊情况下，可以根据现场需求以及实际经验对风机运行频率进行调控。

为了实现以上功能，开发了控制软件及人机交互系统。人机交互系统实现了多种参数的显示、智能控制与手动控制的转换、手动控制参数的接收和发送、参数的保存等功能。软件界面分为四个部分，即：系统登录界面、安全监控系统显示界面、风机运行参数显示及手动控制界面和智能控制界面。第一部分是系统登录界面，用户只能使用正确的登录密码启动软件，此功能主要防止未经授权的人员操作和控制风机。第二部分是安全监控系统显示界面，隧道中所有传感器的数据都显示在这个界面上。如果传感器值超过规定的允许值，将触发蜂鸣声和闪光警报。第三部分是风机运行参数显示及手动控制界面，在此部分中，风扇运行参数显示在界面上。第四部分是智能控制模式和手动控制的切换开关按钮。值得注意的是，任何通过人机交互系统进行的操作，都需要输入正确的密码后才能继续。为了方便查询及资料记录，所有的数据将以文件的形式存储在工控机上。

9.4 螺旋隧道通风系统节能效果测试

将螺旋隧道通风系统优化后的结果及隧道通风智能控制系统在咪的村隧道出口应用。咪的村隧道出口通风控制系统及变频风机见图4.14，控制器及通信接口见图9.5。为了测试通风智能控制系统的节能效果，施工单位为隧道左、右洞风机分别安装了专用电表记录用电情况。安装智能控制系统前后风机耗电量统计见图9.6。

图 9.5　隧道施工通风智能控制系统照片

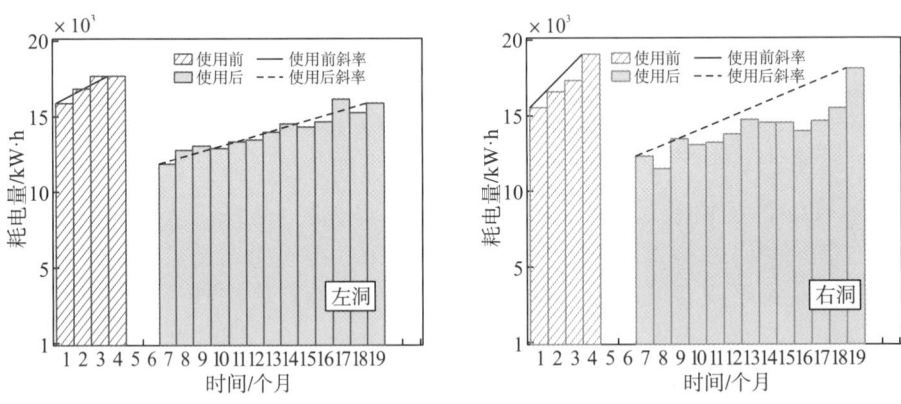

图 9.6　使用通风智能控制系统前后隧道风机用电量统计

螺旋隧道左、右洞通风智能控制系统在第 7 个月安装完成并开始使用，随着隧道长度的不断增加，通风阻力增加，风机的耗电量也随之增加。但是通过图 9.6 可以明显发现，使用隧道通风智能控制系统前后，耗电量的增长斜率有了明显降低，第 7 个月的耗电量也有明显的降低。隧道左、右洞通风系统在第 4 个月的耗电量分别是 17725.5kW·h 和 19111.5kW·h，安装智能控制系统后，即第 7 个月通风系统的耗电量分别是 11861.1kW·h 和 12328.4kW·h，耗电量降低为之前的 66.9%和 64.5%，能耗降低明显，节能效果显著。

9.5　本章小结

本章设计了由隧道内污染物浓度参数控制的隧道施工期智能通风控制系统，获得的主要结论如下。

(1) 设计了一种基于隧道施工区域污染物参数分析的隧道施工期通风智能控制 (TVIC) 系统。TVIC 系统能够根据污染物浓度、温度、隧道长度等参数调整风机的运行频率。该系统可以在隧道内环境良好时，降低通风风量，降低通风系统能耗；在隧道内环境恶劣时，增加通风系统供风量，保证隧道环境在短时间内降低到良好。为了让隧道能够做到智能控制，TVIC 系统选择了 RBF-NN 作为控制算法，为了获取适宜的数据训练神经网络，根据现有的法规要求建立了一套 TDS 获取规则，以此确定隧道环境与风机运行频率之间的映射关系。

(2) 将优化结果及智能控制系统在咪的村隧道进行了现场应用。现场应用发现，TVIC 系统展示出了较好的节能效果，通风系统使用 TVIC 系统后第 1 个月的耗电量是使用前耗电量的 66.9%（左洞）和 64.5%（右洞），能耗大大降低。

参 考 文 献

陈贵, 王德明, 王和堂, 等, 2012. 大断面全岩巷综掘工作面泡沫降尘技术[J]. 煤炭学报, 37(11): 1859-1864.

陈士香, 金承华, 2005. 环境保护法规对发动机油硫、磷和灰分的要求[J]. 合成润滑材料, 32(2): 39-42.

封溢, 2014. 烧结机料层温度场数值模拟及烧结终点研究[D]. 长沙: 中南大学.

封志明, 唐焰, 杨艳昭, 等, 2007. 中国地形起伏度及其与人口分布的相关性[J]. 地理学报, 62(10): 1073-1082.

郭珊芝, 2006. 可用于空调系统的燃气驱动热声发动机实验研究[D]. 杭州: 浙江大学.

和艳娥, 2013. 独头巷道脉动式通风模拟试验研究[D]. 昆明: 昆明理工大学.

蒋仲安, 金龙哲, 袁绪忠, 等, 2001. 掘进巷道中粉尘分布规律的实验研究[J]. 煤炭科学技术, 29(3): 43-45.

蒋仲安, 杨斌, 张国梁, 等, 2021. 高原矿井掘进工作面截割粉尘污染效应及通风控尘参数分析[J]. 煤炭学报, 46(7): 2146-2157.

赖涤泉, 1994. 隧道施工通风与防尘[M]. 北京: 中国铁道出版社.

李彪, 2011. 城市建筑群不均匀性对大气动力特性影响的风洞实验研究[D]. 哈尔滨: 哈尔滨工业大学.

李德文, 1994. 预荷电喷雾降尘技术的研究[J]. 煤炭工程师, 21(6): 8-13.

李敬民, 2005. 煤矿井下爆破气体的危害及其预防[J]. 华北科技学院学报, 2(2): 34-36.

李秀英, 2009. 开口空间结构表面风压及周围风环境的数值模拟[D]. 哈尔滨: 哈尔滨工业大学.

李勇, 2014. 含绕丝燃料组件阻力特性初步实验研究[D]. 合肥: 中国科学技术大学.

李玉, 2020. 螺旋隧道施工期污染物运移机理及通风控制技术研究[D]. 重庆: 重庆大学.

梁波, 2015. 隧道工程[M]. 重庆: 重庆大学出版社.

刘承东, 唐宏辉, 谢艺强, 等, 2016. 城市综合管廊通风系统风亭设计及优化[J]. 中国市政工程(S1): 91-94, 120-121.

刘敦华, 2016. 隧道爆破通风优化数值模拟的研究[D]. 北京: 中国地质大学.

刘戎, 2020. 螺旋隧道施工区域污染扩散机制及控制技术研究[D]. 重庆: 重庆大学.

刘伟, 涂耘, 易亚滨, 等, 1999. 公路隧道营运通风模型实验的相似理论研究[J]. 公路交通技术, 15(1): 27-29, 40.

刘晓丽, 2012. 基于微量润滑的切削环境空气质量检测与分析[D]. 南京: 南京航空航天大学.

任万兴, 王德明, 巫斌伟, 等, 2009. 矿用泡沫降尘技术[J]. 煤炭科学技术, 37(11): 30-32, 36.

孙剑, 2009. 柴油机喷油器喷孔内空化效应机理的研究[D]. 天津: 天津大学.

唐俊华, 2001. 赣北铜金矿床地质特征与成因浅析[J]. 有色矿山, 30(4): 1-5.

王秉权, 1980. 通风模型试验的相似方法[J]. 煤矿安全(11): 20-25.

王海桥, 1999. 掘进工作面射流通风流场研究[J]. 煤炭学报, 24(5): 498-501.

王凯, 俞启香, 杨胜强, 等, 2000. 脉冲通风条件下上隅角瓦斯运移数值模拟与试验研究[J]. 煤炭学报, 25(4): 391-396.

王明超, 2016. 三分螺旋折流板电加热器流动和传热性能研究[D]. 南京: 东南大学.

文醉, 2010. 非道路用柴油机缸内气体流动与喷雾三维数值模拟[D]. 武汉: 武汉理工大学.

吴翠香, 2003. 炸药爆炸产生的有毒气体对人体危害及对策[J]. 煤矿安全, 34(6): 37-39.

吴桂香, 2005. 极性基湿润剂与矿岩类粉尘颗粒的作用机理[J]. 工业安全与环保, 31(6): 1-4.

吴强, 秦跃平, 郭亮, 等, 2002. 掘进工作面围岩散热的有限元计算[J]. 中国安全科学学报, 12(6): 33-36.

吴子牛, 2001. 计算流体力学基本原理[M]. 北京: 科学出版社.

杨胜强, 俞启香, 王凯, 等, 2000a. 脉动通风消除上隅角瓦斯积聚的理论分析[J]. 中国矿业大学学报, 29(6): 571-575.

杨胜强, 俞启香, 王凯, 等, 2000b. 脉冲通风法治理"U"型工作面上隅角瓦斯积聚的理论及技术探讨[J]. 中国安全科学学报, 10(3): 48-53.

远莹莹, 2007. 纤维体催化剂的制备及其在柴油机尾气排放的研究[D]. 天津: 天津大学.

钟星灿, 龚延风, 童艳, 2008. 公路隧道自然通风模型实验相似性研究[J]. 暖通空调, 38(5): 13-17, 64.

Ghose M K, Majee S R, 2001. Air pollution caused by opencast mining and its abatement measures in India[J]. Journal of Environmental Management, 63(2): 193-202.

He Q F, Shahabi H, Shirzadi A, et al., 2019. Landslide spatial modelling using novel bivariate statistical based Naive Bayes, RBF Classifier, and RBF Network machine learning algorithms[J]. Science of the Total Environment, 663: 1-15.

Kung Y S, Than H, Chuang T Y, 2018. FPGA-realization of a self-tuning PID controller for X-Y table with RBF neural network identification[J]. Microsystem Technologies, 24(1): 243-253.

Majdisova Z, Skala V, 2017. Radial basis function approximations: Comparison and applications[J]. Applied Mathematical Modelling, 51: 728-743.

Sharma A, 2018. Guided Stochastic Gradient Descent Algorithm for inconsistent datasets[J]. Applied Soft Computing, 73: 1068-1080.

Wu C, Peng X L, Wu G M, 2007. Wetting agent investigation for controlling dust of lead-zinc ores[J]. Transactions of Nonferrous Metals Society of China, 17(1): 159-167.

Zhang A S, Zhang L, 2004. RBF neural networks for the prediction of building interference effects[J]. Computers & Structures, 82(27): 2333-2339.

Zhang D Q, Zang G M, Li J, et al., 2018. Prediction of soybean price in China using QR-RBF neural network model[J]. Computers and Electronics in Agriculture, 154: 10-17.

Zhou Y, Yang Y, Bu R W, et al., 2020. Effect of press-in ventilation technology on pollutant transport in a railway tunnel under construction[J]. Journal of Cleaner Production, 243: 1-11.

彩　　版

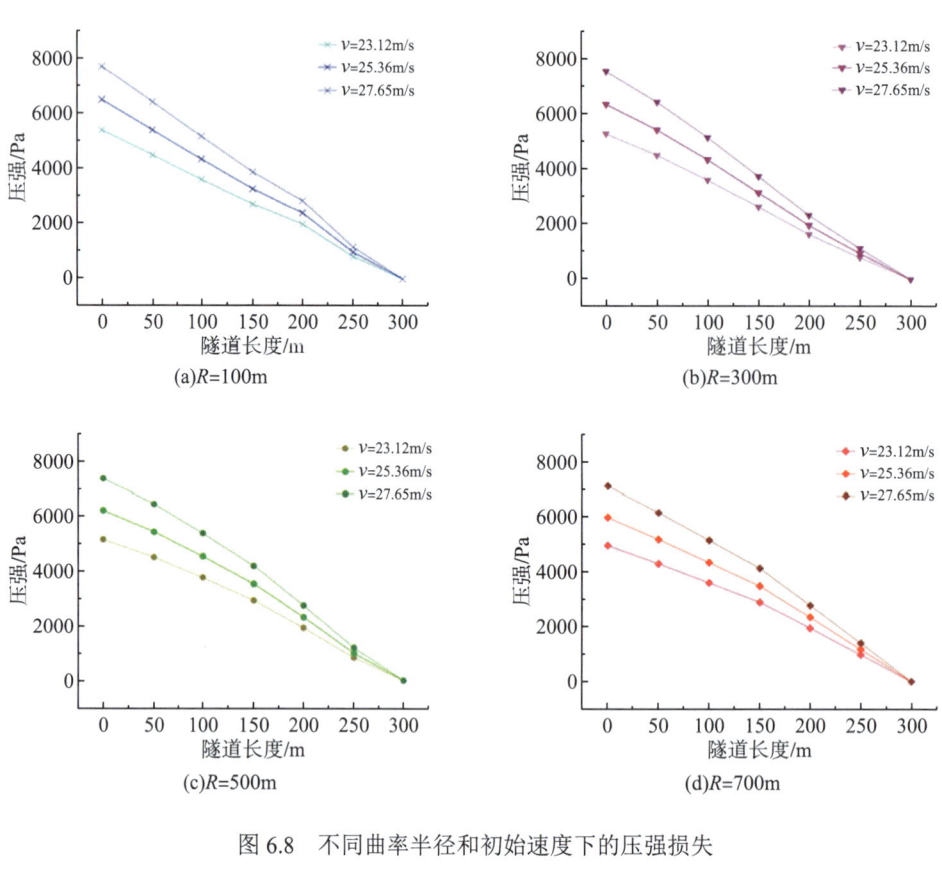

图 6.8　不同曲率半径和初始速度下的压强损失

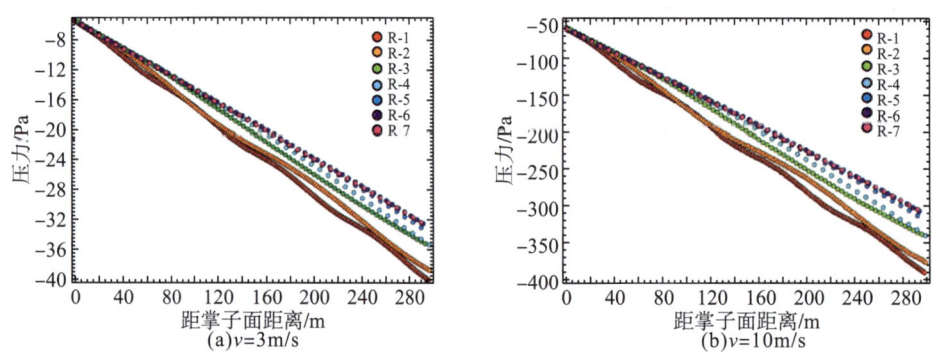

图 6.11　隧道内压力随距离变化的曲线

彩版

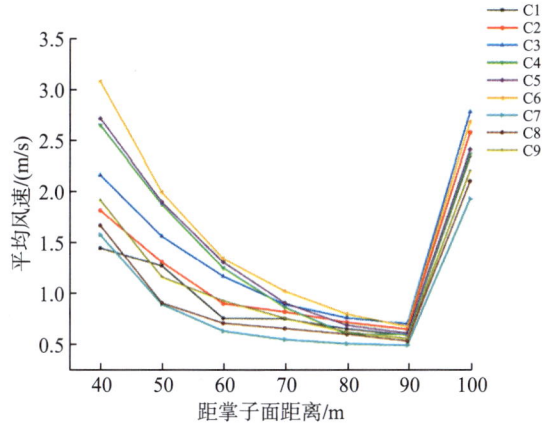

图 6.34　速度分布曲线

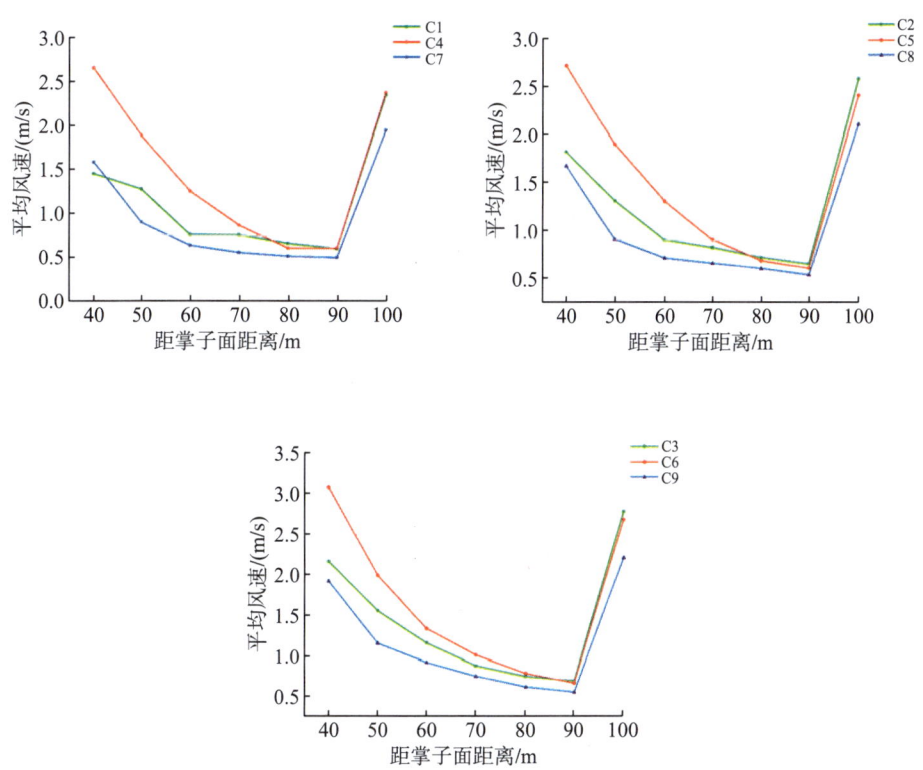

图 6.35　距横通道不同距离对风速的影响

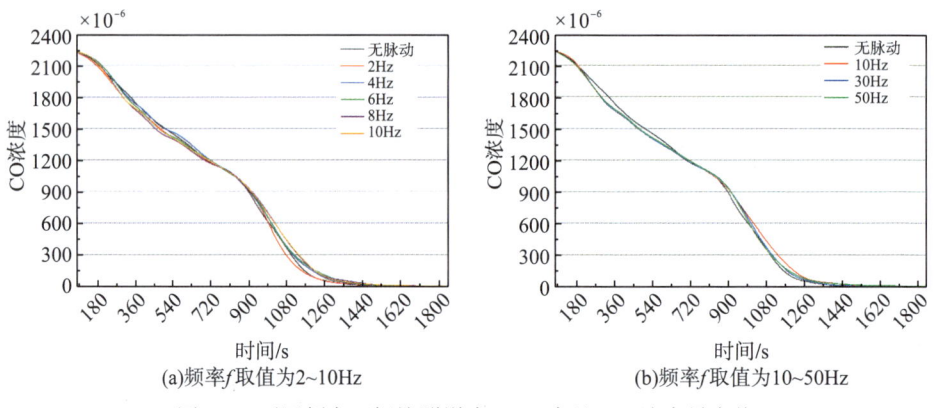

图 8.7　不同频率下螺旋隧道内 1.6m 高处 CO 浓度最大值

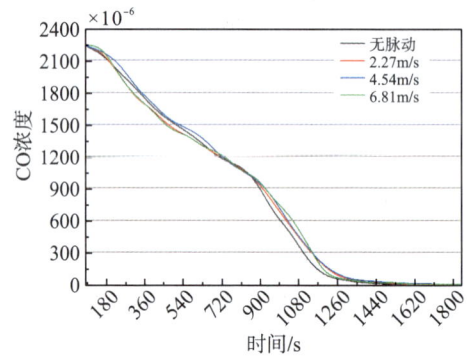

图 8.8　不同幅值时螺旋隧道内 1.6m 高度处 CO 浓度最大值

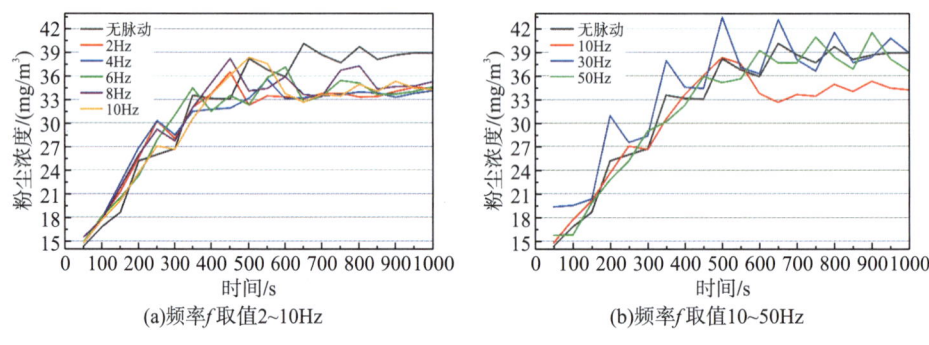

图 8.9　不同频率下螺旋隧道内 1.6m 高处粉尘浓度平均值

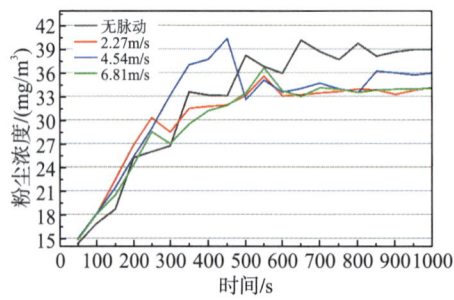

图 8.10　不同幅值时螺旋隧道内 1.6m 高处粉尘浓度平均值

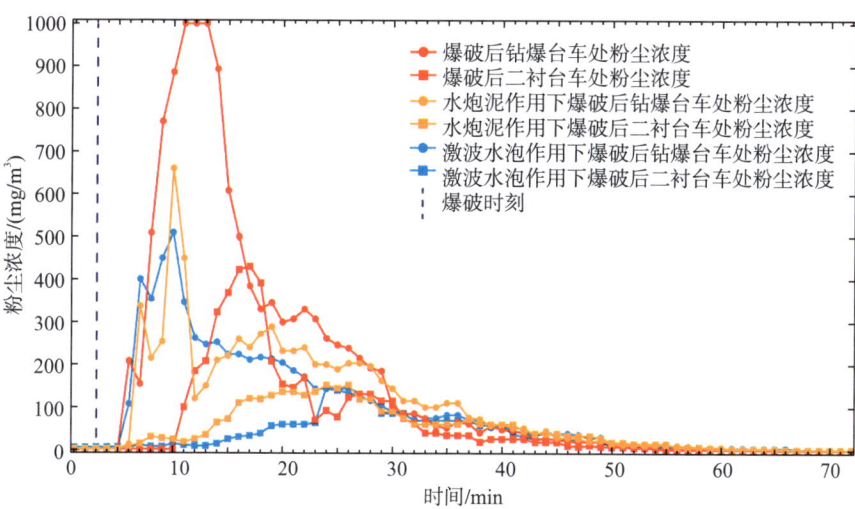

图 8.23　不同降尘措施下爆破后粉尘浓度变化曲线

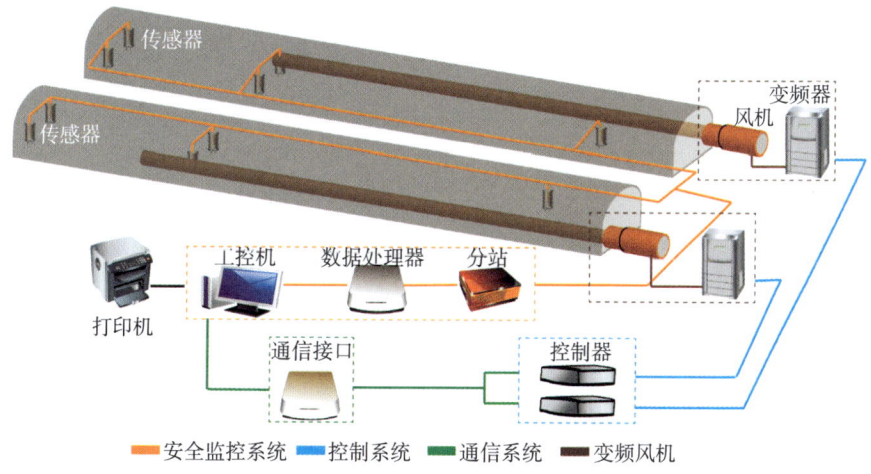

图 9.3　隧道通风智能控制系统组成示意图